珠玉のディテール満載

住宅設計詳細図集

手嶋保 著

Ohmsha

序文

このたび拙作「伊部の家」の設計図集を上梓することになった。お話をいただいたとき、私の設計図が果たして学生諸君や建築家を志す若い方々の参考になるかさっぱり自信がなかった。

テクノロジーの進歩ですっかりCADやCGなどが主流の世の中だ。手描きの時代よりも手早く、大量に描くことが容易になった。だが、こうして時代は移っても、設計図は建主や施工者への情報の伝達手段であると同時に、その図面のありよう——引かれた線に内在する力が設計者の技能は無論、精神や意志をも表すものとして——は人々の心を動かし、建築の質を決定づけるものであると考えている。

一方、私はかねがね設計図に決まりはないとも思っている。基本はあっても、設計者は臨機応変に日々クリエーションすべきなのだ。収められている大方の図面は、製図用の和紙に私が手描きしたものが原図となっている。製図板の上で描くこともあるが、3Bの鉛筆で定規を当てながら自由に描くこともある。それは緊張感と喜びのある運動だ。

「伊部の家」は一つの完成形であるが、その後もこの住宅は日々変化している。今回は雑誌などの専門誌にはあまり載ることのない「枠廻り詳細図」など、ほとんどすべての図面を公表した。なかには間違いや不明な部分があるかもしれない。「ディテール」というと小難しいことのように感じるかもしれないが、要は建築の「質」を正しく示すために必要なものである。考え抜くべきは使い勝手であり、耐久性でもある。そのような不可欠な質を備えるよう丁寧に整えられたものは、おしなべて美しい。熟練も必要であるが、初心を忘れず人任せにしないこと。周囲の人々に感謝の気持ちを忘れないこと。常、心がけていることである。

目次

第1篇　計画　9
計画のプロセス　10
発想のプロセス　12
「伊部の家」のこと――伊勢﨑晃一朗［陶芸家・建主］　16

第2篇　設計　49
●実施設計
敷地の関係性とアプローチを見極める　50
使われ方を平面のオーダーで表現する　52
家の中心に階段を据える　54
操舵室のようなワークスペース　56
外壁の割付から開口の取合を決める　58
高圧洗浄によるRCの洗出し仕上げ　60
敷地のレベル差を利用して上部から採光を確保する　62
光の階序を高さ関係で表現する　64
視線の抜けや通風は断面から読めるように　66
下地の納まりや取付方法まで考える　68
●構造
二つの工夫がなされた構造計画　70
3階床を宙に浮かせ、梁せいを抑える　72
ヴォールト天井の無柱空間をつくる　74
型を破る光――髙橋堅［建築家］　78

第3篇　部位別ディテール　97
●ダイニング
［ダイニング展開パース1］　98
［ダイニング展開パース2］　100
構成要素を同じ素材で揃える　102
奥行きはゆとりを与える1200ミリ　104

●リビング
［リビング展開パース1］ 106
［リビング展開パース2］ 107
フレームを与えて空間になじませる 108
●キッチン
［キッチン展開パース1］ 110
［キッチン展開パース2］ 112
キッチンのカギは無意識に使える収納配置 114
奥行きと高さ、引手にこだわる 116
家事の動作をいくつもイメージする 118
●寝室
［寝室展開パース］ 120
リラックスできる空間の設え 122
●ワークスペース
［ワークスペース展開パース］ 124
思案作業の受け皿を用意する 126
●子供室
［子供室展開パース］ 128
大きな家具も一つの家と考える 130
子供が使いやすい寸法を押さえる 132
●工房
［ろくろ室展開パース1］ 134
［ろくろ室展開パース2］ 135
［工房展開パース］ 136
［作品庫展開パース］ 138
特殊な機能の場合、その本質を見極める 140
●トップライト・階段
反射光をやさしく室内へ導くしかけ 142
［階段展開パース1］ 144
［階段展開パース2］ 145
階段の形式の違いによって仕上げを切り替える 146
RC階段はどっしりと、鉄骨階段は軽やかに 148
壁に呑み込ませてすっきり納める 150

●水廻り
［水廻り展開パース］ 152
［浴室展開パース］ 153
［ユーティリティ展開パース］ 154
細かな動作が円滑にできる水廻り 155
小さな配慮が日常に潤いを与える 156
温熱環境と触り心地に気を配る 158
洗面と浴室をつなぐ 160
●収納
［倉庫収納展開パース］ 162
［ウォークイン収納展開パース］ 163
●設備
設備は躯体打設前に決めなければならない 164
人の動きを考慮した配置 168
●外構
自然と人が集まる軒下空間 170
庇は力みのないデザインにする 172
埋め込み柱脚により細い柱を実現 174
角鋼で門扉をつくる 176
伊部という名の光―西川公朗［写真家］ 178
第4篇　枠廻り詳細図 193
●1階廻り
内開きの玄関戸は水勾配に気を付ける［WD1］ 194
躯体に木枠を埋め込み、洗練させる［WD2］ 196
気密を考慮した掃き出し窓［WD3］ 197
上框の上部に水がかからない工夫［WD4］ 198
建具の引手は長さをとった彫込み引手［WD5］ 202
床レールはプラント用の真鍮甲丸レールを使う［WD5／WD6］ 203
戸当たりはフェルト貼りとして衝撃を少なく［WD9］ 204
●2階廻り
地階に光を落とすためのガラス窓＋格子戸［WD11］ 206
枠の存在を目立たせないフラッシュ建具［WD12］ 208

空間を連続させる枠の極小化［WD13］ 209
指一本で開閉できる吊り戸［WD14］ 210
常に開放されている建具［WD15］ 212
袖壁を設けて引くスペースを確保する［WD17］ 213
縦框に枠を入れて防犯性を考慮する［WW1］ 214
床から300ミリの高さにすると腰掛けにもなる［WW2］ 216
設備機器をうまく納める方法［WW3／WW4／WW5／WW6］ 218
メンテナンス性を考慮した片引きガラス戸［WW7］ 220
小さい窓も印象を変える力がある［WW8］ 222
木製建具は下枠を攻略せよ［WD18］ 224
●3階廻り
吊り戸形式の折れ戸［WD28］ 225
家全体の換気・通気を担う開口部［WW9］ 226
棟梁の提案から生まれた突き出し板戸［WW追加］ 228
●屋根廻り
屋根面を一体化したトップライト［トップライト］ 230
塗り籠め的な建築―伏見唯［建築史家・編集者］ 232
付録 建具表 235
建具表1 236
建具表2 238
建具表3 240
建具表4 242
建具表5 244
建具表6 246
建具表7 248
仕上表 250
物件概要 252
あとがき 253

本書は、手嶋保設計「伊部の家」の図面をもとに、全4篇構成でまとめた設計図集である。

ここに収録されている図面は、建具表番号を含めてすべて原図通りである。

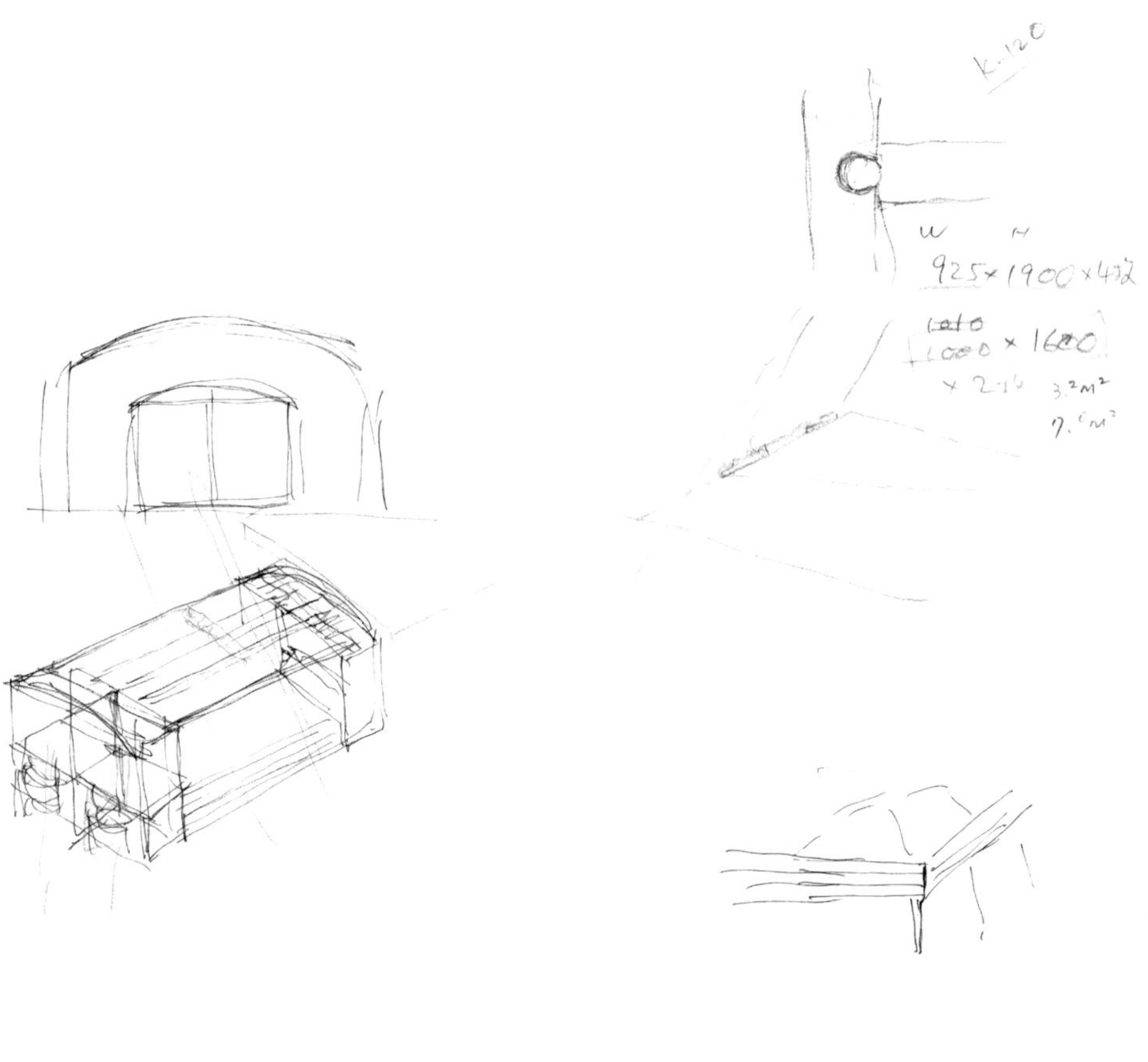

1

計画

どんな敷地にも“建てるべき場所”がある。それは空間に「見えない重心（溜まり）」を直感するということである。そこには自ずと人が自然と佇みたくなる、身を委ねたくなる、ほどよく身を守られる要素があるものだ。

そこでまずはその位置に寝室やリビングをつくる。居場所が決まれば、次はそこに必要充分な居住性を備えることを考える。それは光の採り入れ方や風の通り方、また水の抜け方といったごく当たり前の機能である。そして日々安心して暮らせるシェルターとして整えることである。

こういった家に対して好ましいと感じる所与の感覚は、われわれの祖先が営々と代を重ねながら求め、獲得してきた普遍的なものであり、豊かさの本質である。つまるところ、人の営みがある限り、それを支える家があるということ、そして住宅建築の設計はその望ましいかたちを求める作業なのである。

背景

敷地の位置する備前市伊部は、中国地方独特の柔らかい稜線が印象的な山々に囲まれた岡山県東部の盆地にある。伊部はいわゆる備前焼の中心地であり、かつては祭器をつくっていた土地柄からか、「忌部」と表記されていたそうだ。

敷地は南に山を背負い、その麓にはあまたの窯跡が残り、建主の伊勢﨑晃一朗氏の作品もまた山の傾斜を利用した穴窯で焚かれている。陶芸家の日常には仕事と生活の境界がない。まさに家は日々の創作活動の中心であり、応接の場でもあり、なおかつ家族の暮らしと子の成長を支える住まいとして、関わり合いながら成立している。

年に数回は展覧会の計画があり、ほぼ3年先までの予定が埋まっており、それに向けて創作を続けている。作陶というと悠長なイメージをもたれるかもしれないが、常に時間と創作のせめぎ合いに追われている身には、そもそも職住分離や気分転換といった発想自体がないようだ。しかし、私はこのような〝仕事と生活が不可分一体のかたち〟にこそ、本質的な「暮らしの原点」を感じたのである。

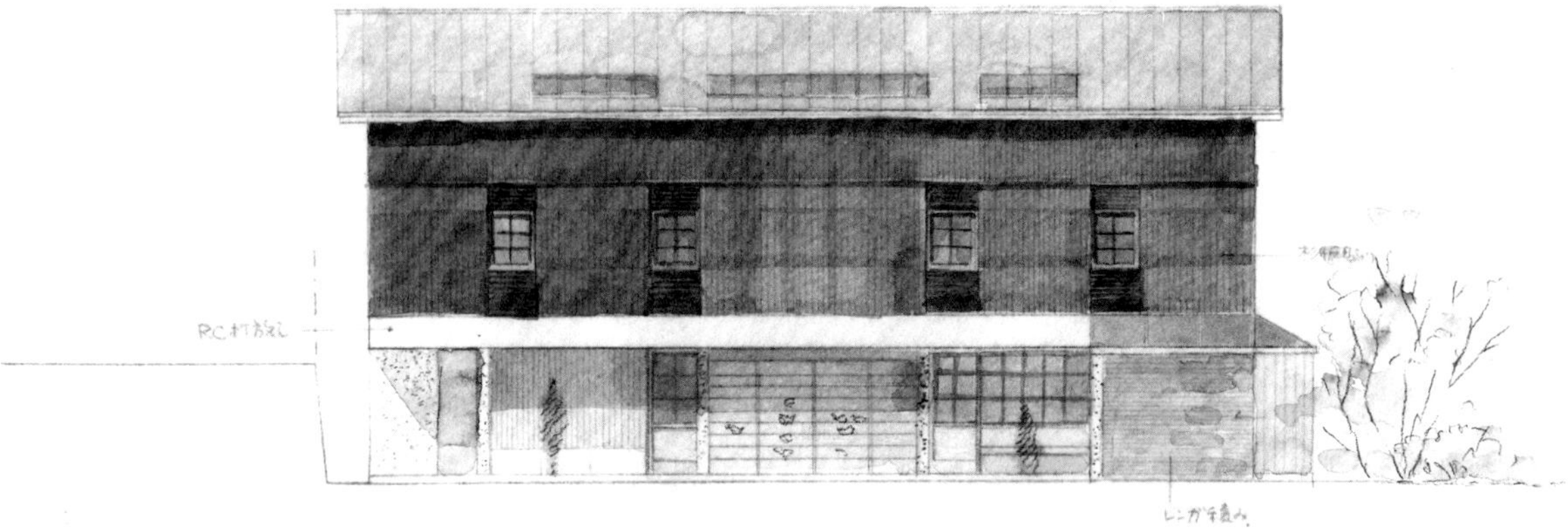

与条件

もともと敷地のこの場所には陶芸作品をしまう倉庫があったが、そこに新たな工房住居が計画された。総敷地面積およそ400坪の中にはご両親の住宅、父上の工房、作品収蔵庫が並び建つ。当初、建主から示された条件はきわめてシンプルなものであった。

1）作陶におけるスムーズな人や物の流れを確保
2）住居は4人家族を想定（計画当初は3人家族）して部屋割を考える

おおむねこの2点だけであったが、もちろん、そこから派生するさまざまな事柄を想定し、ご本人やご家族との面談により触れた雰囲気や人柄、個別の要望により適性を推量しながら考えを進めていった。父上との材料などの共有等の要件から、1階に工房を配置するのが重要な条件となった。

作陶には一連の手順に準じた平面計画、いわば工場のような機能が原則だが、工房と工場との違いはそこに作家の感性に通ずる精神性があるか否かである。過ごしやすくかつ集中できる、創作の邪魔にならない環境が必要であると考えた。

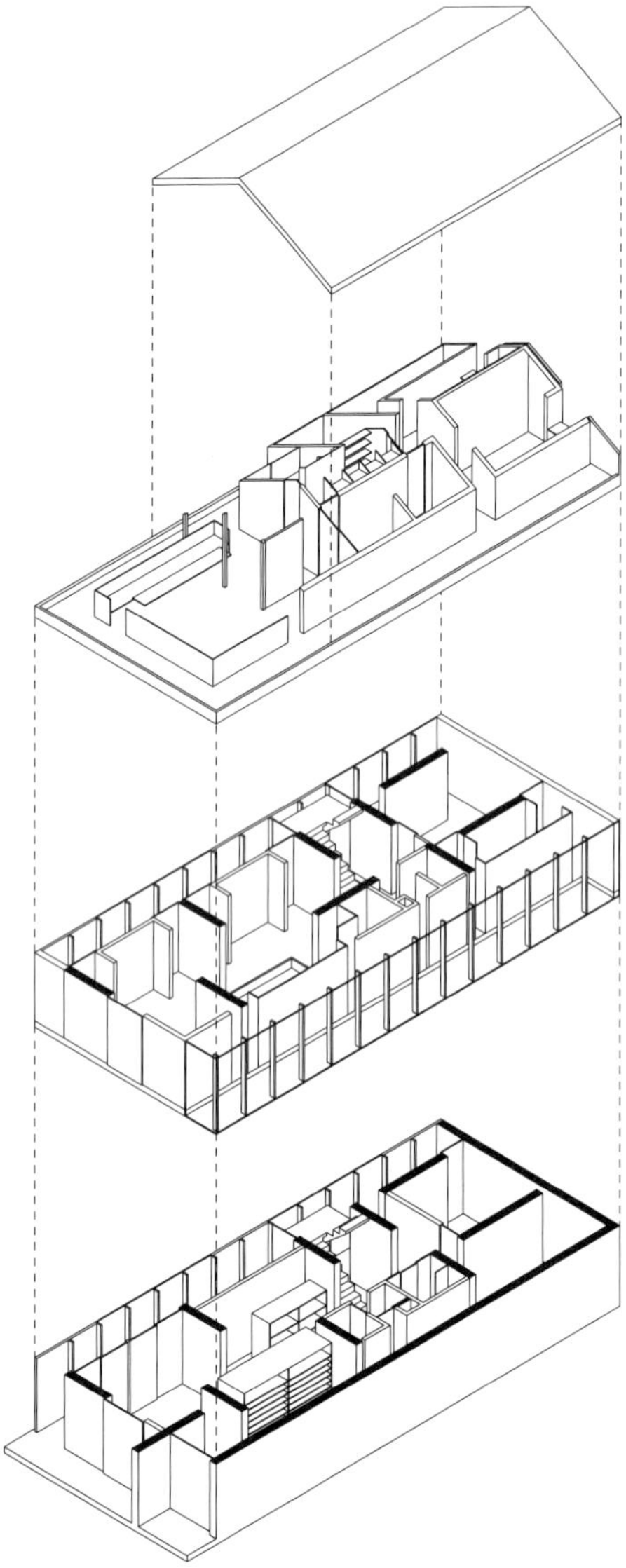

第1案アクソメ

第1案

この案では、壁柱を交互に配置して上階の床を支えるように考えた。同時に空間にもリズムを与えつつ、見え隠れしながらシークエンスを構成することを意図している。2階までをRC壁構造とし、3階には大きな屋上テラスを設けている。ここでは、主構造のRC部分を弱いものとして木造のカーテンウォールで覆い保護している。

建主には高評価を得たが、予算等の都合で別案を考えることになった。

第2案

第1案目を受けて、第2案では工房のある1階のみRC造とした。2・3階は在来木造。1階部分は西側前面道路から低い位置にあるために土留めを兼ねている。西側に側廊を設け、ここから工房と住居への出入り口とした。この側廊は梁下に150ミリの横長のスリットが設けられ、生活と創作の気分をスイッチする役目も果たしている。

工房の外壁はグリッドからはみ出しているが、この部分は窯を築くために用いられる耐火煉瓦を組積しようと考えていた。しかし、予算等の都合で再度調整を行う必要が出てきた。

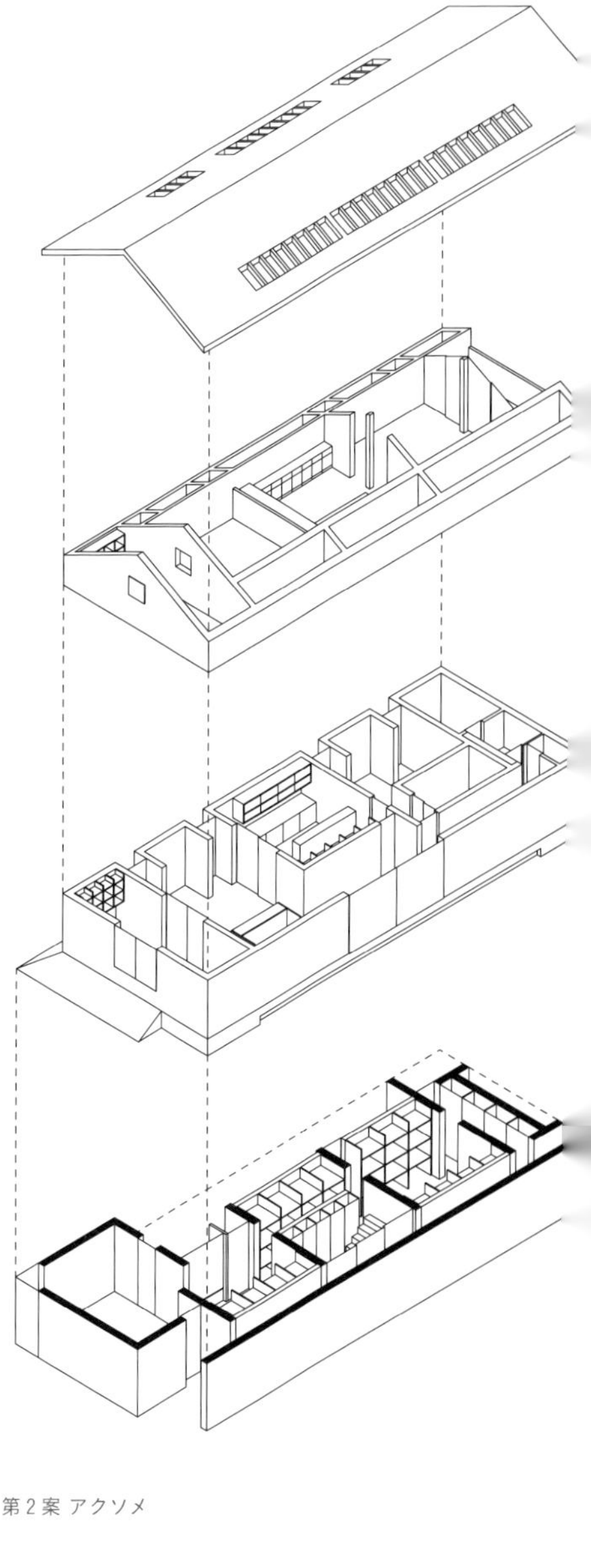

第2案 アクソメ

最終案

第2案から母屋の応接室からの離れを確保してほしいということで、それまでのメートルモジュールから側廊を除き「955モジュール」とすることで、720ミリ距離を確保できた。また3階南側の非常用進入口の開口部やトップライトなどを見直した。この案で基本設計の了承が得られた。

予算というものは建築を実現していく上で、最重要課題であるが、調整過程において無駄なものが削ぎ落とされ、真に必要なエッセンスが残されていく。

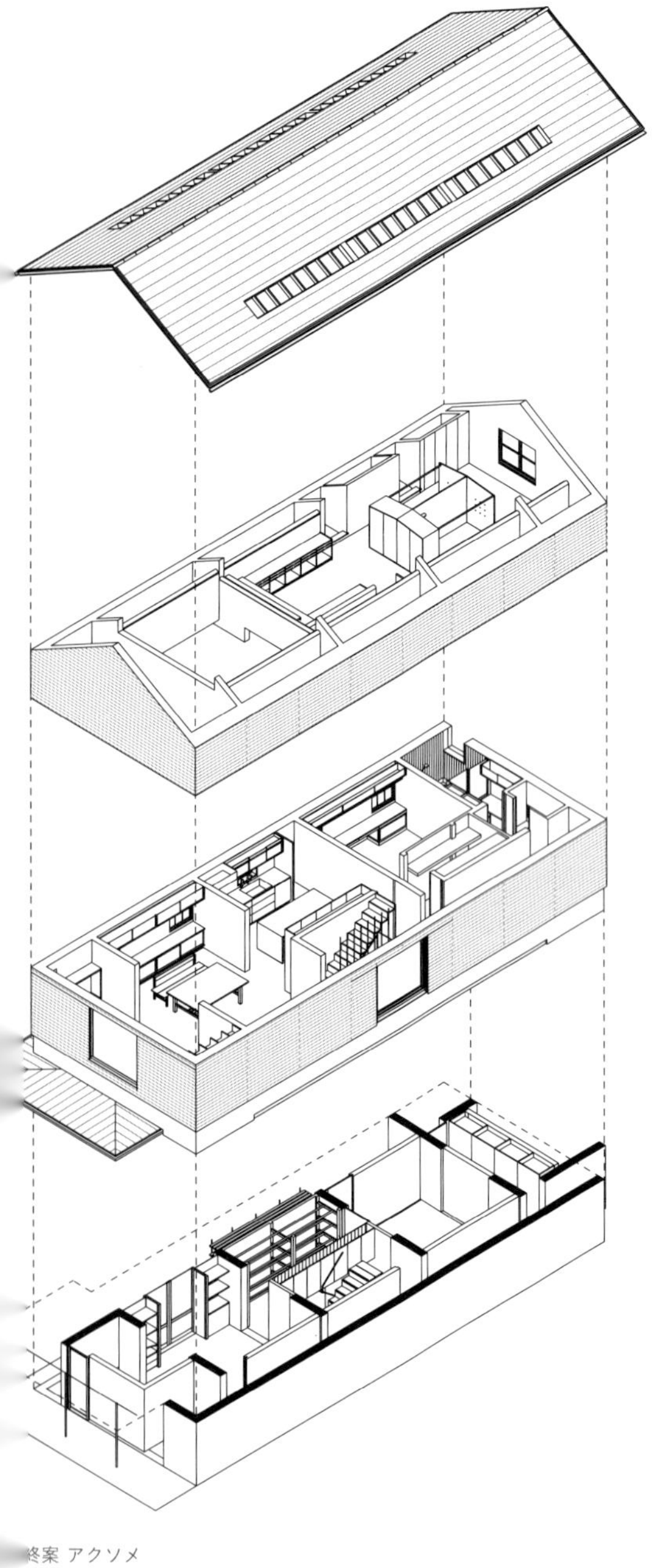

終案 アクソメ

構造は工房が置かれる1階をRC造、生活を営む2・3階を木造とした。

住宅部分のプランは単純で、諸室の空間領域を無目敷居でゆるやかに規定している。半間の側廊からは光の粒子が内部を満たす。また1階工房分は陶器の表情となじむ粗い仕上げ表現を模索する一方、住宅部分は壁床を漆喰やナラ材などの素材でまとめた。東西面端部の天窓から注ぐ自然光が木製のリフレクターにより頂部のヴォールト天井に反映し、日々の暮らしの中に時の流れや四季の移ろいを伝える。外部は周囲になじむように、瀬戸内地方で昔から用いられている焼杉板を用いた。

伊部の家 施工中

「伊部の家」のこと

伊勢﨑晃一朗
（陶芸家・建主）

最初から家を建てる決心をしていたわけではなかった。

あるとき、過去に何気なく付箋を入れていた雑誌数冊をパラパラと見返していると、数件の住宅が同じ設計事務所によるものだと気が付いた。もういくつか偶然が重なり、「これは何かある」と思い、それからである、家を建てることを考えはじめたのは。つまり、さて家を建てます、誰にお願いしようか、という順番ではなく、一足飛びに、手嶋さんが紡ぐ空間を望むのが先にあった。

住まいはもちろんだが、僕の仕事である陶芸工房においてもその想いは強く、しかし感覚的な要望ばかりだったせいもあり、話し合い、探り合いを粘り強く続けた。家族の様《さま》、作陶の姿勢とそのすべての工程を見てもらい、打ち合わせを重ねるうち、いつしか設計者と建主というよりは、つくり手の先輩後輩といった感になり、一つのものをつくりあげる上で、お互いの役目がより見えてきたようにも思う。

ともに何かを成す営みについて、大いに学ぶところとなった。とはいえ図面からリアリティをもって空間を捉えることは、経験不足の建主側には難しく、やがて工事も進み、立体になってはじめて見えてきた。手嶋さんのいう、光のこと、風土のこと、営みのことがまさに立ち現れ、「身体的に」とでもいうのだろうか、奇をてらうことなく「成った」空間がそこにあり、それまでに繰り返してきた話し合いのすべてが腑に落ちた瞬間だった。

僕の仕事は、まず素材からはじまる。土、水、木、火、風といったものを自分なりに味方につけ、さらに、土地のやきものの歴史、社会をふまえた上で、人それぞれの「やきもの」が自ずから起こると信じている。つくり手自身も素材(要素)の一つであり、建築にもそういった道理があるように思う。

2 階ダイニングから北側開口を見る

南側山並みを背景にして

北西より全景

西側開口の近景

南側外観

玄関アプローチより庭を見る

東側工房を見る

庇下から母屋を見る

土鉢棚

土練機室内部

母屋より北東側全景

2階リビングダイニング東側

浮いているリビングの書棚

テレビ収納上小窓

リビングからキッチンを見る

キッチンからダイニング、リビングを見る

3 階南側開口を見る

増設された子供室ベッド収納ユニット

3 階ワークスペースを見る

3 階から階段を見る

3階ワークスペース、子供室

1階工房。ろくろ室を見る

作陶風景

父工房から東側外観を見上げる

作品とコンクリート洗出し面

工房から作品庫、土練機室を見る

工房より父工房を見る

2 階側廊トップライト施工中

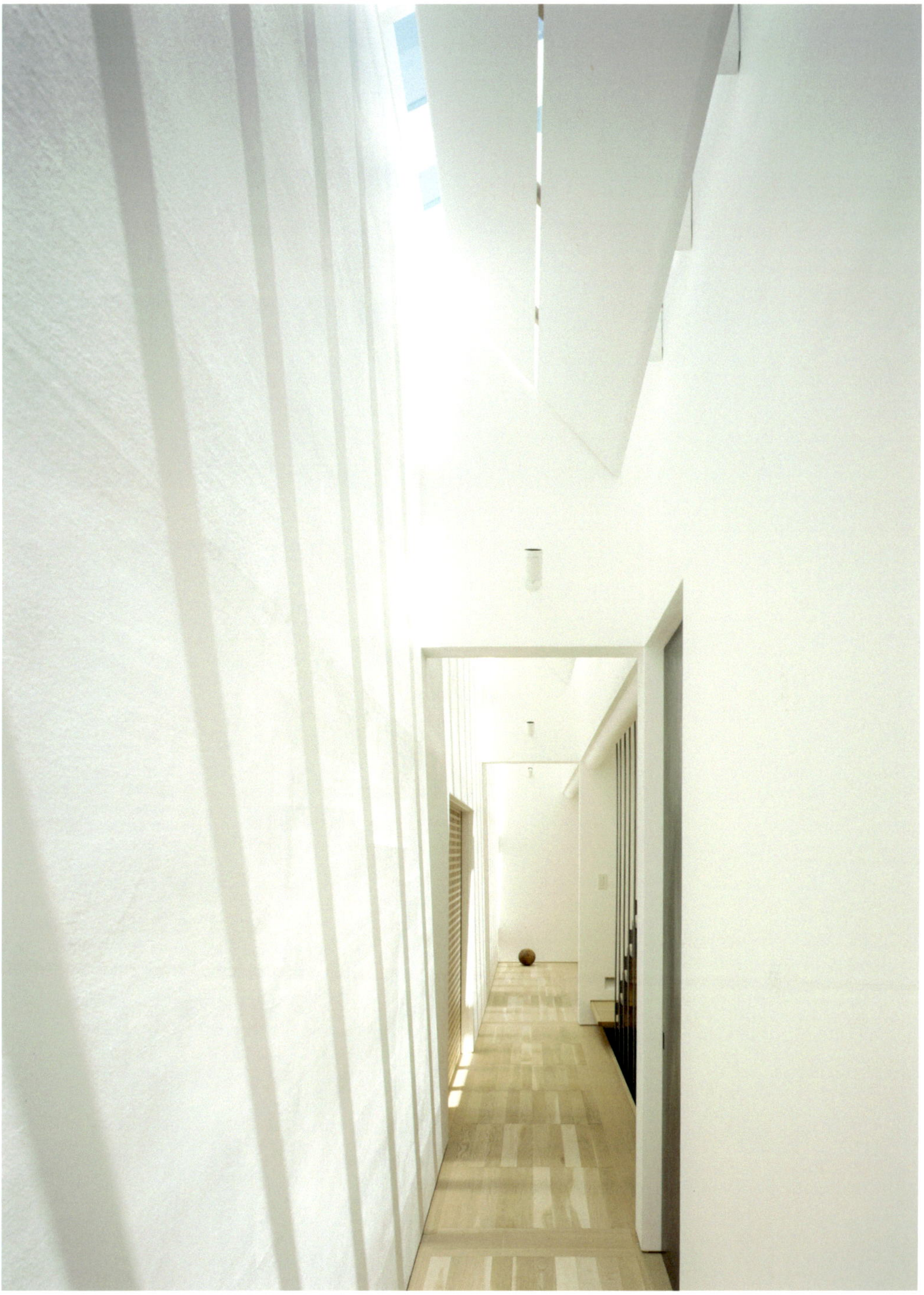

2階側廊トップライトを見上げる（完成後）

I 階側廊の西側スリット開口

I 階側廊部

1階側廊奥のスリット開口

1階側廊から住宅玄関を見る

1 階 RC 階段を上り、2 階住居へ

側廊と鉄骨階段、2階から3階へ

洗面コーナーから浴室を見る

洗面コーナーから側廊を見る

浴室の壁はヒノキ、床はガラスモザイクタイル

西側外観。ガラス戸を引き込んだところ

西側道路からのアプローチを見る

2

設計

第1篇で記したように、計画案の大筋の見通しがつくと基本設計は完了となり、次に実施設計に移ることになる。

実施設計とは基本設計に基づき、建物の意匠、構造、設備のスペックを明かにすることである。つまり、建物のプロポーションや各部の寸法やディテールを考えるとともに、決められた工事費に合わせ、適切な構造の選択や設備と建築との取合、関係法令との調整などを行う。使い勝手や材料を、その色彩・質感を考え、同時に適切な工事の方法の検討を含めて、基本設計で考えた構想を実現化していく、苦労も多いが楽しい作業である。

思い描いたイメージに具体的な寸法を与えることは、その場所の生活の質にかかわっているし、それが次世代にも使われるようにメンテナンスも考えなければならない。また構造設計者や設備設計者などの協働も、この時点から比重が大きくなる。また実施設計図は工事費の算出ができるように誰が見てもわかるような図面でなければならない。そうして適切な施工者を選ぶことができる。同じ施工者も設計者次第で良くも悪くもなる。要は図面というのは設計者の人となりを表していると思う。

敷地の関係性とアプローチを見極める

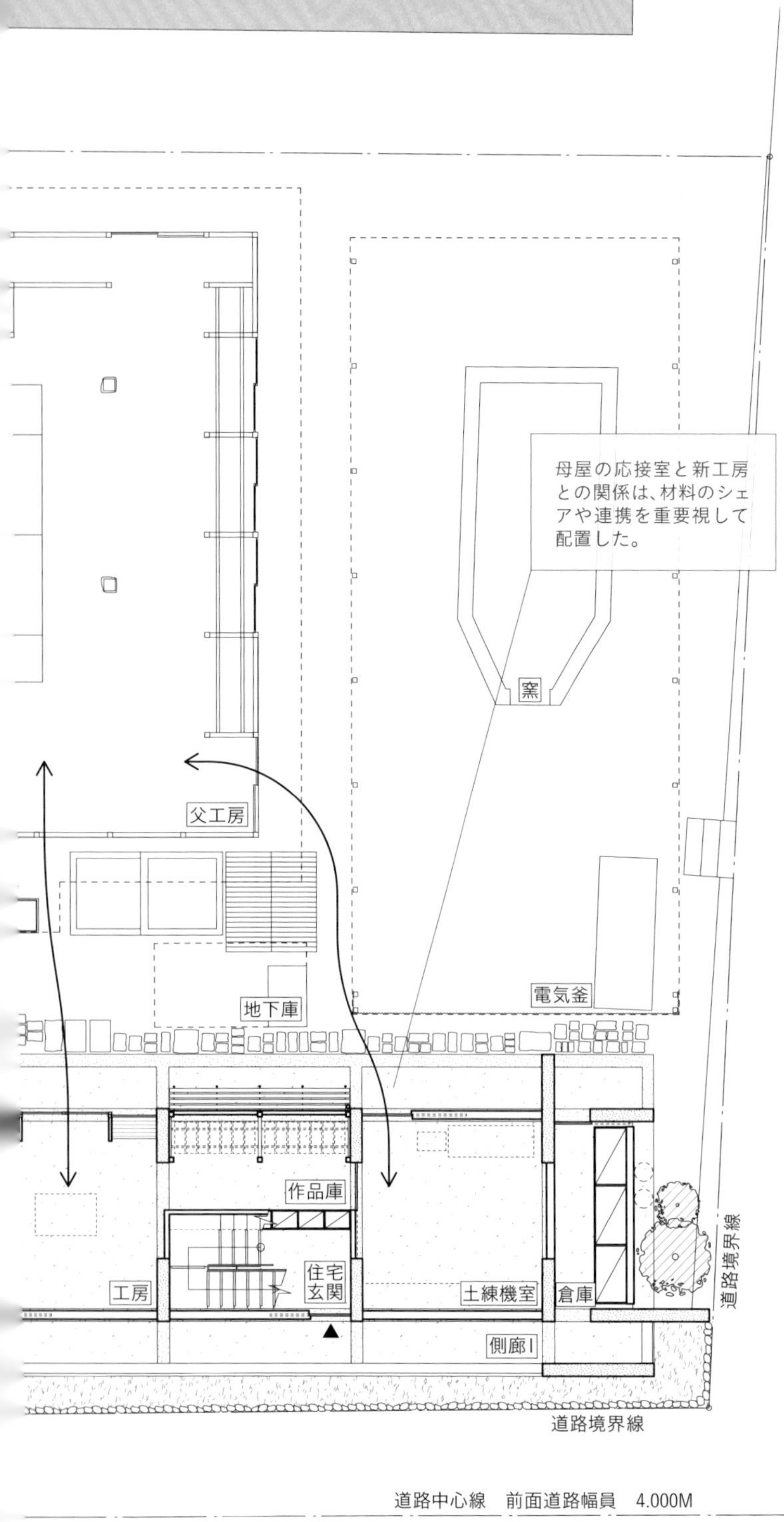
母屋の応接室と新工房との関係は、材料のシェアや連携を重要視して配置した。
窯
父工房
電気釜
地下庫
作品庫
住宅玄関
工房
土練機室
倉庫
側廊Ⅰ
道路境界線
道路境界線
道路中心線　前面道路幅員　4.000M

「伊部の家」は、もともとあった倉庫を取り壊した場所に計画した。東側に面する父上の工房との関係性（材料の共有や連携）、北側に面する応接室との関係、それから新たに設けられる西側道路からのアプローチがポイントとなった。

建物全体へのアプローチは西側道路側に新設した。テラスを通り、工房に行くこともできる。西側には側廊を設け、住宅への第二のアプローチとして位置づけている。

窯へ

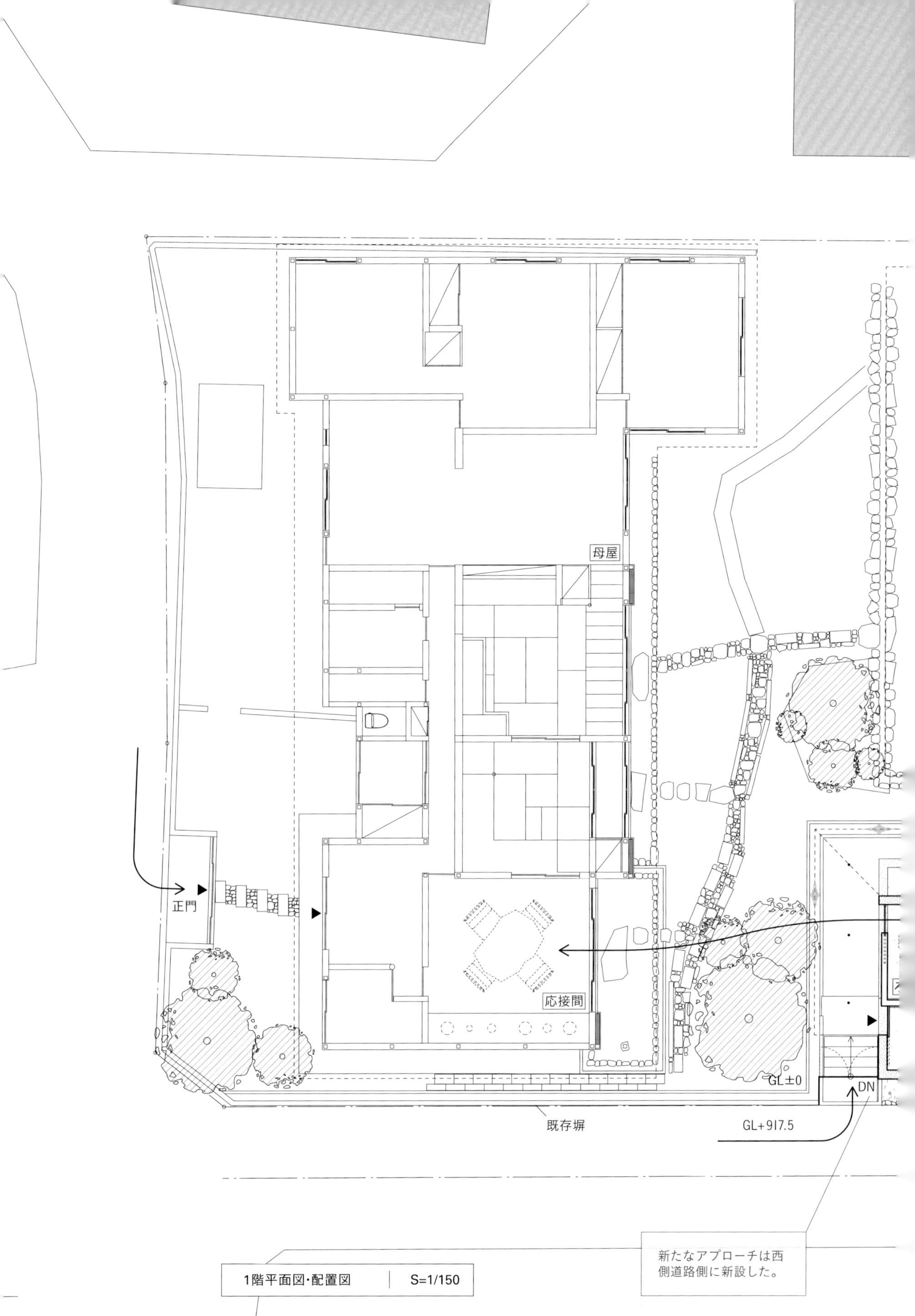

1階平面図・配置図　S=1/150

使われ方を平面のオーダーで表現する

1階には東側の父上の工房との兼ね合いから、工房と作品庫（焼く前の作品を乾かしておく場所）、土練機室（最終的に作品づくりに使う粘土を成型し保管しておく場所）などの仕事場を配置している。

床仕上げは土にモルタルを混ぜた三和土仕上げ。壁天井はRC打放しである。壁柱を高圧洗浄機により洗い出している。また平面のオーダーとして梁型を床面に表し、表面をグラインダーで研出し仕上げとした。

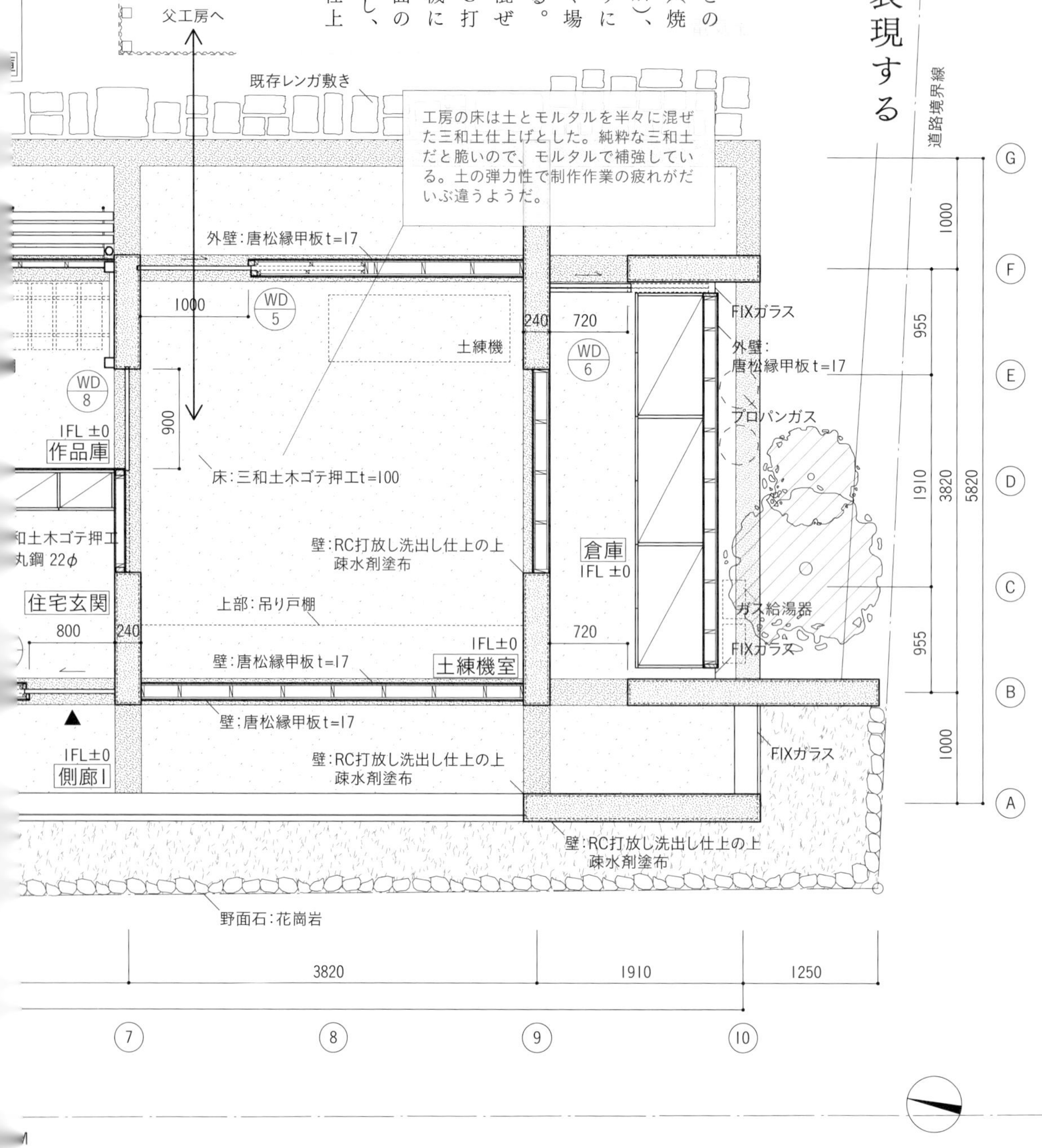

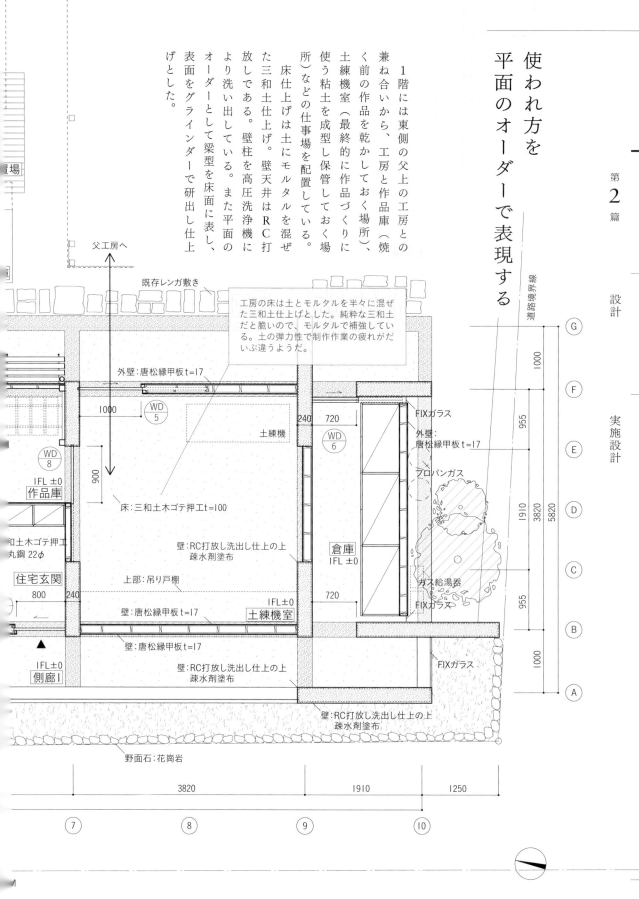

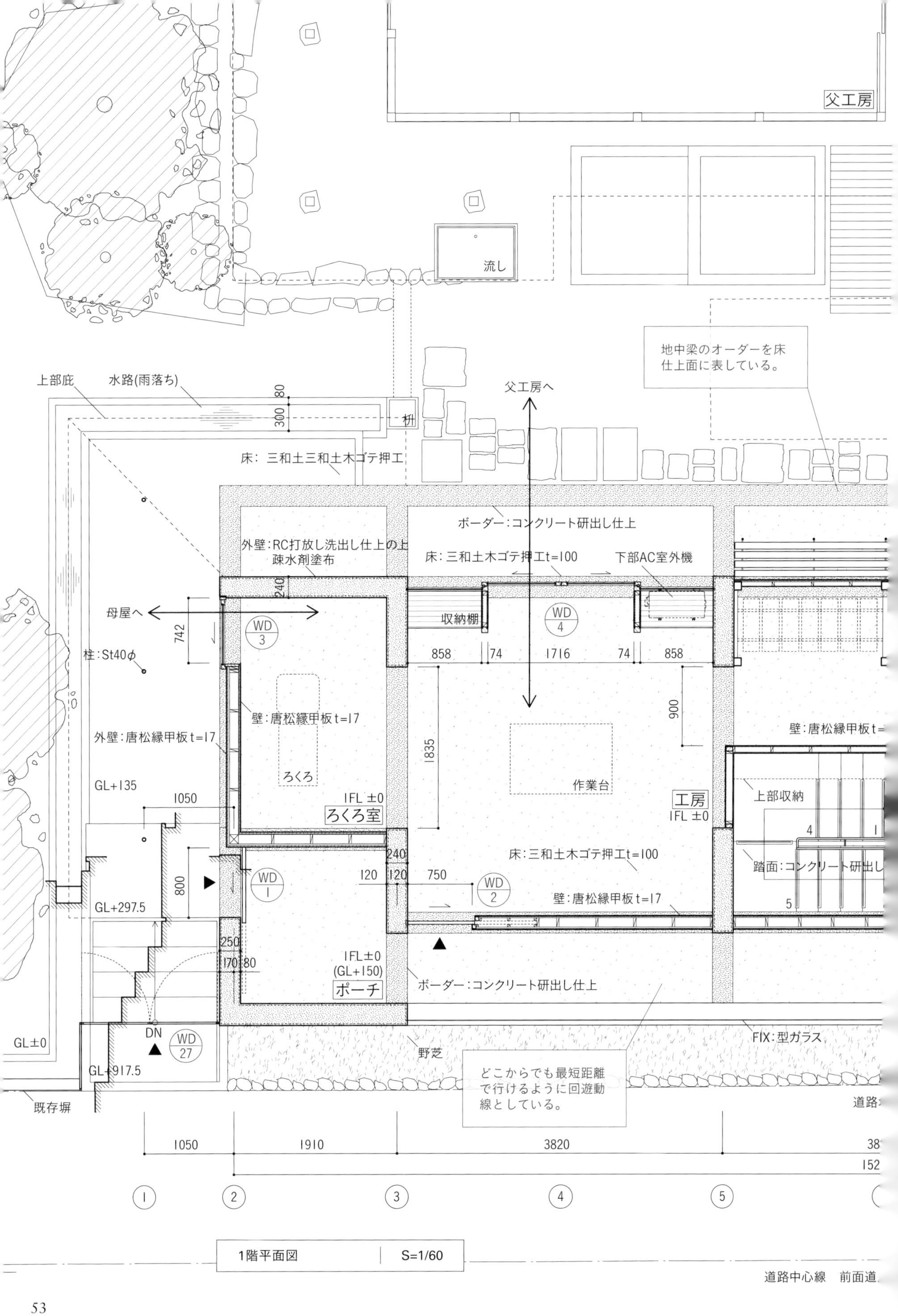
父工房
流し
地中梁のオーダーを床仕上面に表している。
父工房へ
上部庇
水路(雨落ち)
80
300
枡
床: 三和土三和土木ゴテ押工
ボーダー:コンクリート研出し仕上
外壁:RC打放し洗出し仕上の上疎水剤塗布
床:三和土木ゴテ押工t=100
下部AC室外機
240
母屋へ
742
WD 3
収納棚
WD 4
858
74
1716
74
858
柱:St40φ
壁:唐松縁甲板t=17
外壁:唐松縁甲板t=17
ろくろ
1835
900
作業台
壁:唐松縁甲板t=
GL+135
1050
IFL ±0
ろくろ室
工房
IFL ±0
上部収納
4
1
240
床:三和土木ゴテ押工t=100
120
120
750
WD 1
WD 2
踏面:コンクリート研出し
800
GL+297.5
壁:唐松縁甲板t=17
5
250
170
80
IFL±0
(GL+150)
ポーチ
ボーダー:コンクリート研出し仕上
GL±0
DN
WD 27
野芝
FIX:型ガラス
GL+917.5
どこからでも最短距離で行けるように回遊動線としている。
既存塀
道路
1050
1910
3820
152
1
2
3
4
5
1階平面図
S=1/60
道路中心線
前面道

家の中心に階段を据える

基本モジュールは、妻・桁方向を955ミリグリッドとし、妻側側廊部のみ1メートル巾とした。

階段は家の中心に配置して、どこへでも最短距離で行けるよう動線を合理的に考えた。仄暗い1階から2階は一転して明るい光の空間である。これは屋根面に設えたトップライトによるものである。側廊部は、この光の印象的な空間で、気分転換できることが設計者としての一つの願いである。

2階も1階同様、床はナラ材として、柱梁のある部分に無目敷居を設けてエリアを規定している。

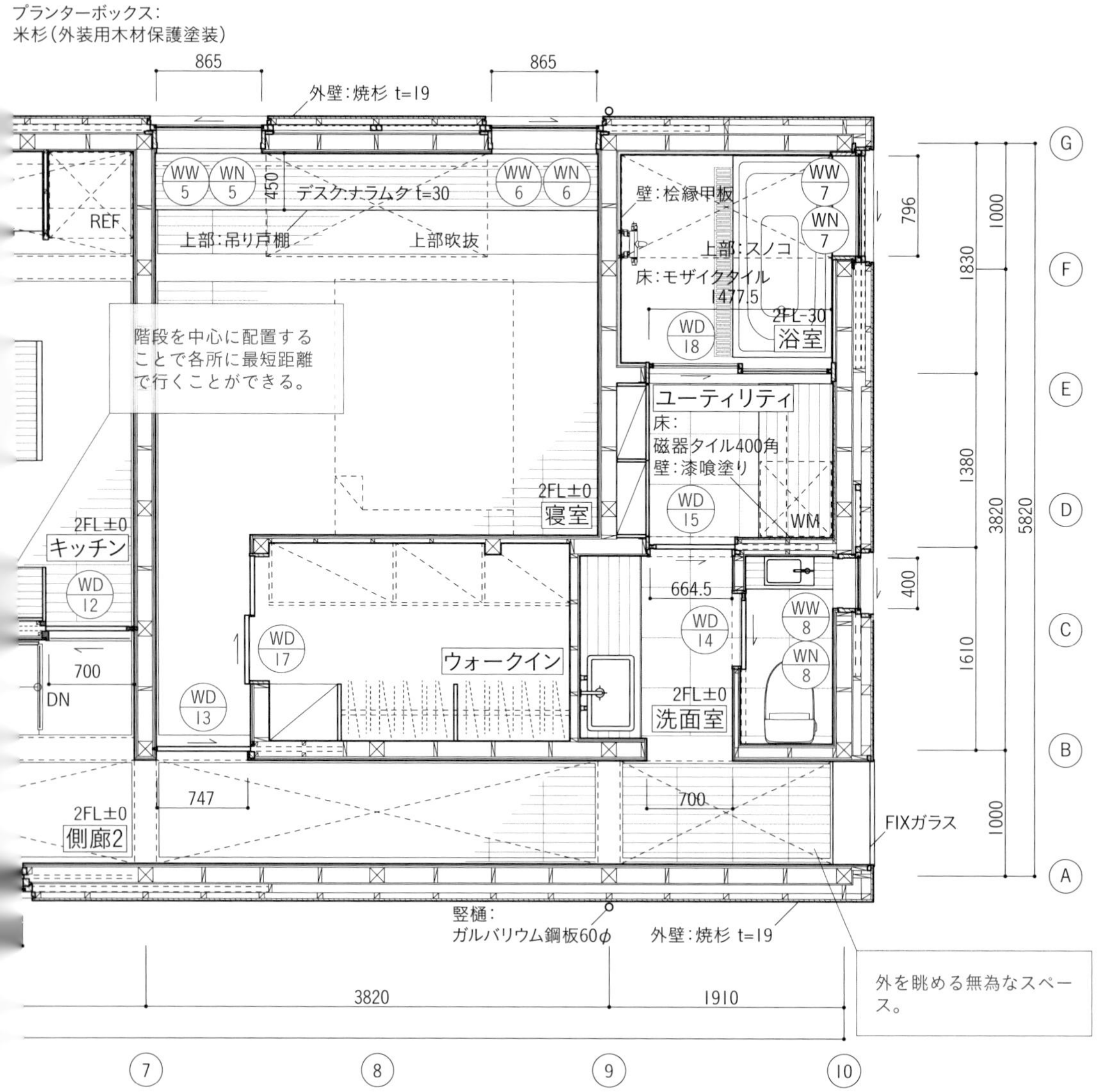

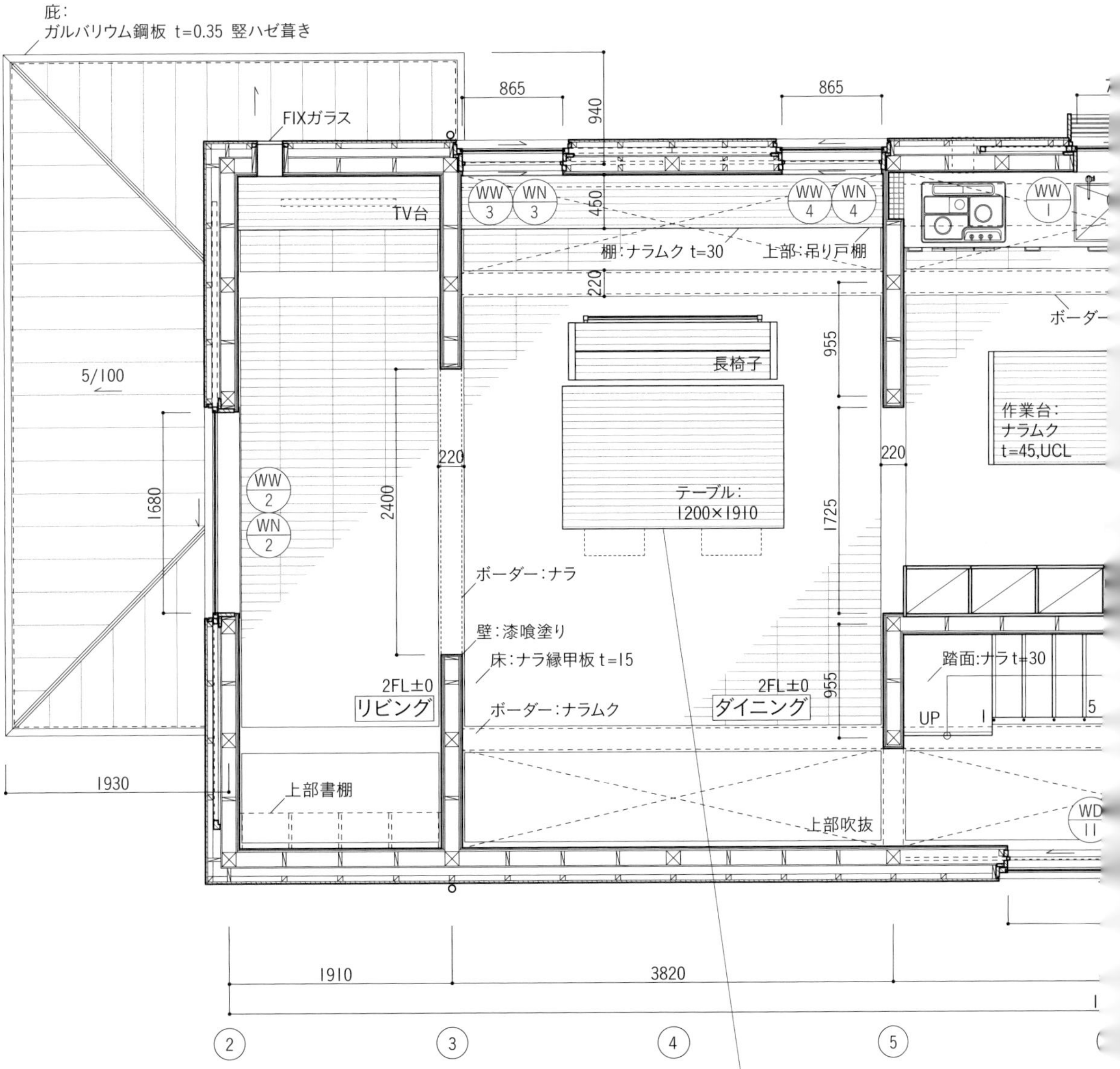
庇:
ガルバリウム鋼板 t=0.35 竪ハゼ葺き
FIXガラス
865
940
865
WW 3
WN 3
450
WW 4
WN 4
WW 1
TV台
棚:ナラムク t=30
上部:吊り戸棚
220
ボーダー
長椅子
955
5/100
作業台:
ナラムク
t=45,UCL
220
220
1680
WW 2
WN 2
2400
テーブル:
1200×1910
1725
ボーダー:ナラ
壁:漆喰塗り
床:ナラ縁甲板 t=15
踏面:ナラ t=30
2FL±0
リビング
2FL±0
ダイニング
955
ボーダー:ナラムク
UP
1930
上部書棚
上部吹抜
WD 11
1910
3820
2
3
4
5

家具造作はほぼすべてナラ材によって構成している。床仕上げはナラフローリング定尺400ミリの材をすだれ貼りとした。

2階平面図　S=1/60

操舵室のようなワークスペース

3階には子供室とイラストレーターである夫人のワークスペースを配した。ワークスペースはさながら家族を見守るための操舵室のようである。

壁天井は一部を除き、漆喰塗りとした。

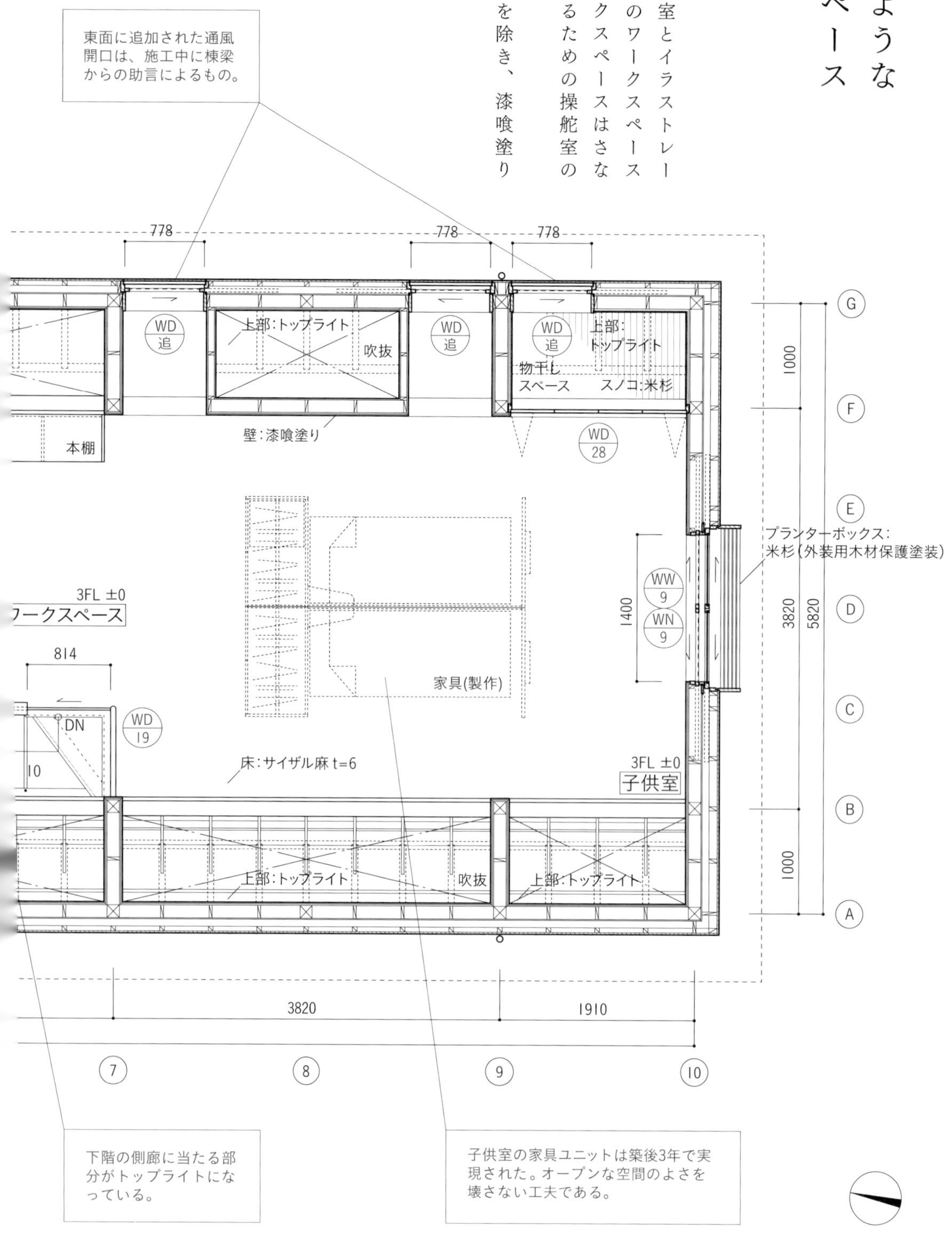

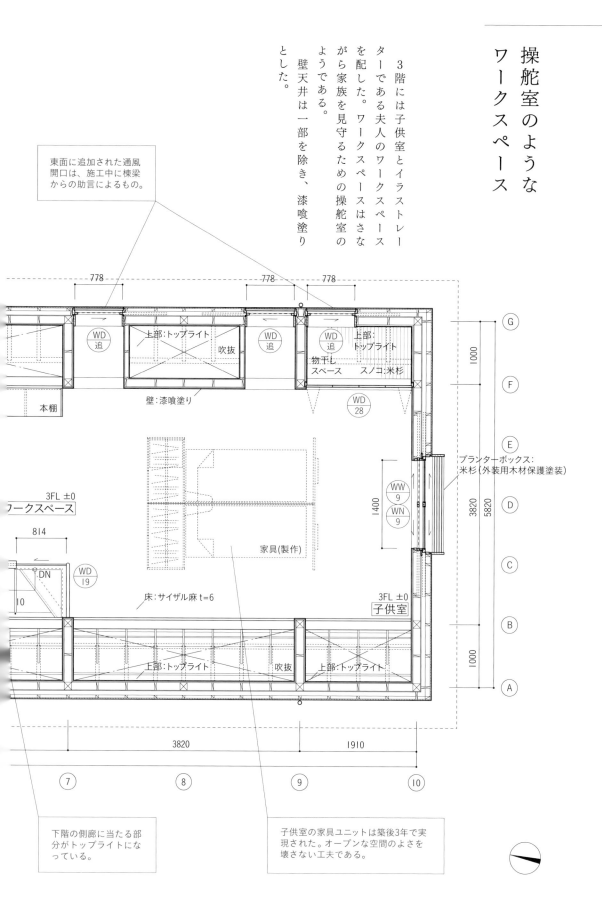

子供室からワークスペースを見る

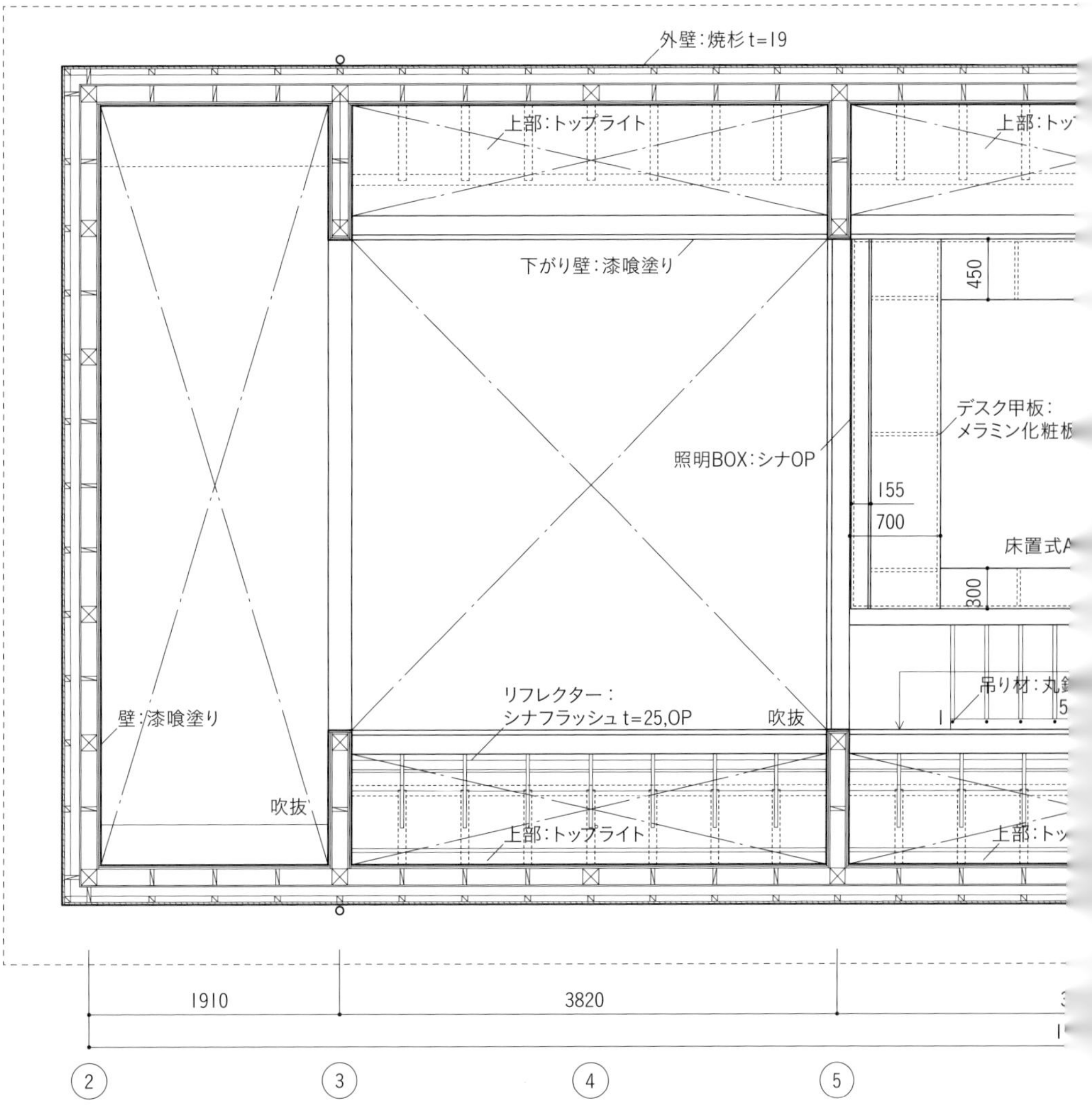

3階平面図 | S=1/60

外壁の割付から開口の取合を決める

屋根は切妻平葺5寸5分勾配とし、軒の出を770ミリにしている。葺材はガルバニウム鋼板t＝0・35とした。

屋根の葺幅は全体で均等に割付ている。屋根下地にはインシュレーション（断熱・遮音・絶縁）としてシージングボード12ミリを野地板の上に設置した。

2階から上は瀬戸内地方で昔から用いられている焼杉板を採用した。壁全体の高さを算出し、割付を行い、厚み19ミリの合じゃくり板とした。

窓開口および設備などの取合もすべてこの割付に準拠する。またこの板は愛媛の工場であらかじめ調色した塗装済みの材を貼っている。

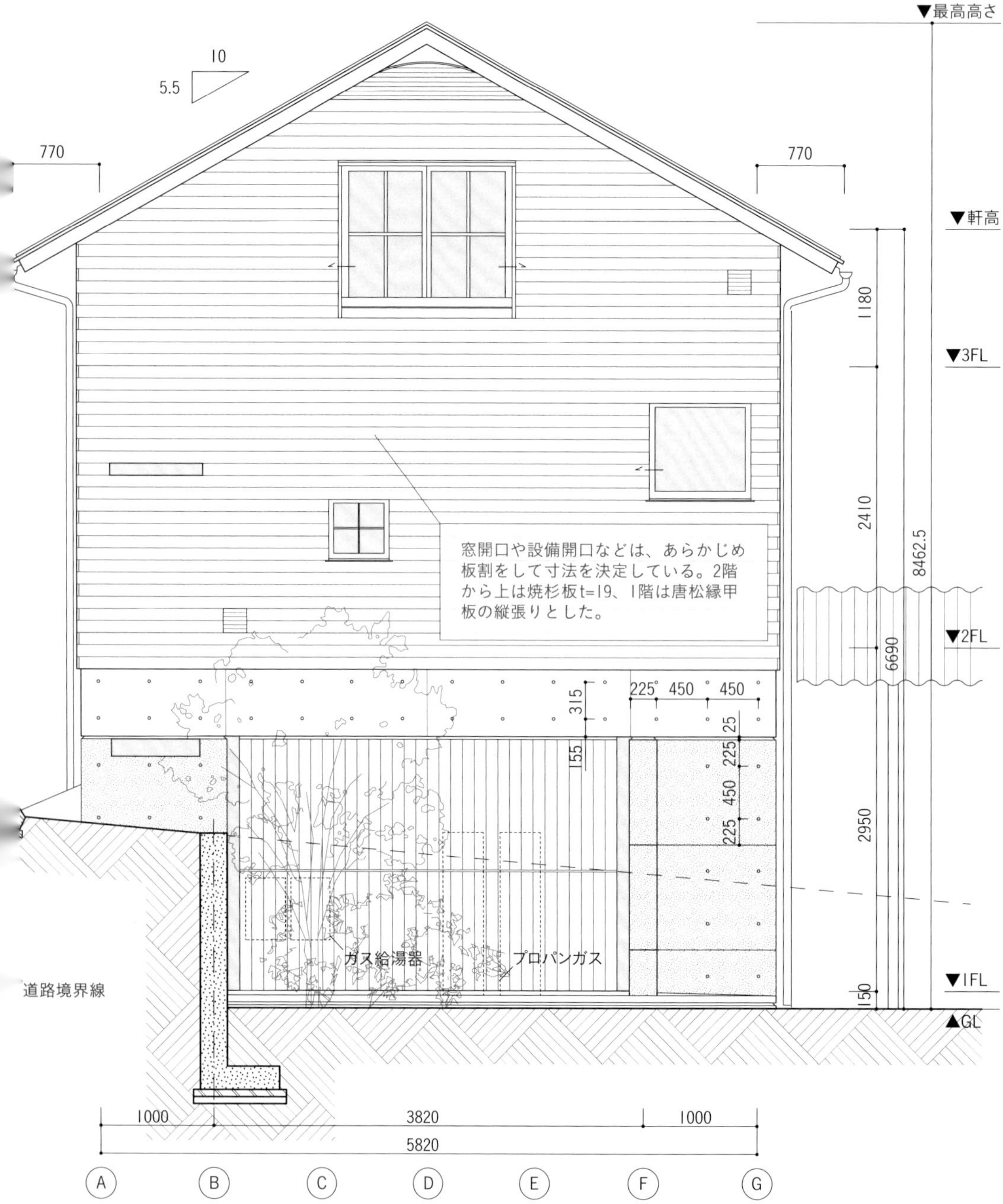

▼最高高さ
10
5.5
770
770
▼軒高
1180
▼3FL
2410
8462.5
窓開口や設備開口などは、あらかじめ板割をして寸法を決定している。2階から上は焼杉板t=19、1階は唐松縁甲板の縦張りとした。
▼2FL
6690
225 450 450
315
25
155
225
450
225
2950
ガス給湯器
プロパンガス
道路境界線
▼1FL
150
▲GL
1000
3820
1000
5820
A
B
C
D
E
F
G

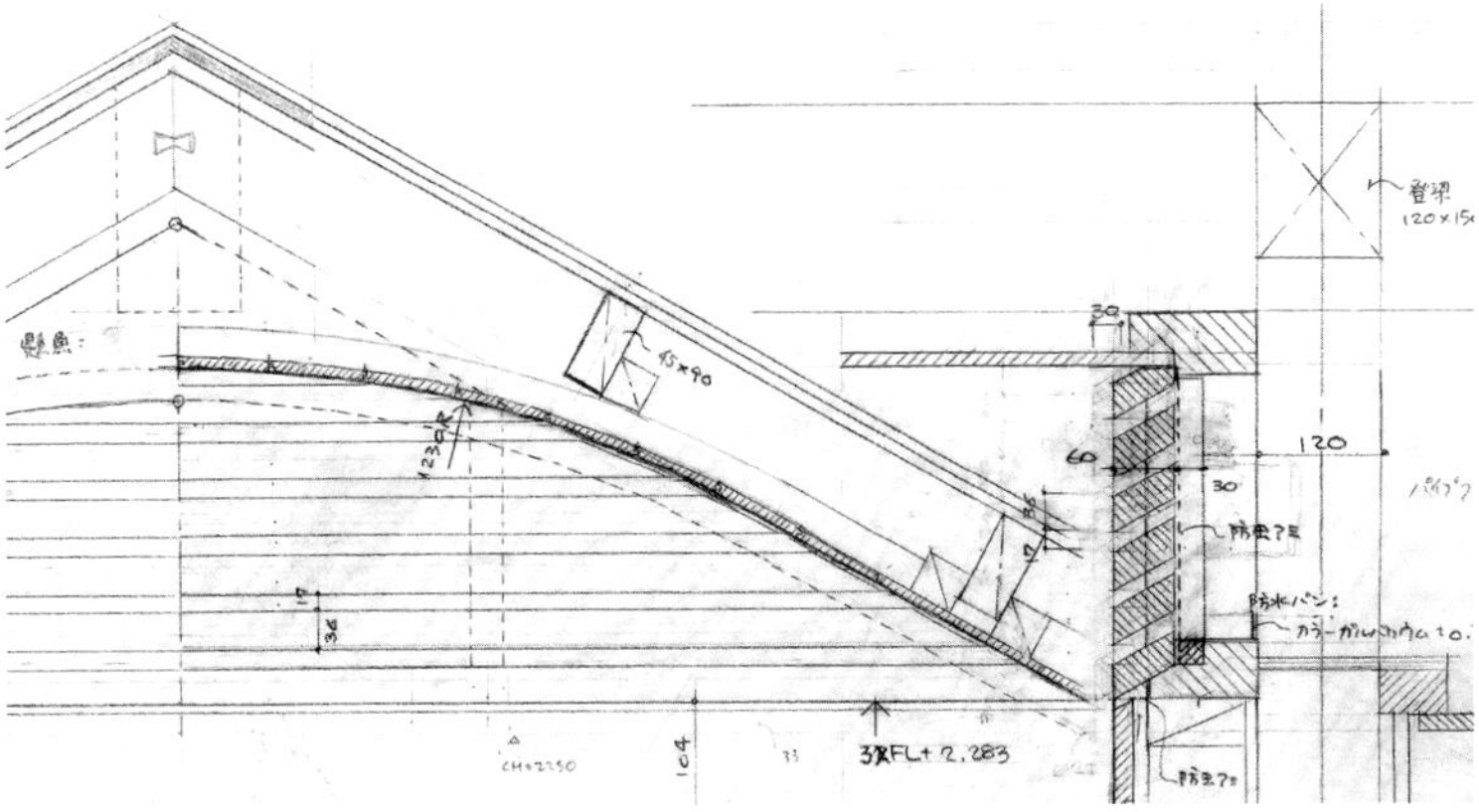
屋根検討スケッチ

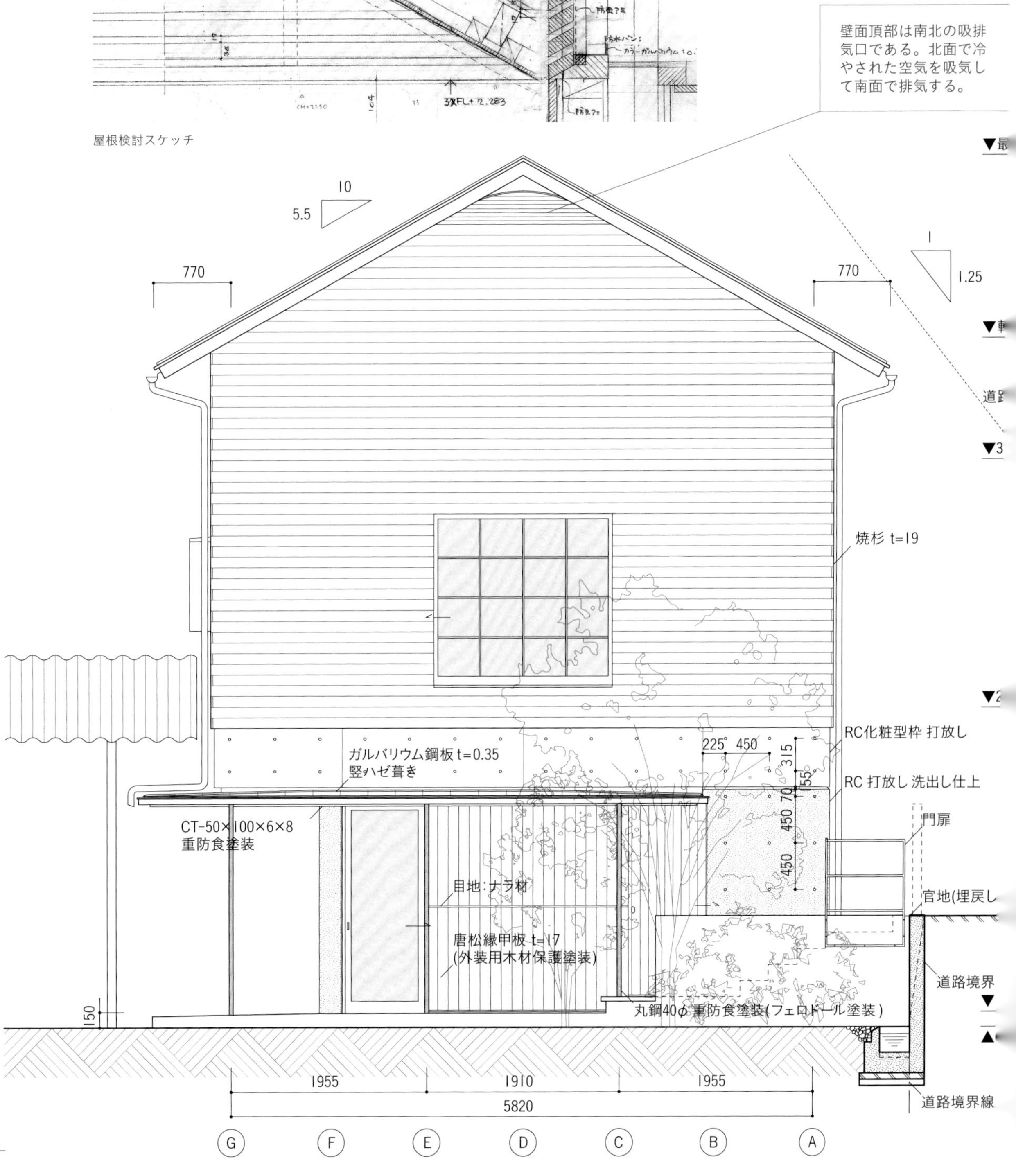

北側立面図／南側立面図 S=1/60

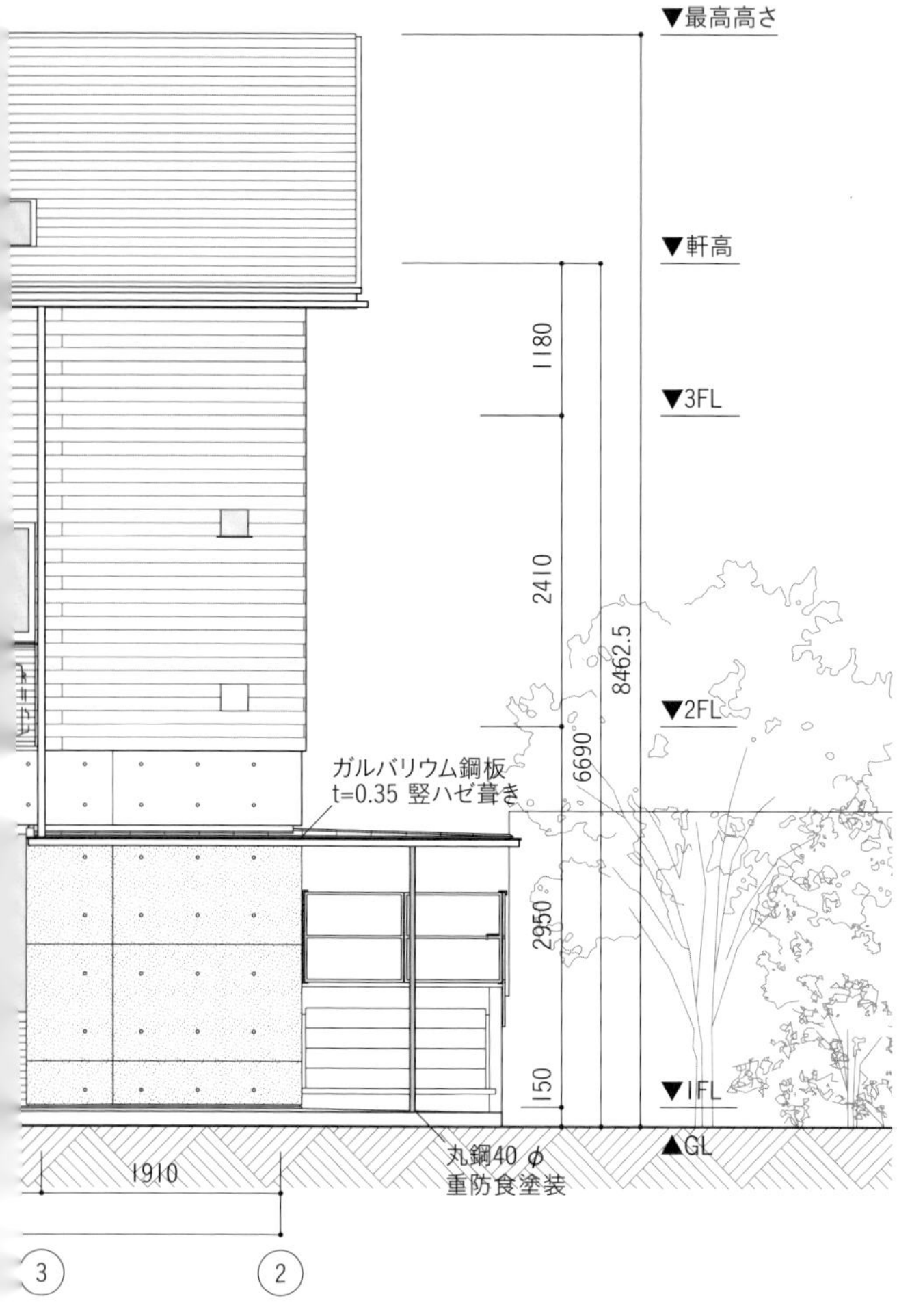

高圧洗浄による RC洗出し仕上げ

1階は打放しコンクリート仕上げとし、型枠解体後、高圧洗浄機により表面を洗い出した。この方法だと無闇に新品の型枠ベニヤを要求する必要もないのではないかという、私なりのコンクリート表現の提案でもある。

また打放し部分は型枠の間隔を一定に保持するセパレーターが出てくるので、その配置と割付を図示して施工者と協議する必要がある。

トップライトは嵌め殺しで、屋根面と平に仕上げた。

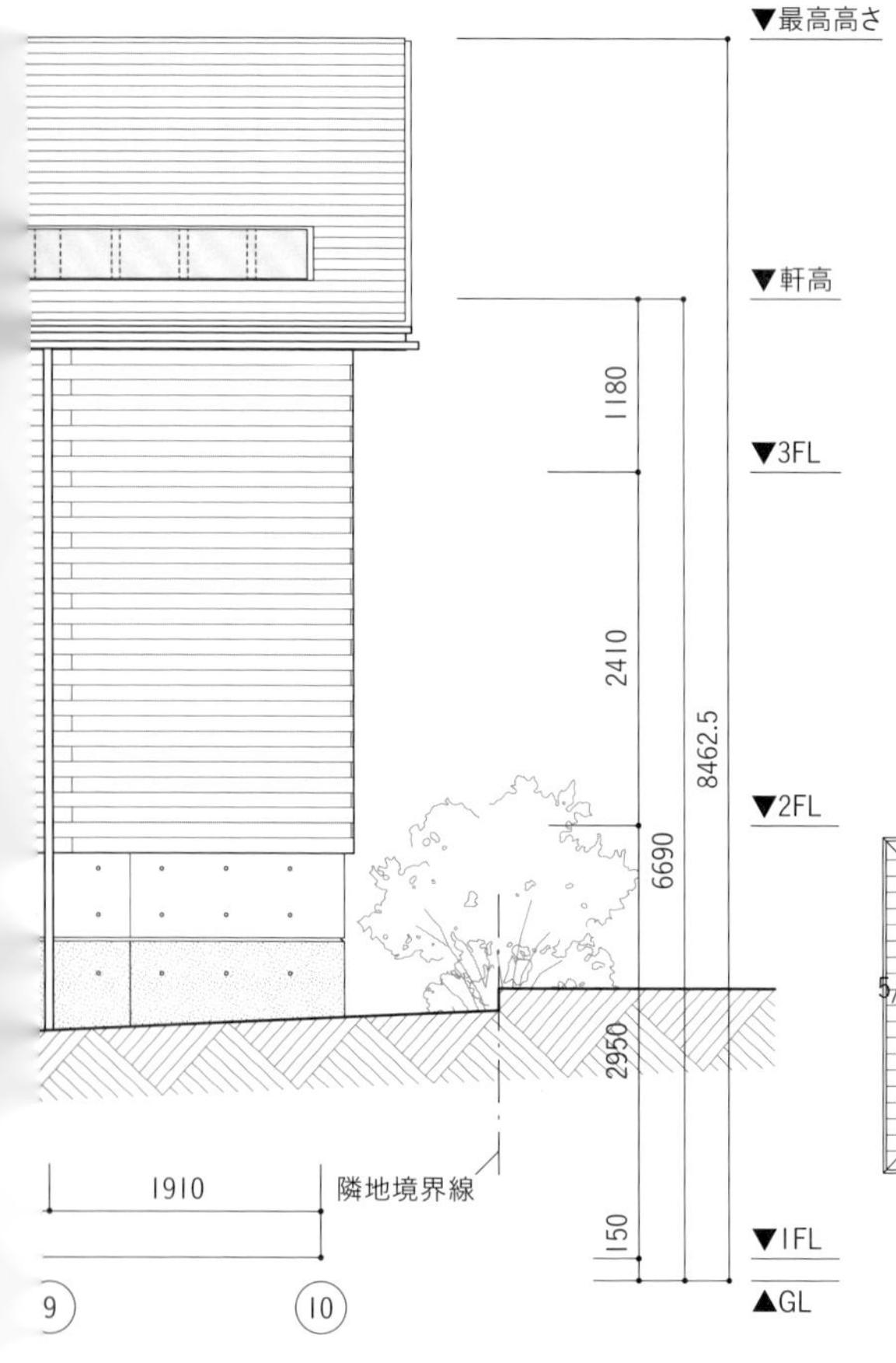

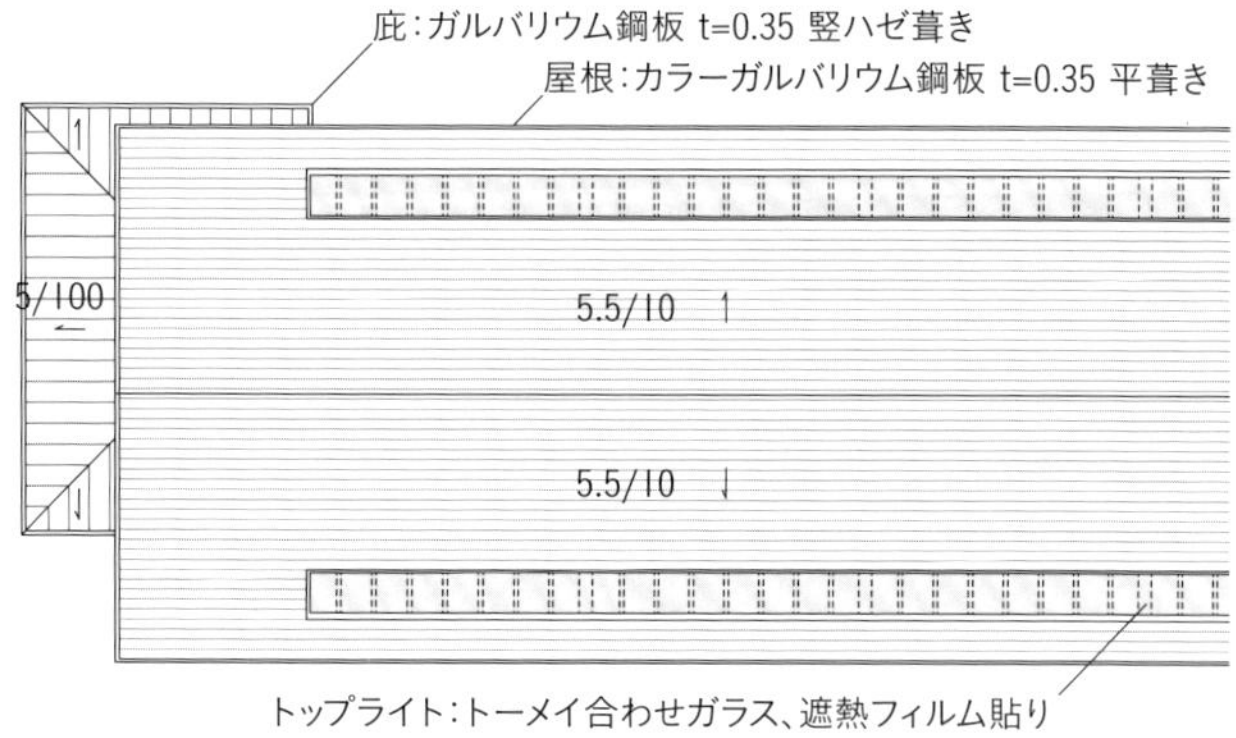

屋根伏図 | S=1/200

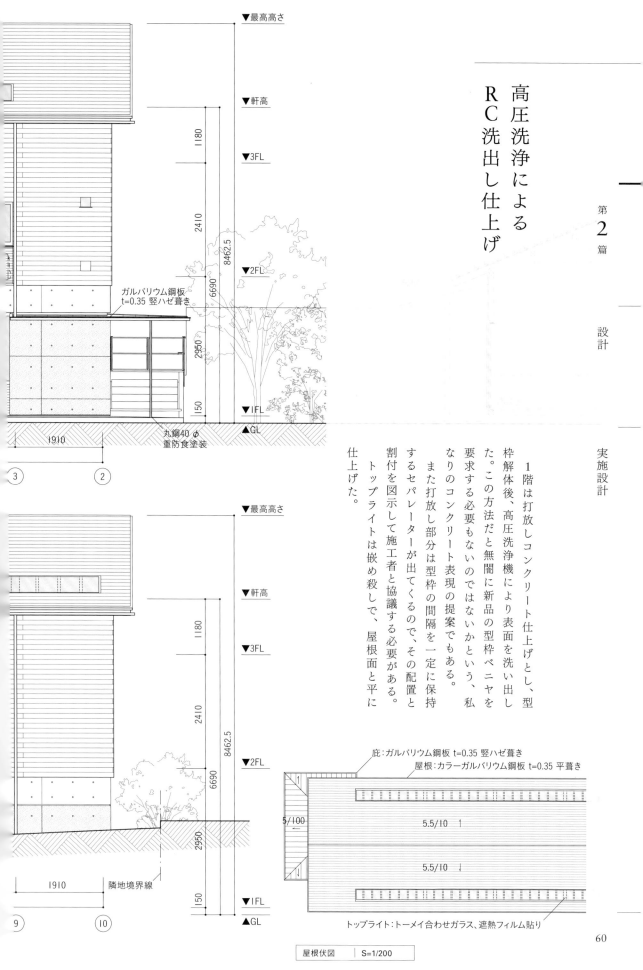

東側立面図　S=1/80

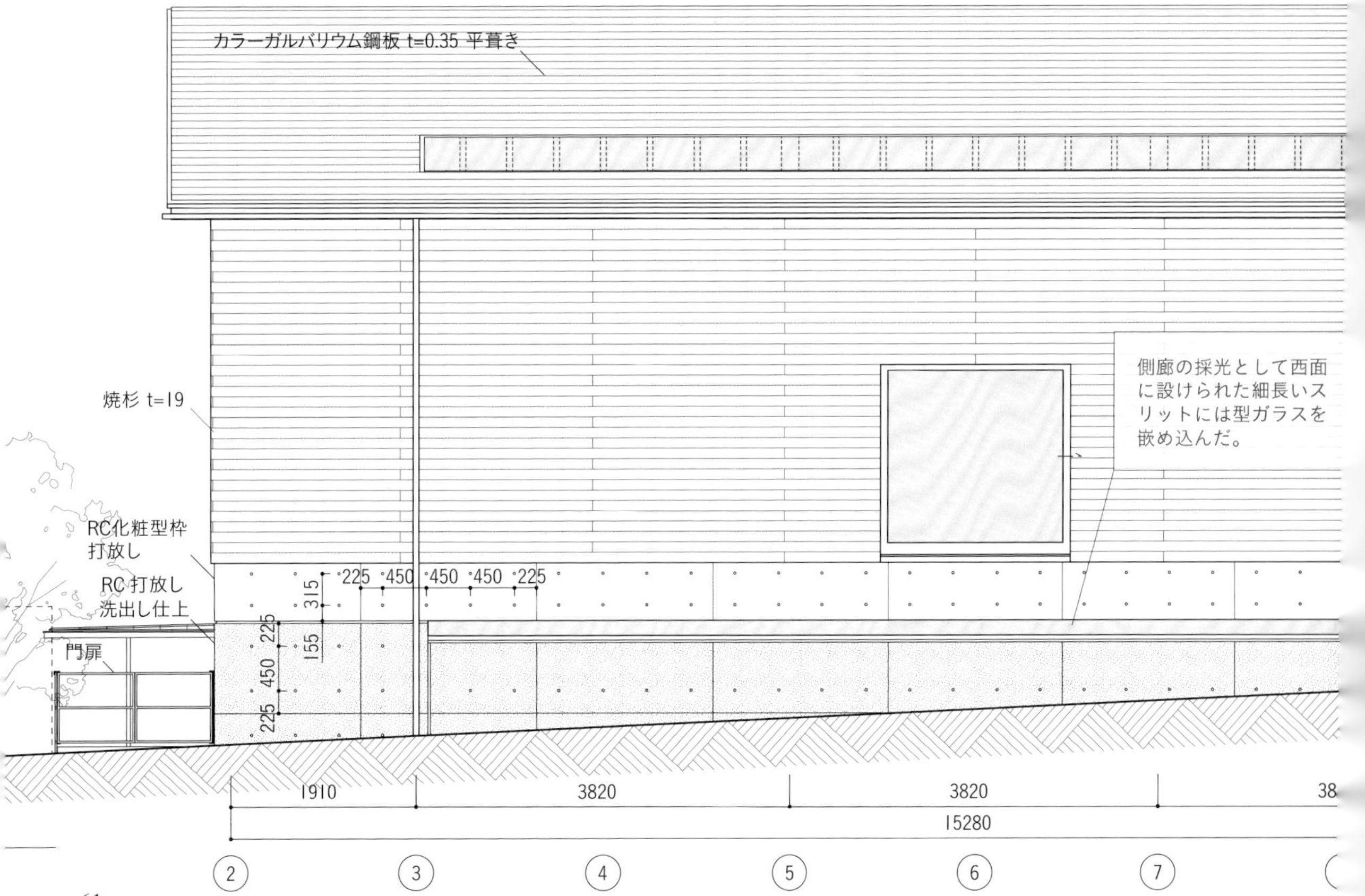

西側立面図　S=1/80

敷地のレベル差を利用して上部から採光を確保する

道路側（西側）の2階側廊から1階住居玄関の採光を確保している。1階天井高さは、備前焼制作を考慮して建主からの要望で2650ミリとなっている。住宅の天井高さは「2200ミリを基本」と考えており、条件に応じて可変させている。

屋根は棟換気を採用せず、妻面にガラリを設けて北側から吸気し、南側の妻面のガラリから換気扇にて強制排気している。

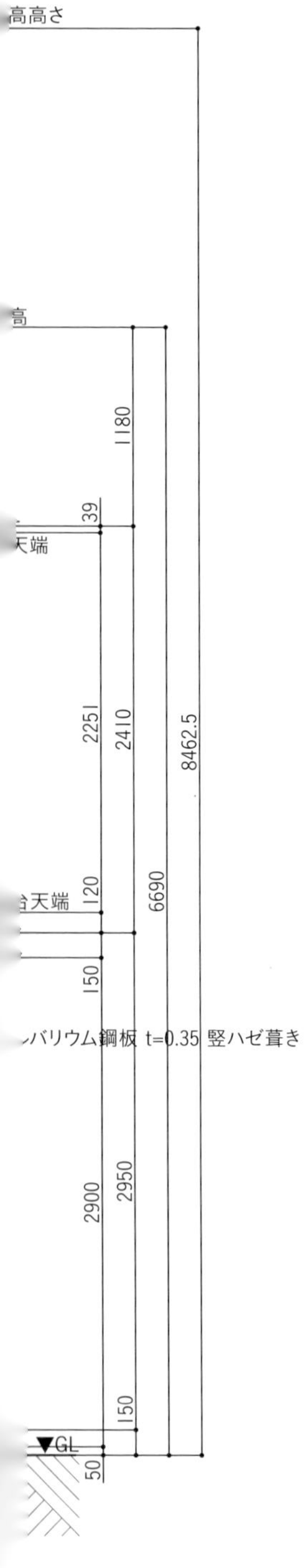

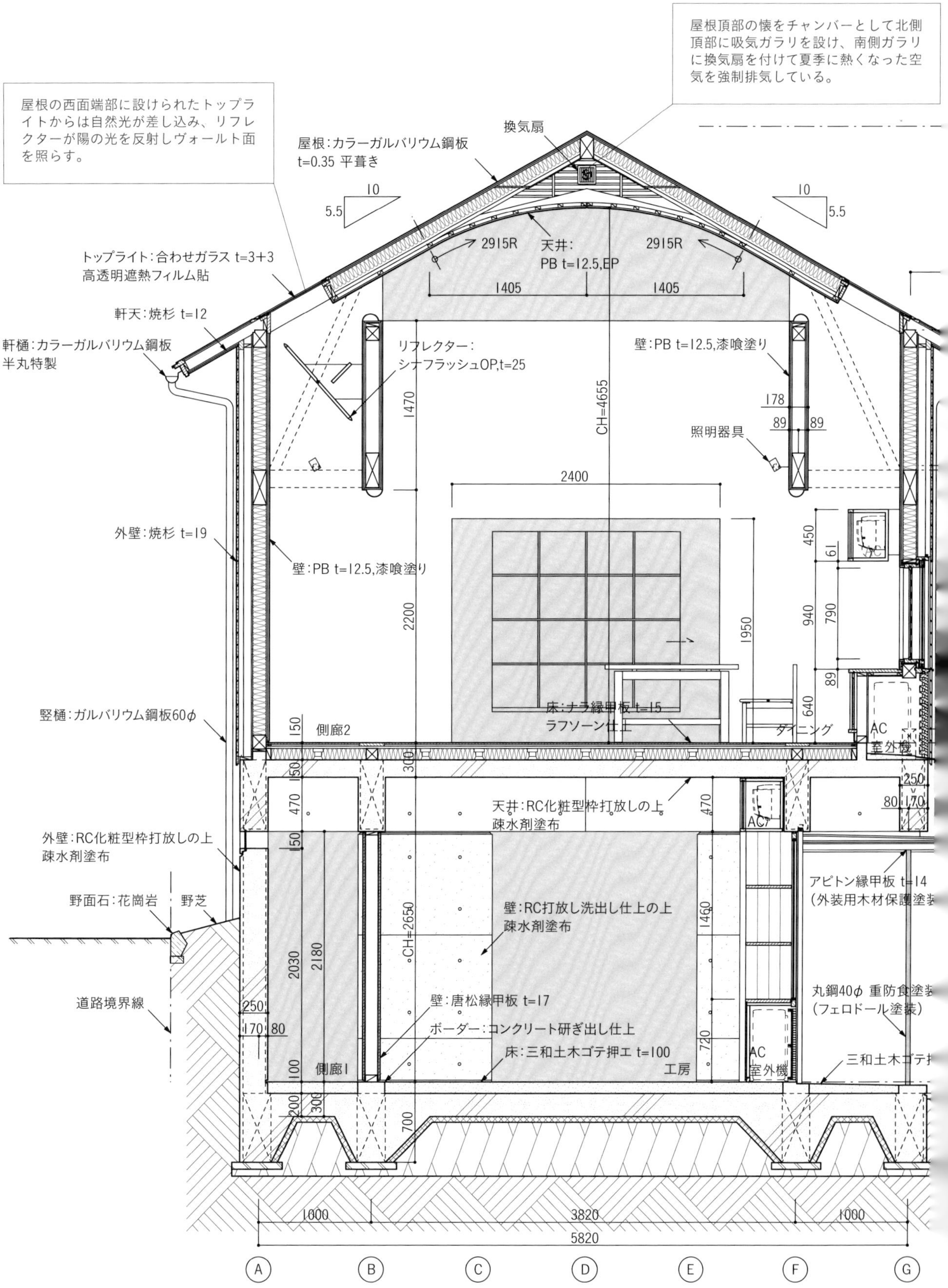
屋根頂部の懐をチャンバーとして北側頂部に吸気ガラリを設け、南側ガラリに換気扇を付けて夏季に熱くなった空気を強制排気している。
屋根の西面端部に設けられたトップライトからは自然光が差し込み、リフレクターが陽の光を反射しヴォールト面を照らす。
換気扇
屋根:カラーガルバリウム鋼板 t=0.35 平葺き
トップライト:合わせガラス t=3+3 高透明遮熱フィルム貼
軒天:焼杉 t=12
軒樋:カラーガルバリウム鋼板 半丸特製
天井:PB t=12.5,EP
2915R
1405
リフレクター:シナフラッシュOP,t=25
壁:PB t=12.5,漆喰塗り
照明器具
CH=4655
2400
外壁:焼杉 t=19
壁:PB t=12.5,漆喰塗り
床:ナラ縁甲板 t=15 ラフソーン仕上
側廊2
ダイニング
AC 室外機
竪樋:ガルバリウム鋼板60φ
天井:RC化粧型枠打放しの上 疎水剤塗布
外壁:RC化粧型枠打放しの上 疎水剤塗布
壁:RC打放し洗出し仕上の上 疎水剤塗布
アピトン縁甲板 t=14 (外装用木材保護塗装
野面石:花崗岩
野芝
CH=2650
壁:唐松縁甲板 t=17
ボーダー:コンクリート研ぎ出し仕上
床:三和土木ゴテ押エ t=100
丸鋼40φ 重防食塗装 (フェロドール塗装)
三和土木ゴテ押
道路境界線
側廊1
工房
AC
1000
3820
5820
A B C D E F G

短手断面図 S=1/50

光の階序を高さ関係で表現する

ここでは1階から2階への階段の高さ関係を見てほしい。

2階の住居は屋根の西面端部に設けられたトップライトから自然光が差し込み、リフレクターが陽の光を反射してボールト面を照らすだろう。光を採り入れるとしても、あくまで控えめに。

平面の無目敷居や下がり壁によって記された、光の階序が見えるだろうか。

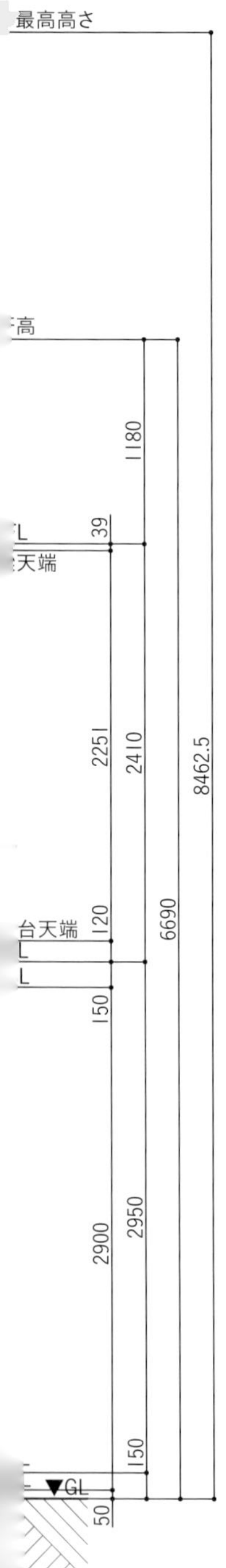

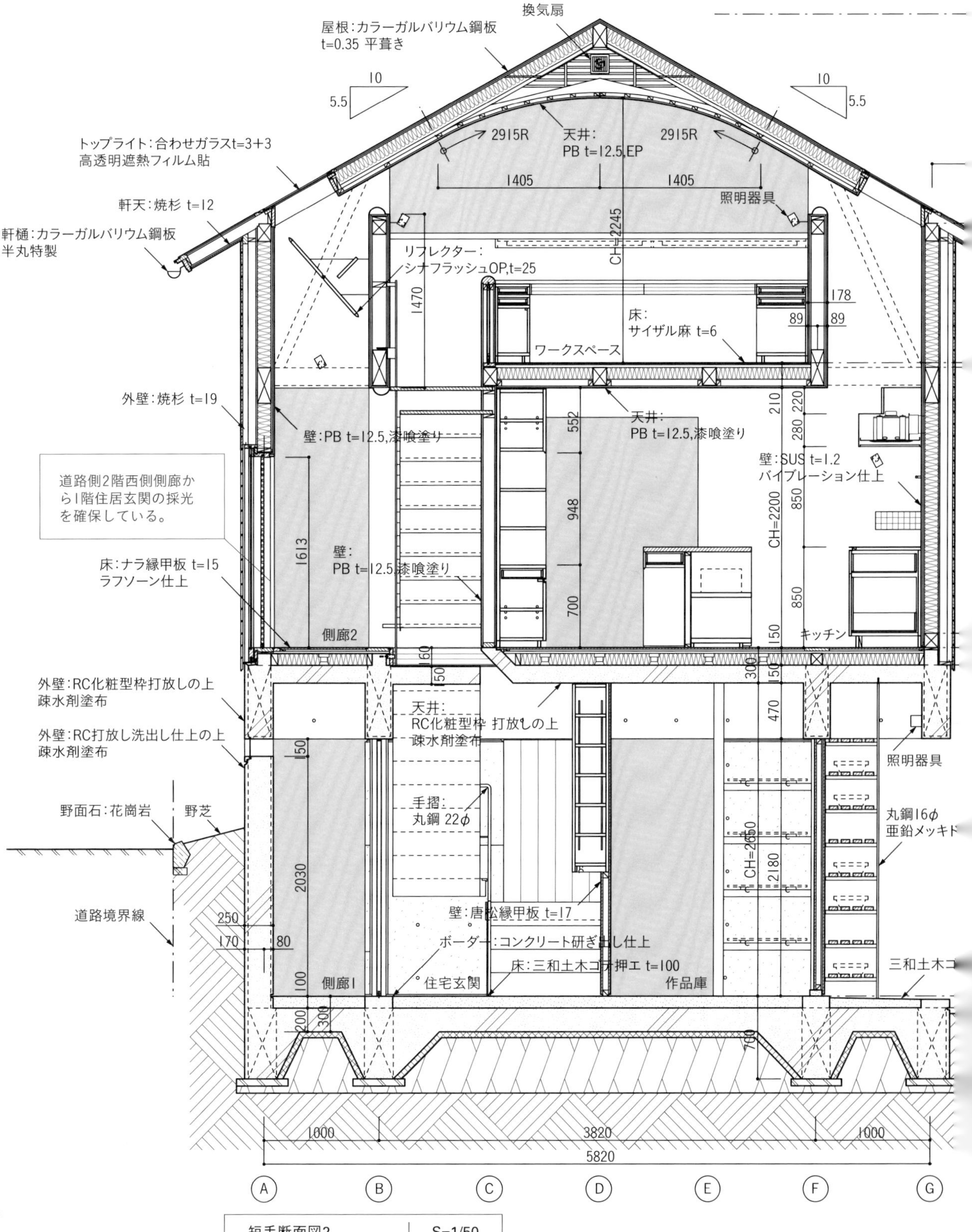

換気扇
屋根:カラーガルバリウム鋼板
t=0.35 平葺き
10
5.5
10
5.5
トップライト:合わせガラスt=3+3
高透明遮熱フィルム貼
2915R
天井:
PB t=12.5,EP
2915R
1405
1405
照明器具
軒天:焼杉 t=12
軒樋:カラーガルバリウム鋼板
半丸特製
リフレクター:
シナフラッシュOP,t=25
CH=2245
1470
178
89
89
床:
サイザル麻 t=6
ワークスペース
外壁:焼杉 t=19
壁:PB t=12.5,漆喰塗り
天井:
PB t=12.5,漆喰塗り
552
210
220
280
壁:SUS t=1.2
バイブレーション仕上
道路側2階西側側廊から1階住居玄関の採光を確保している。
948
850
CH=2200
1613
壁:
PB t=12.5,漆喰塗り
床:ナラ縁甲板 t=15
ラフソーン仕上
700
850
側廊2
150
キッチン
160
150
300
150
外壁:RC化粧型枠打放しの上
疎水剤塗布
天井:
RC化粧型枠 打放しの上
疎水剤塗布
470
外壁:RC打放し洗出し仕上の上
疎水剤塗布
150
照明器具
野面石:花崗岩
野芝
手摺:
丸鋼 22φ
丸鋼16φ
亜鉛メッキド
CH=2650
2180
2030
道路境界線
壁:唐松縁甲板 t=17
250
170
80
ボーダー:コンクリート研ぎ出し仕上
床:三和土木ゴテ押エ t=100
三和土木コ
100
側廊1
住宅玄関
作品庫
200
300
700
1000
3820
1000
5820
A
B
C
D
E
F
G

短手断面図2 S=1/50

視線の抜けや通風は断面から読めるように

北南の断面図である。屋根頂部の懐をチャンバーとして北側頂部に吸気ガラリを設け、南側ガラリに換気扇を付けて夏季に熱くなった空気を強制排気している。断面図では黒く塗るところをなるべく小さく、無駄のないモノリシックになるよう心がけている。柱や壁、下がり壁が抑揚のないオーダーによって配置されることで単位空間に独立性を与え、そここに居場所をつくっている。

開口部の大きさや配置は、主に視線の抜けや通風など、内側からのスタディによって決めている。

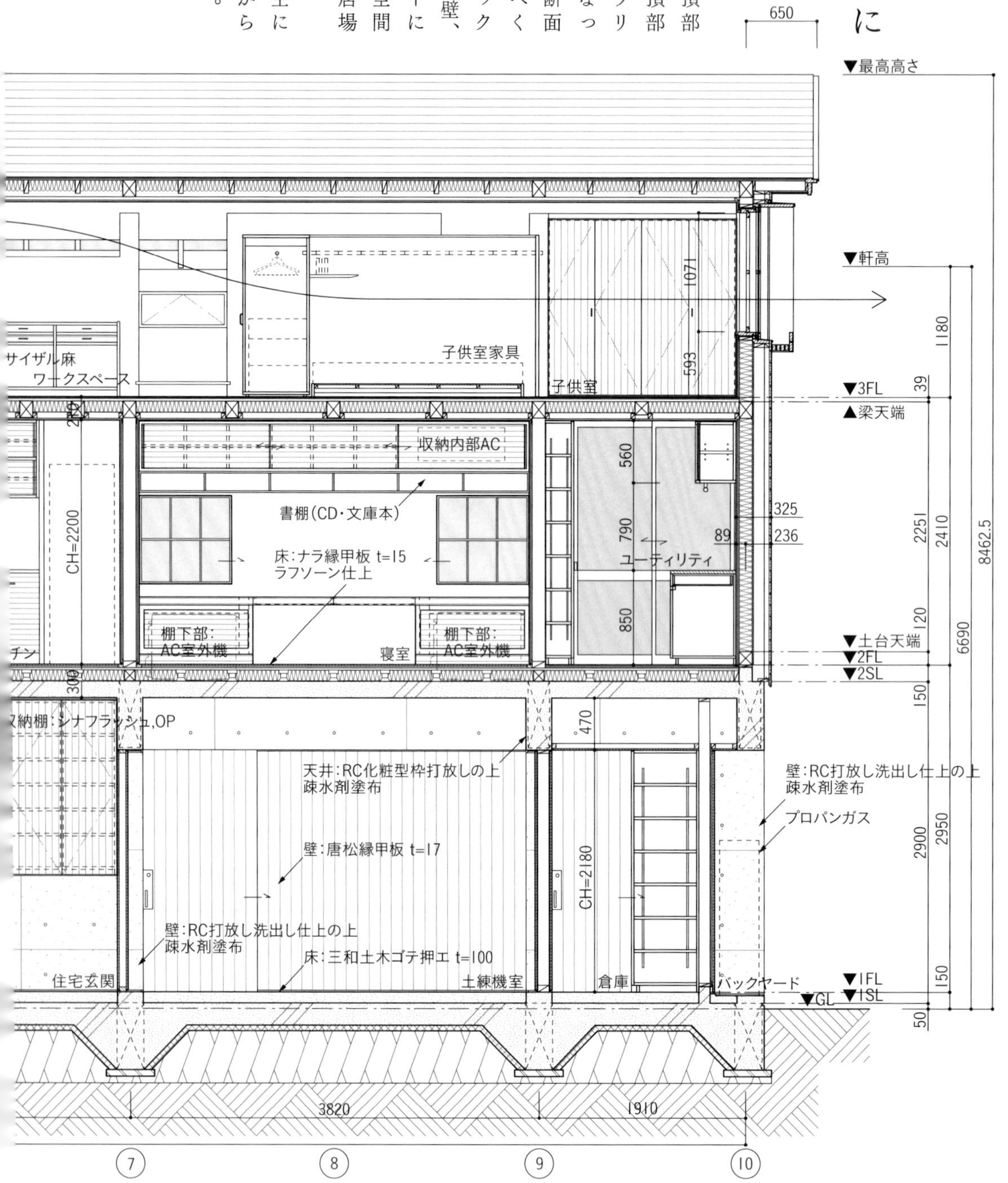

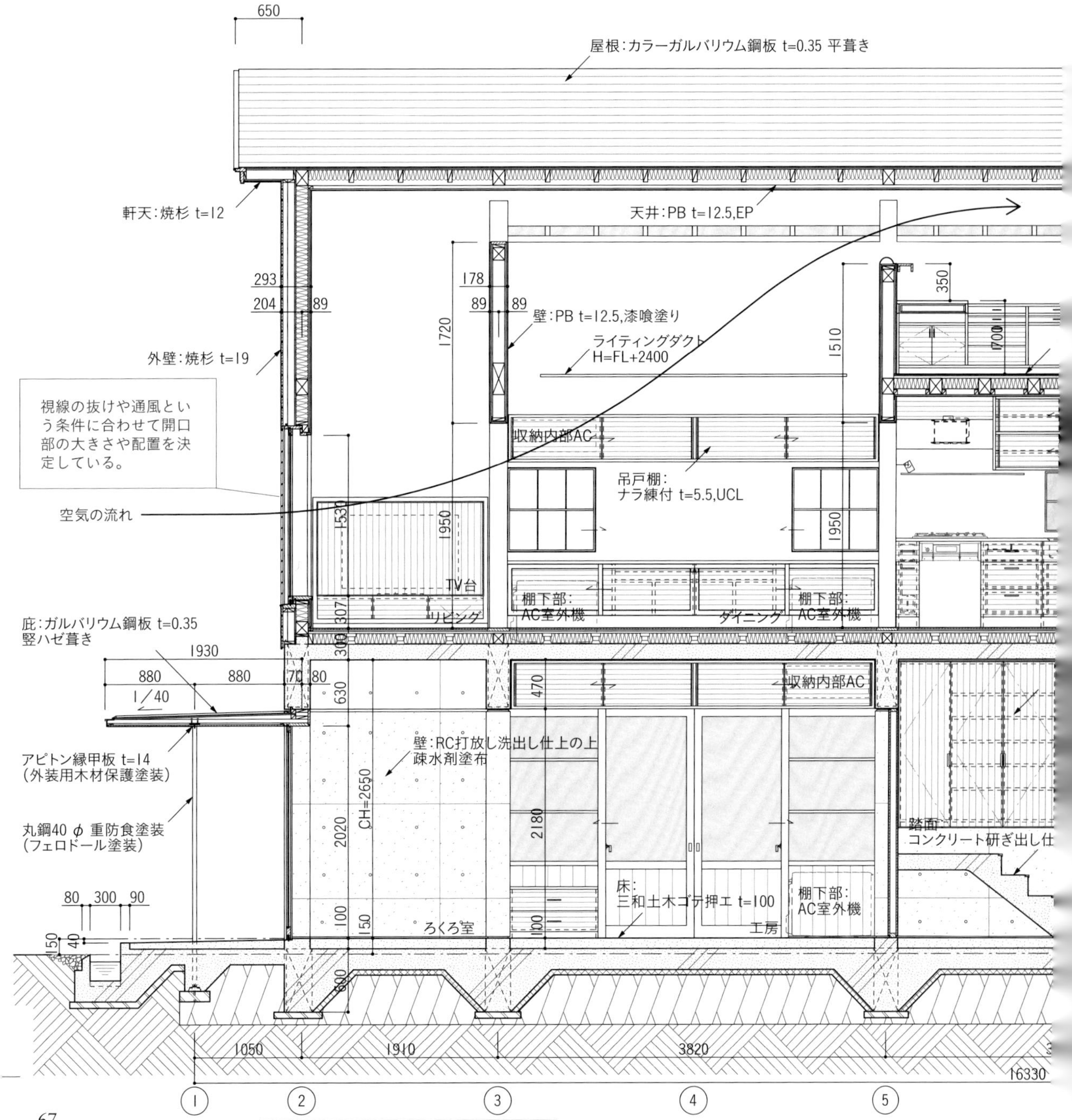
650
屋根:カラーガルバリウム鋼板 t=0.35 平葺き
軒天:焼杉 t=12
天井:PB t=12.5,EP
293
204
89
178
89
89
壁:PB t=12.5,漆喰塗り
1720
ライティングダクト
H=FL+2400
1510
350
1700
外壁:焼杉 t=19
視線の抜けや通風という条件に合わせて開口部の大きさや配置を決定している。
収納内部AC
吊戸棚:
ナラ練付 t=5.5,UCL
空気の流れ
1530
1950
1950
TV台
棚下部:
AC室外機
棚下部:
AC室外機
リビング
ダイニング
307
300
庇:ガルバリウム鋼板 t=0.35
竪ハゼ葺き
1930
880
880
1/40
70
80
630
470
収納内部AC
アピトン縁甲板 t=14
(外装用木材保護塗装)
壁:RC打放し洗出し仕上の上
疎水剤塗布
CH=2650
2020
2180
丸鋼40 φ 重防食塗装
(フェロドール塗装)
踏面
コンクリート研ぎ出し仕
80
300
90
床:
三和土木ゴテ押エ t=100
棚下部:
AC室外機
150
40
100
150
100
ろくろ室
工房
600
1050
1910
3820
16330
1
2
3
4
5

長手断面図 | S=1/60

下地の納まりや取付方法まで考える

矩計図は数多く描くようにしている。建築を平面だけではなく立体的に組み上げるために欠かせない図面だからだ。要は図面というものは見え掛かりだけでなく、下地の納まりや取付方法までも設計者が考える必要がある。そうすることによって無駄なスペースがなくなり、真正な空間が現れてくる。

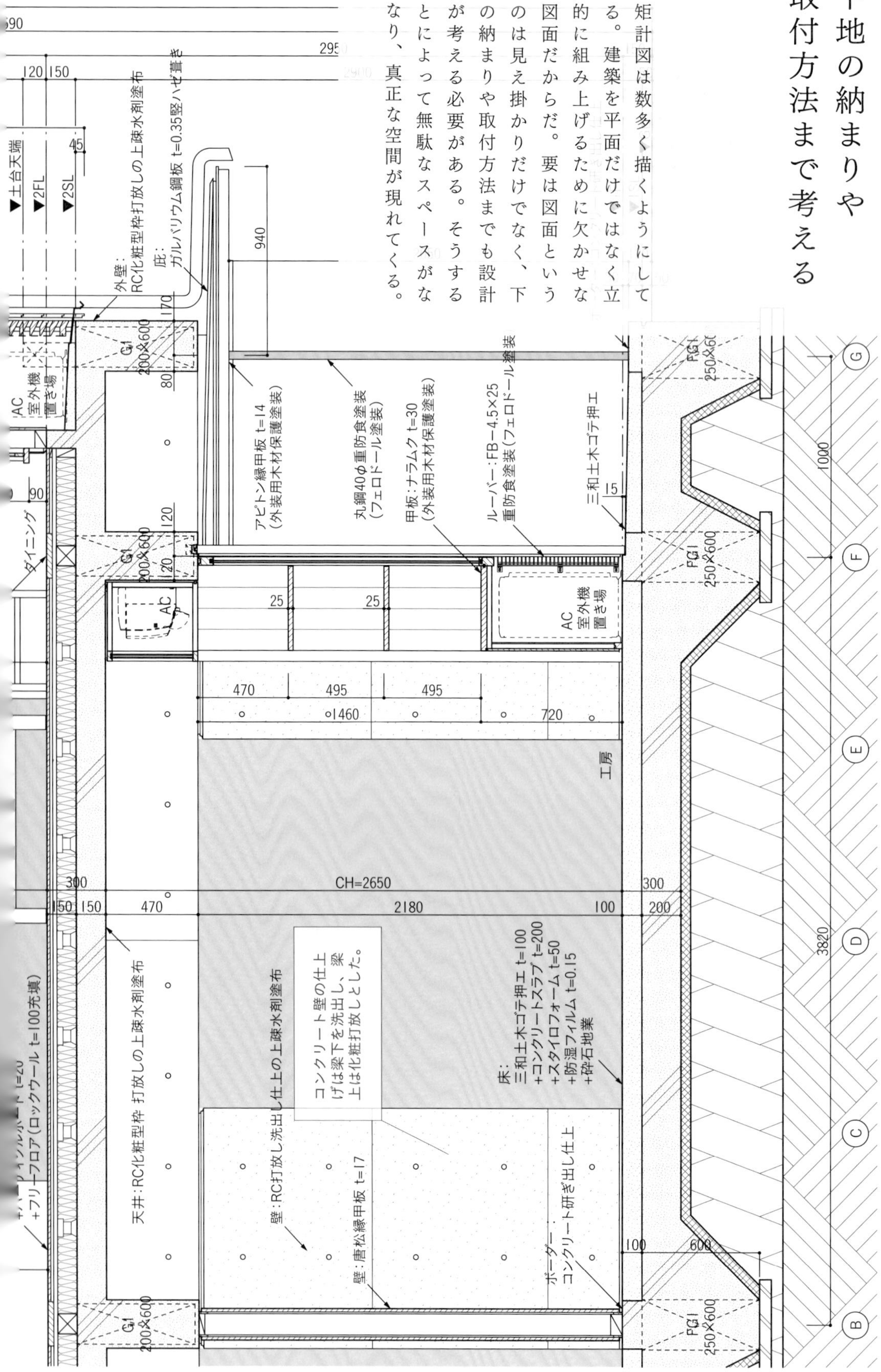

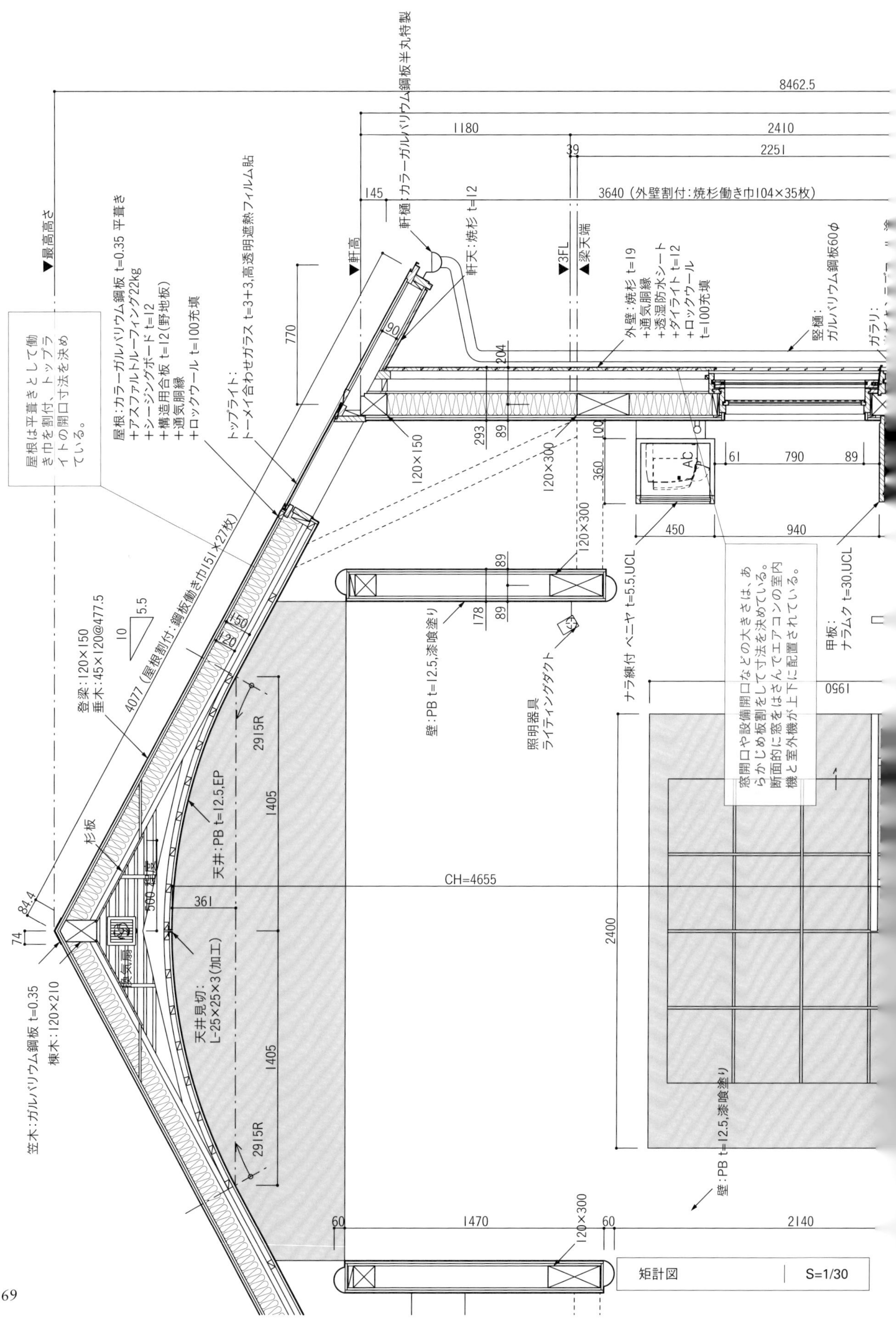

8462.5
1180
2410
39
2251
145
3640（外壁割付：焼杉働き巾104×35枚）
軒樋：カラーガルバリウム鋼板半丸持製
軒天：焼杉 t=12
▼最高高さ
▼軒高
▼3FL
▲梁天端
屋根は平葺きとして働き巾を割付、トップライトの開口寸法を決めている。
屋根：カラーガルバリウム鋼板 t=0.35 平葺き
+アスファルトルーフィング22kg
+シージングボード t=12
+構造用合板 t=12(野地板)
+通気胴縁
+ロックウール t=100充填
トップライト：
トーメイ合わせガラス t=3+3,高透明遮熱フィルム貼
外壁：焼杉 t=19
+通気胴縁
+透湿防水シート
+ダイライト t=12
+ロックウール
t=100充填
竪樋：
ガルバリウム鋼板60φ
ガラリ：
770
90
204
293
89
100
360
120×150
120×300
61
790
89
AC
450
940
窓開口や設備開口などの大きさは、あらかじめ板割をして寸法を決めている。断面的に窓をはさんでエアコンの室内機と室外機が上下に配置されている。
甲板：
ナラムク t=30,UCL
ナラ練付 ベニヤ t=5.5,UCL
120×300
89
178
89
壁：PB t=12.5,漆喰塗り
照明器具
ライティングダクト
4077（屋根割付：鋼板働き巾151×27枚）
10
5.5
登梁：120×150
垂木：45×120@477.5
150
120
2915R
1405
天井：PB t=12.5,EP
杉板
500程度
361
換気扇
CH=4655
2400
1950
84.4
74
笠木：ガルバリウム鋼板 t=0.35
棟木：120×210
天井見切：
L-25×25×3(加工)
1405
2915R
壁：PB t=12.5,漆喰塗り
60
1470
120×300
60
2140
矩計図
S=1/30

二つの工夫がなされた構造計画

「伊部の家」には、二つの構造的な工夫がなされている。

一つめは、トップライトからの光を2階まで落とすために、3階床が外壁から切り離されて宙に浮いたような状態にしつつ、3階の床梁せいもなるべく抑えることである。二つめは、リフレクターからの光が拡散される内部空間をつくるために、3階をヴォールト天井の無柱空間（5・82×15・28メートル）としていること。

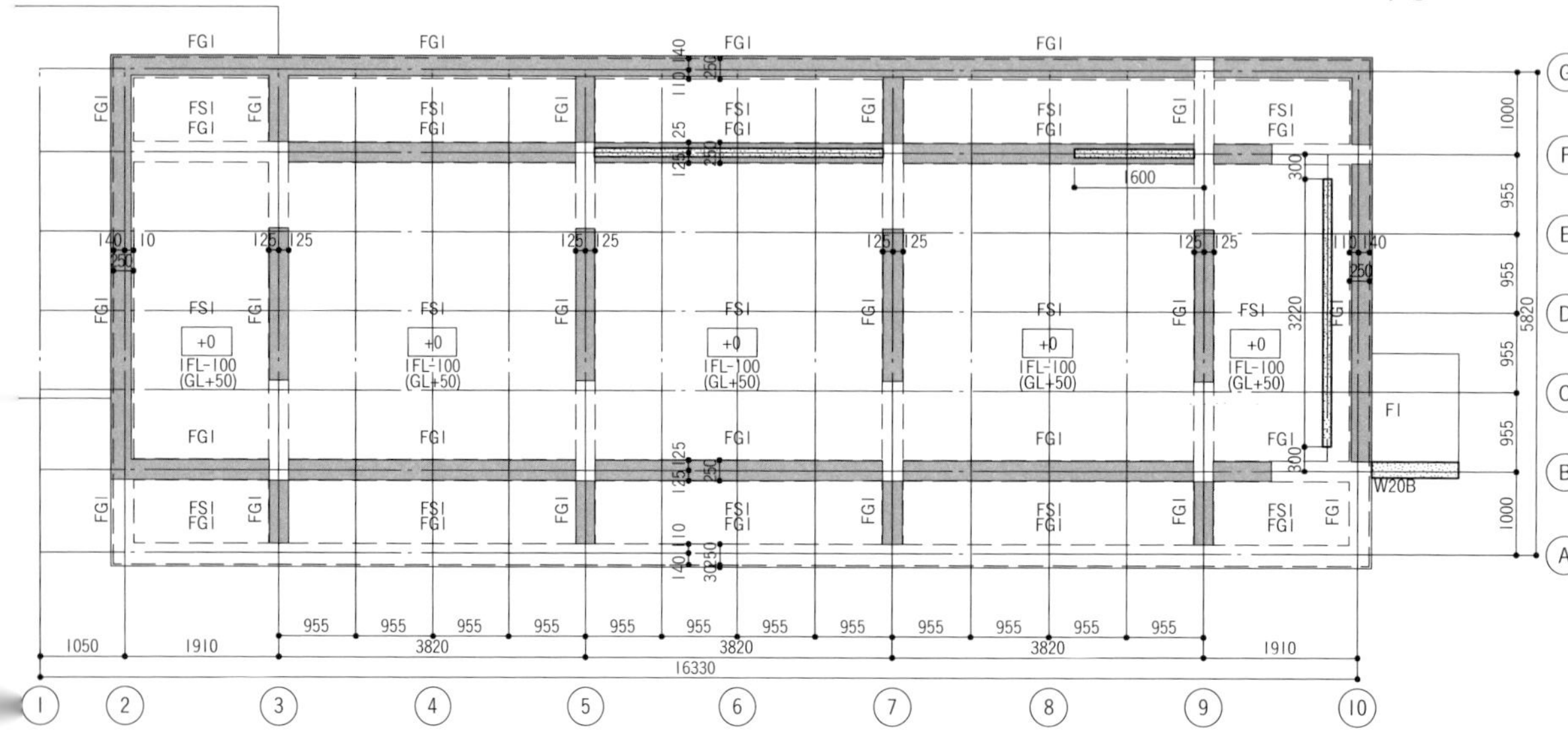

基礎伏図　S=1/120

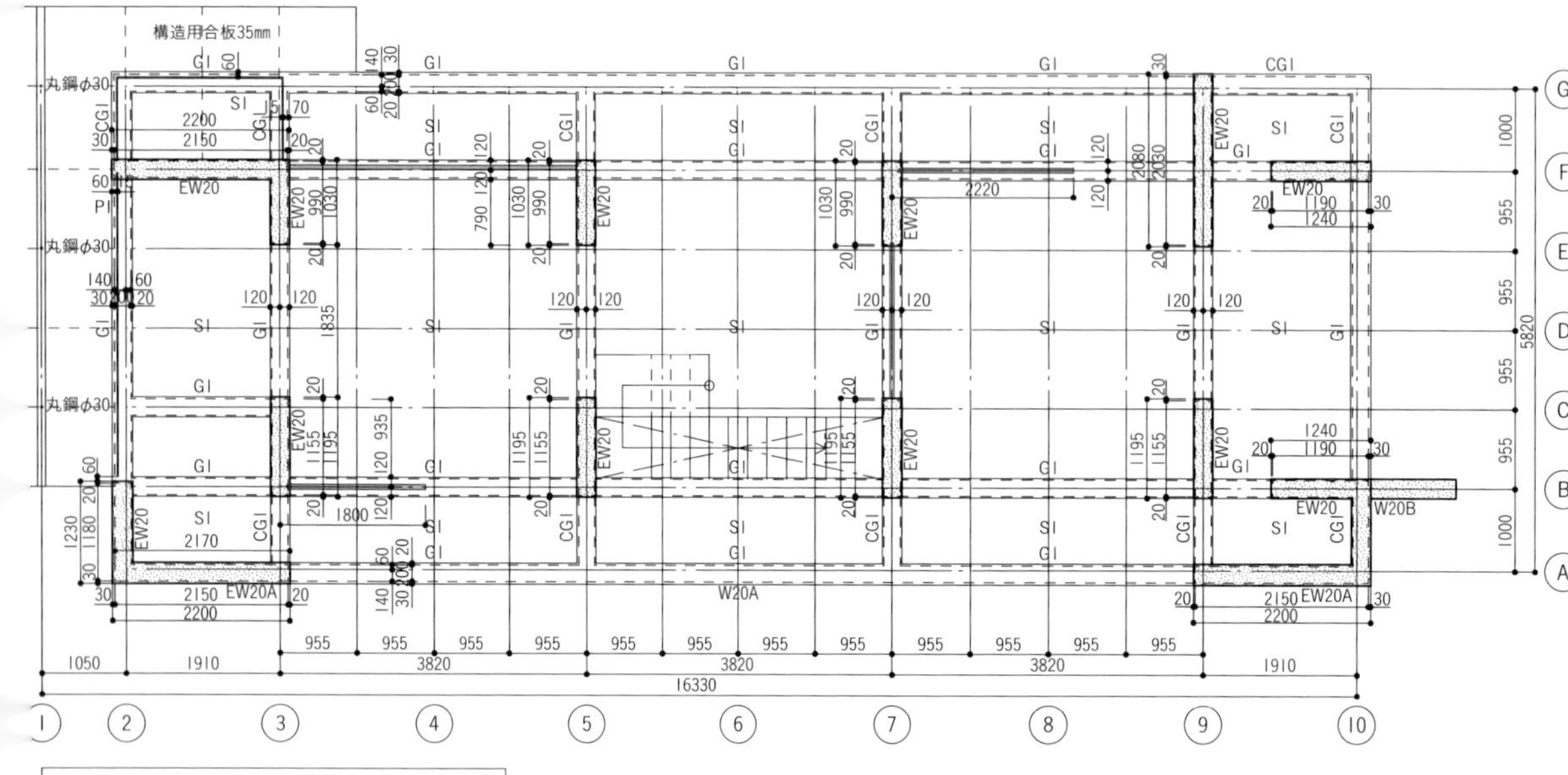

1階壁 2階床伏図　S=1/120

RC梁リスト　S=1/30			
符 号	FG1	G1	CG1
断 面	全断面	全断面	全断面
	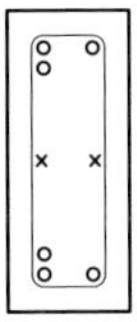	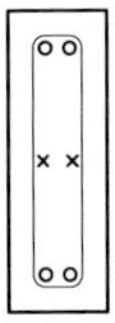	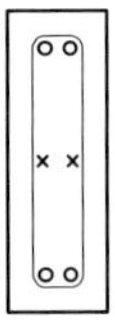
寸法	250×600	200×600	200×600
上端筋	2-D19/1-D19	2-D19	2-D19
下端筋	2-D19/1-D19	2-D19	2-D19
あばら筋	□-D10@200	□-D10@200	□-D10@200
腹筋	2-D13	2-D13	2-D13

RC壁リスト　S=1/30			
符 号		EW20	EW20A
断 面		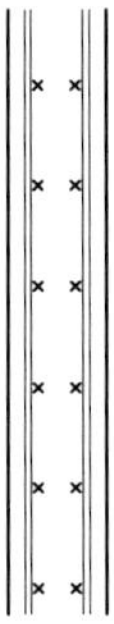	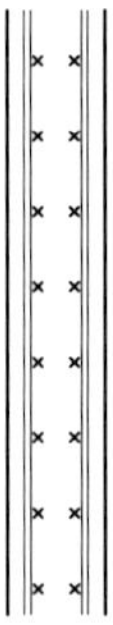
壁 厚		200	200
タテ筋		D13@200ダブル	D13@150ダブル
ヨコ筋		D13@200ダブル	D13@150ダブル
開口部補強筋	タテ	2-D16	2-D16
	ヨコ	2-D16	2-D16
	ナナメ	2-D16	2-D16

床 版 リ ス ト								
符 号	版 厚	位 置	短 辺 方 向			長 辺 方 向		
			中 央 部		周 辺 部	中 央 部		周 辺 部
			両 端	中 央	全 域	両 端	中 央	全 域
S1	150	上端筋	←	D13@200	→	←	D13@200	→
		下端筋	←	D13@200	→	←	D13@200	→
FS1	200	上端筋	←	D13@200	→	←	D13@200	→
		下端筋	←	D13@200	→	←	D13@200	→
DS1	150		←	D10@200	→	←	D10@200	→

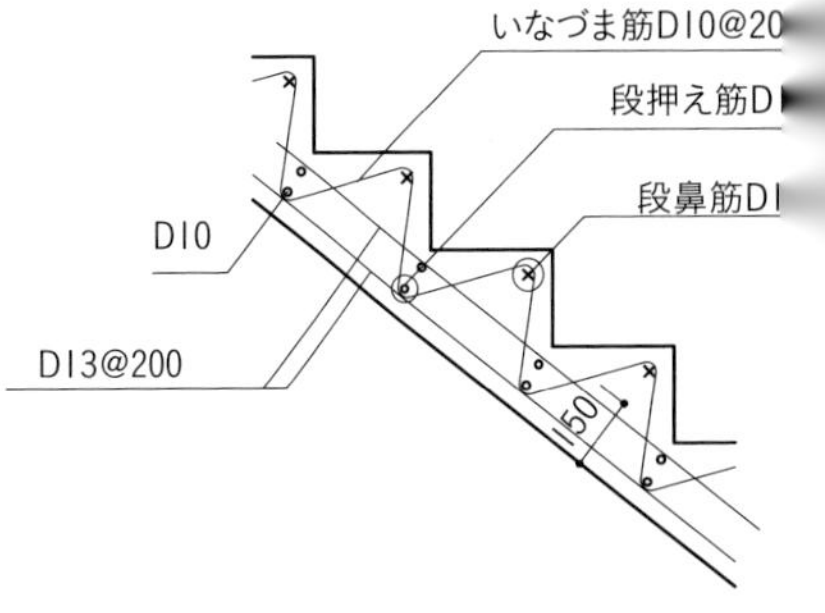

スラブ階段配筋図	S=1/30

3階床を宙に浮かせ、梁せいを抑える

3階床が外壁から切り離されたような状態になることで、水平力を外壁の耐力壁までどのように伝えるか。

ここでは、梁間5・82メートルのうち、床のあるスパン中央の3・82メートル分に構造用合板24ミリ（N75、@150以下）を張って固め、外壁際1メートル幅の部分は、突出させた床梁の弱軸の曲げ性能のみで水平力を伝達させるようにしている。

また、梁間方向の水平力は、3・82メートルピッチで配置される屋根の折線アーチ架構と、1階のRC造壁の通りに合わせて配置した2階の耐力壁により、RC造躯体まで円滑に伝えている。

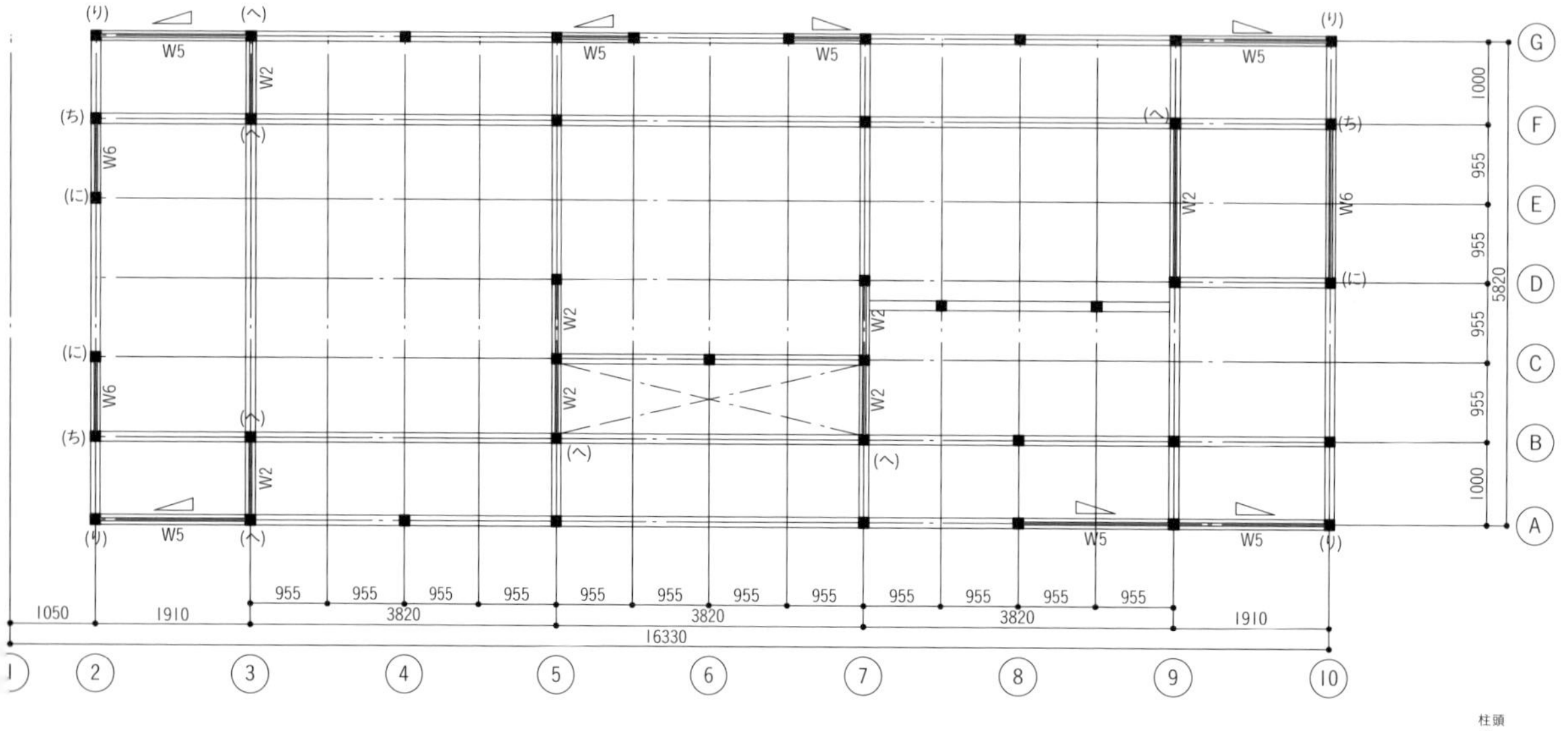

土台伏図　S=1/120

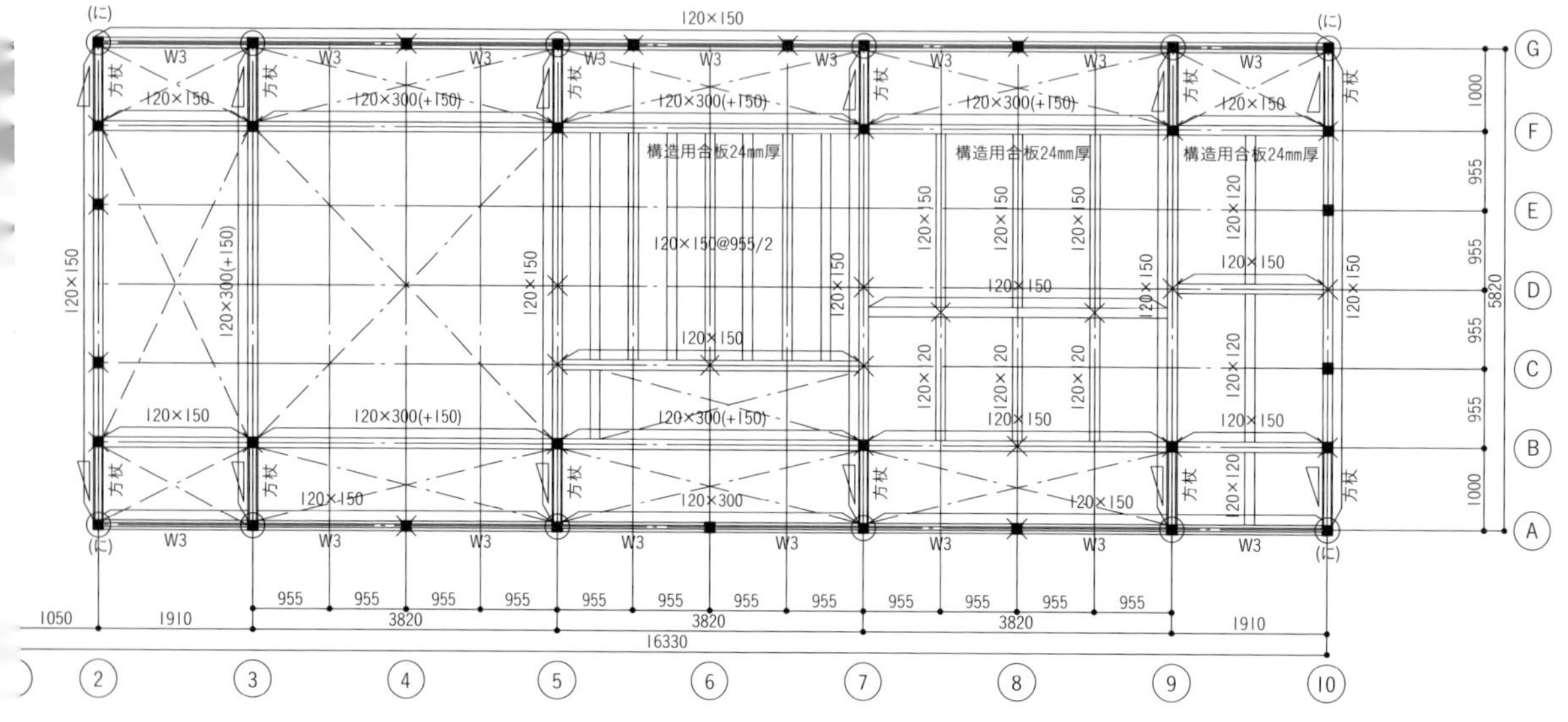

3階伏図　S=1/120

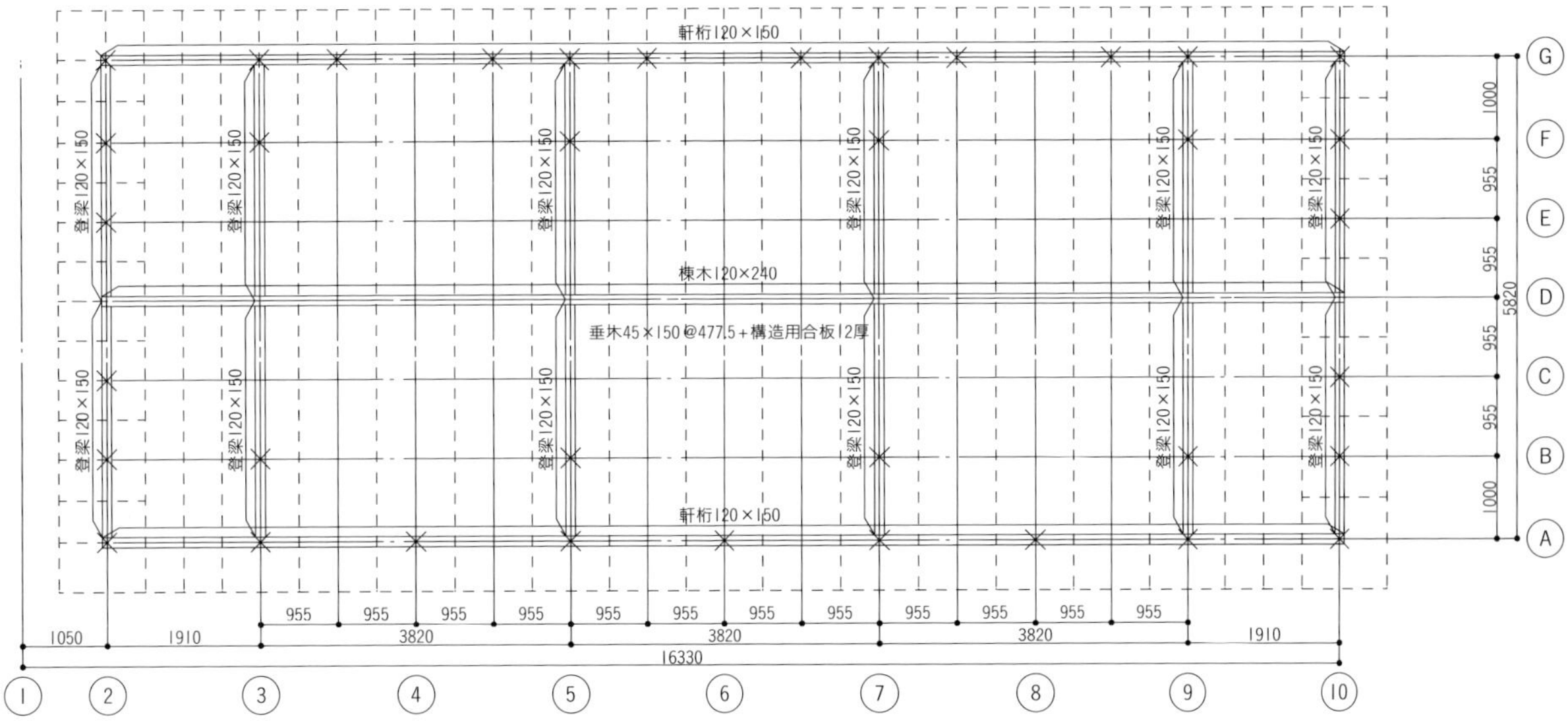

小屋伏図	S=1/120

5)水平構面

・3階床:構造用合板24mmを釘CN75@150で軸組に留付け

(継目部受材は60×60を@1000以下に設け同様に釘留め)

・屋根:構造用合板12mmを釘CN50@150で垂木に留付け

6)木材あらわし部分の接合部

木材があらわしとなる部分の接合部は、監理と協議の上

金物がみえないような接合方法とすること。

7)横架材接合部

・通し柱と梁は羽子板ボルトと同等以上の仕様で接合する。

・大梁と小梁は羽子板ボルトと同等以上の仕様で接合する。

・梁の継手は、両引き羽子板ボルトと同等以上(又は短冊金物等)のでで接合すること。

告示記号	N値	必要耐力(kN)	継手・仕口の仕様
(い)	0.0以下	0.0kN	短ほぞ差し又はかすがい打ち
(ろ)	0.65以下	3.4kN	長ほぞ差し込み栓又はかど金物CP-L
(は)	1.0以下	5.1kN	かど金物CP-T又は山形プレートVP
(に)	1.4以下	7.5kN	羽子板ボルト又は短ざく金物 (スクリュー釘なし)
(ほ)	1.6以下	8.5kN	羽子板ボルト又は短ざく金物 (スクリュー釘あり)
(へ)	1.8以下	10.0kN	引き寄せ金物 HD-B10(S-HD10)
(と)	2.8以下	15.0kN	引き寄せ金物 HD-B15(S-HD15)
(ち)	3.7以下	20.0kN	引き寄せ金物 HD-B20(S-HD20)
(り)	4.7以下	25.0kN	引き寄せ金物 HD-B25(S-HD25)
(ぬ)	5.6以下	30.0kN	引き寄せ金物 HD-B15(S-HD15)×2個

1)引抜き防止金物の仕様

・HD-10 : ホールダウン金物10kN用同等品

・HD-15 : ホールダウン金物15kN用同等品

・HD-20 : ホールダウン金物20kN用同等品

・HD-25 : ホールダウン金物25kN用同等品

・HD-35 : ホールダウン金物35kN用同等品

・ホールダウン金物はRC躯体に直接アンカーすること。

・図中の引抜き防止金物の記号は当該階柱の柱頭及び柱脚を示す。

・特記なき柱の柱頭及び柱脚には全て長ほぞ差し込栓打ち及び(は)(山形プレート相当)で留めつける。(込栓径15角堅木)

2)部材

特記なきは以下とする。

・土台　120×120(桧)

・柱　120×120(杉)

・横架材の樹種　米松とする。

・垂木　45×120@455(杉)

3)アンカーボルト(ホールダウン用以外)

・1800mm以内の間隔

・出隅、入隅の位置

・土台継手の上木を押さえ込む位置

・耐力壁の両端の柱、柱芯より150mm内外の位置

・M12を使用

4)耐力壁

・W1:筋交45×90片掛け(壁倍率2.0倍)

・W2:筋交45×90たすき掛け(壁倍率4.0倍)

・W3:構造用合板片面(壁倍率2.5倍)

・W4:構造用合板両面(壁倍率5.0倍)

・W5:筋交45×90片掛け+構造用合板片面(壁倍率4.5倍)

・W6:筋交45×90たすき掛け+構造用合板片面(壁倍率5.0倍)

・W7:筋交45×90たすき掛け+構造用合板両面(壁倍率5.0倍)

※建設省告示の仕様で軸組に留めつける。

ヴォールト天井の無柱空間をつくる

ここでは、軒（登梁下端）レベルにタイバーが入れられないため、通常、登梁（合掌）と3階床梁（陸梁）で三角形構面を構成する合掌構造が成立させにくい。そこで、軒レベルの直下にある3階床梁にタイバーの役割を担わせることとし、登梁の軸力を直接的に3階床梁に伝えられるよう、登梁の中間に取り付く方杖を設けている。

これによって全体として折線形状のアーチ構造にして、5・82メートルスパンを梁間方向に飛ばしているだけでなく、梁間方向の水平力もこの方杖に負担させることができ、内部に耐力壁は不要になる。

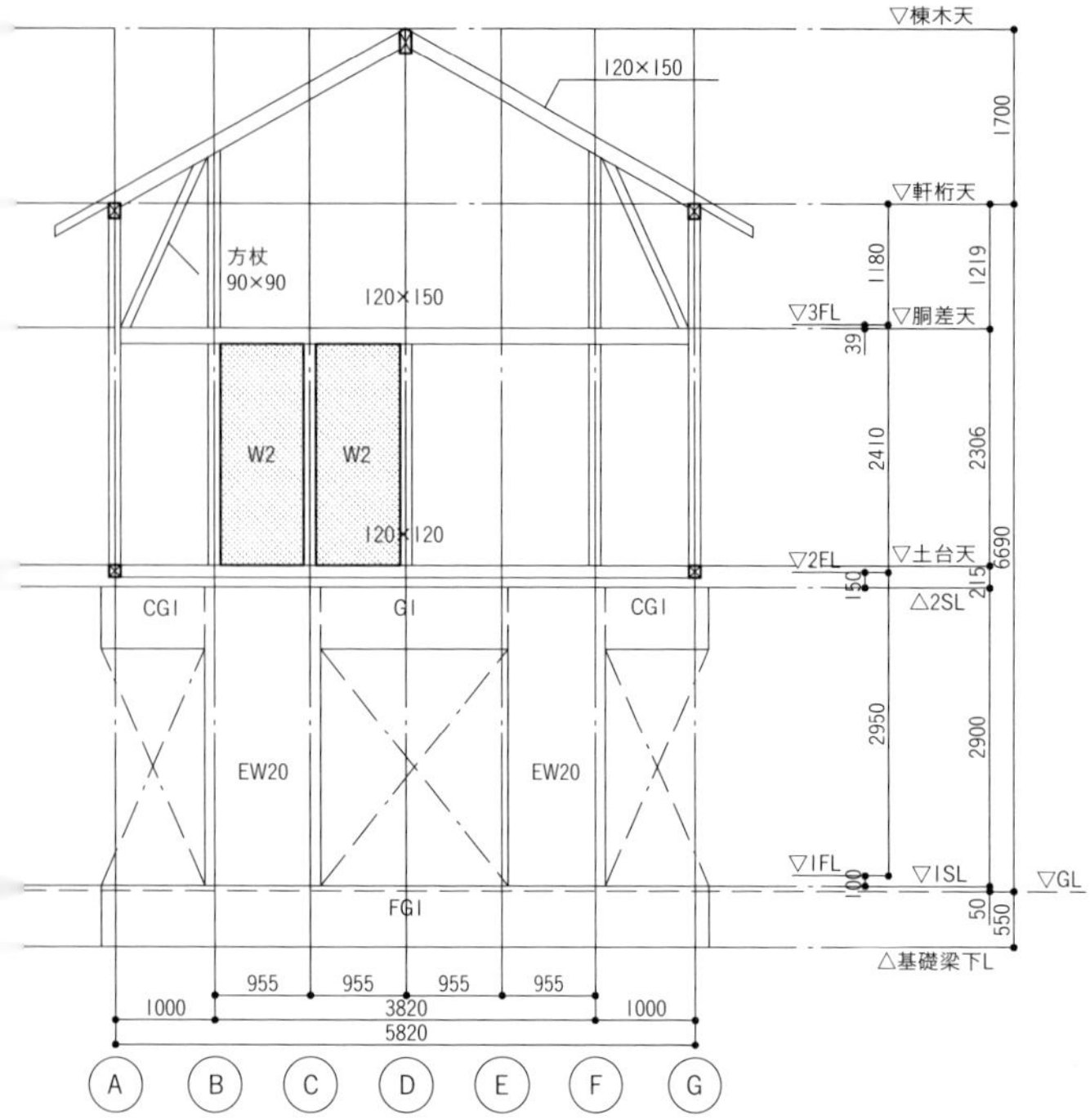

5通り

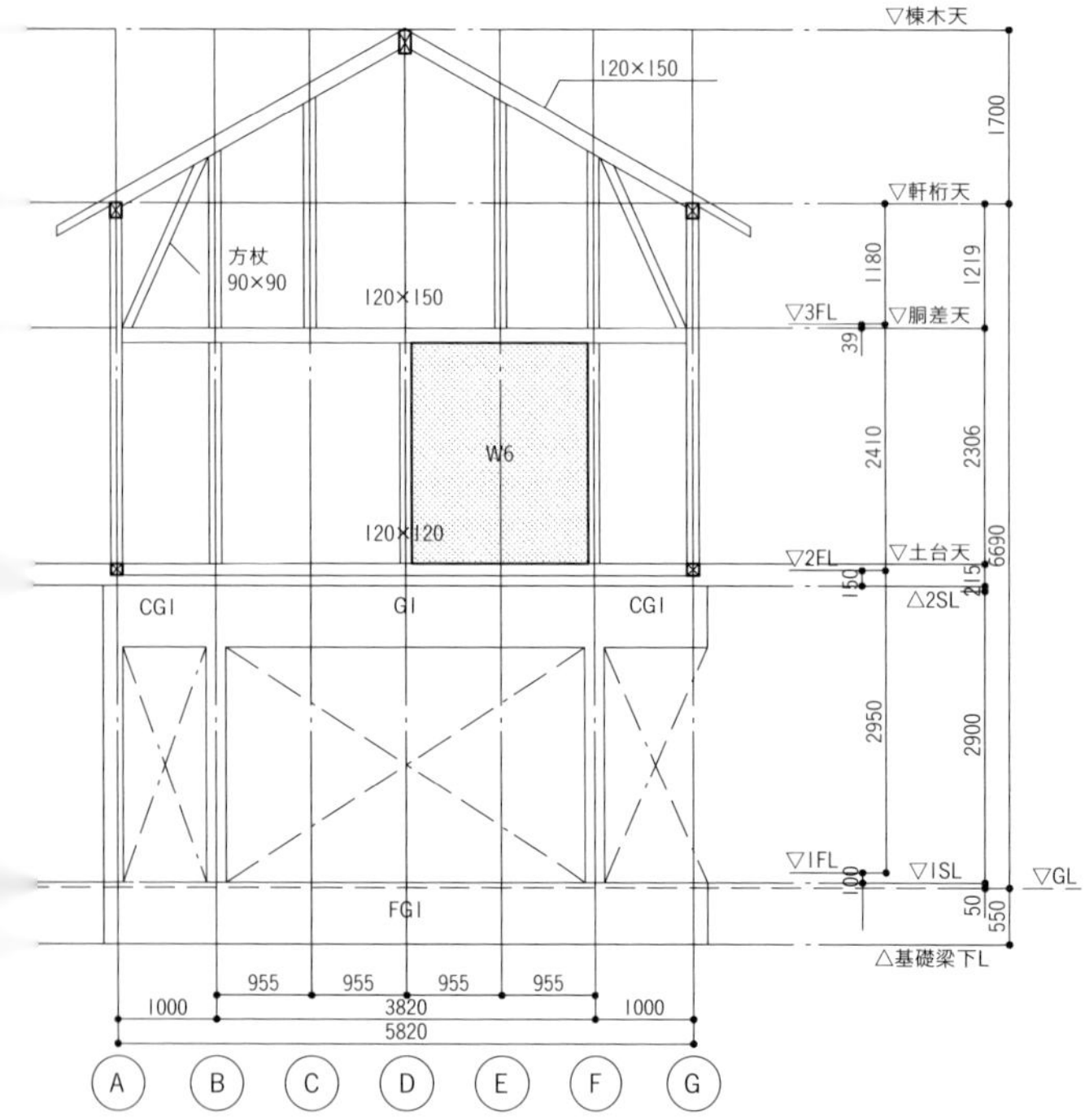

7通り

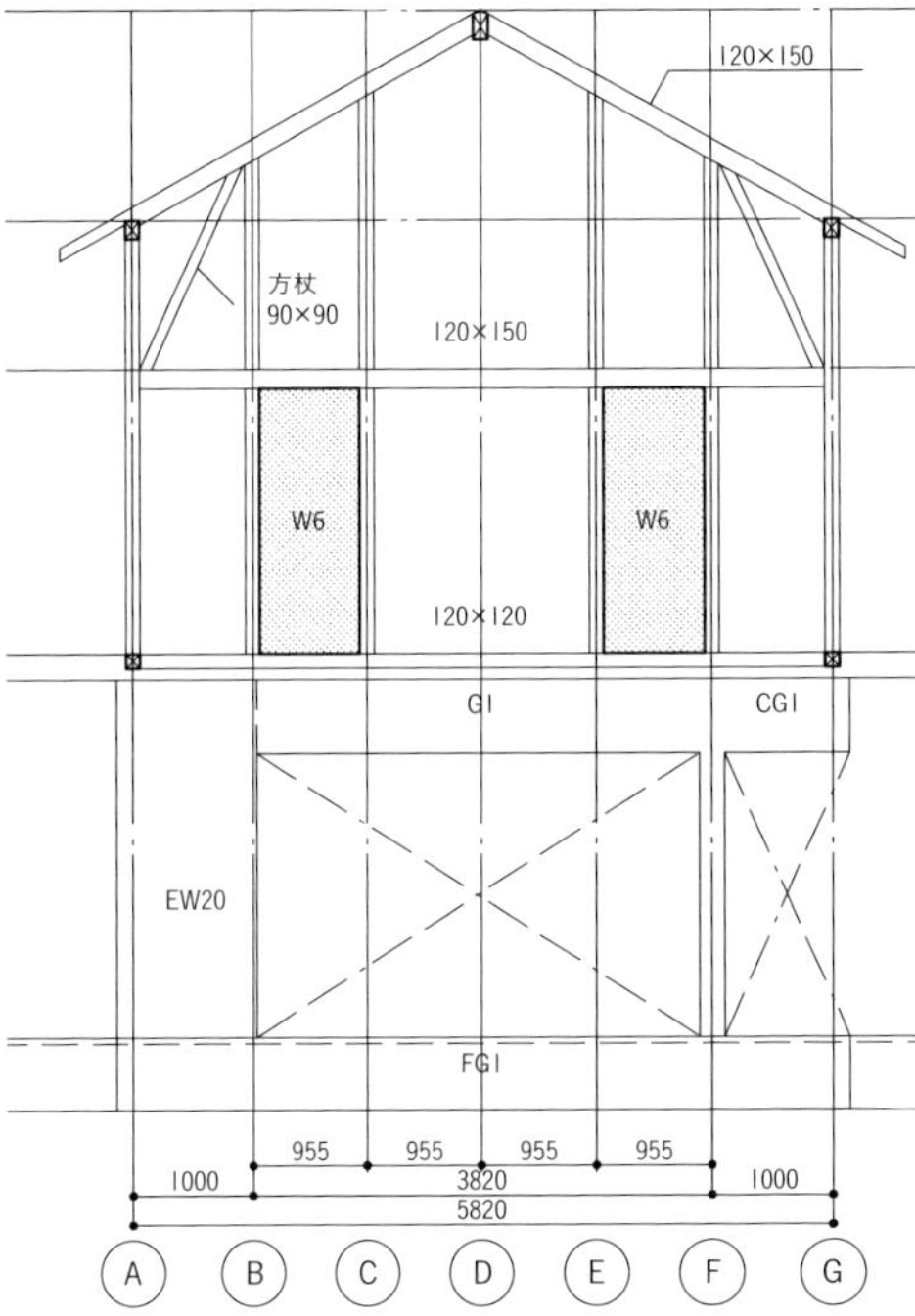

2通り

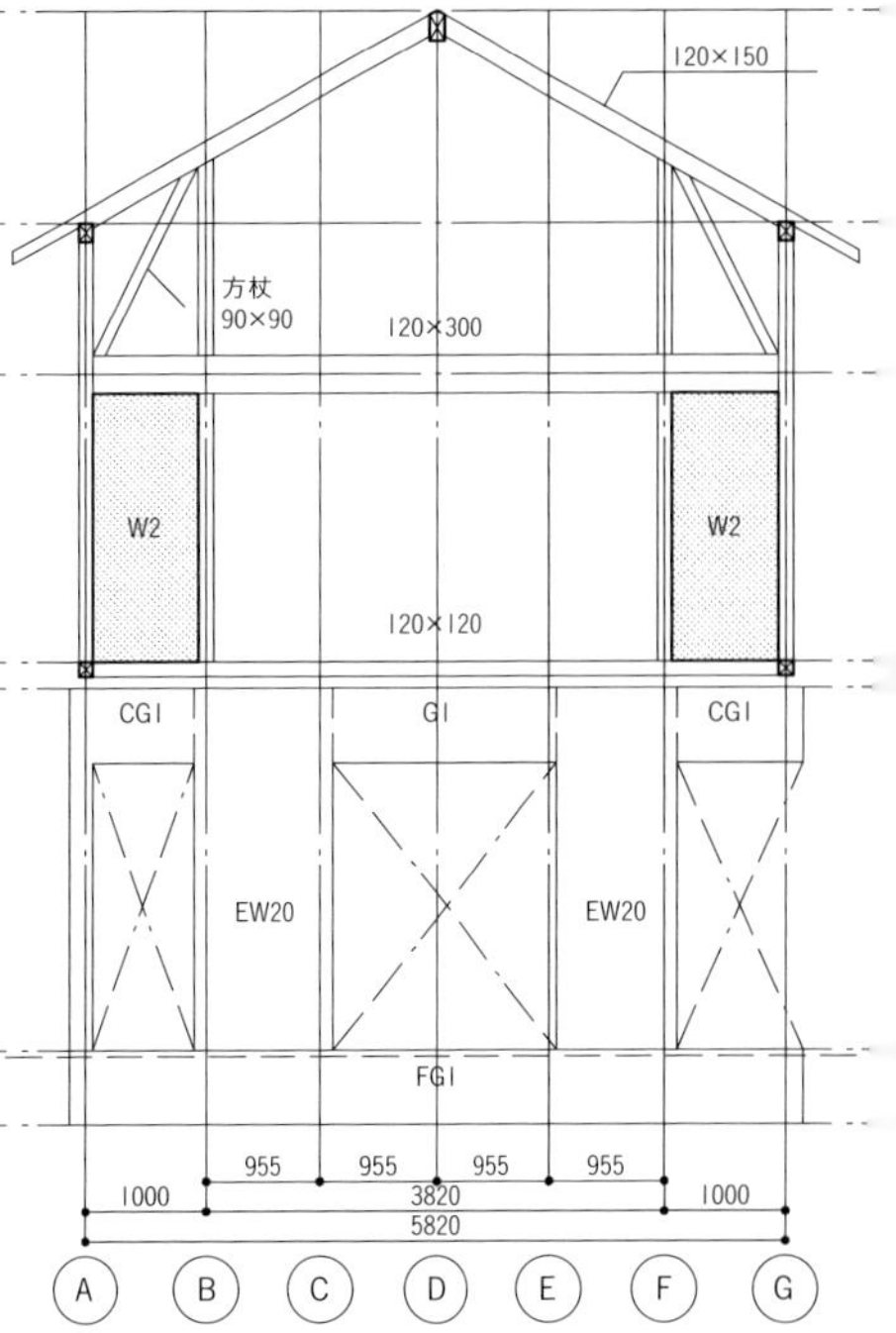

3通り

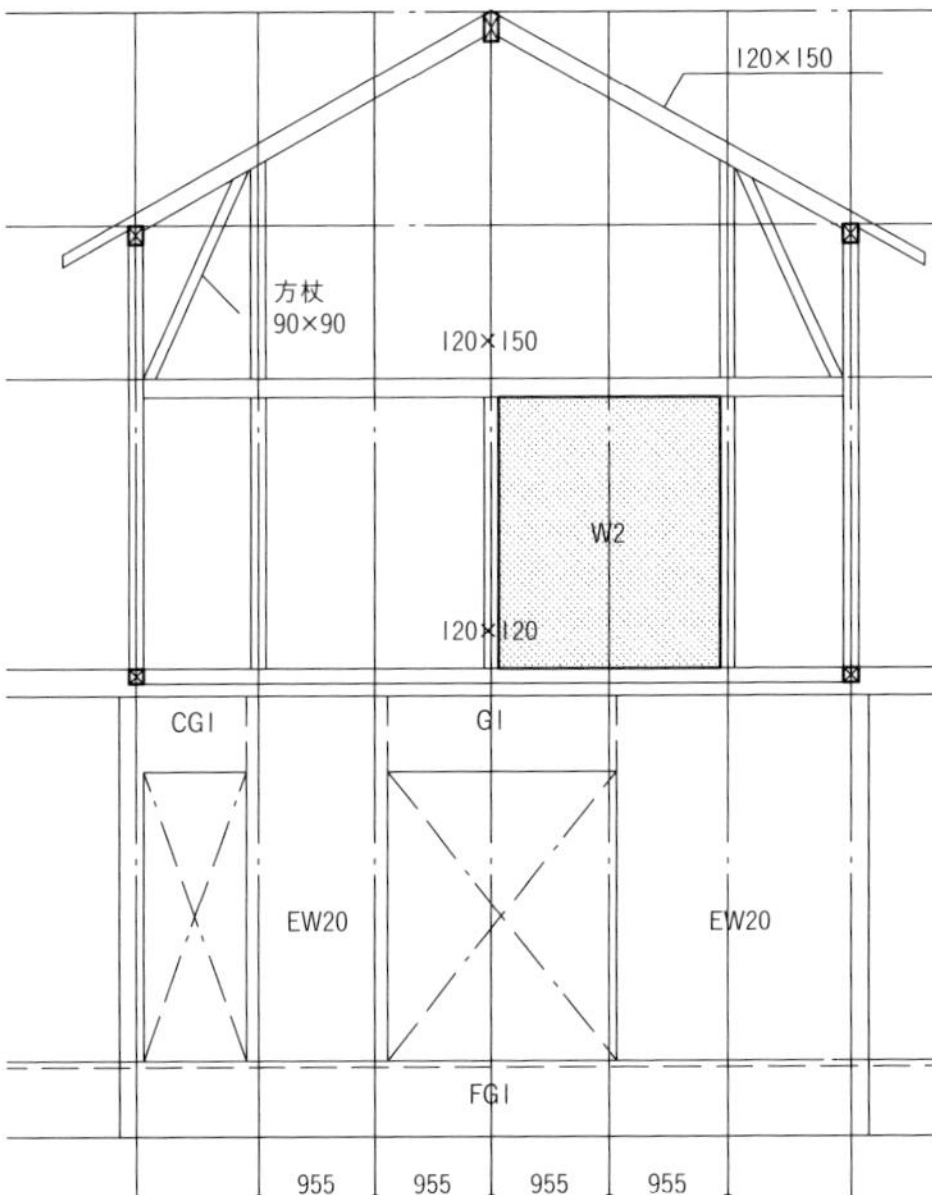

10通り

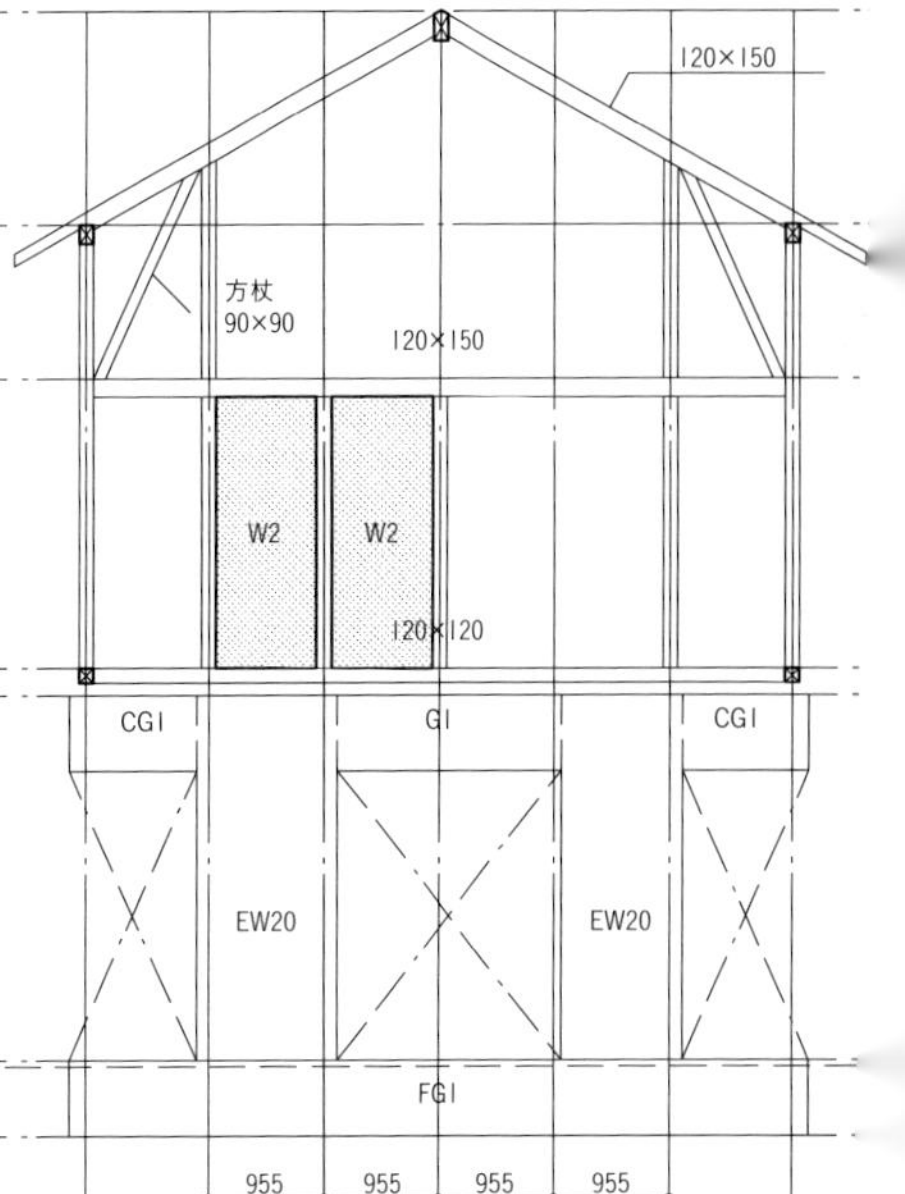

9通り

軸組図1	S=1/120

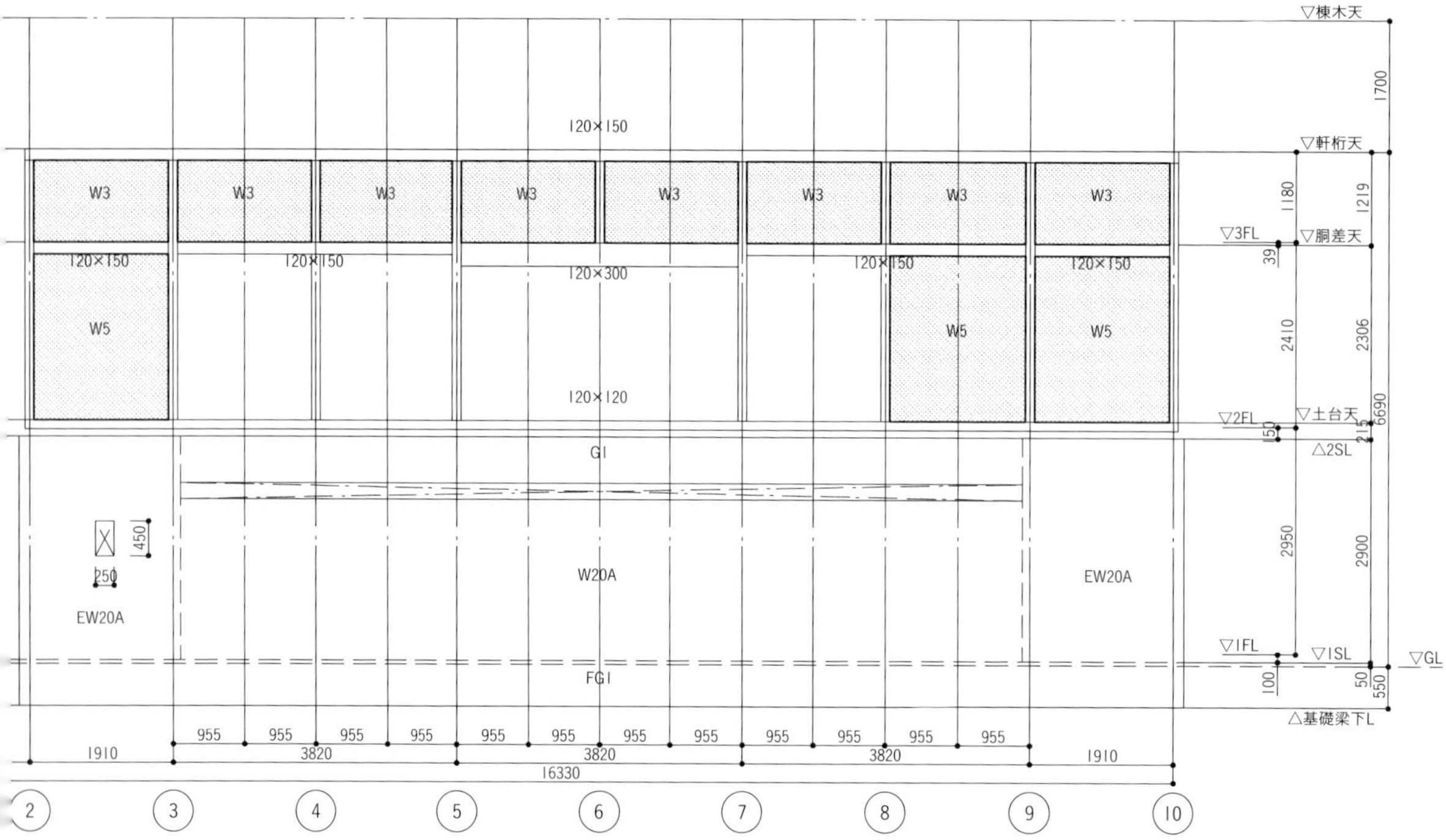
▽棟木天
1700
120×150
▽軒桁天
1180
1219
W3
W3
W3
W3
W3
W3
W3
W3
▽3FL
▽胴差天
39
120×150
120×150
120×300
120×150
120×150
W5
W5
W5
2410
2306
120×120
▽2FL
▽土台天
6690
150
215
△2SL
G1
450
250
EW20A
W20A
EW20A
2950
2900
▽1FL
▽1SL
▽GL
FG1
100
50
550
△基礎梁下L
955
3820
1910
16330
2
3
4
5
6
7
8
9
10

-A通り-

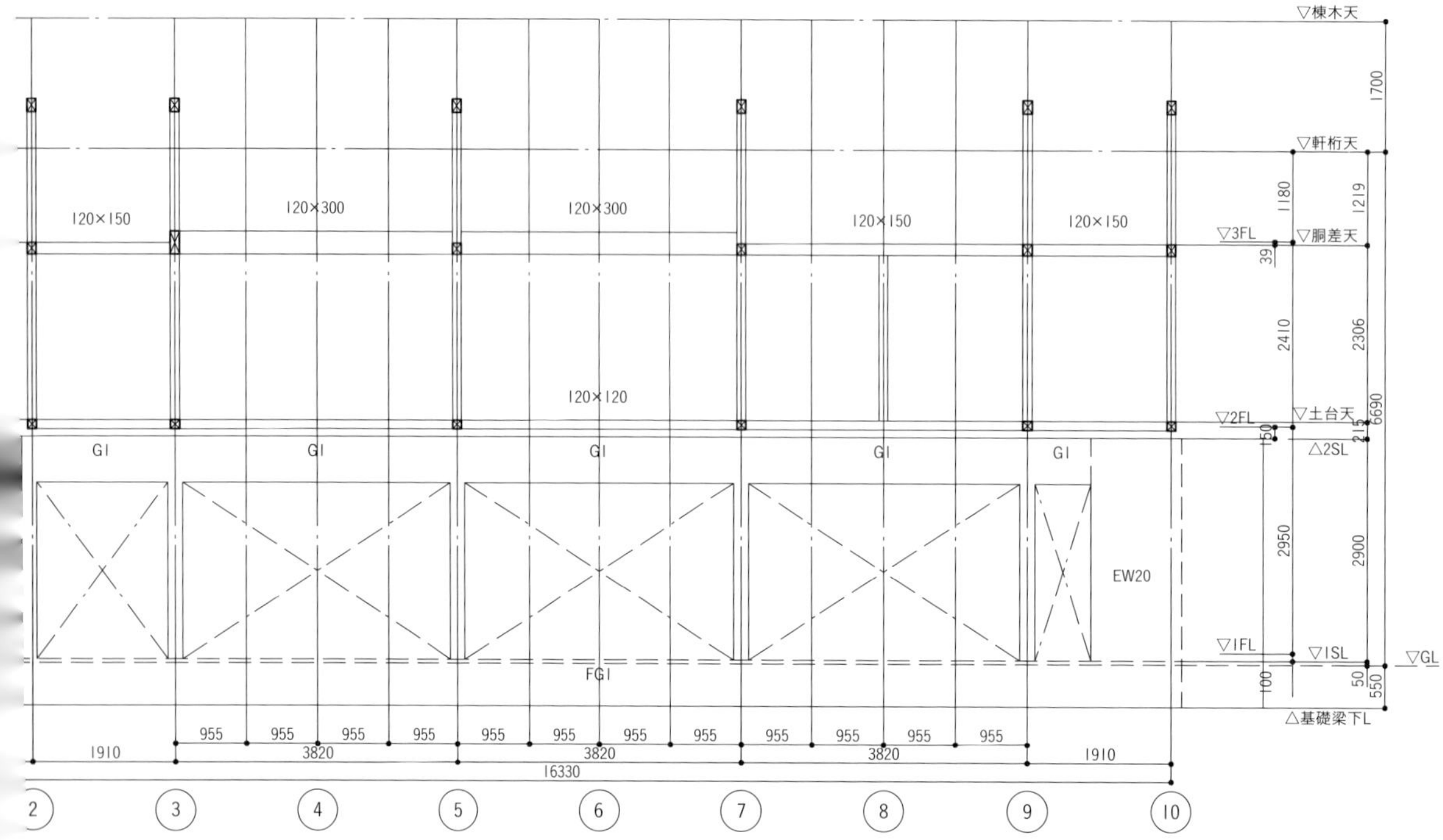
▽棟木天
1700
▽軒桁天
1180
1219
120×150
120×300
120×300
120×150
120×150
▽3FL
▽胴差天
39
2410
2306
120×120
▽2FL
▽土台天
6690
150
215
△2SL
G1
G1
G1
G1
G1
EW20
2950
2900
▽1FL
▽1SL
▽GL
FG1
100
50
550
△基礎梁下L
955
3820
1910
16330
2
3
4
5
6
7
8
9
10

-B通り-

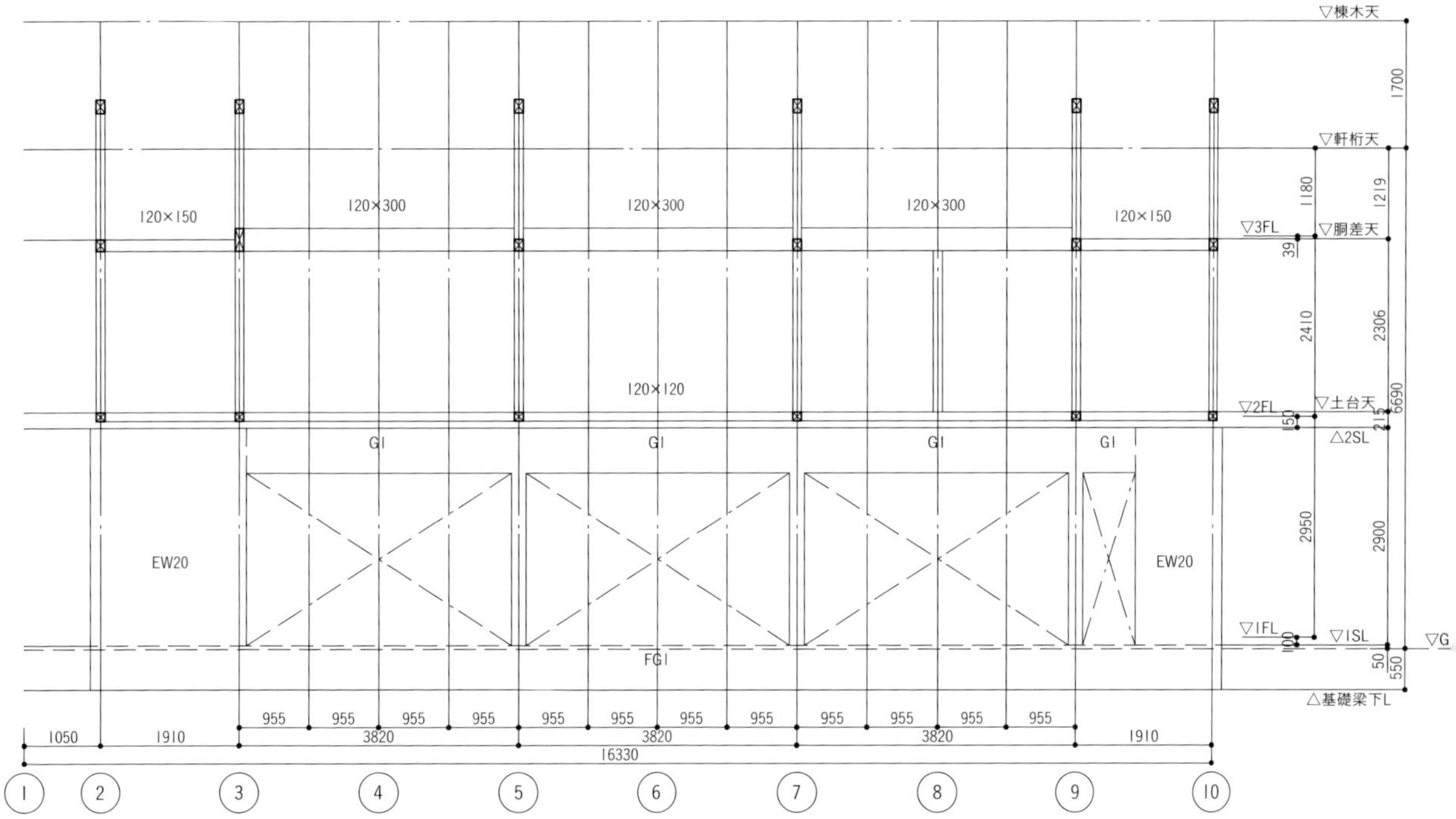

-F通り-

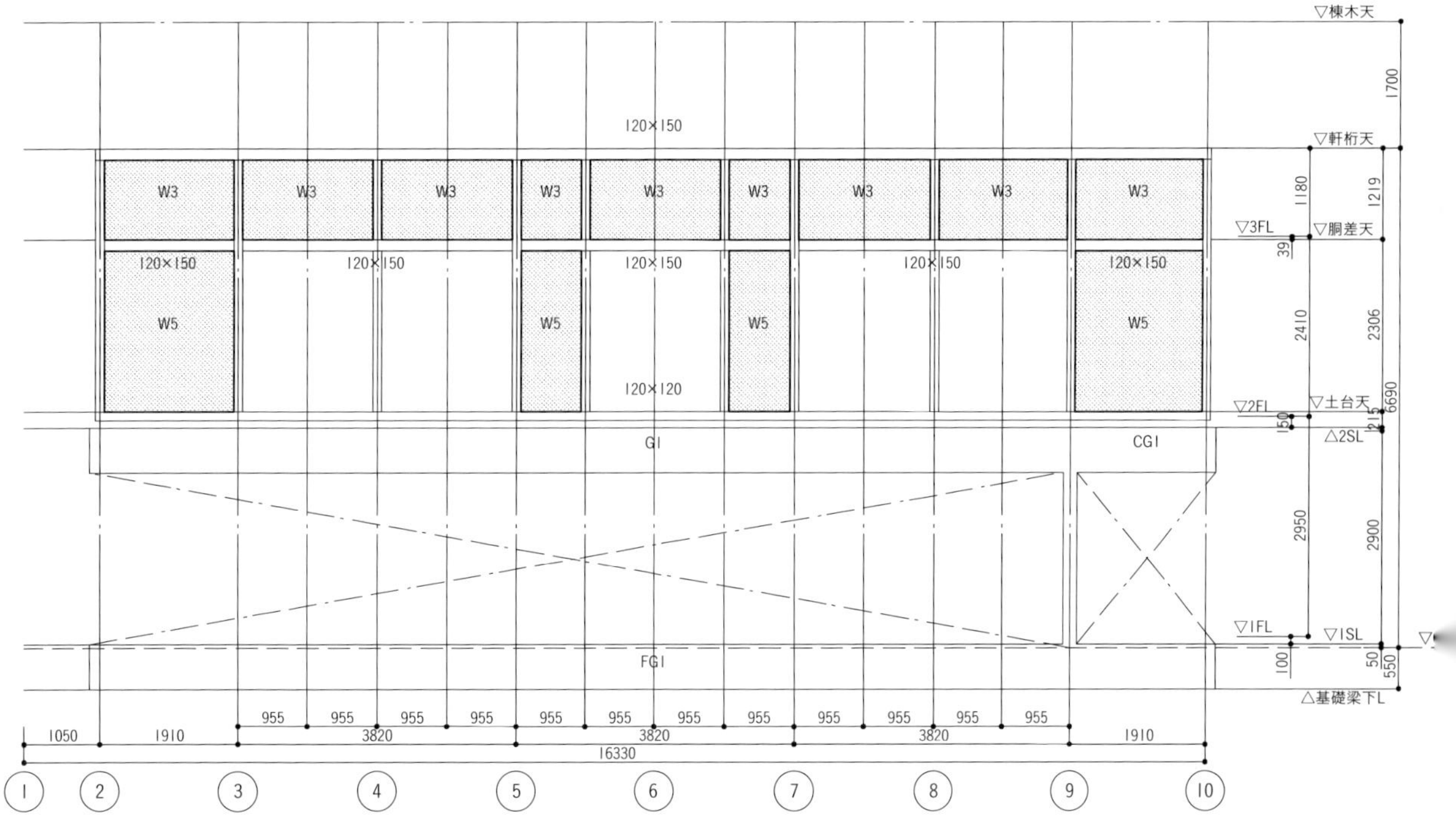

-G通り-

軸組図2	S=1/120

型を破る光

高橋堅
（建築家）

どんな建築でもまず、その外貌が視界に入ってくる。風景の中では一つの塊に過ぎずとも、歩み寄るにつれ各所は解像され、空間の成り立ちが見えてくる。手嶋保の建築にアプローチするとき、敷地に溶け込むようにあるその素直な建ち方にいつも感じ入る。

「伊部の家」もまた、母屋や既存の工房、そして周囲の街並みによくなじんでいる。道路よりも低い位置にある工房は擁壁を兼ねたRC造となり、上階の住宅部分は切妻屋根の木造になっている。家型を「住宅における一つの客観的形式」と呼んだのは坂本一成だが、軒の深さや樋の納まり、小屋裏換気などの機能面に向けられた検討を鑑みるに、ここでの家型は「シェルター」という建築第一義の目的のために捧げられているようだ。

正方形や長方形、あるいは正多角形平面で木造建築がつくられることの理由の一つに、屋根をうまく架構できることが挙げられよう。しかしながらこの建築に、美しい架構が生む整然とした空間を期待すると、それは叶わない。備前焼の肌理にシンクロするかのような荒々しいコンクリートでつくられた工房から上階に上がると、ゆるやかにカーブした天井から降り注ぐ光に包まれる。室内から屋根の架構を推し量ることは難しく、切妻という形式とその下に拡がる空間は、直接的な照応関係にはないことがわかる。

室内を満たす光は、妻面に開いたピクチャーウィンドウからではなく、桁行方向に開いたトップライトから落ちてくる。どこからともなく室内にいきわたる光は、開口下にある羽根状のリフレクターによって天井へ拡散されているのだが、下がり壁が平行してあるため、直接はその設えがうかがえないようになっている。切妻屋根の下に展開された空間で、ここまで柔らかな光に溢れた場所は他に思い当たらない。切妻屋根と一体化した大きなトップライトという組合せが稀であることがその所以だが、この特徴的な光の採り入れ方を、手嶋は自身の設計にたびたび採用している。詳細が十分に検討され、都度更新されたトップライトの納まりは完成に近づいているとはいえ、いったんは性能確保のために架けられたはずの大屋根に、長く大きなスリットが開くことは、前述した「シェルター」という見立てとは相容れないことのように思えるかもしれない。だがこうした逆説にこそ、手嶋が手がける建築の特徴がよく現れているとは考えられないだろうか——。つまり手嶋は、環境にいたずらに異形を持ち込むのではなく、歴史的にその性能が担保されたありふれた形式を持ち込んだのち、それを異化し内破させることを指向しているようなのだ。性能やコスト、街並みや伝統的な構法から導かれる「型」や「普通さ」を脱臼させ、空間を変位させる手法であると捉えてもよいのかもしれない。その際、対象となる型や形式がジェネラルであればあるほど、それらが異化される様はより際立つことになる。もちろんここで大きな役割を担っているのは、通常とは異なる質を与えられた光だ。若干操作的にも見える各所の納まりも、すべてこの光のためにあると考えれば、その手つきは定かとなる。

この切妻を破る光は、「古《いにしえ》の建築」と「近代以降の透明性」が交錯する世界を私に仮想させる。透光性の防水材が、往時の建築と同時的に存在する世界という仮構。だから手嶋の建築には、木造建築の現代的な進化の系譜という以上に、歴史に強引な接ぎ木をするかのようなラジカルな側面を強く感じるのだ。ありえたかもしれぬ世界の一端が、ここで裂け露呈している。そんな想像には、誰もが頬をゆるますだろう。この畏友の仕事を見るたびに、こうして建築の無碍を想うこととなり、私もまた何処かにあるやもしれぬ歴史の破れに思いを馳せることになるのだ。

2 階側廊部。午後のひととき

ダイニングの東側トップライト下の戸棚

戸棚の引手ディテール

中に引出し収納が設けられている

ダイニング東側収納の全景

ナラ材のテーブルと長椅子

長椅子のディテール

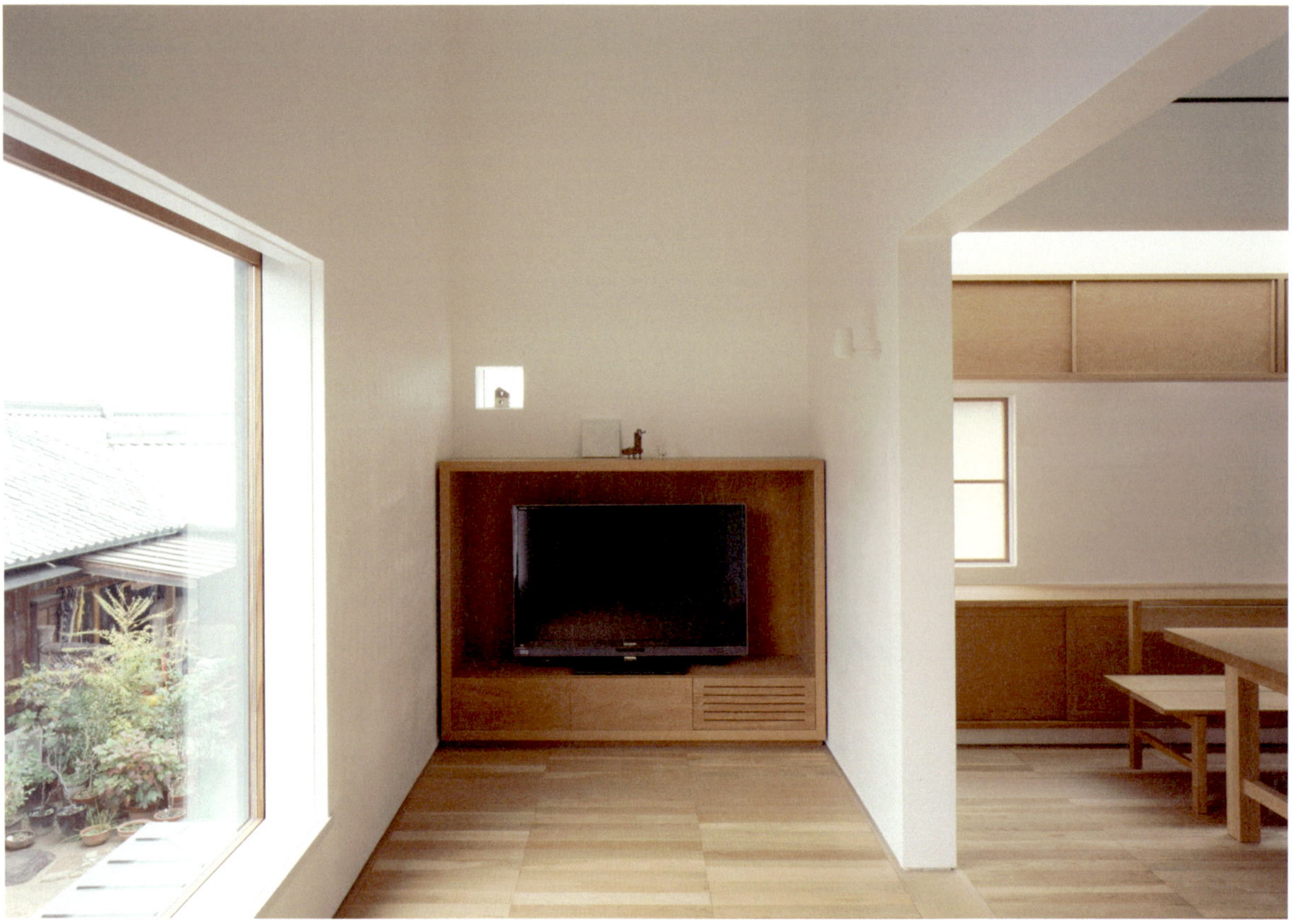
リビングの TV コーナー。スペースを分節しながらつながる

ナラ材の無目敷居と床板のディテール

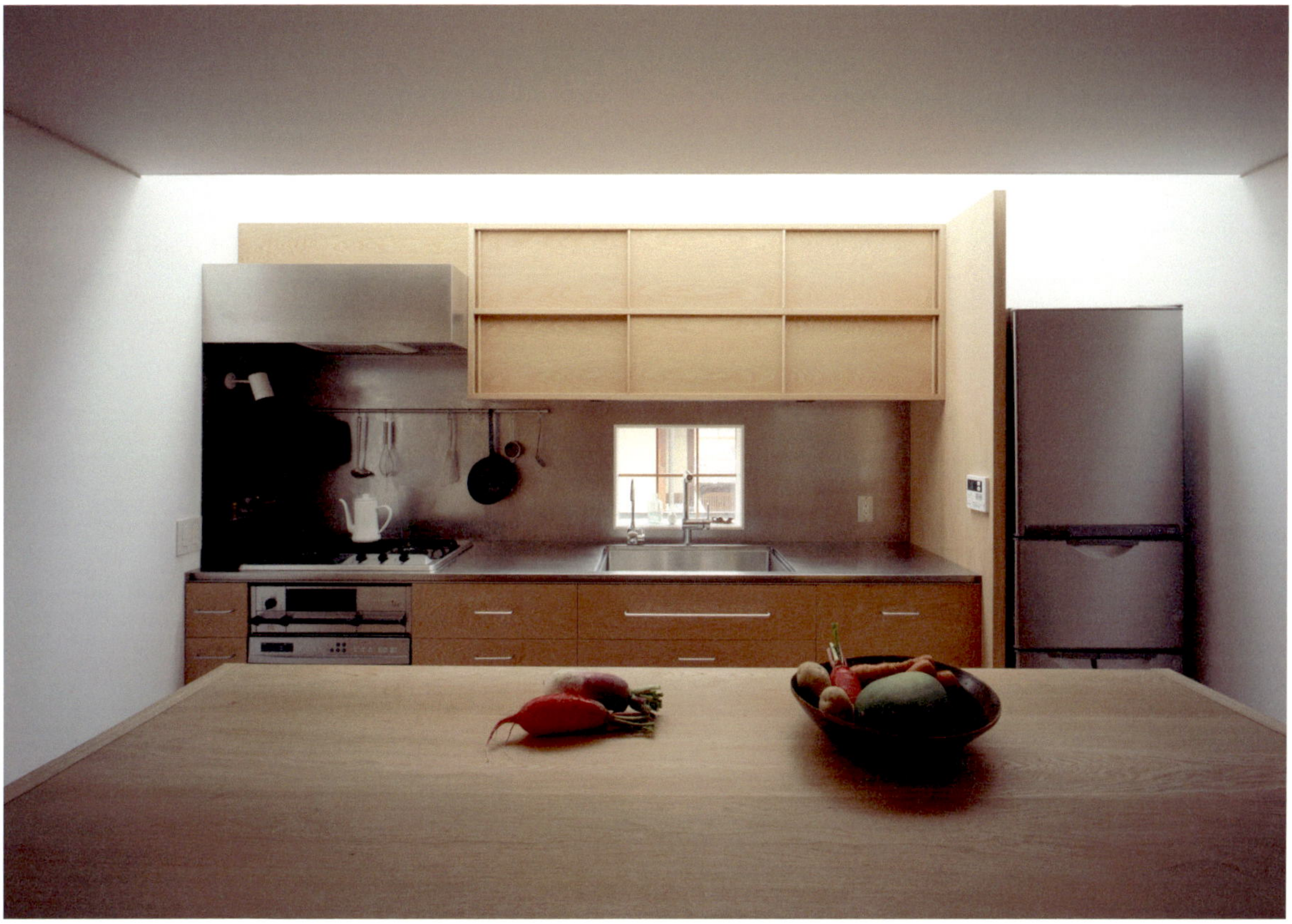
キッチン全景。上部にトップライト

キッチンのディテール

東側外壁のディテール。突き出ている開口部がキッチンの小窓

3階子供室。増設された収納とベッドの家具ユニット

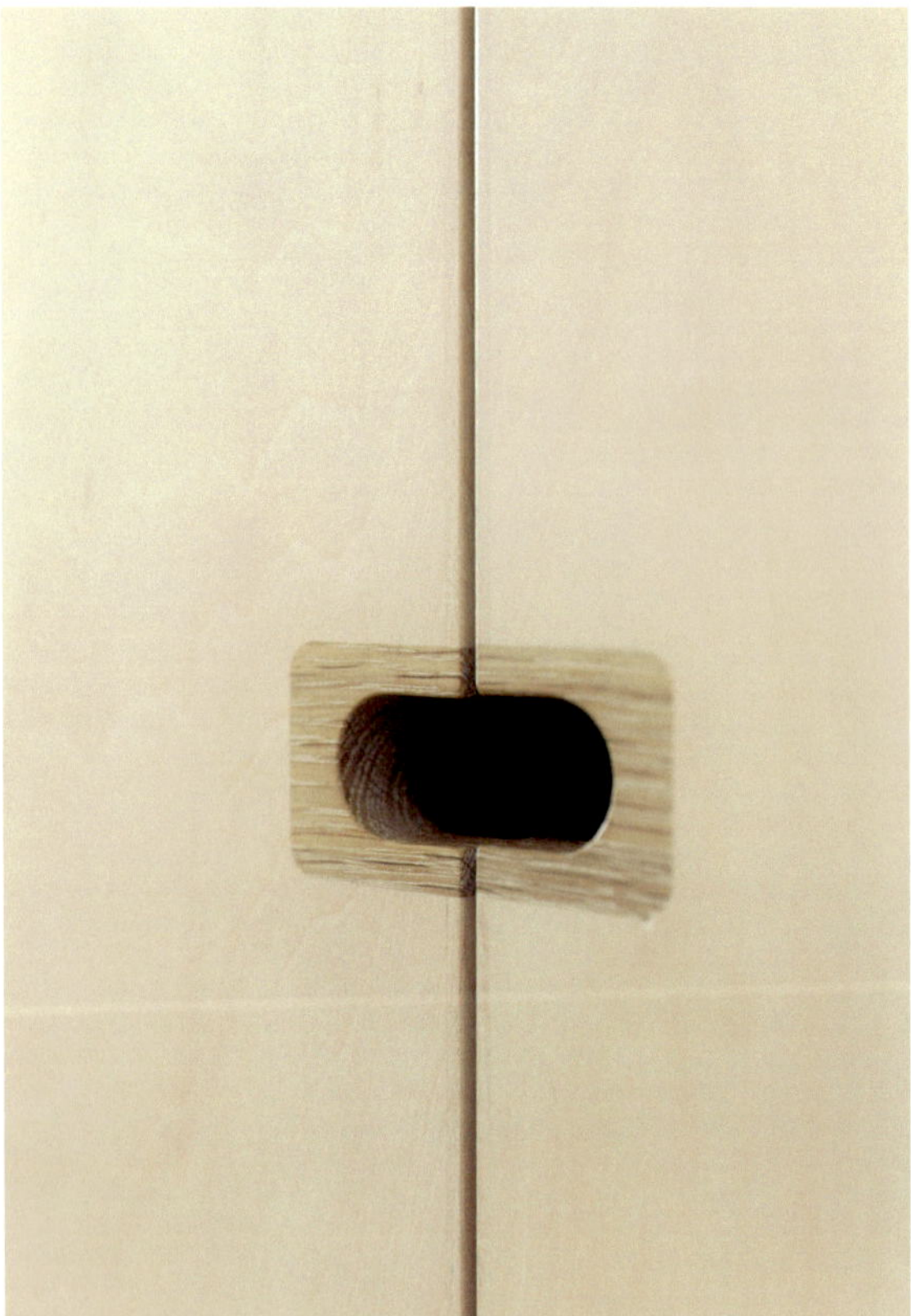

収納の引手ディテール

ナラの無垢材でできたハンガー掛けのディテール

土鉢棚の金物ディテール

工房の壁ディテール。カラマツに塗装を施している

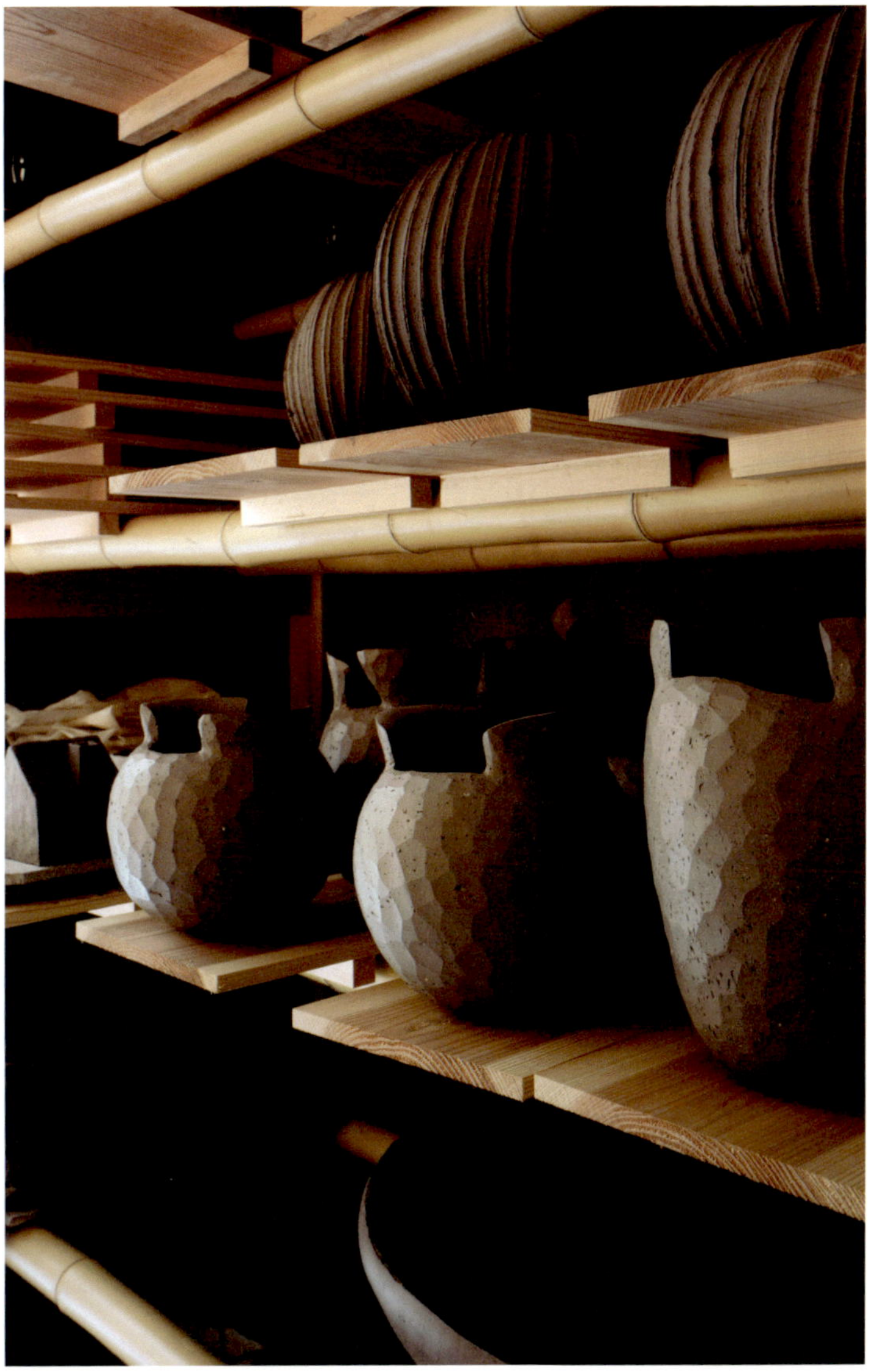

作品庫。窯入れ前の作品を乾かしておく

洗い出されたRC壁と化粧打放しの取合

工房の三和土床とRC壁、ボーダーのアンサンブル

2 階側廊トップライトから落ちる光の様子

階段の各所ディテール

西側外観の夕景

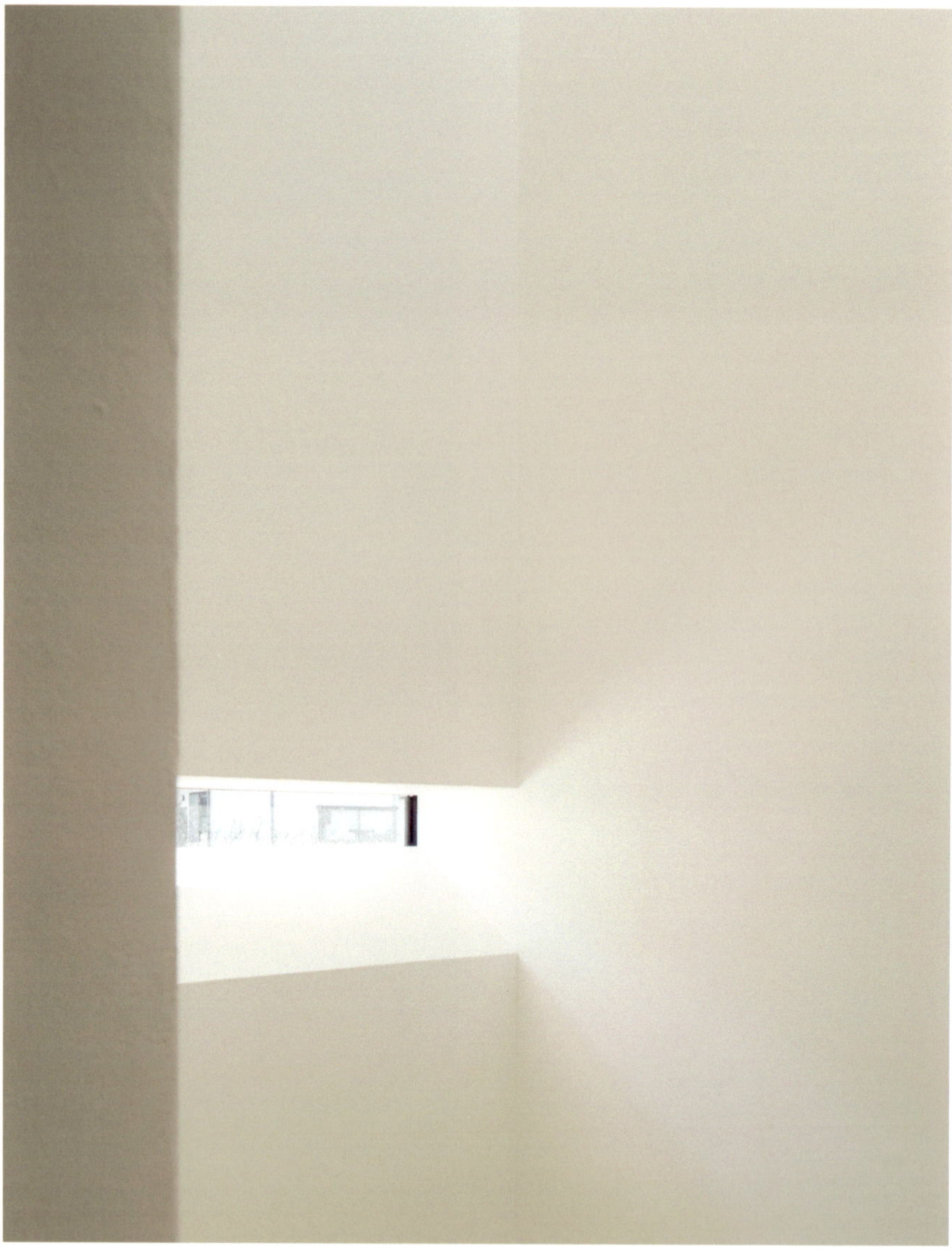

2階側廊のスリット開口

ホーロー浴槽、ガラスモザイクタイル、ヒノキ板

洗面化粧台の鏡裏にライティングが隠れている

アプローチの階段と土庇の関係

RC壁と庇の先端との取合

開口部の高さは板割によって決められている

空調の排気口には木格子を付けている

焼杉板の端部ディテール。端部が水切りのかたちをしている

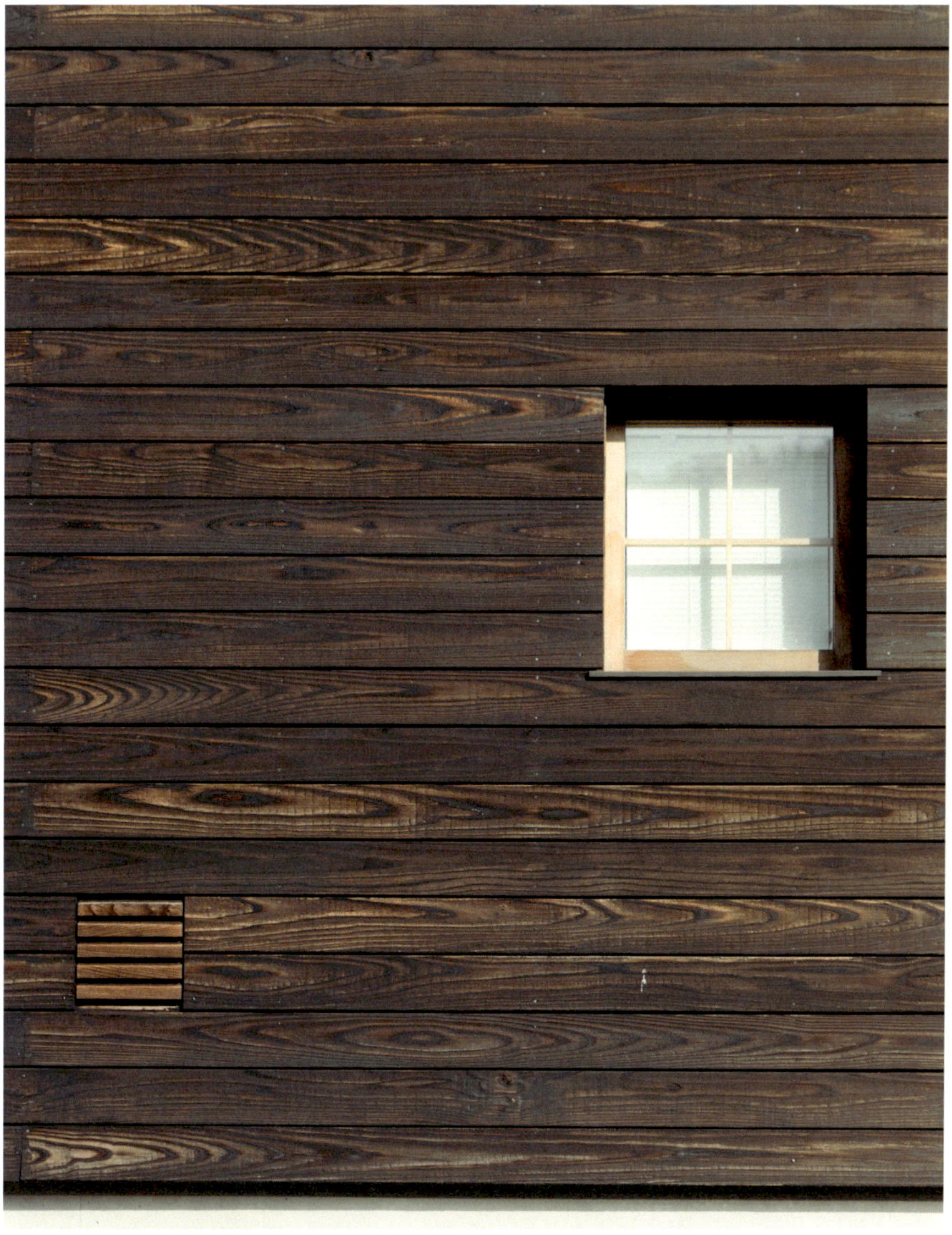

さながらコンポジションの絵画のような割付

3階天井見上げ

3

部位別ディテール

降った雨がどのように流れてどう切れるかなどについて考えていると、古今東西の建築の先達も同じように悩み、丁寧に解決しているのがわかる。実際に建築を訪れると、同じような悩みに気づき、尊敬と親しみを感じるものだ。

新しい技術の開発によって、以前は不可能だったことが可能になることがあるが、しばらくすると「根本的には何も変わっていない」ことに気づく。水は高いところから低いところに流れ、温められた空気は上昇する。要するに解決すべき問題は変わらないのだ。

建築はさまざまなエレメントによって構成されるが、たとえばアルミサッシなどの部品は優秀であっても、おおむね問題になるのはそれらの「ジョイント部分」である。部分と部分を統合して一つのものにしていく地味な作業が設計には欠かせない。このような作業なくして、実施設計図だけでは実際の建築はできない。大規模建築ならばゼネコンやサブコンが手取り足取り図面も描いてくれるが、住宅レベルになると設計者が自ら描くより他ない。しかしだからこそおもしろいし、そこにしか答えや可能性はないのではないか。

これらの図面は初心者にとっては一見難解なものに見えるかもしれないが､詳細図は「いかに省略しないでリアルに描くか」ということに尽きると考えている。図面は抽象化された記号であってはならない。

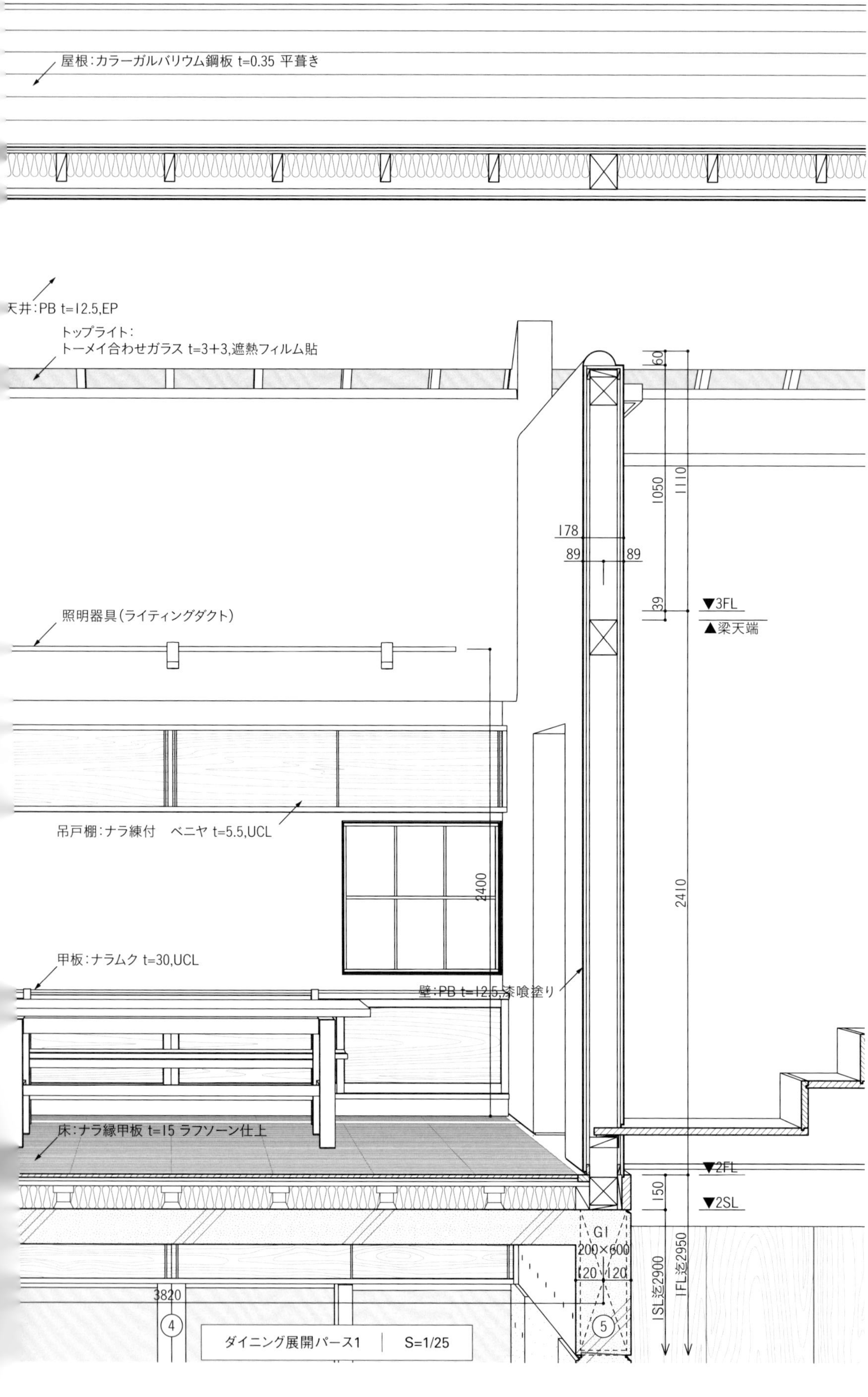

ダイニング展開パース1　S=1/25

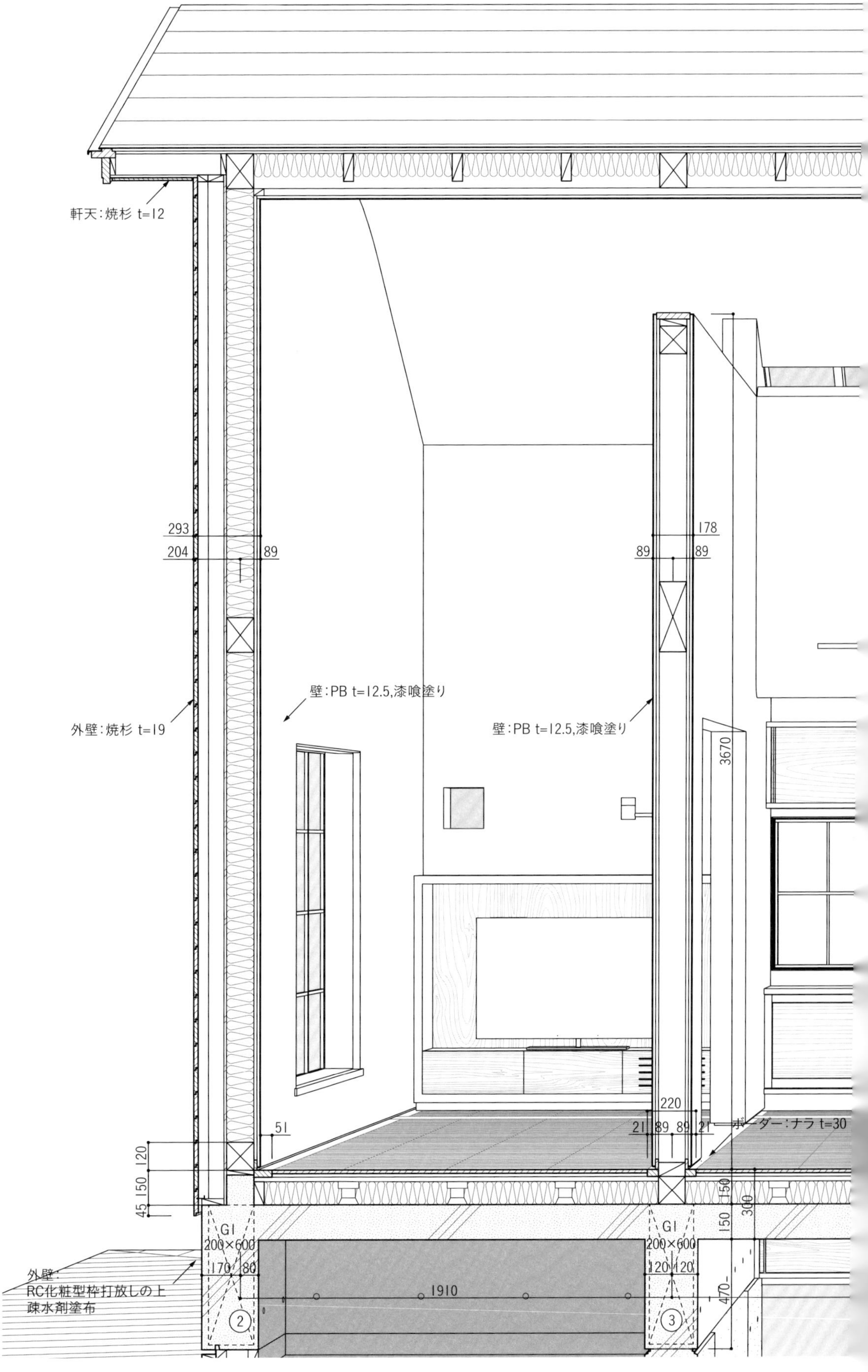
軒天:焼杉 t=12
293
204
89
178
89
89
壁:PB t=12.5,漆喰塗り
外壁:焼杉 t=19
壁:PB t=12.5,漆喰塗り
3670
220
51
21 89 89 21
ボーダー:ナラ t=30
120
150
45
150
300
150
G1
200×600
170 80
G1
200×600
120 120
1910
470
外壁:
RC化粧型枠打放しの上
疎水剤塗布
2
3

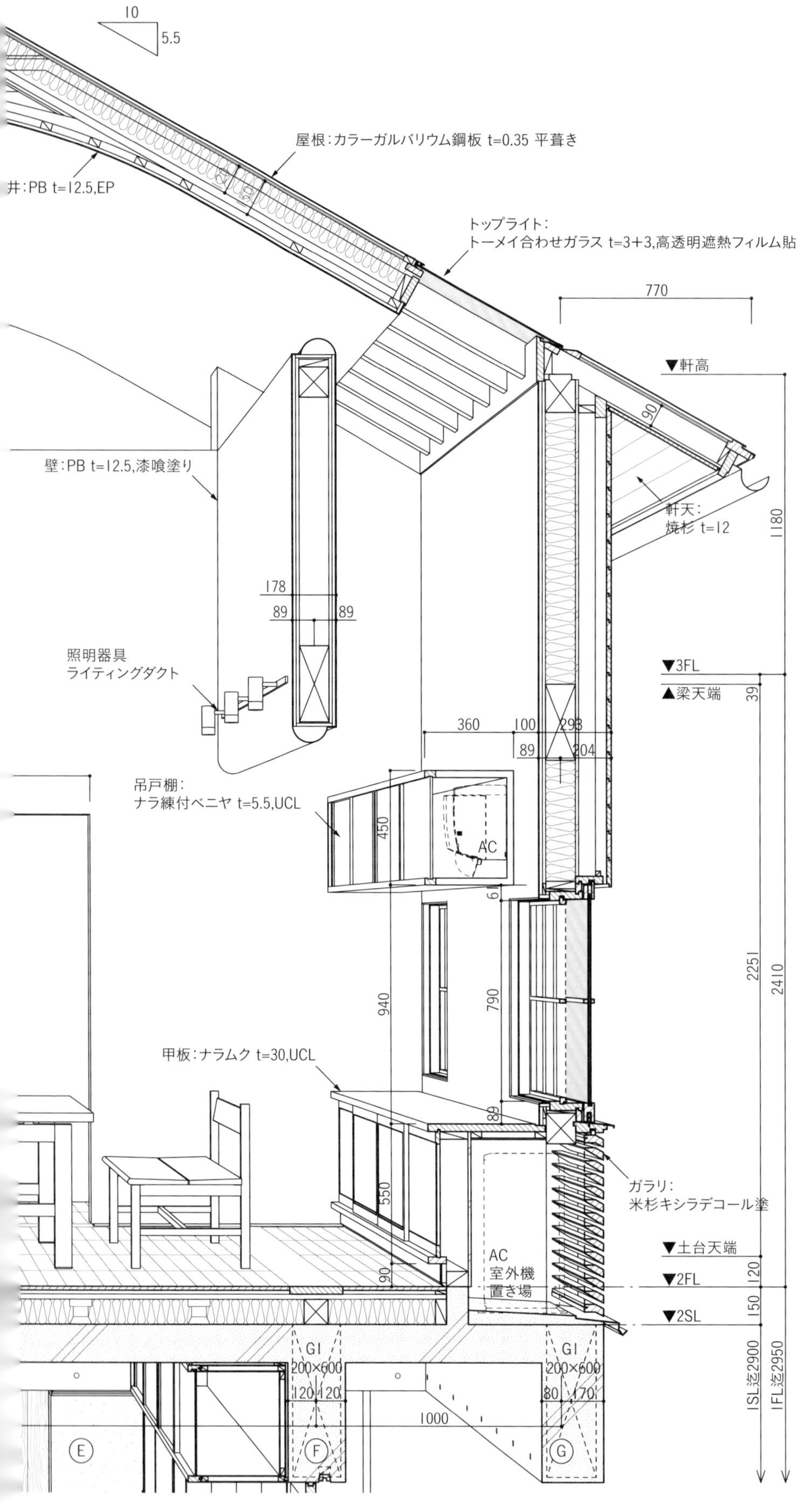

10
5.5
屋根:カラーガルバリウム鋼板 t=0.35 平葺き
井:PB t=12.5,EP
トップライト:
トーメイ合わせガラス t=3+3,高透明遮熱フィルム貼
770
▼軒高
90
壁:PB t=12.5,漆喰塗り
軒天:
焼杉 t=12
1180
178
89
89
照明器具
ライティングダクト
▼3FL
▲梁天端
39
360
100
298
89
204
吊戸棚:
ナラ練付ベニヤ t=5.5,UCL
450
AC
61
2251
2410
940
790
甲板:ナラムク t=30,UCL
89
550
ガラリ:
米杉キシラデコール塗
▼土台天端
AC
室外機
置き場
90
120
▼2FL
150
▼2SL
GI
200×600
120
120
GI
200×600
80
170
1000
ISL迄2900
IFL迄2950
E
F
G

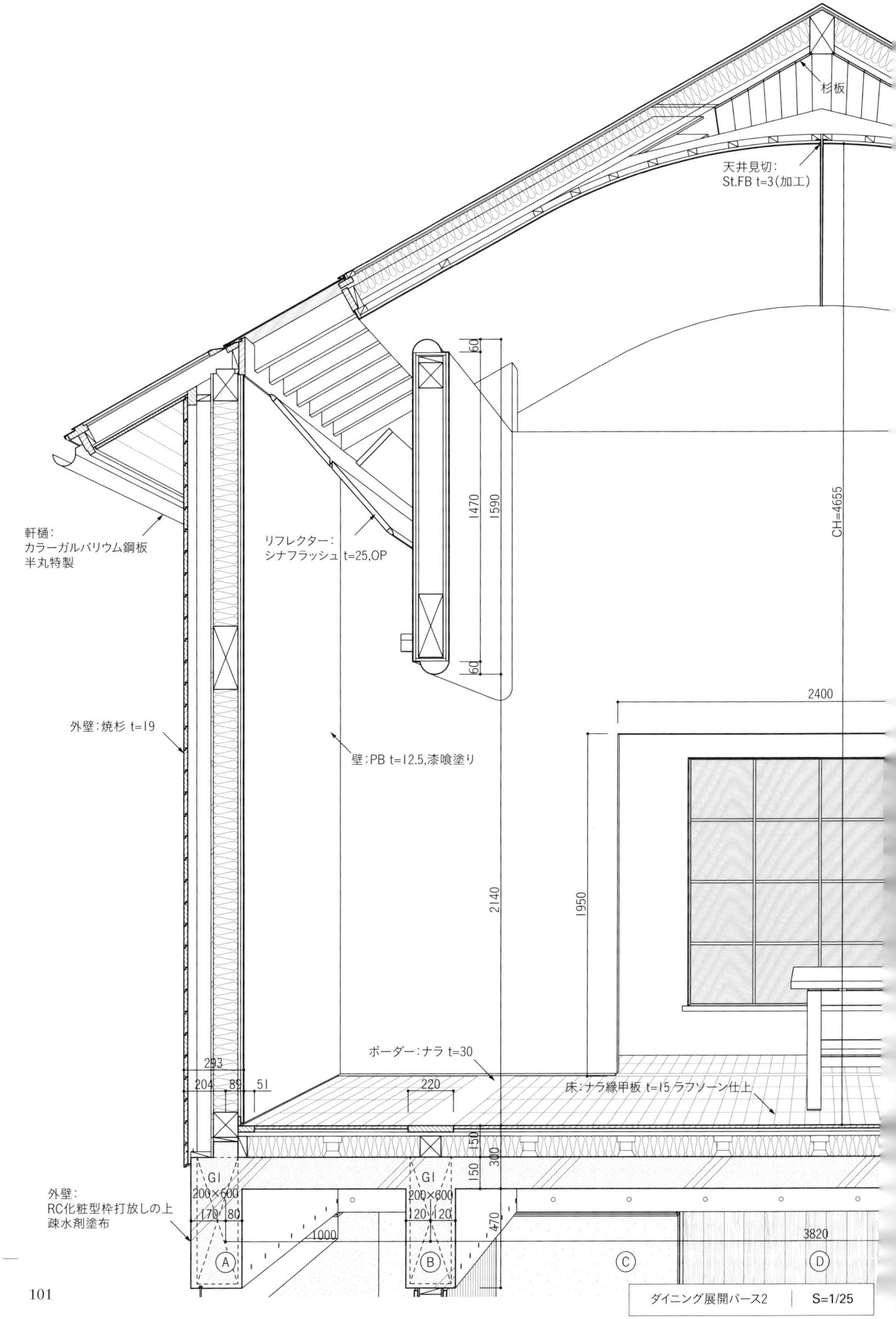

ダイニング展開パース2 S=1/25

構成要素を同じ素材で揃える

日々の生活のためには、必要な細々とした物をしまっておけるキャビネットなどの収納があると便利である。このダイニングテーブルは家族の食事の場であり団欒の場である。ときに書きものをしたり、来客時の応接や子供達の勉強机にもなる。いわば家の中心である。

ここでは造作家具、テーブルと椅子、床材にいたるまで、同じナラ材を用いている。上部にはエアコン（冷房専用）を格納した。収納の扉はナラ5・5ミリの突板。引手が反り止めを兼ねている。壁より100ミリ空いているのは、上部のトップライトからの光を落とすためである。

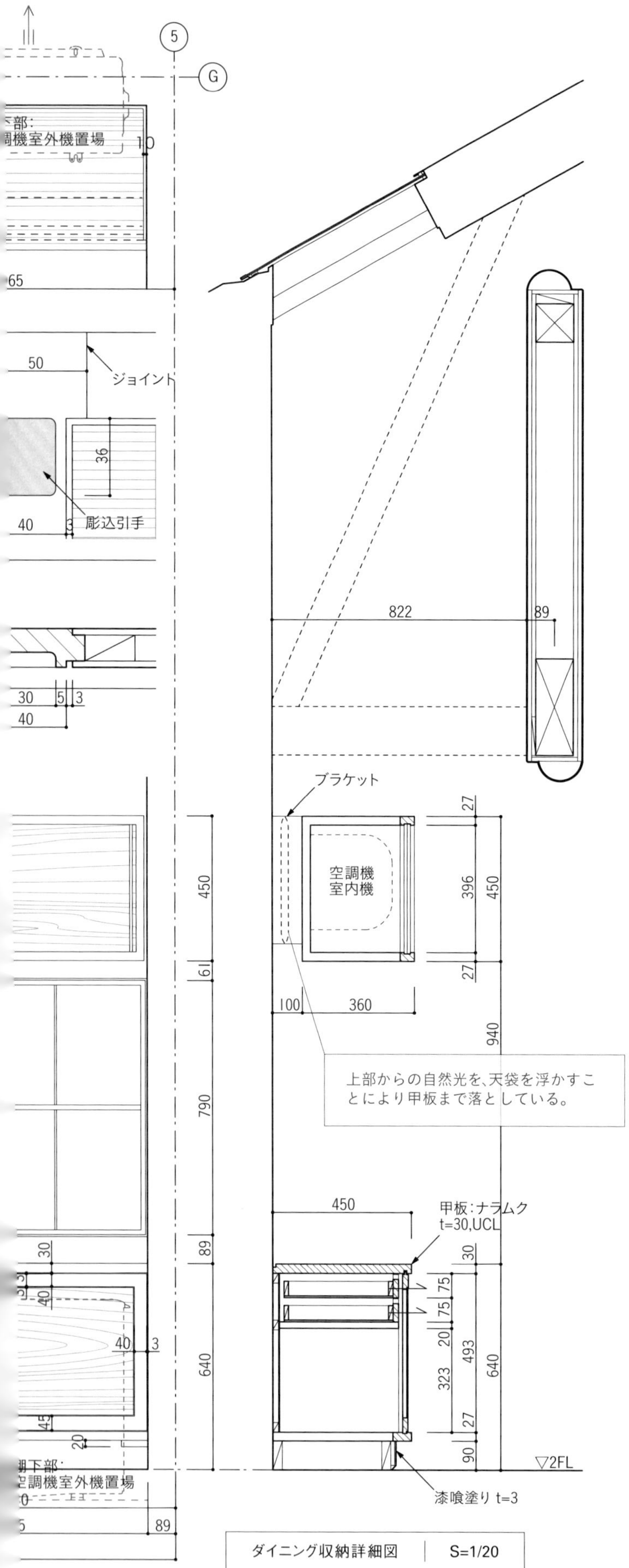

ダイニング収納詳細図 S=1/20

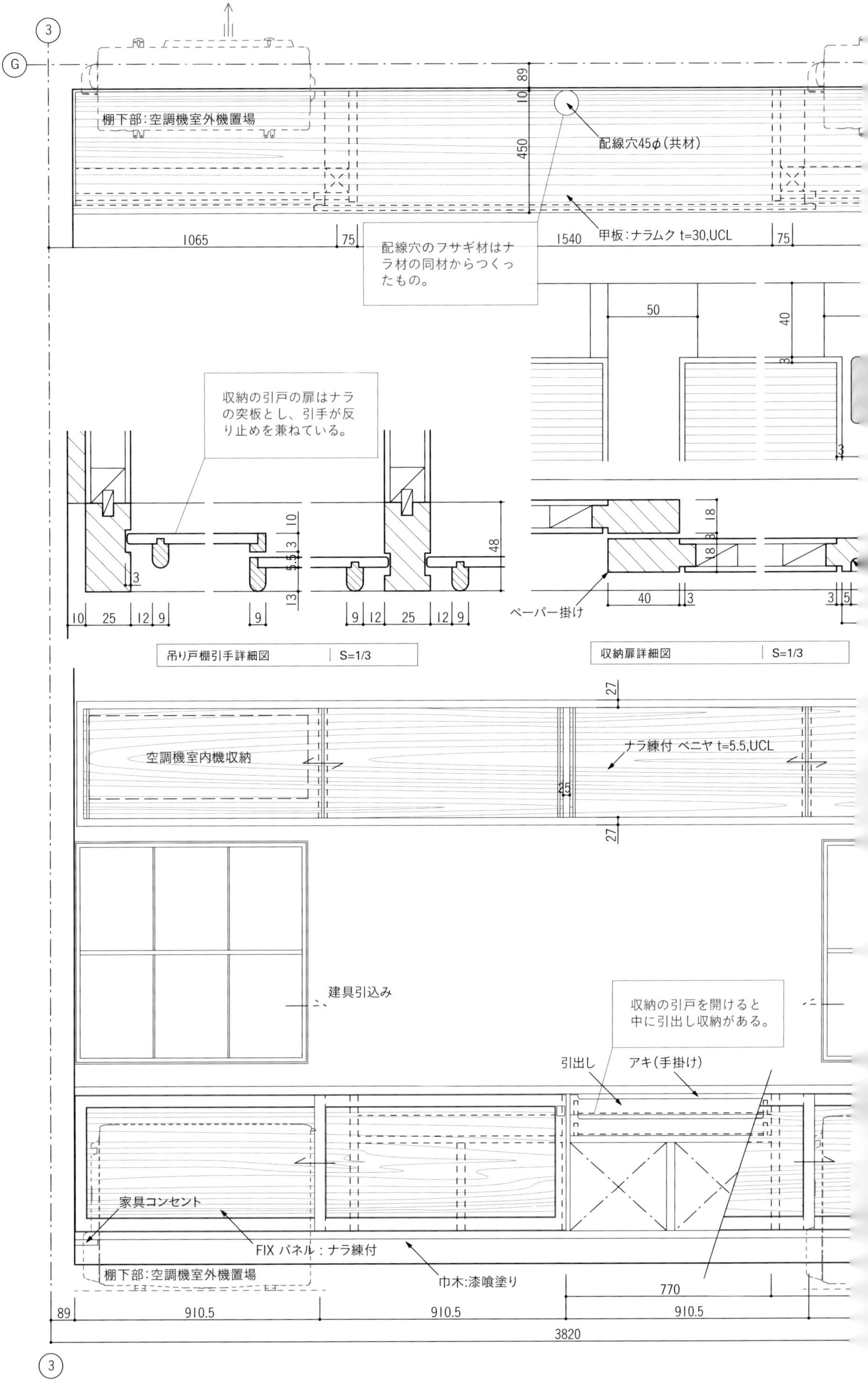
棚下部:空調機室外機置場
配線穴45φ(共材)
甲板:ナラムク t=30,UCL
配線穴のフサギ材はナラ材の同材からつくったもの。
1065
75
1540
75
89
10
450
50
40
収納の引戸の扉はナラの突板とし、引手が反り止めを兼ねている。
ペーパー掛け
吊り戸棚引手詳細図 S=1/3
収納扉詳細図 S=1/3
空調機室内機収納
ナラ練付 ベニヤ t=5.5,UCL
27
25
建具引込み
収納の引戸を開けると中に引出し収納がある。
引出し
アキ(手掛け)
家具コンセント
FIX パネル:ナラ練付
棚下部:空調機室外機置場
巾木:漆喰塗り
770
89
910.5
910.5
910.5
3820

奥行きはゆとりを与える1200ミリ

「伊部の家」のために幅広のダイニングテーブルとベンチをデザインした。

大きさは1910×1200×654。長さはこの家の基本スパンと同じである。奥行きを1200ミリとすることで、ゆとりを与えている。

ダイニングテーブル

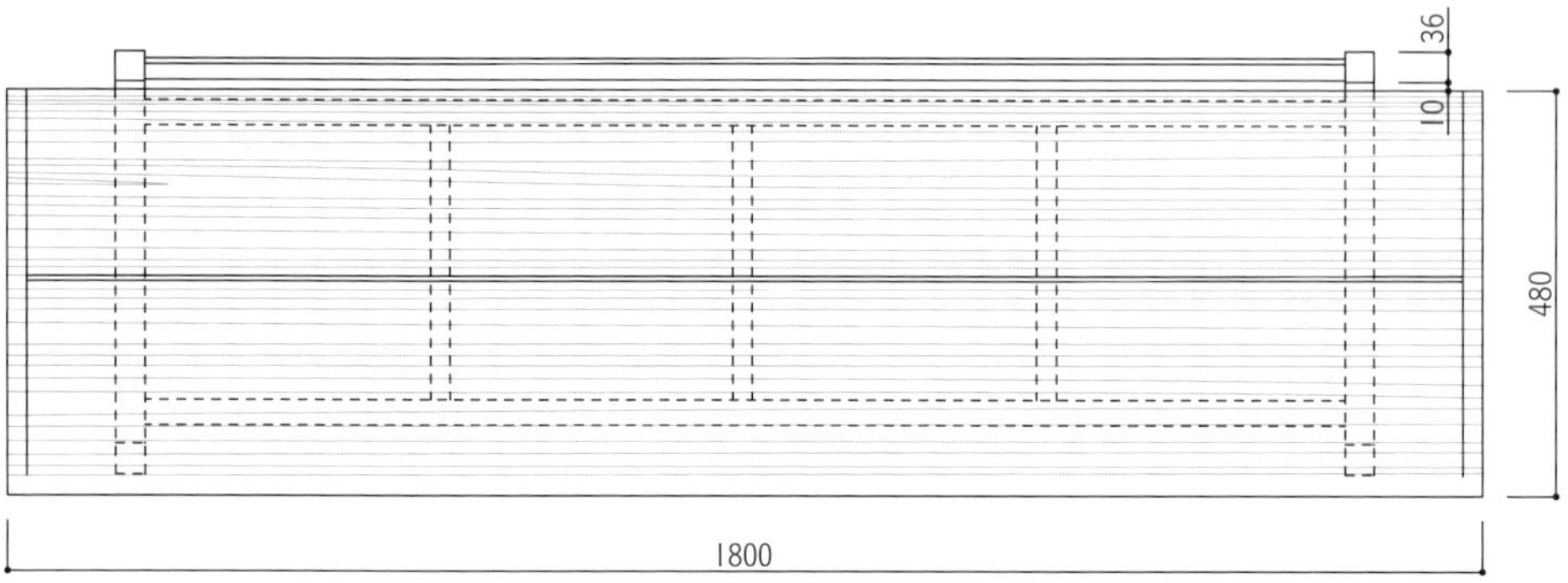

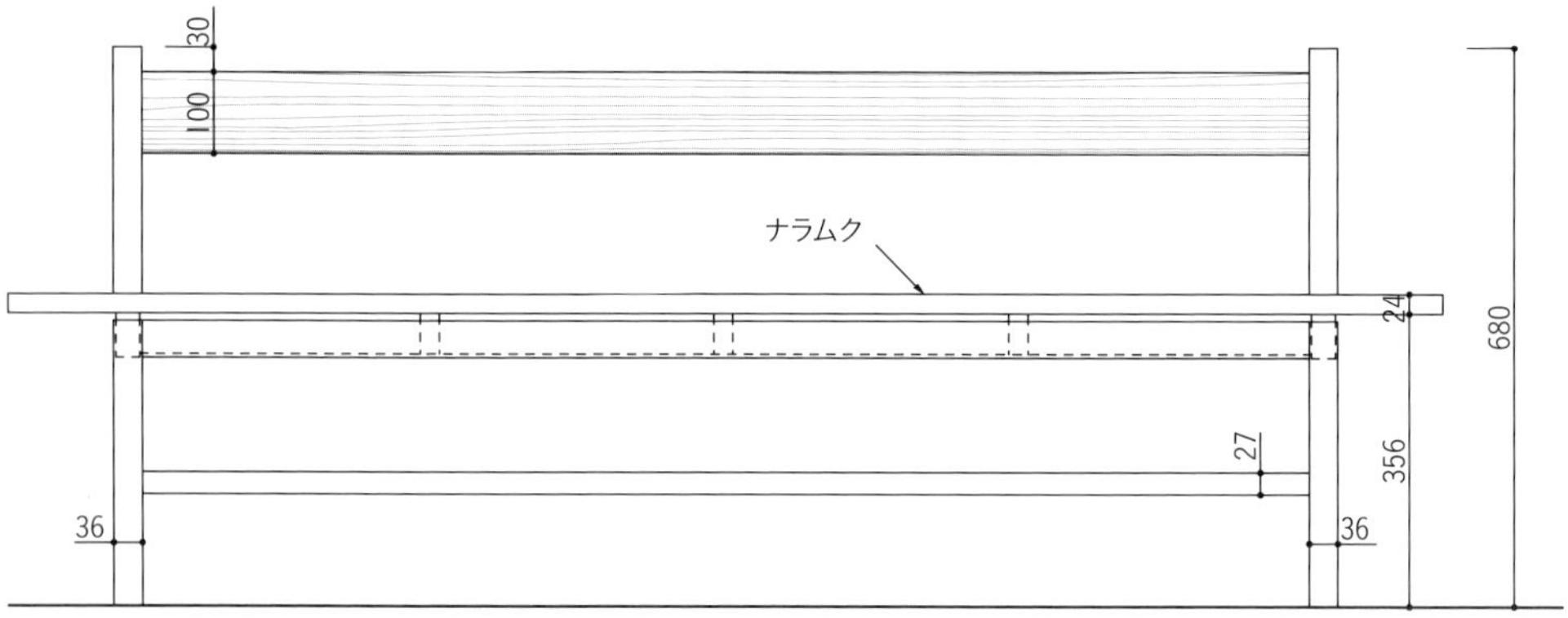

空間を邪魔しない長椅子。水平垂直でできているが、掛け心地をよくするため、わずかに中央に勾配をとっている。座の高さを380ミリにした。低めにすることで、見えるものや人との関係まで変わるような気がする。

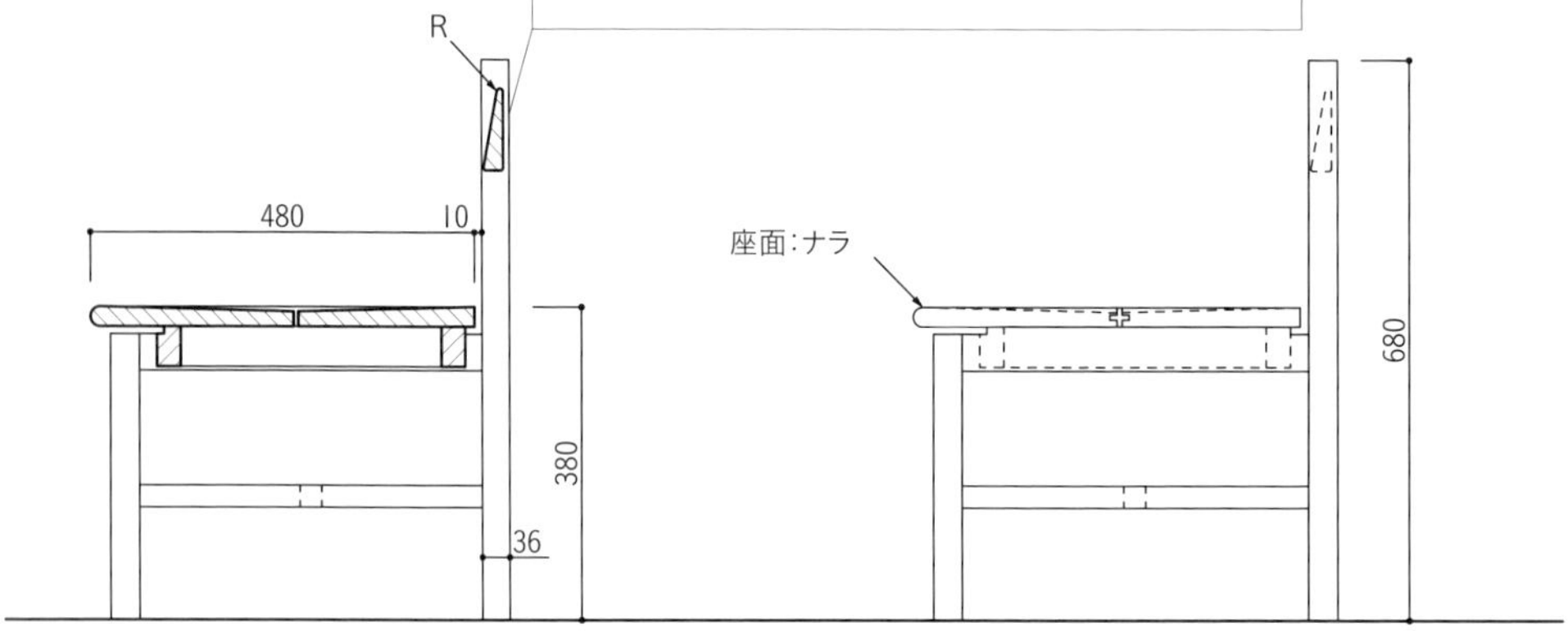

長椅子　S=1/15

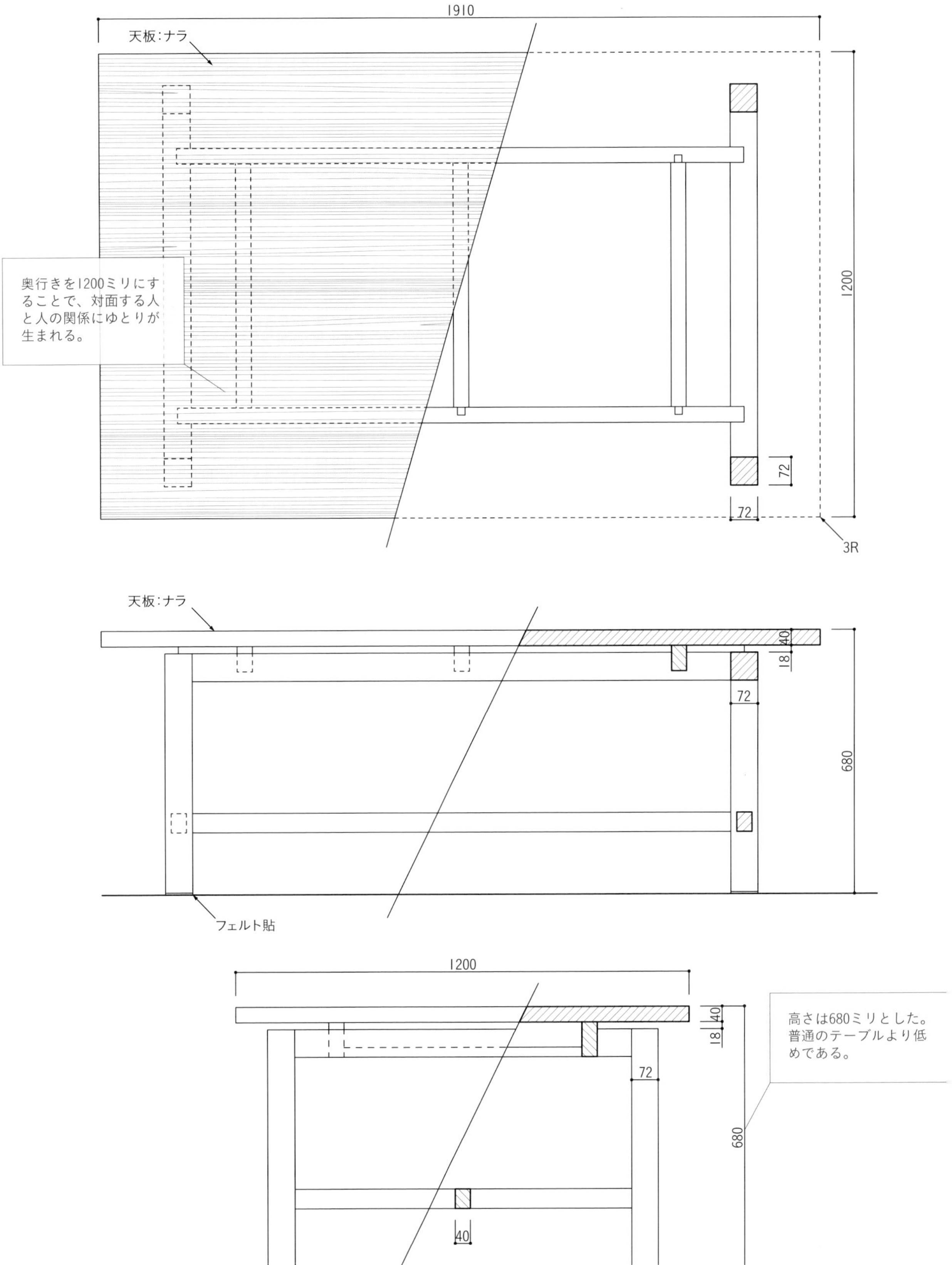

ダイニングテーブル　S=1/15

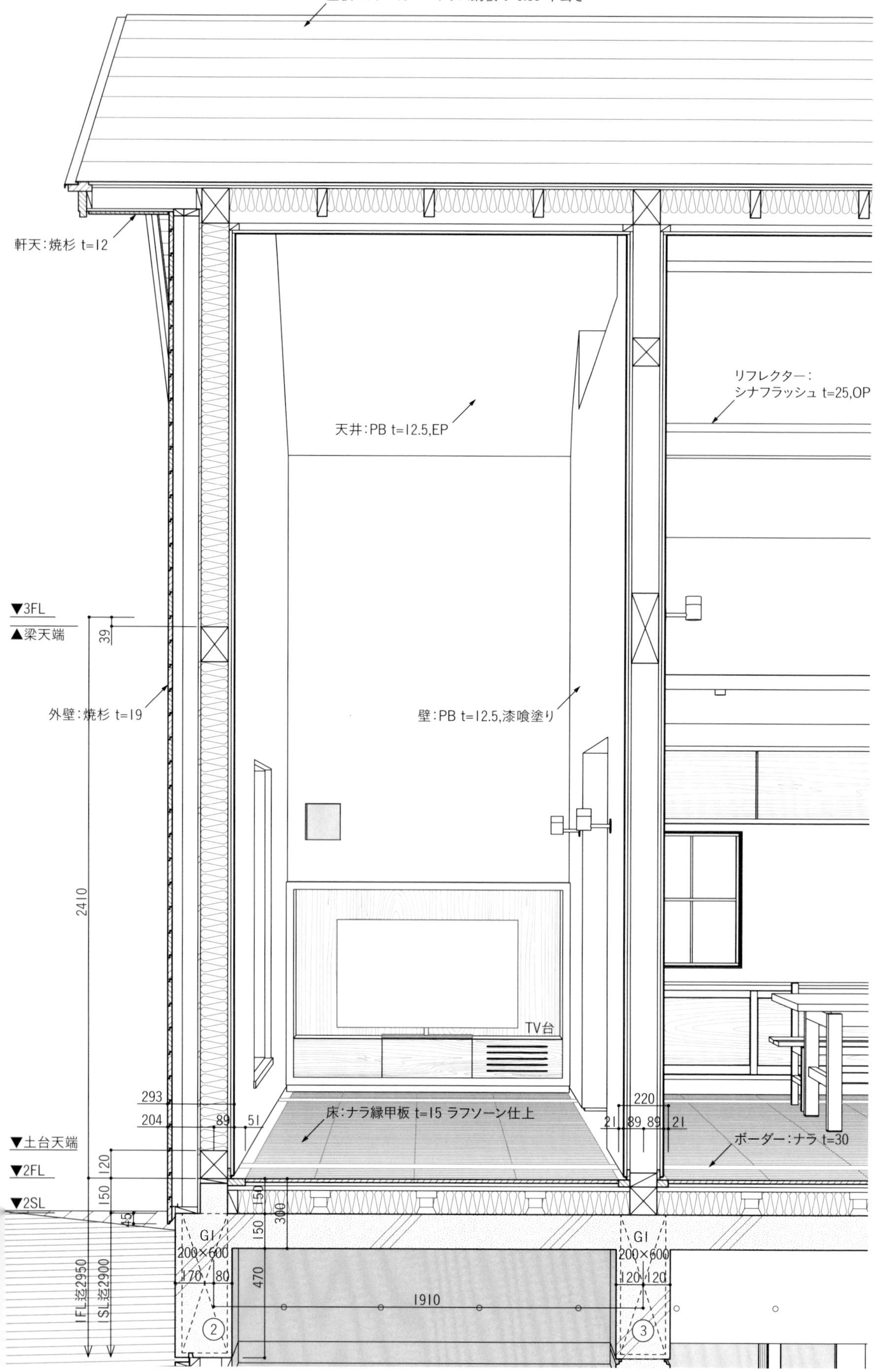

リビング展開パース1	S=1/25

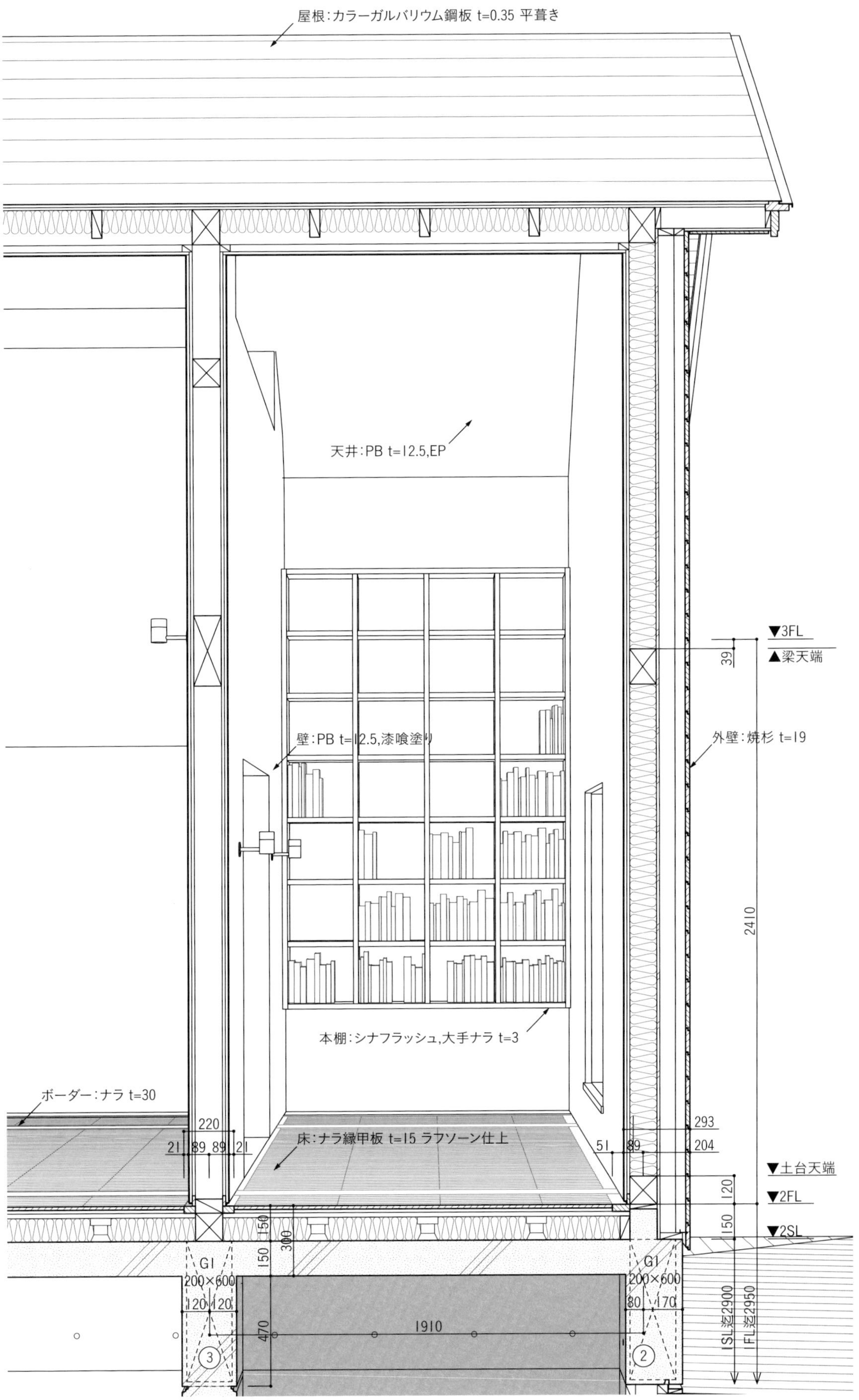

リビング展開パース2 S=1/25

フレームを与えて空間になじませる

テレビなどの大きな家電は、家具の一部としてフレームを与えてあげると、空間になじみやすい。

下台にはチューナーなどの機器を格納できるようになっている。また閉めたままコマンドできるように、無垢のナラ材のパネルにはグリル状にスリットを設けた。

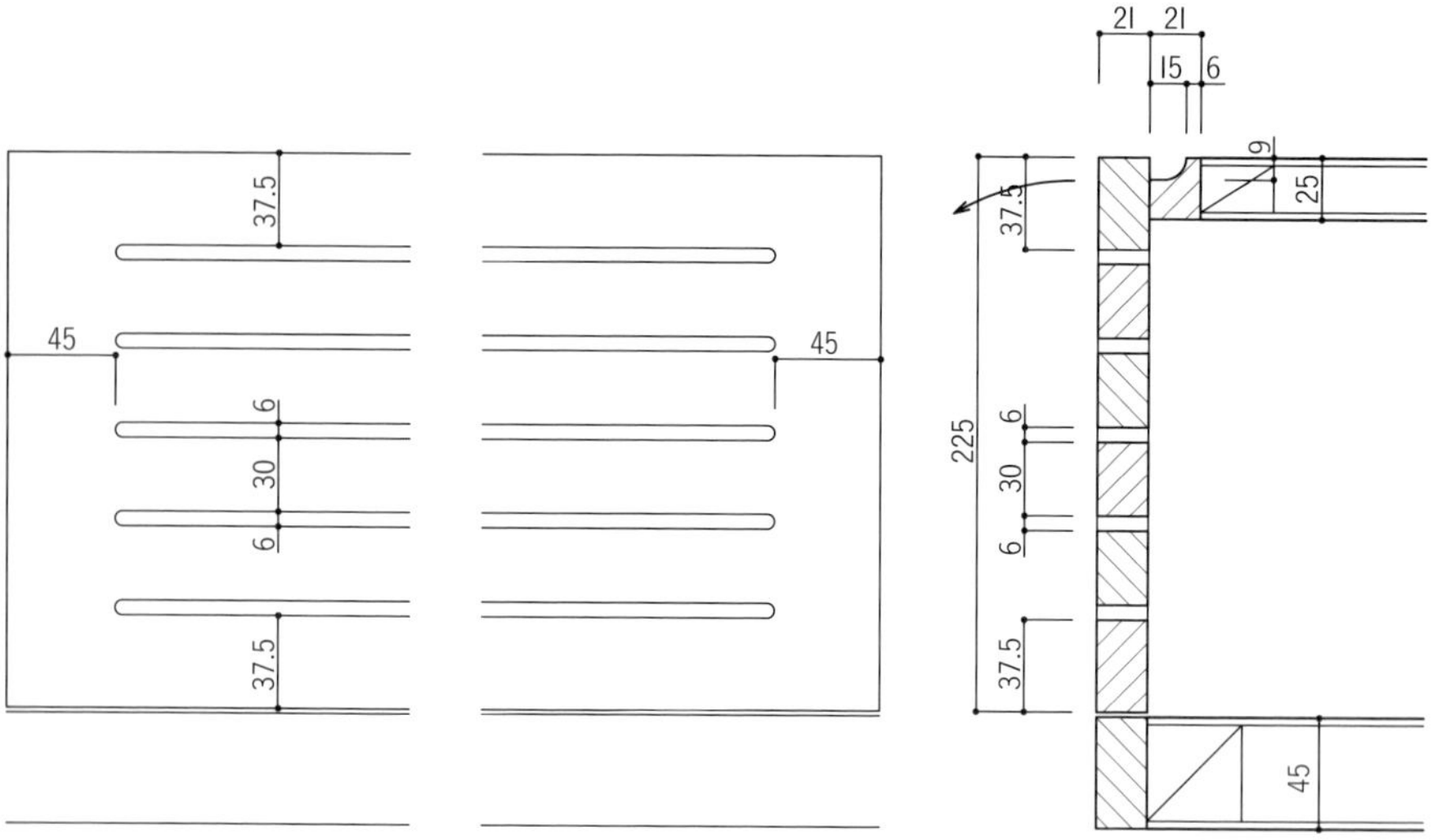

A部分詳細図 ｜ S=1/5

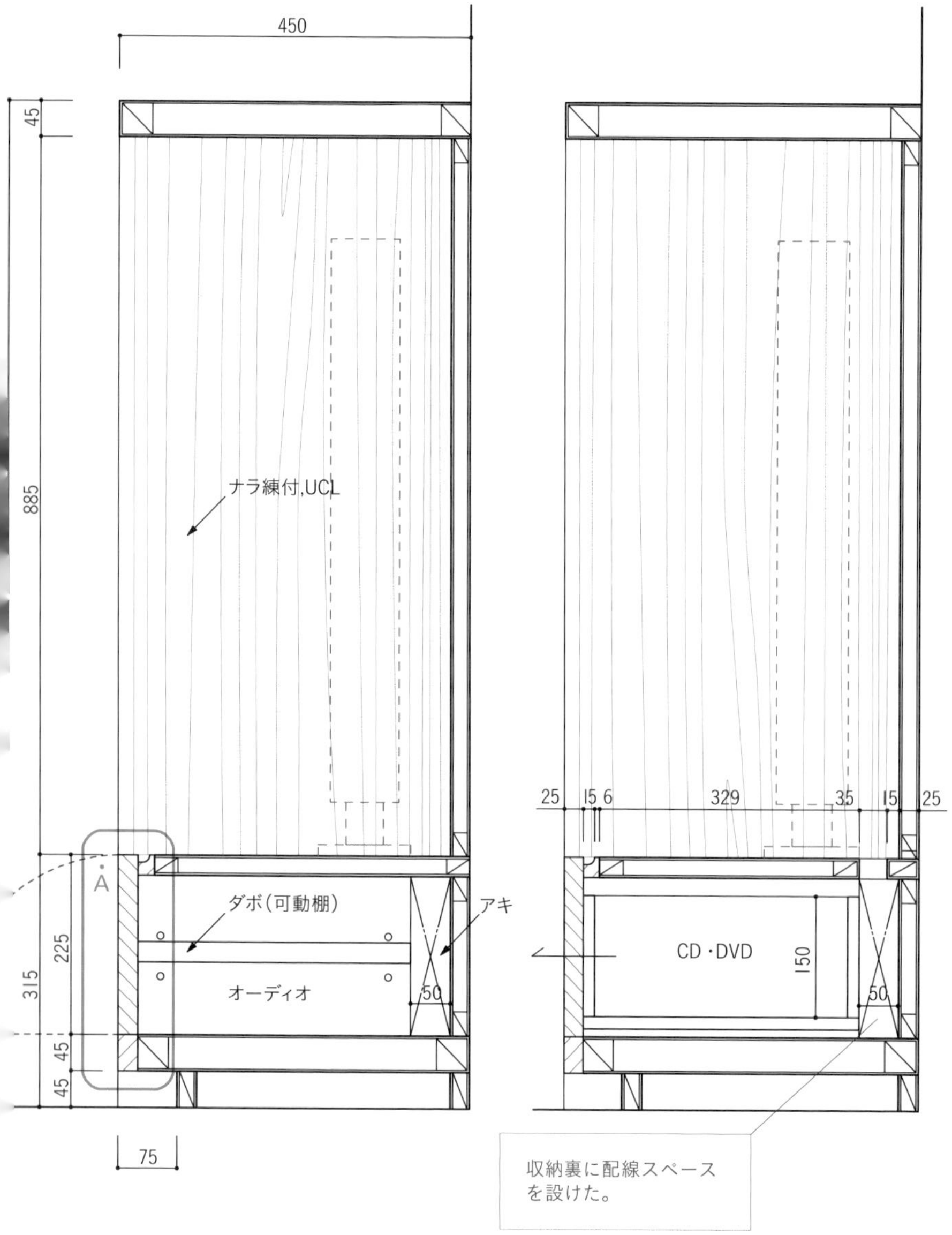

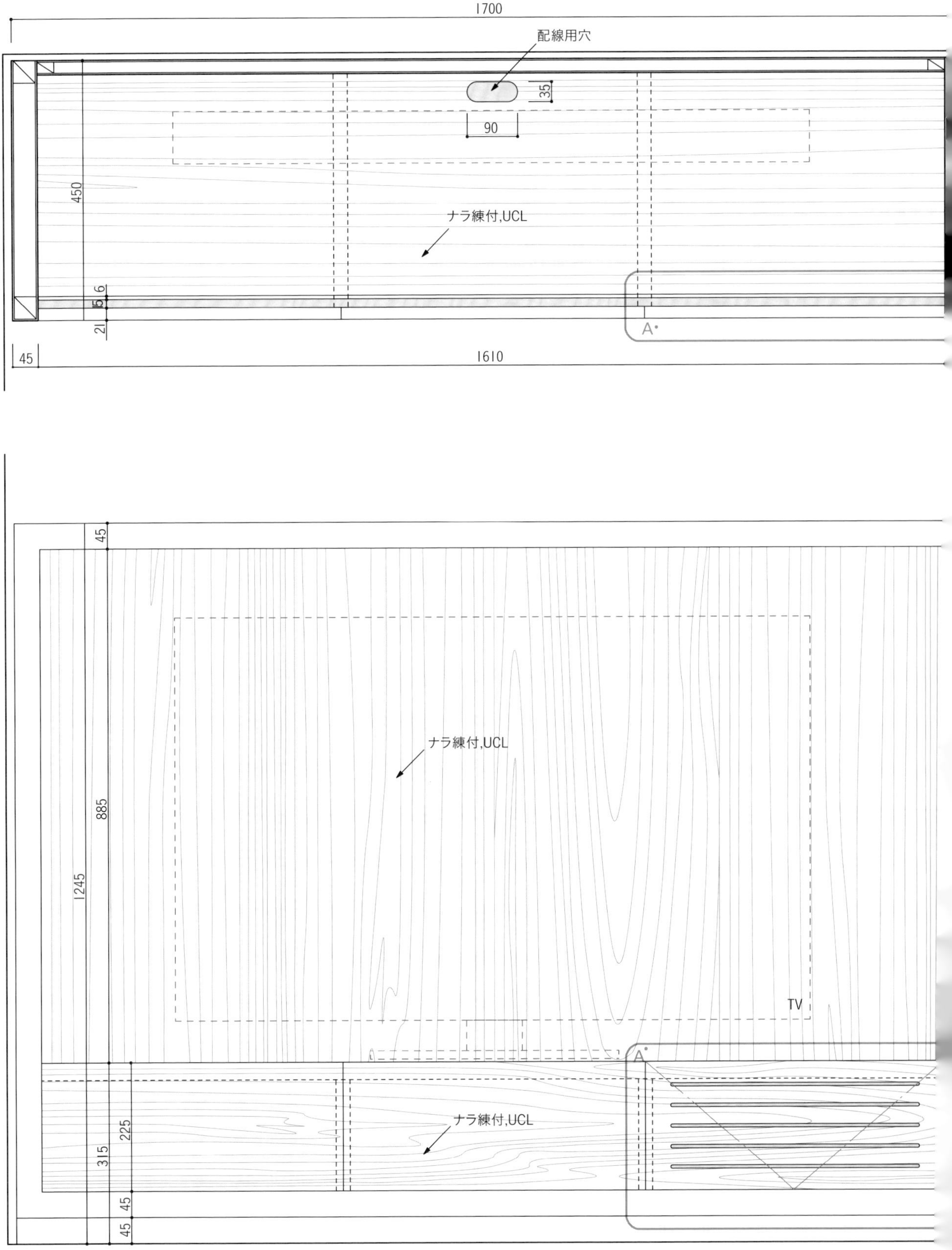

リビング収納詳細図　S=1/10

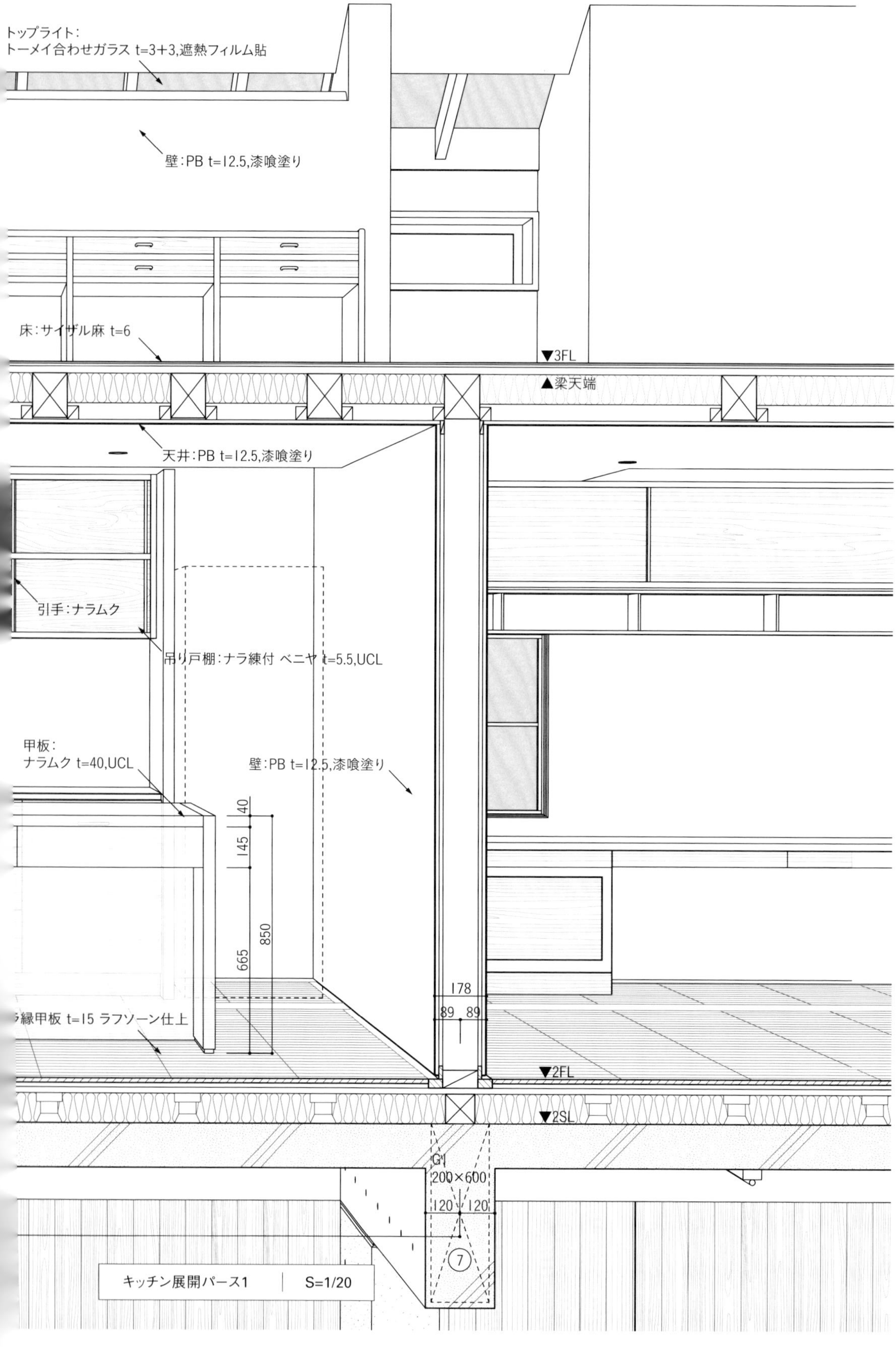
トップライト:
トーメイ合わせガラス t=3+3,遮熱フィルム貼
壁:PB t=12.5,漆喰塗り
床:サイザル麻 t=6
▼3FL
▲梁天端
天井:PB t=12.5,漆喰塗り
引手:ナラムク
吊り戸棚:ナラ練付 ベニヤ t=5.5,UCL
甲板:
ナラムク t=40,UCL
壁:PB t=12.5,漆喰塗り
40
145
850
665
178
89
89
縁甲板 t=15 ラフソーン仕上
▼2FL
▼2SL
G1
200×600
120
120
7
キッチン展開パース1
S=1/20

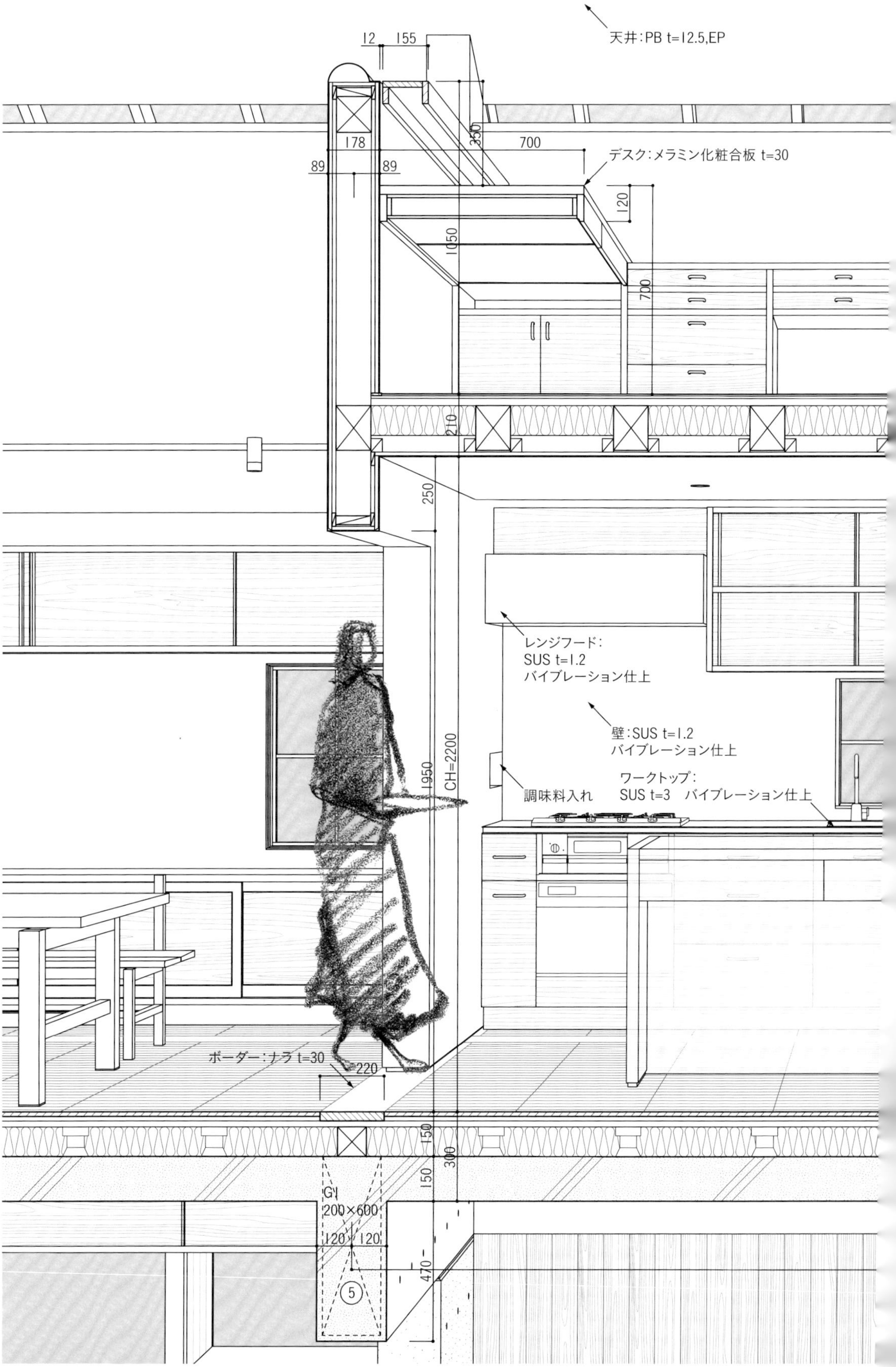
天井:PB t=12.5,EP
12
155
178
89
89
350
700
デスク:メラミン化粧合板 t=30
120
1050
700
210
250
レンジフード:
SUS t=1.2
バイブレーション仕上
壁:SUS t=1.2
バイブレーション仕上
ワークトップ:
SUS t=3　バイブレーション仕上
調味料入れ
1950
CH=2200
ボーダー:ナラ t=30
220
150
300
150
G1
200×600
120
120
470
5

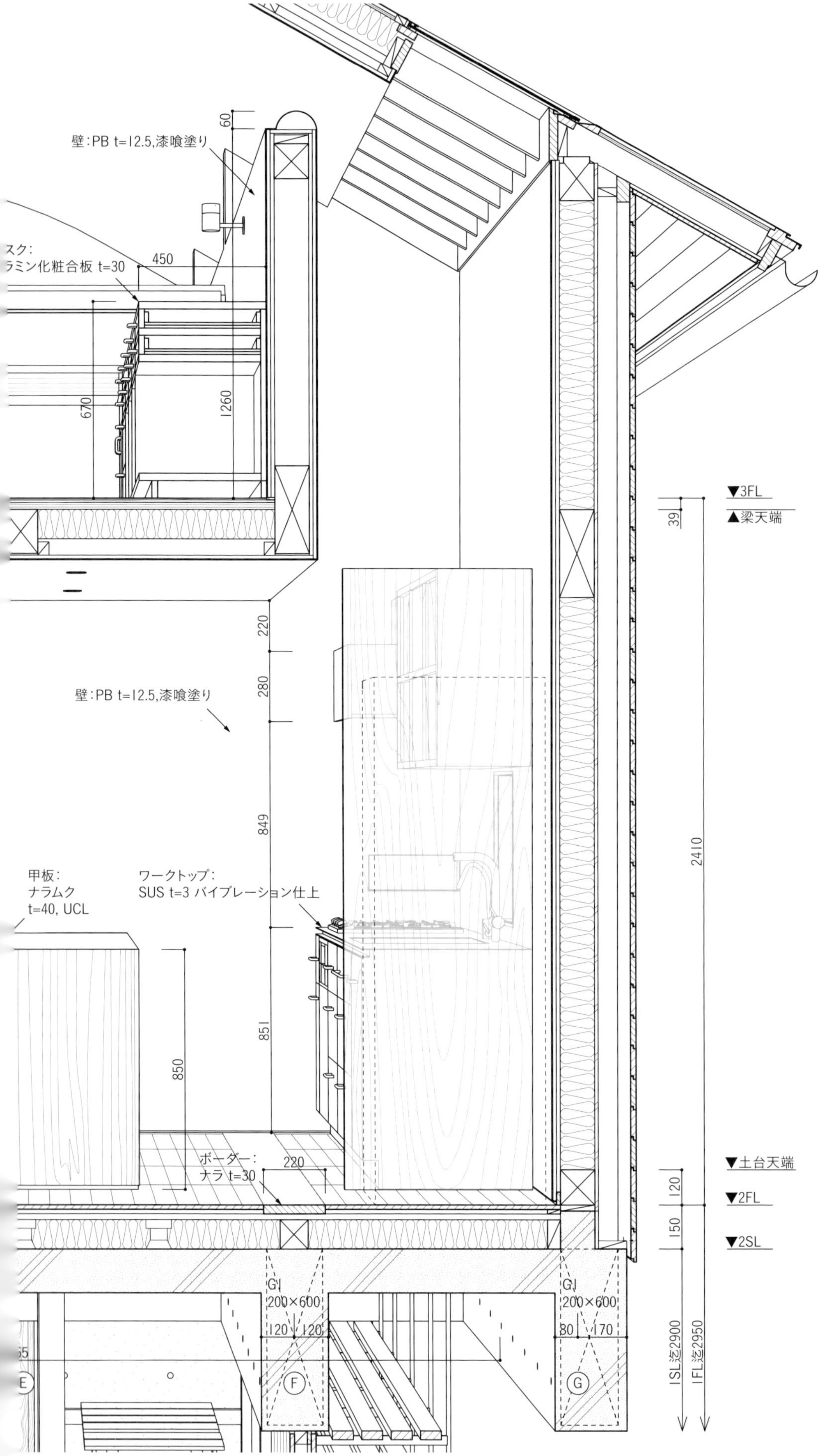

壁：PB t=12.5,漆喰塗り
スク：
ラミン化粧合板 t=30
450
60
670
1260
▼3FL
39
▲梁天端
220
280
壁：PB t=12.5,漆喰塗り
849
2410
甲板：
ナラムク
t=40, UCL
ワークトップ：
SUS t=3 バイブレーション仕上
851
850
ボーダー：
ナラ t=30
220
▼土台天端
120
▼2FL
150
▼2SL
GI
200×600
120
120
GI
200×600
80
170
ISL迄2900
IFL迄2950
E
F
G

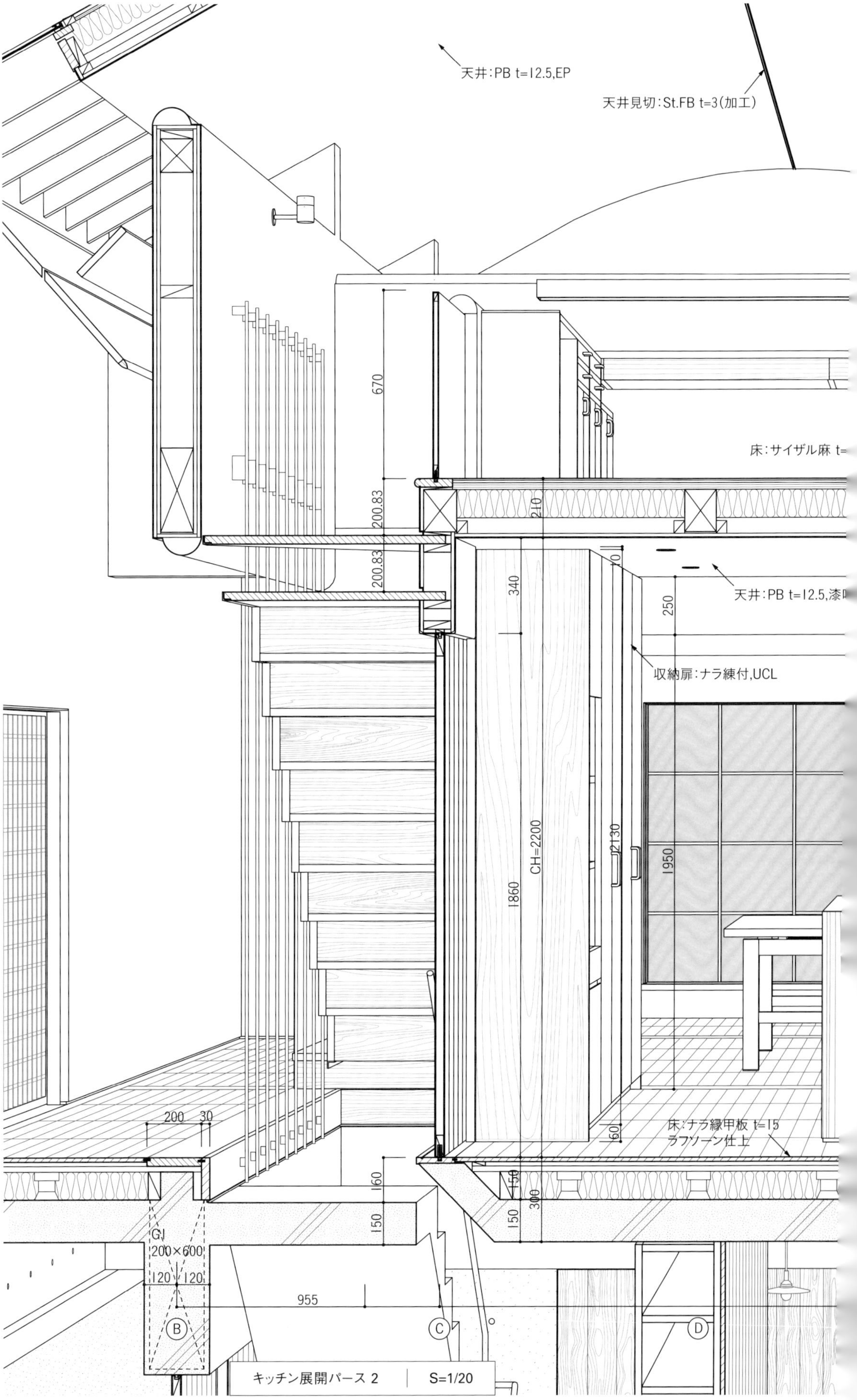

キッチン展開パース 2　S=1/20

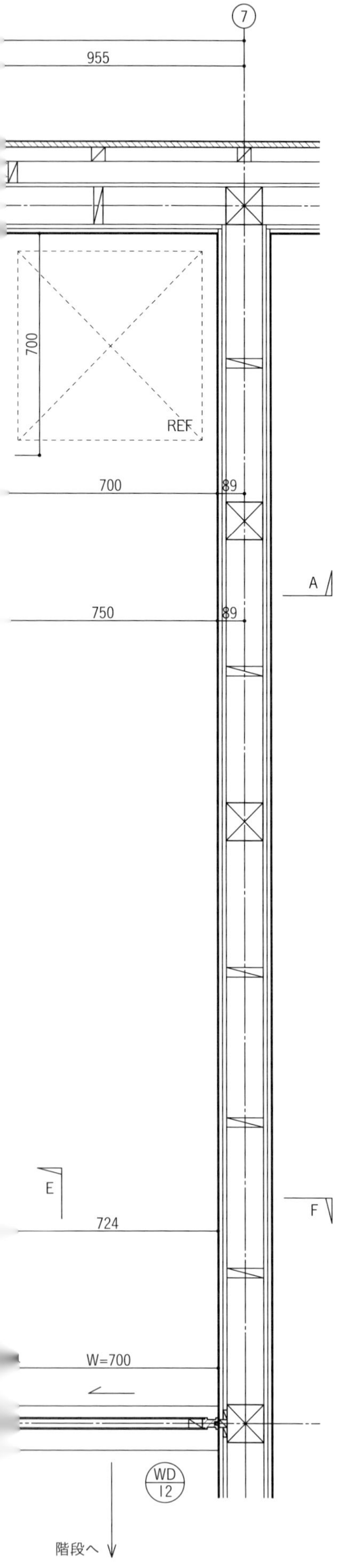

キッチンのカギは無意識に使える収納配置

東面に流し台を配置し、中央に作業台を設けた。朝食などはここで済ませることもできる。ダイニングから見て適度にオープンになるように壁配置を考えている。反対側には主に食器を収納するウォールキャビネットを設えた。流し台のワークトップは、ステンレスt＝3のバイブレーション仕上げ。シンクは同じくステンレスt＝0・8で加工し、アンダーカウンターに納めている。

作業で必要なところに「必要な収納があることが重要である」と考えている。たとえば、包丁刺しや調味料の置く位置というのは、そこでの作業を考えた上で位置を決めている。万事にいえることだが、機能や働きを考え、最後にそこにかたちを与える。

設備機器

水栓：
32168（ミンタヘッド引出しタイプ）［グローエ］
浄水器水栓：
20119［グローエ］
コンロ：
C3WF2KJTKST（+do）［ハーマン］
オーブン：
DR514EST（コンビネーションレンジ）［ハーマン］
食洗機：
D5233［アスコ］
レール：
φ16［ハーフェレ］
ハンドル：
7812-031［スガツネ］
タオルバー：
14-3812-02-519［スガツネ］

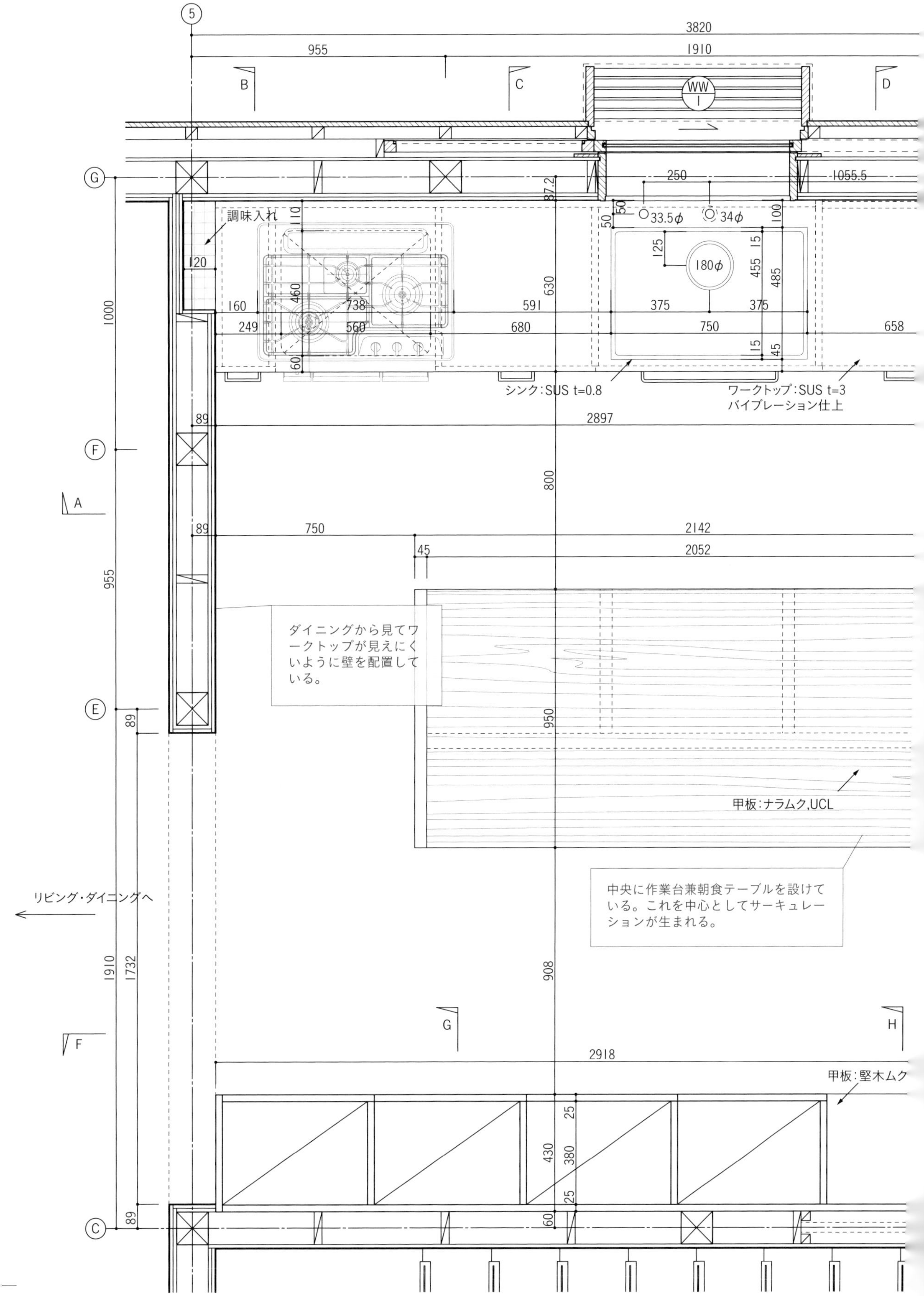

キッチン平面詳細図 | S=1/20

奥行きと高さ、引手にこだわる

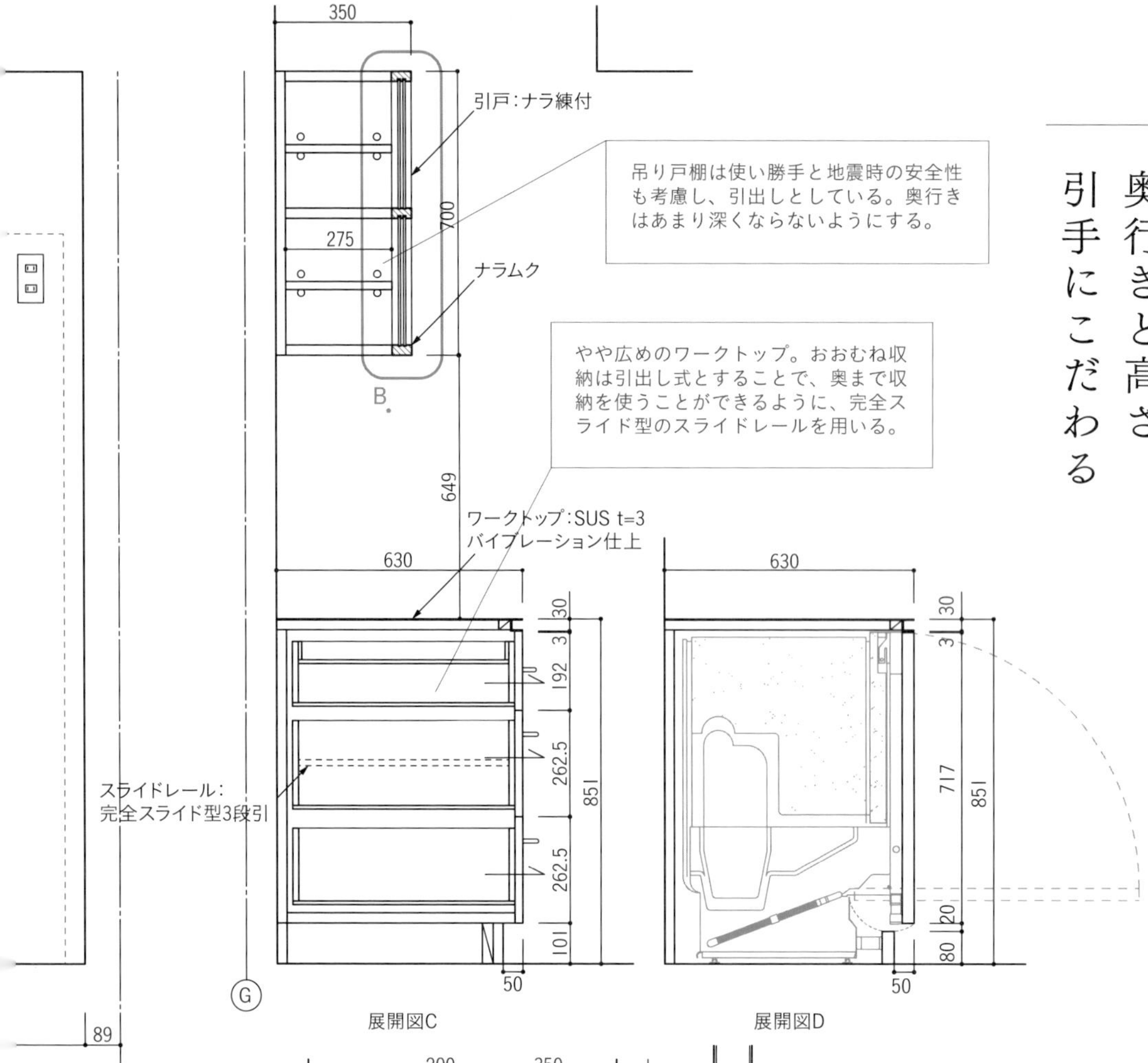

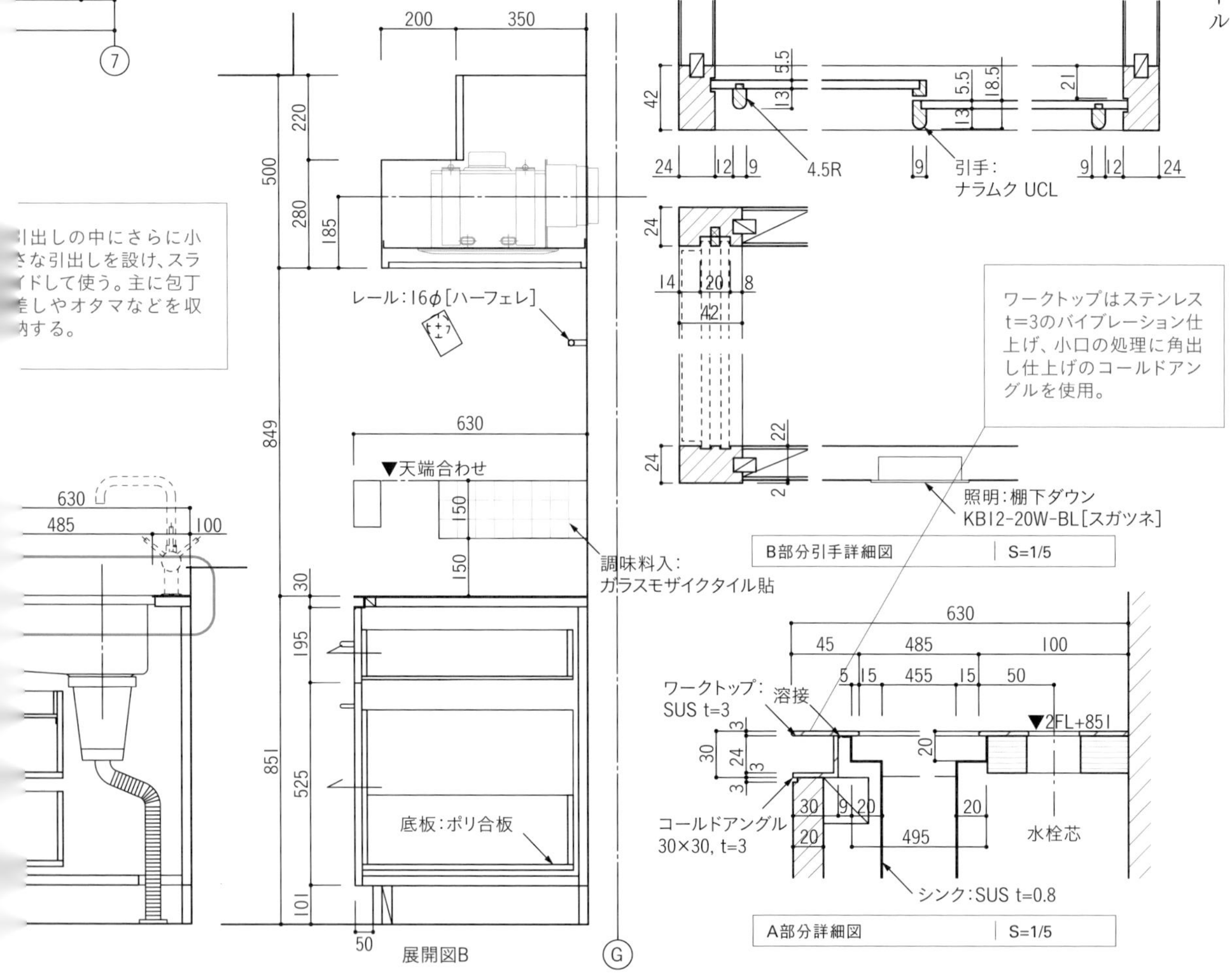

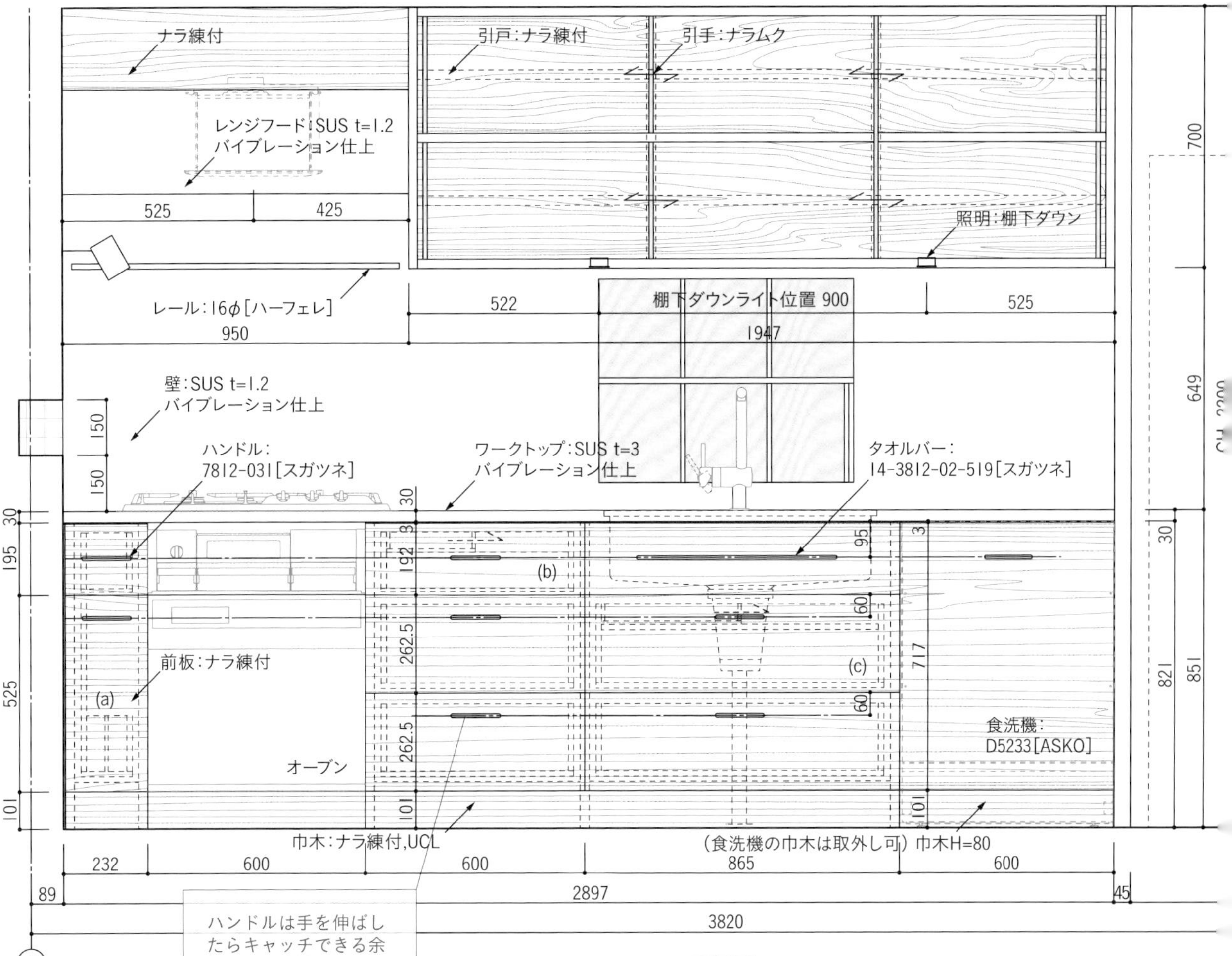

ハンドルは手を伸ばしたらキャッチできる余裕のある寸法のものにする。

展開図A

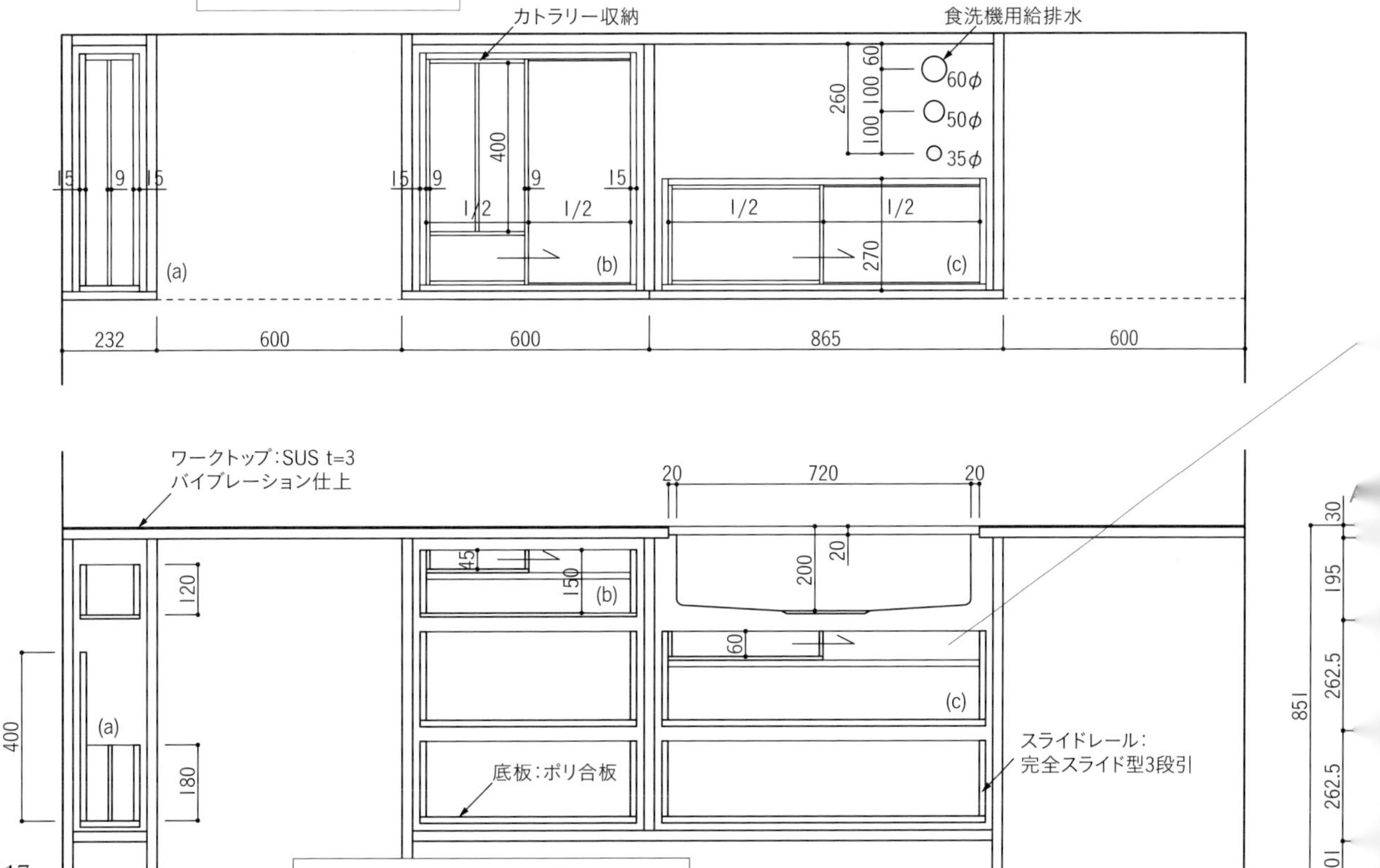

キッチン断面詳細図 S=1/20

家事の動作をいくつもイメージする

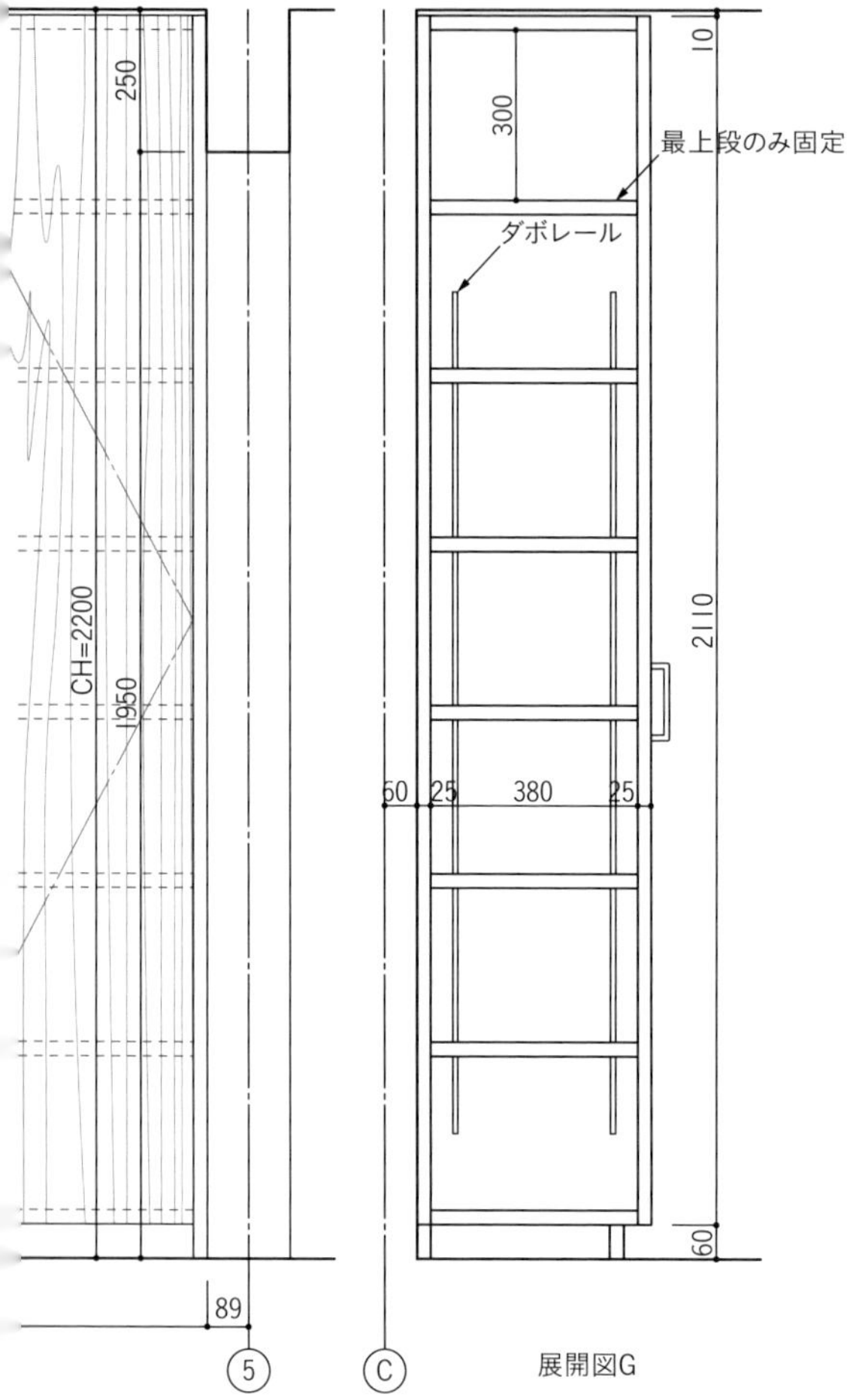

展開図G

反対側はハイスツールを用いて朝食コーナーとして使用可能。

炊飯器は使用するときには棚を引き出して使用する。

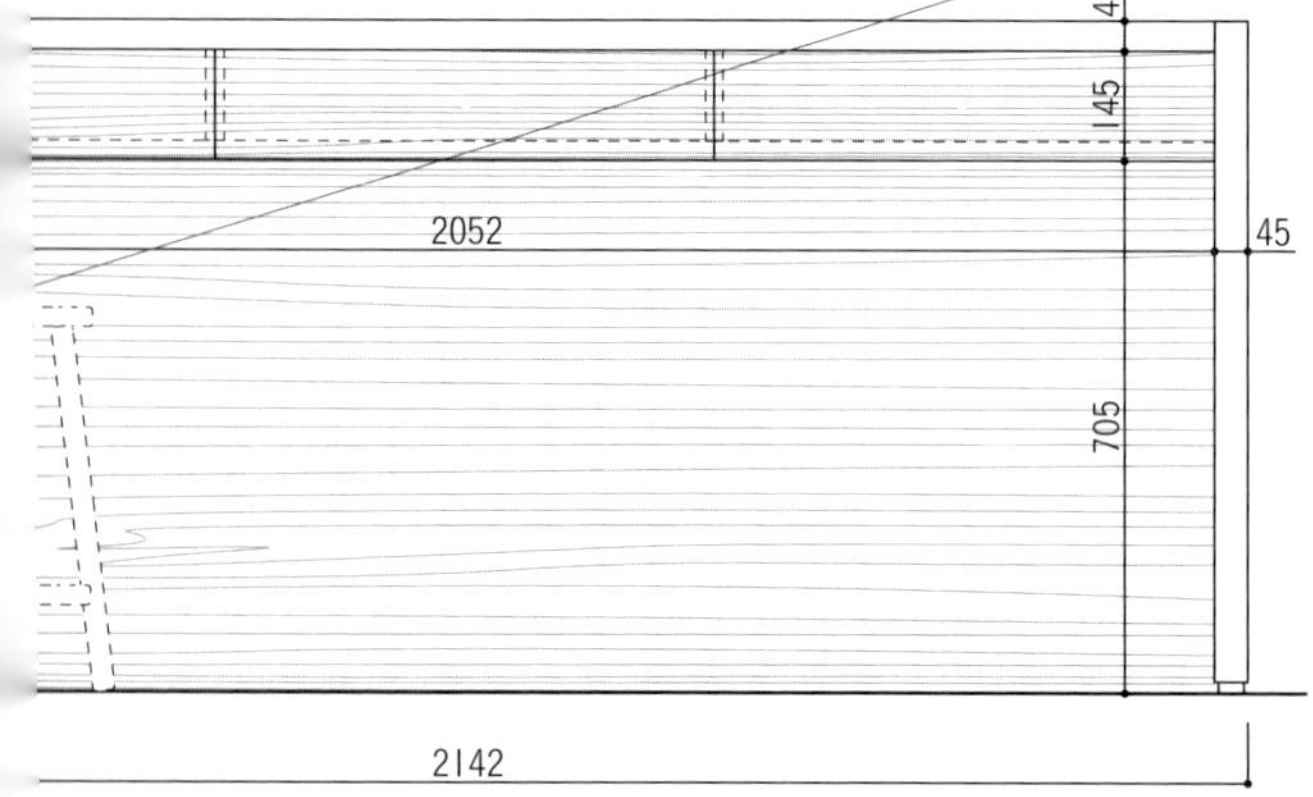

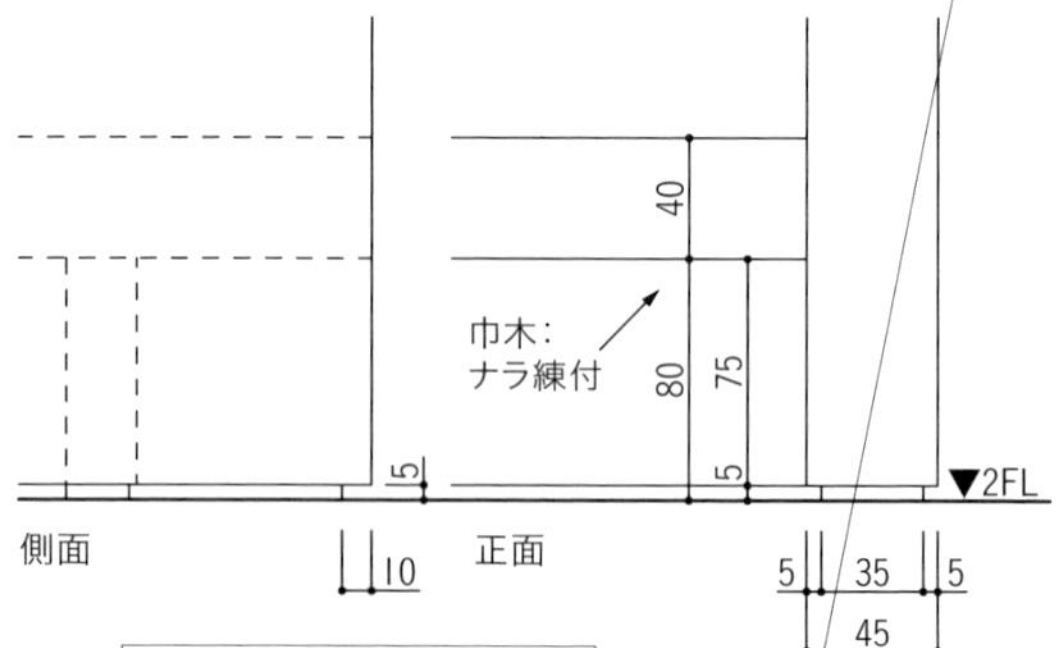

C部分詳細図 | S=1/5

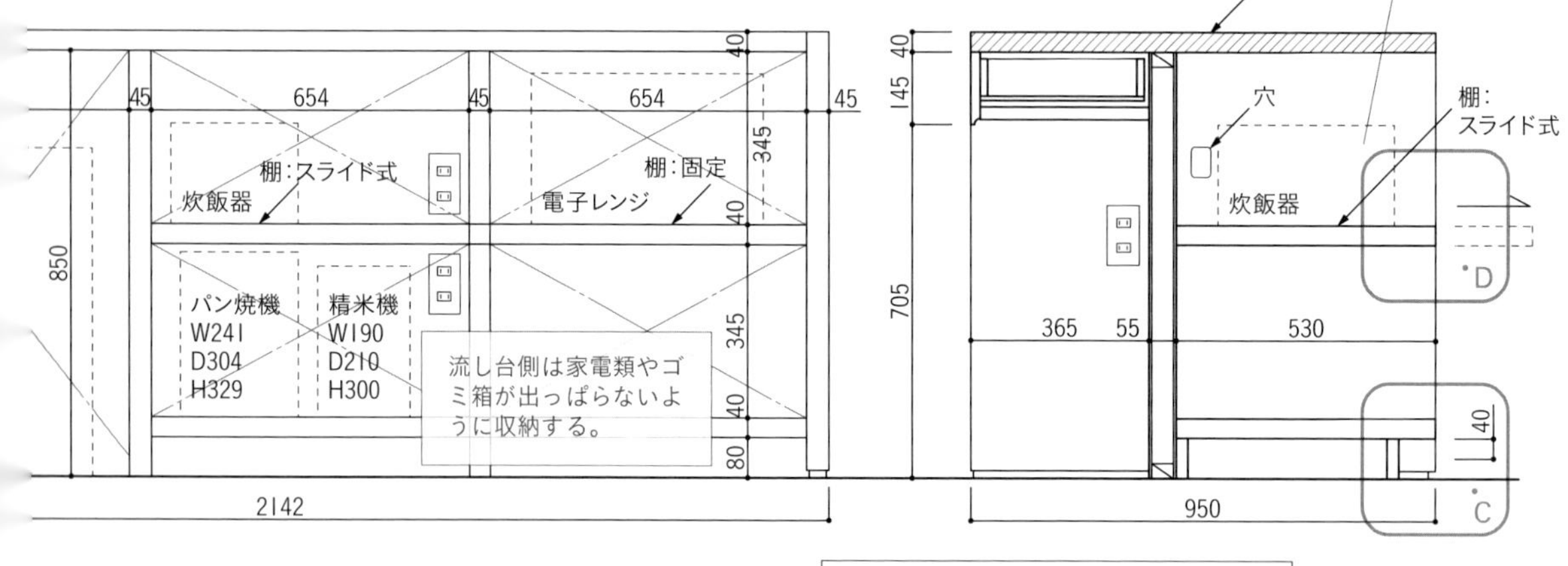

流し台側は家電類やゴミ箱が出っぱらないように収納する。

キッチン収納詳細図 | S=1/20

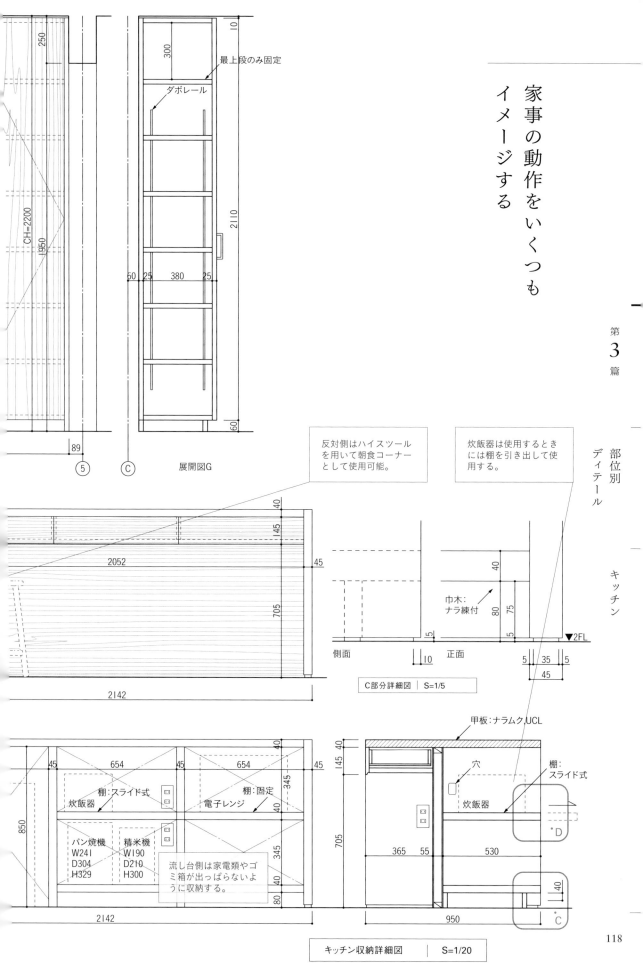

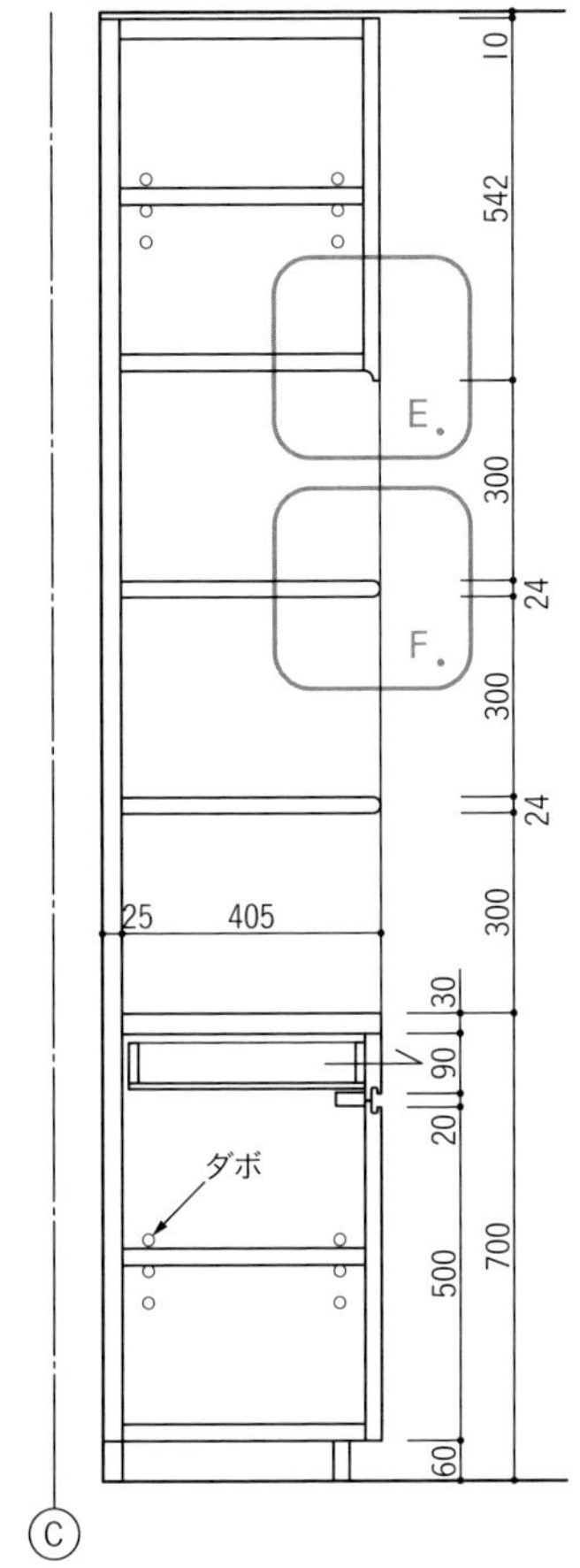

展開図H

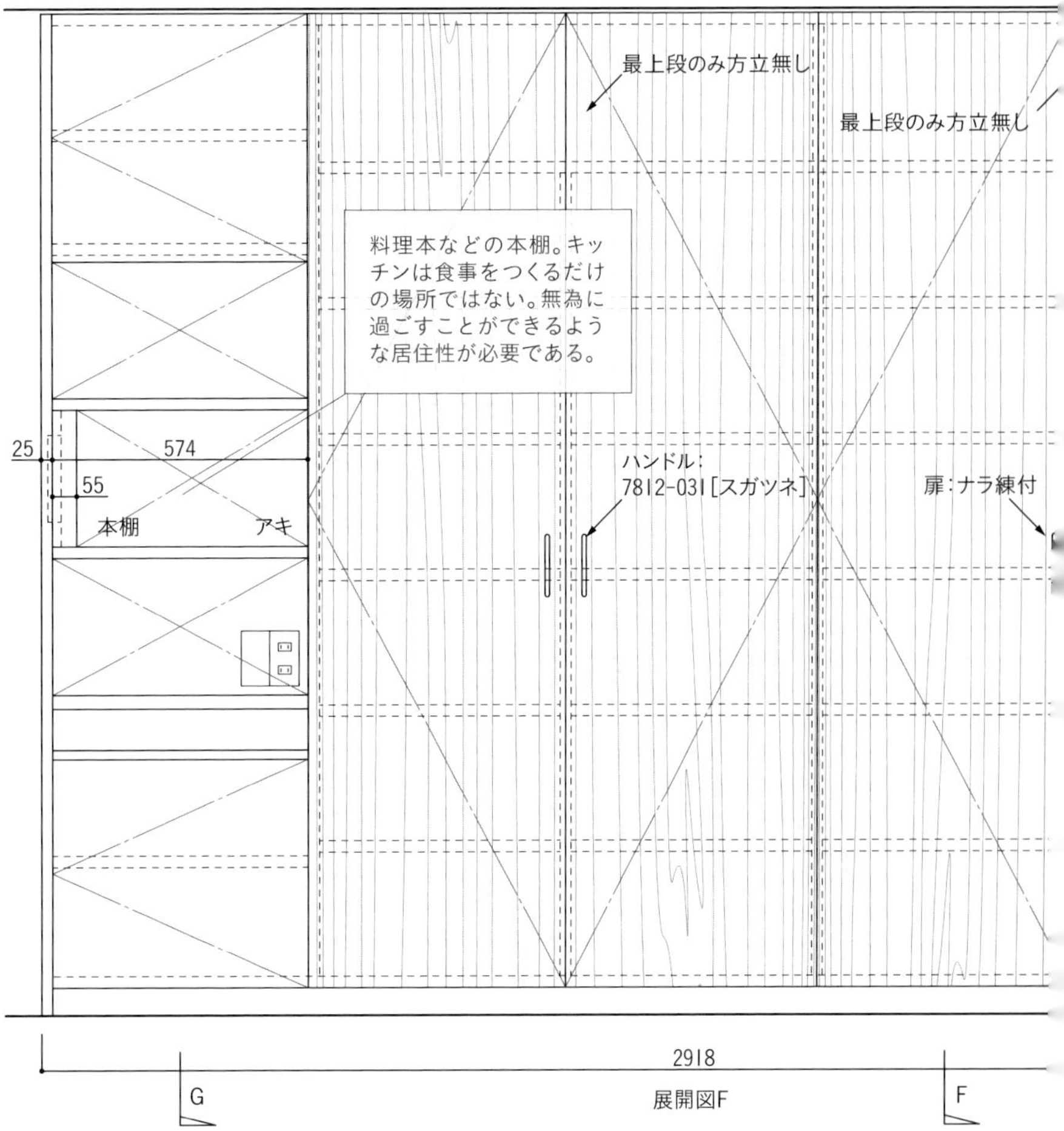

展開図F

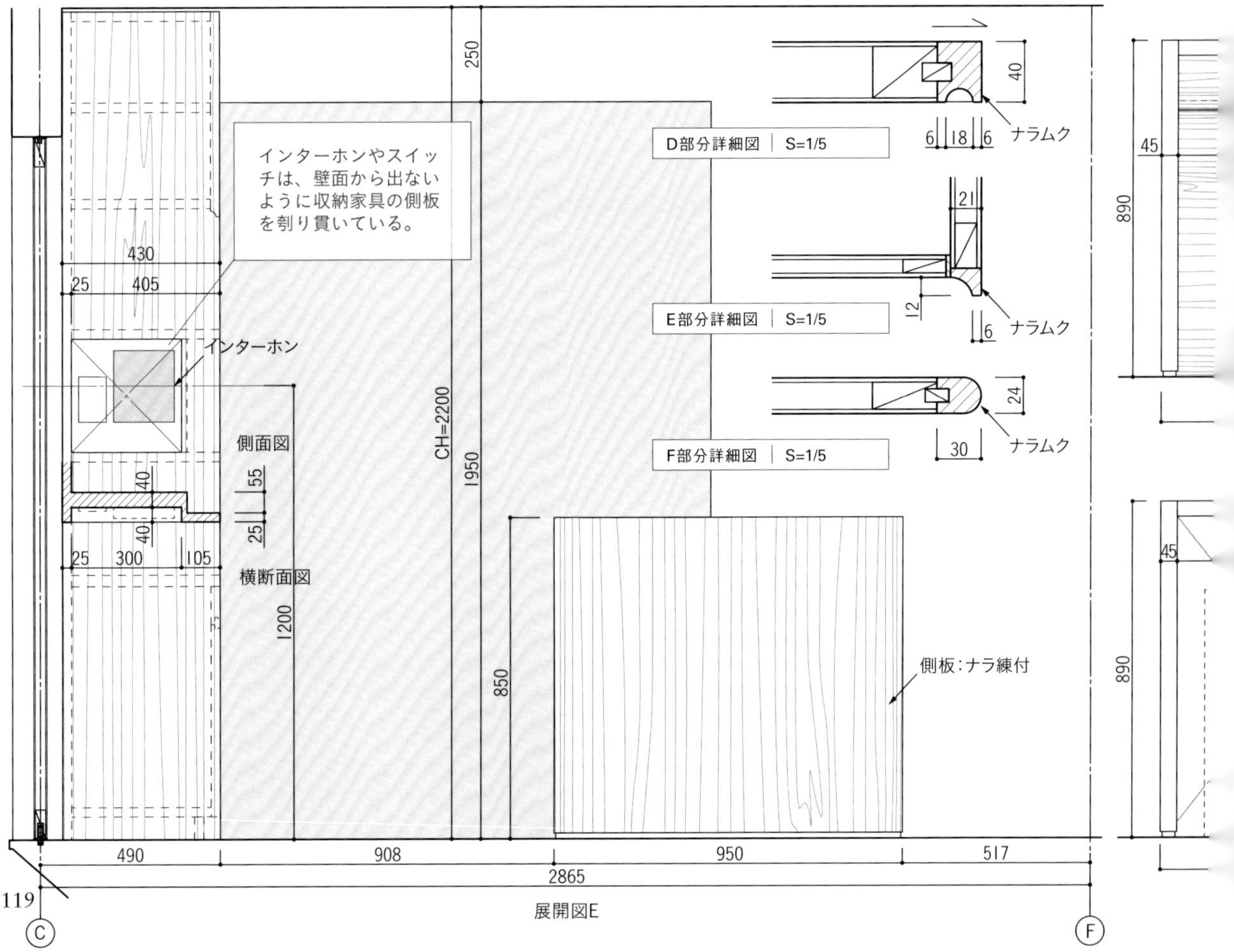

展開図E

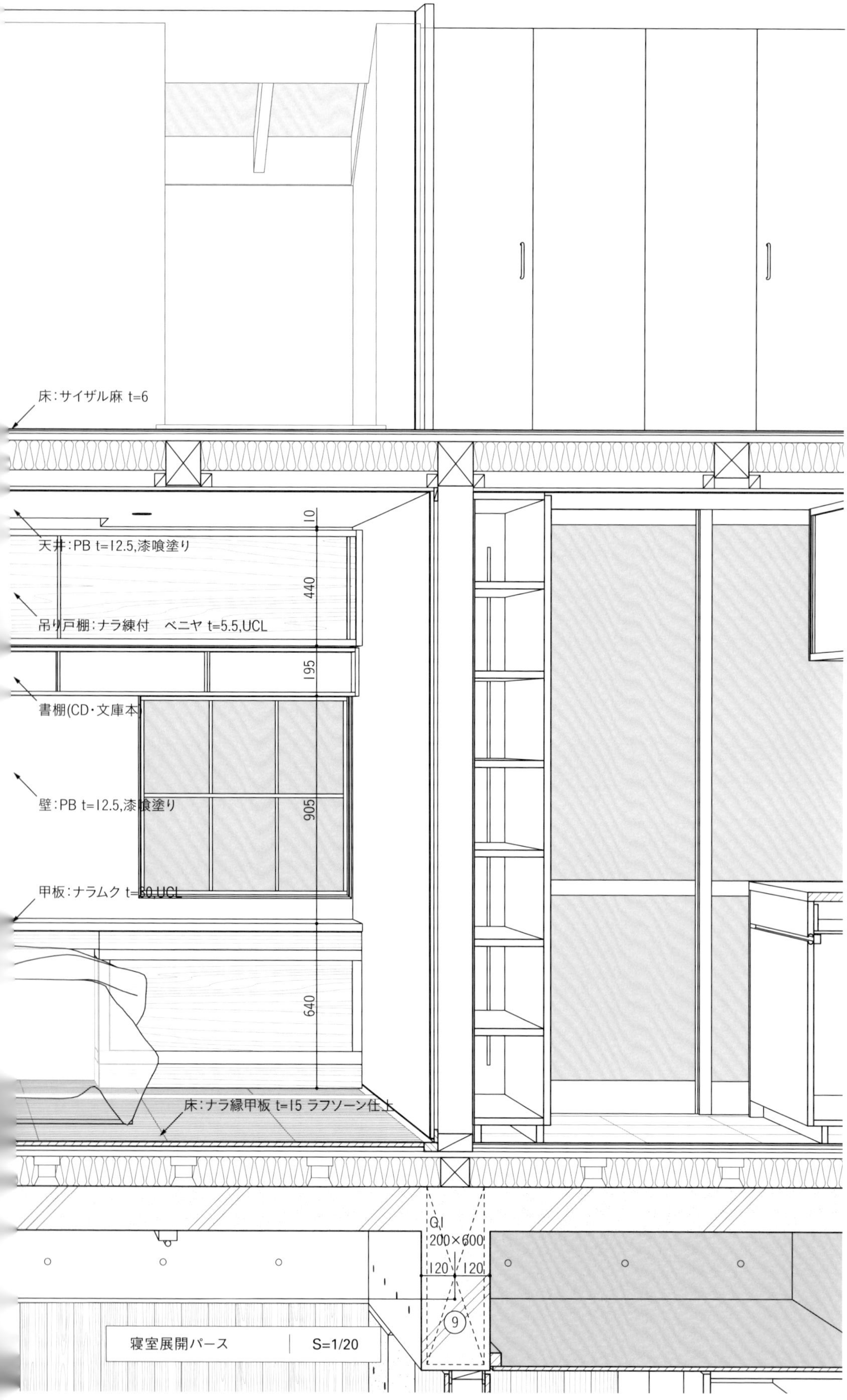
床：サイザル麻 t=6
天井：PB t=12.5,漆喰塗り
吊り戸棚：ナラ練付　ベニヤ t=5.5,UCL
書棚(CD・文庫本)
壁：PB t=12.5,漆喰塗り
甲板：ナラムク t=30,UCL
床：ナラ縁甲板 t=15 ラフソーン仕上
10
440
195
905
640
G1
200×600
120
120
9

寝室展開パース　S=1/20

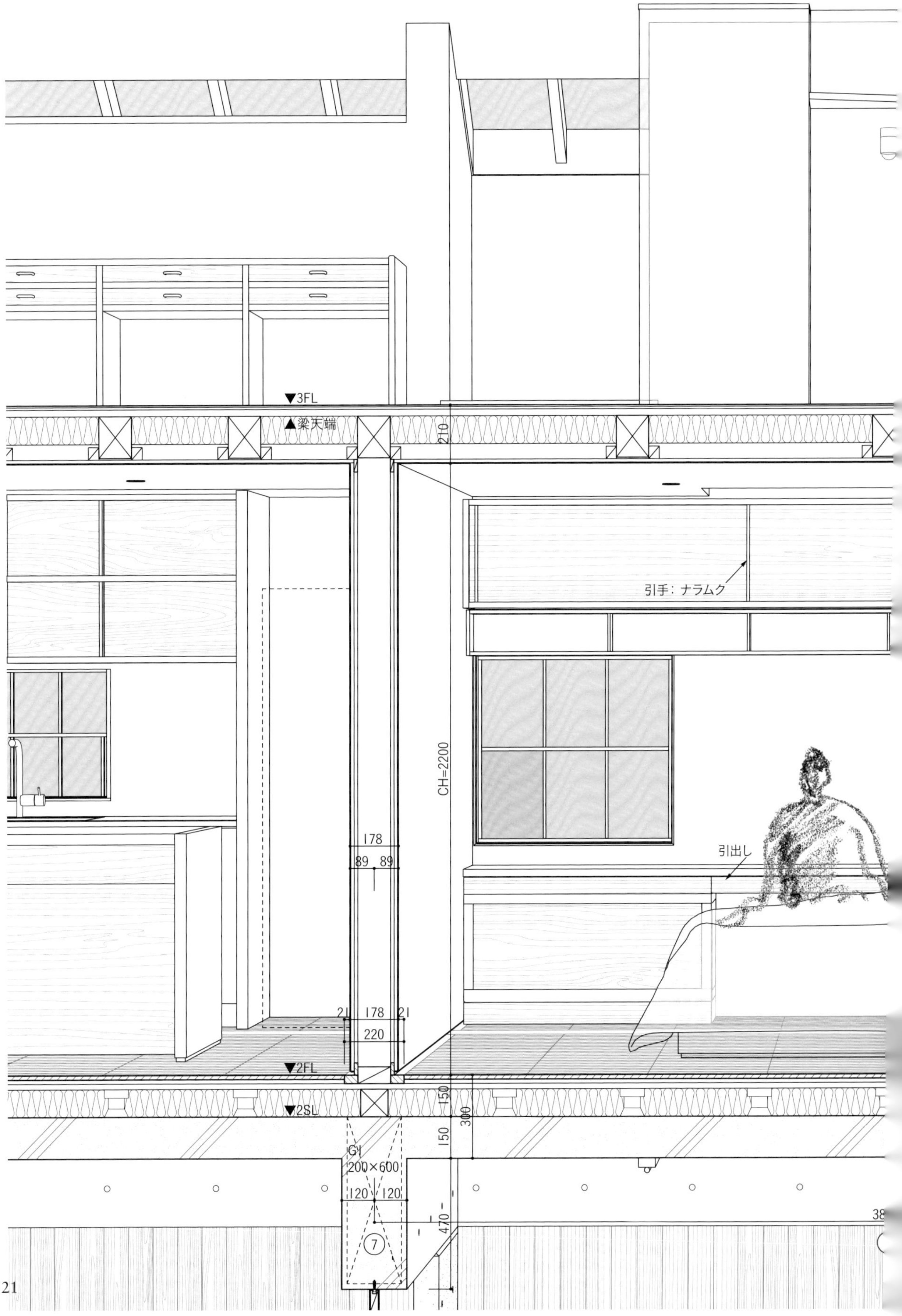
▼3FL
▲梁天端
210
引手：ナラムク
CH=2200
178
89 89
引出し
21 178 21
220
▼2FL
150
300
▼2SL
150
GI
200×600
120 120
470
7
38

リラックスできる空間の設え

寝室は単に就寝するだけでなく、真にリラックスできる空間であることを主眼としている。ときに日記を書いたり、音楽を聴いたり、小説を読みながら眠りにつくだろう。そんな行為のための設えとした。

薄い引出しが間口いっぱいに設けられたデスクを設け、両脇のナラ材のパネルの奥はエアコン屋外機の格納部となっている。上部には文庫本とCD・DVD用の棚を設けた。部材はシナベニヤt＝15でつくり、木口は積層をそのまま見せて丸く加工。上部天袋収納にはエアコン室内機を納め、夏季の冷房用として使用している。

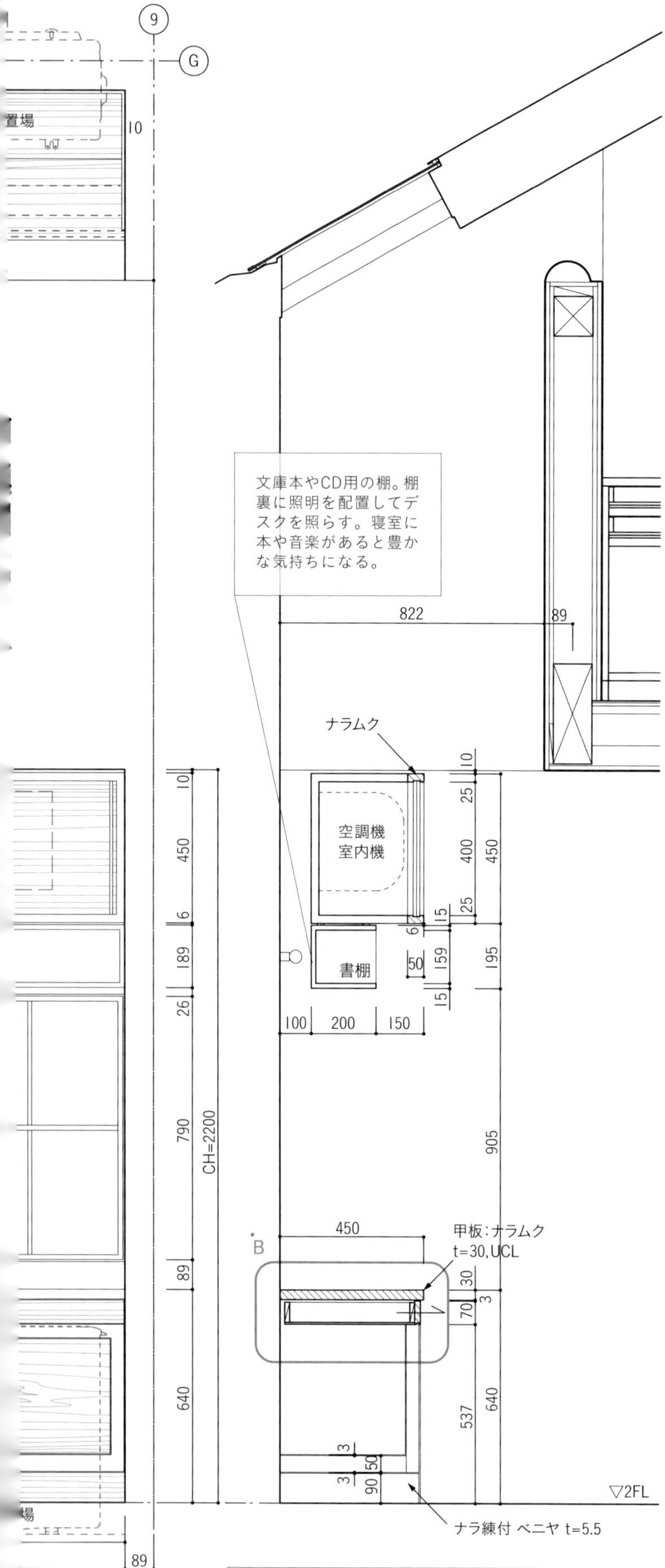

寝室収納詳細図 S=1/20

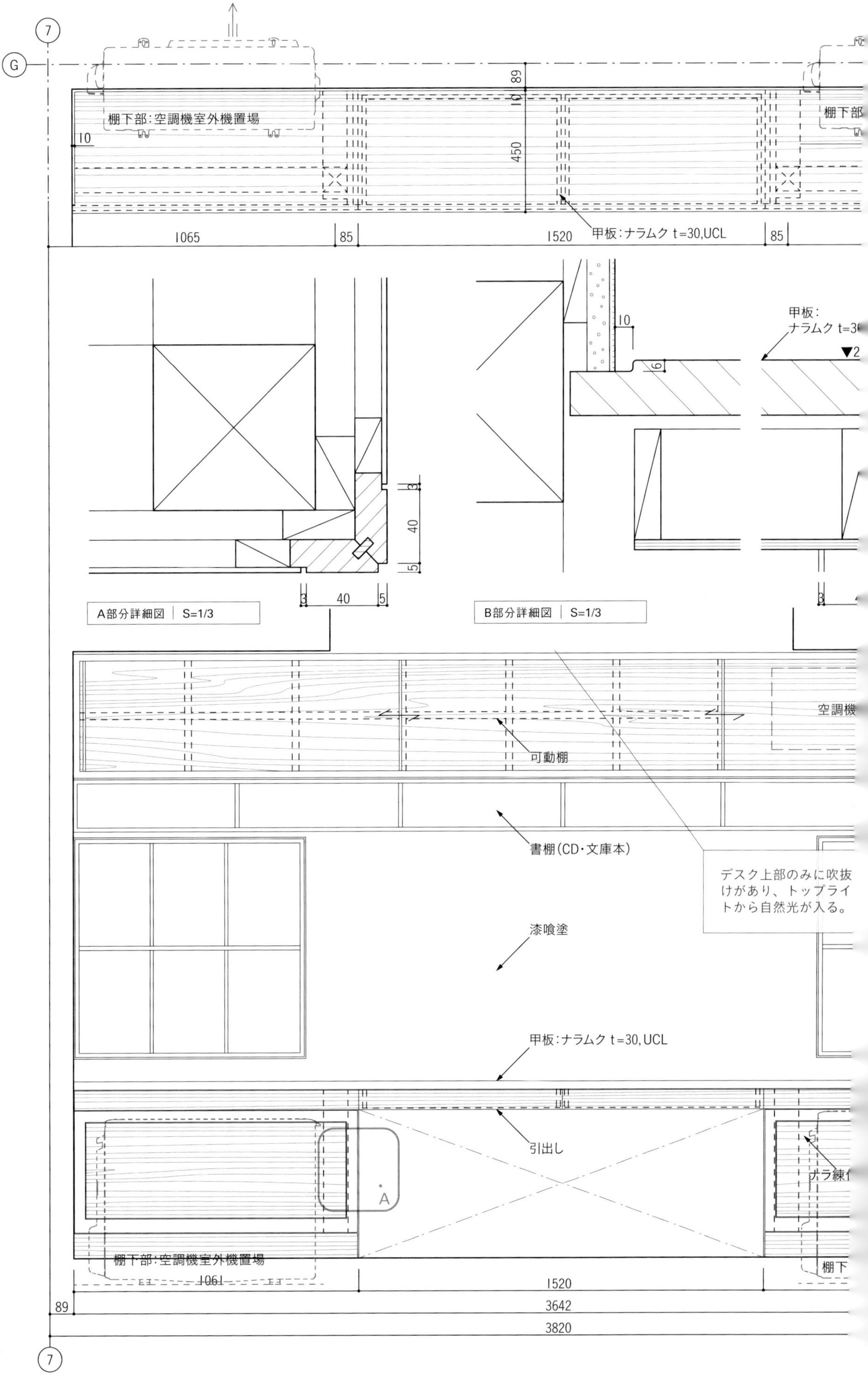

7
G
89
10
450
棚下部：空調機室外機置場
10
1065
85
1520
甲板：ナラムク t=30,UCL
85
棚下部
10
6
甲板：
ナラムク t=3
3
40
5
3
40
5
A部分詳細図 S=1/3
B部分詳細図 S=1/3
3
空調機
可動棚
書棚（CD・文庫本）
デスク上部のみに吹抜けがあり、トップライトから自然光が入る。
漆喰塗
甲板：ナラムク t=30,UCL
引出し
A
ナラ練
棚下部：空調機室外機置場
1061
1520
棚下
89
3642
3820
7

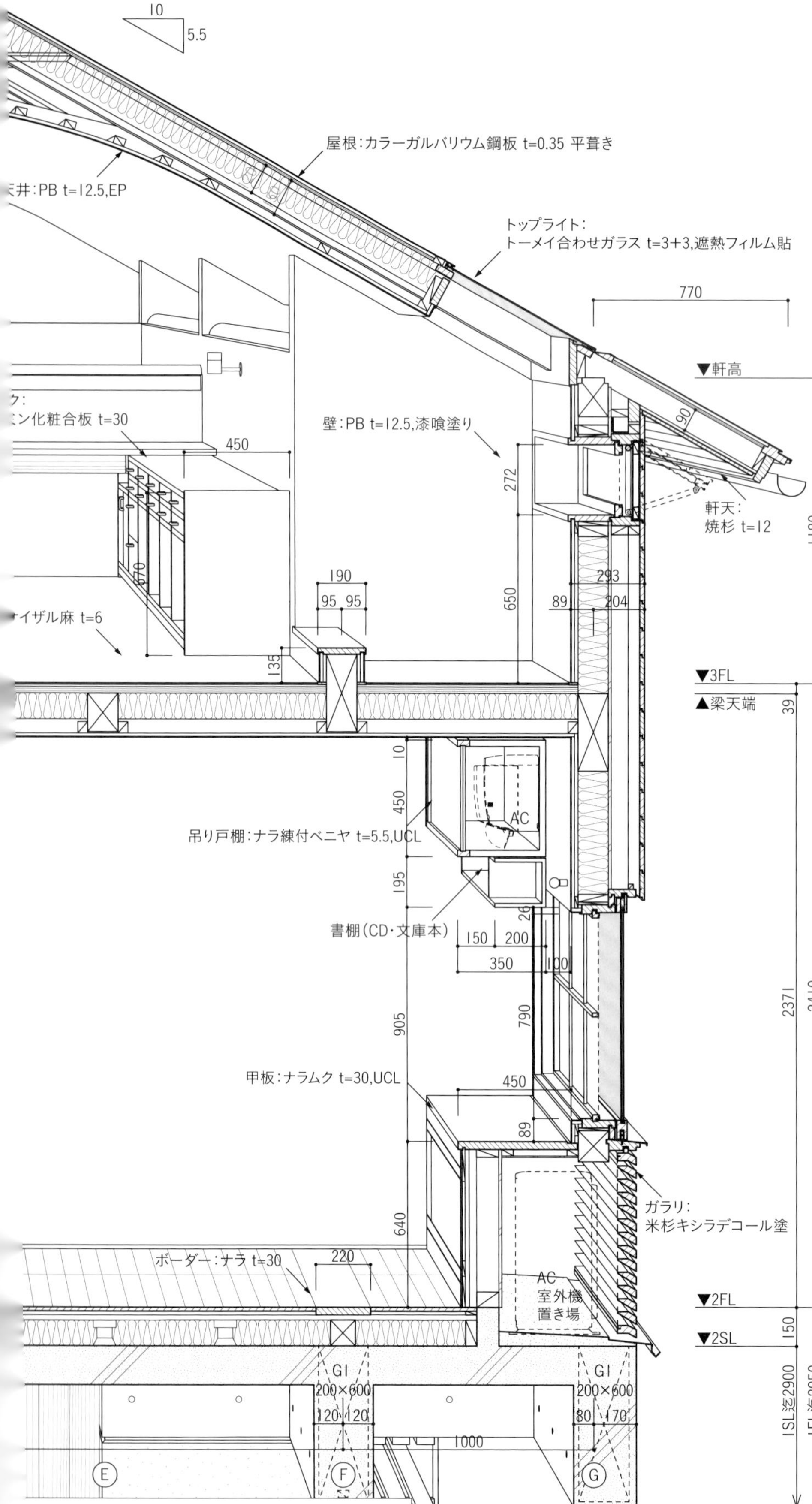

ワークスペース展開パース　S=1/25

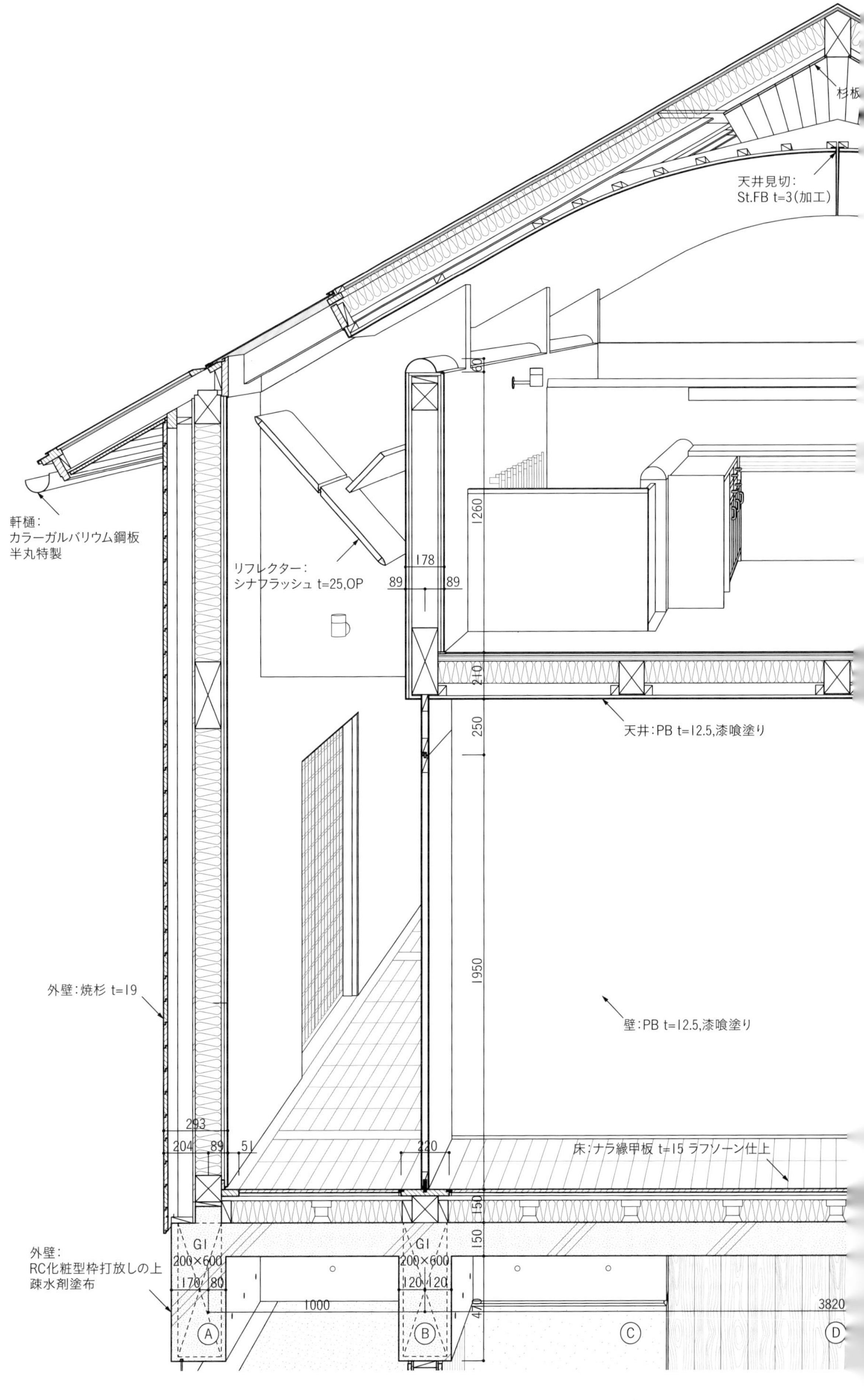
杉板
天井見切：
St.FB t=3(加工)
軒樋：
カラーガルバリウム鋼板
半丸特製
リフレクター：
シナフラッシュ t=25,OP
60
1260
178
89
89
210
250
天井：PB t=12.5,漆喰塗り
1950
外壁：焼杉 t=19
壁：PB t=12.5,漆喰塗り
293
204
89
51
220
床：ナラ縁甲板 t=15 ラフソーン仕上
150
150
G1
200×600
G1
200×600
外壁：
RC化粧型枠打放しの上
疎水剤塗布
170
80
120
120
1000
470
3820
A
B
C
D

思案作業の受け皿を用意する

イラストレーターである夫人のために考えた3階のワークスペース。

デスク部分の引出しはA3やA4サイズでも納まるように考慮し、描きかけのスケッチを並べて拡げたりできるように考えている。甲板を含めて、すべてをシナランバー合板25ミリで構成し、大手はナラ材2ミリとした。一部に床置きのエアコンを設えた。

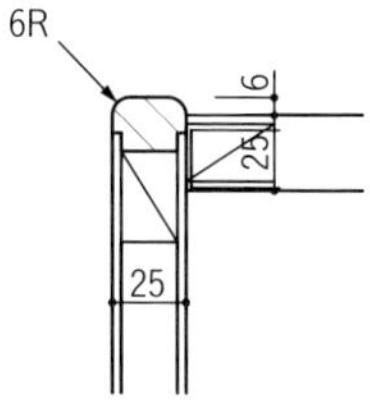

6R
6
25
25

A部分詳細図
S=1/5

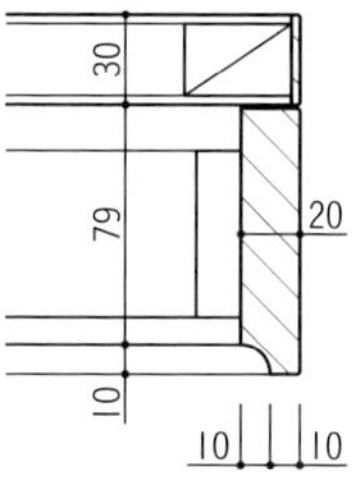

30
79
10
20
10
10

B部分詳細図
S=1/5

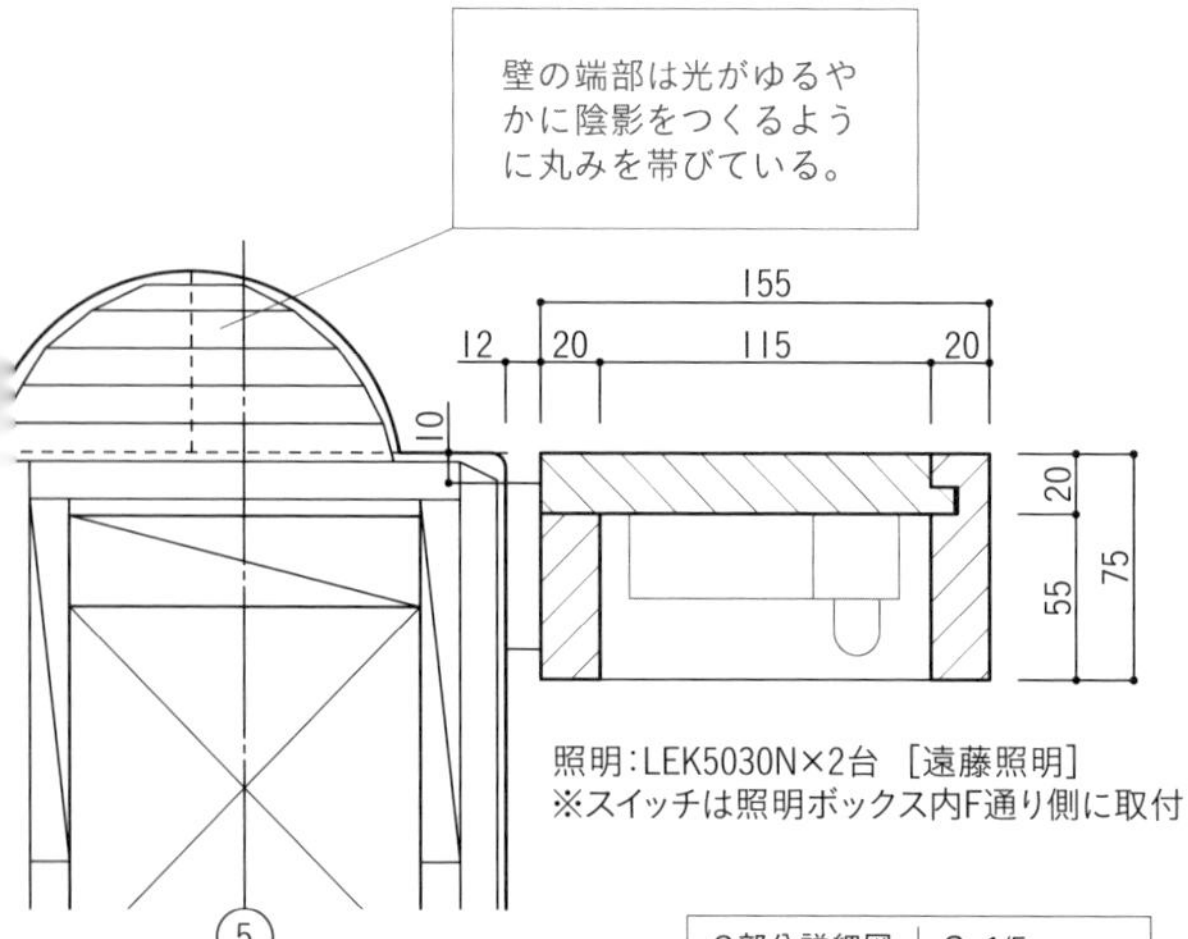

壁の端部は光がゆるやかに陰影をつくるように丸みを帯びている。
155
12
20
115
20
10
20
55
75
照明：LEK5030N×2台［遠藤照明］
※スイッチは照明ボックス内F通り側に取付
5

C部分詳細図 | S=1/5

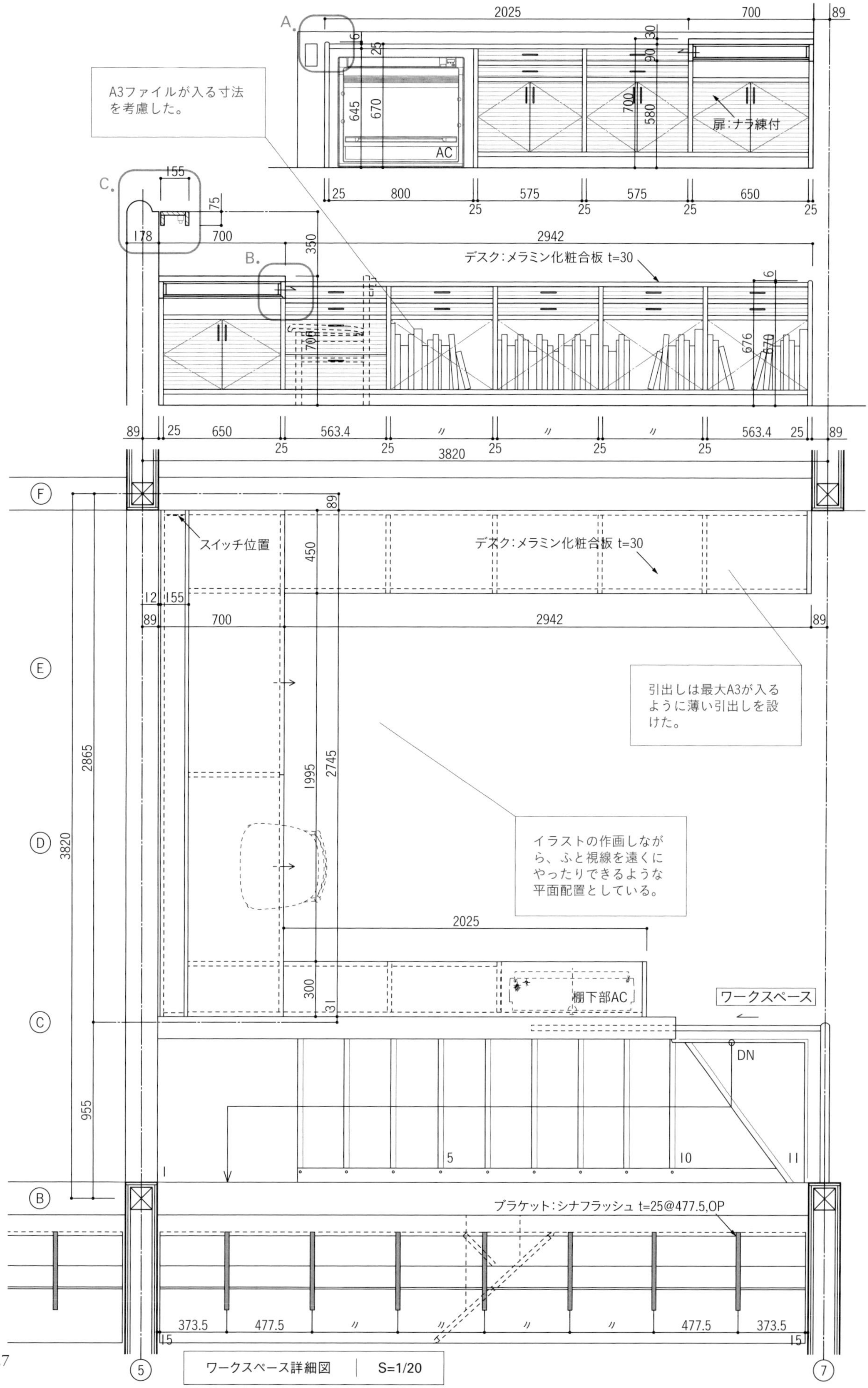

ワークスペース詳細図 S=1/20

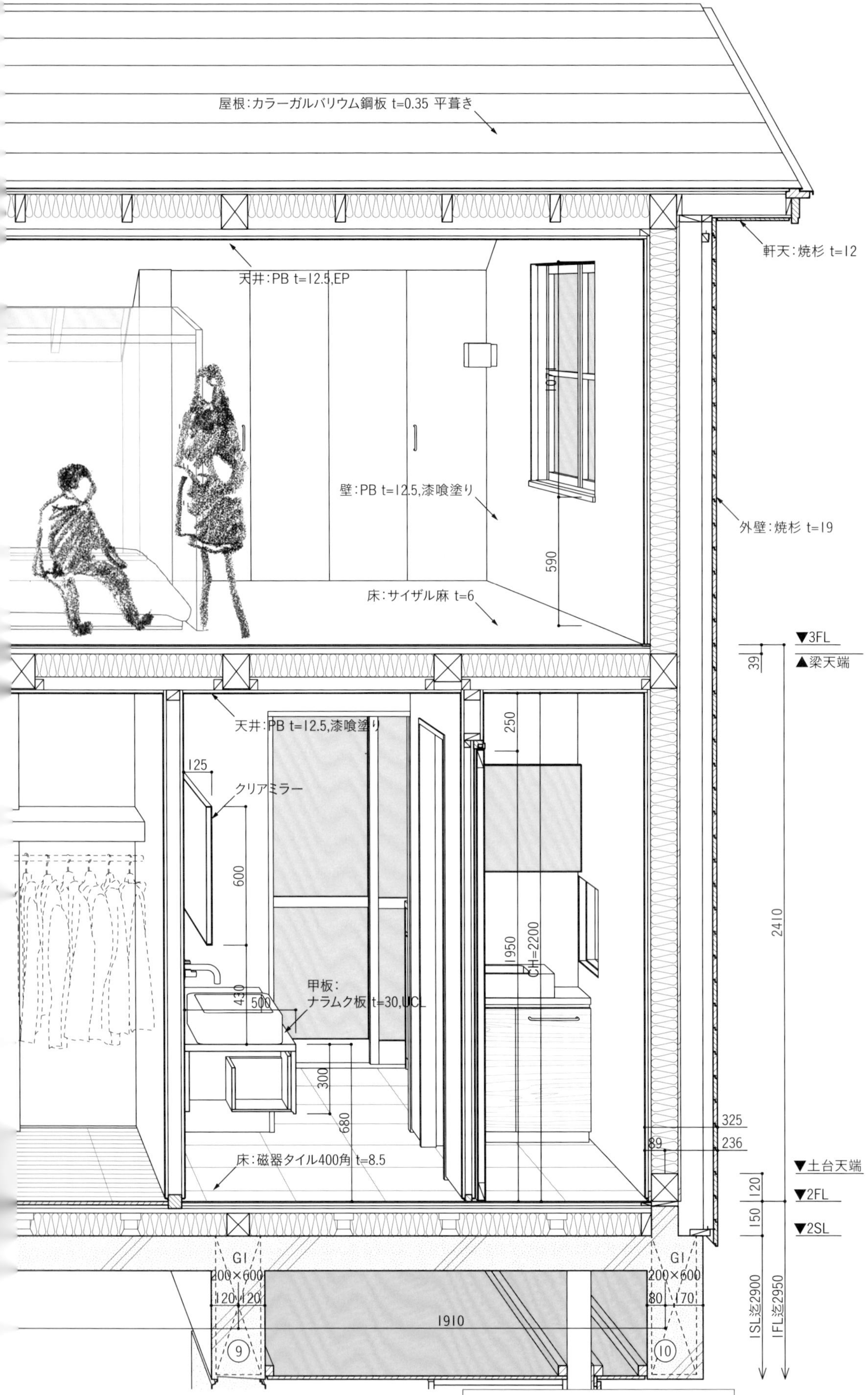

子供室展開パース　S=1/25

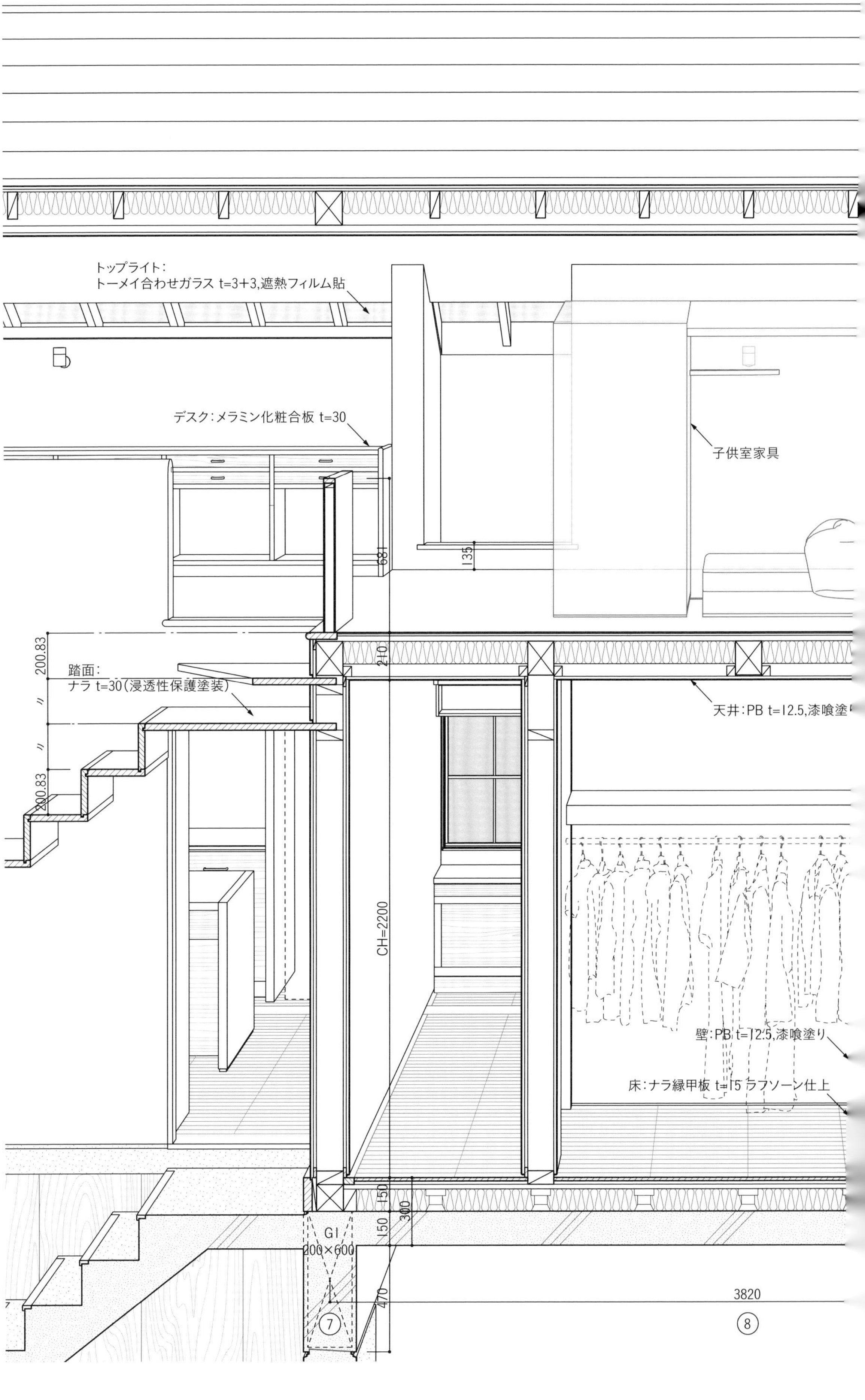
トップライト:
トーメイ合わせガラス t=3+3,遮熱フィルム貼
デスク:メラミン化粧合板 t=30
子供室家具
681
135
200.83
踏面:
ナラ t=30(浸透性保護塗装)
210
天井:PB t=12.5,漆喰塗
200.83
CH=2200
壁:PB t=12.5,漆喰塗り
床:ナラ縁甲板 t=15 ラフソーン仕上
150
300
150
GI
200×600
470
3820
7
8

大きな家具も一つの家と考える

3階のワンルーム空間のよさを損なわないように、ベッドとクローゼットをコンバインしたユニットを考えた。ユニットを置くことで二つの領域をつくっている。ベッド台はスノコ張りとしてマットレスが蒸れないように考えた。ベッド上には布で天蓋を掛け、寝室としての居住性を高めている。

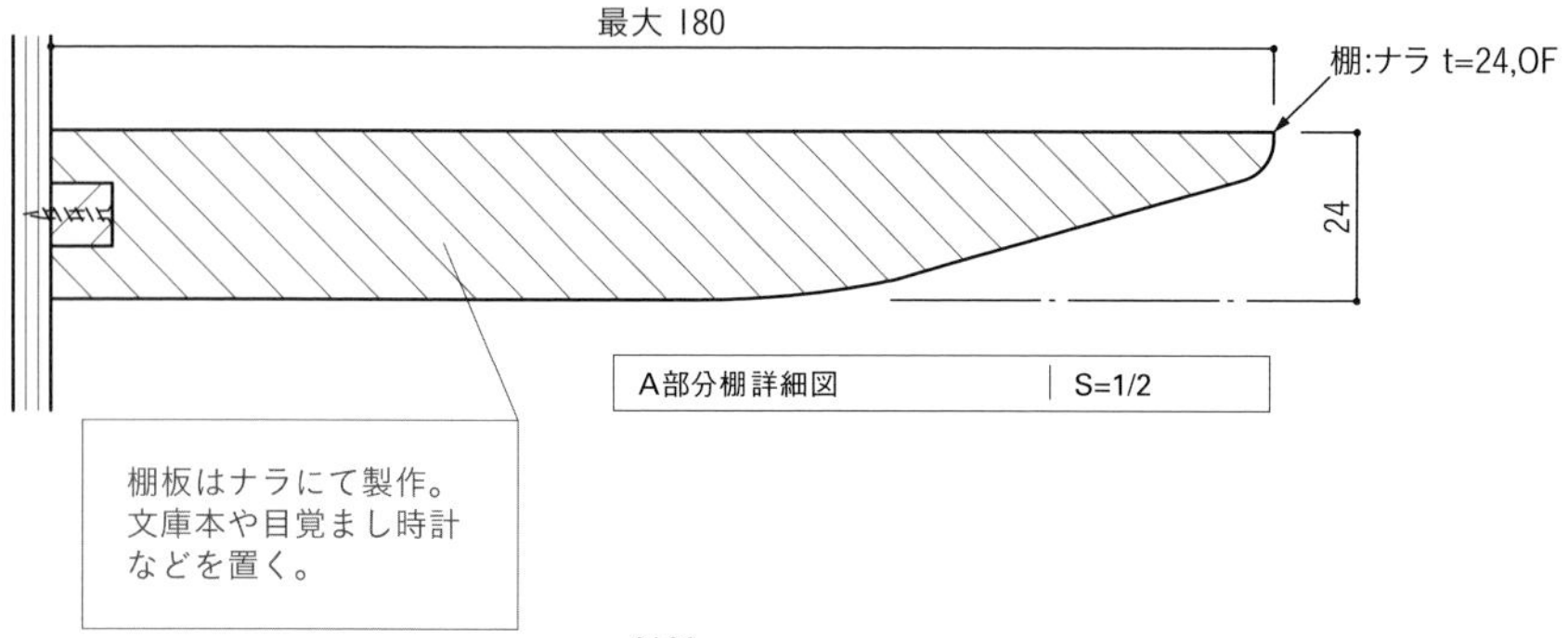
最大 180
棚:ナラ t=24,OF
24
A部分棚詳細図 S=1/2
棚板はナラにて製作。
文庫本や目覚まし時計
などを置く。

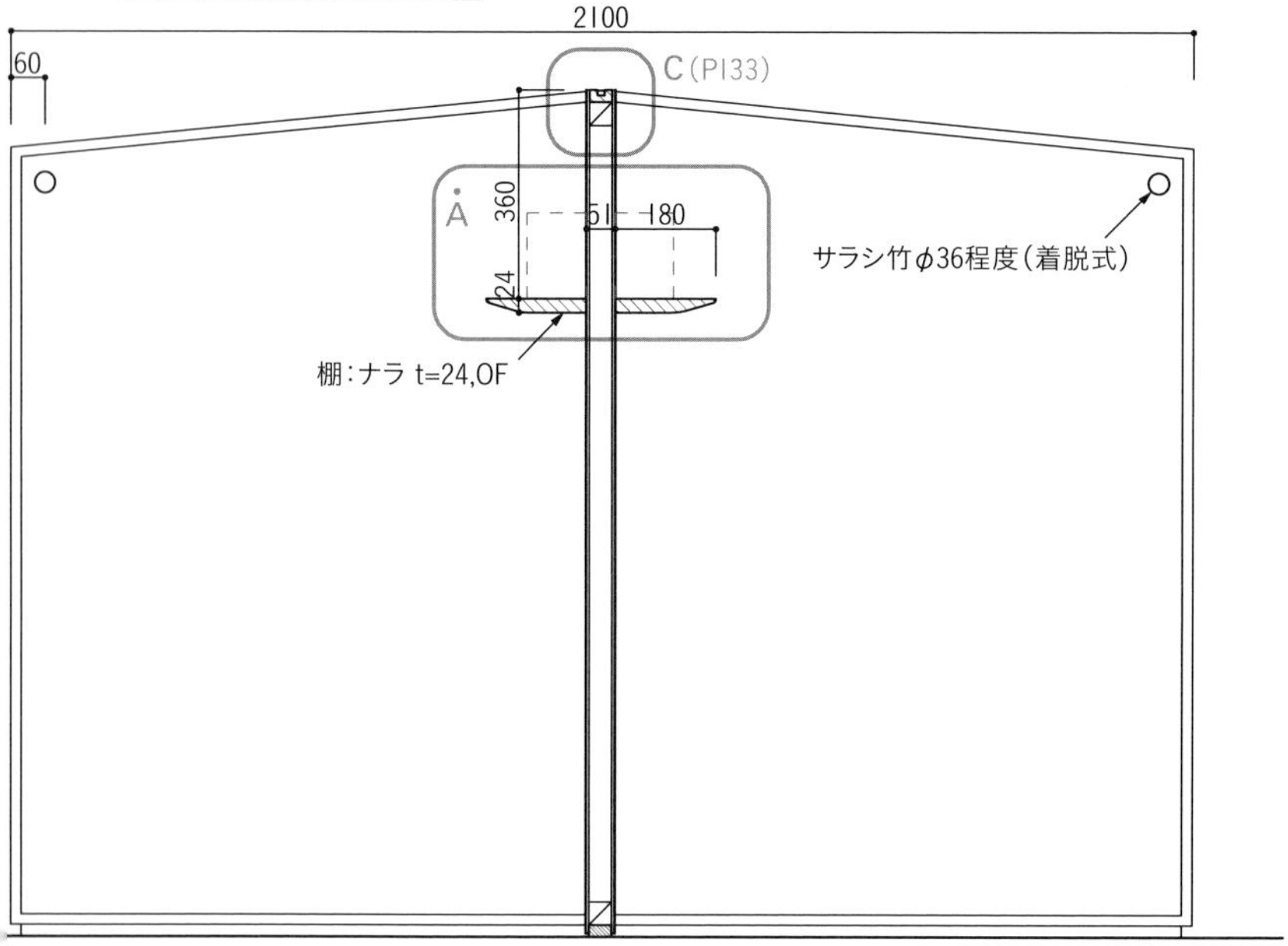
2100
60
C(P133)
A
360
51
180
24
サラシ竹φ36程度(着脱式)
棚:ナラ t=24,OF

展開図ーA

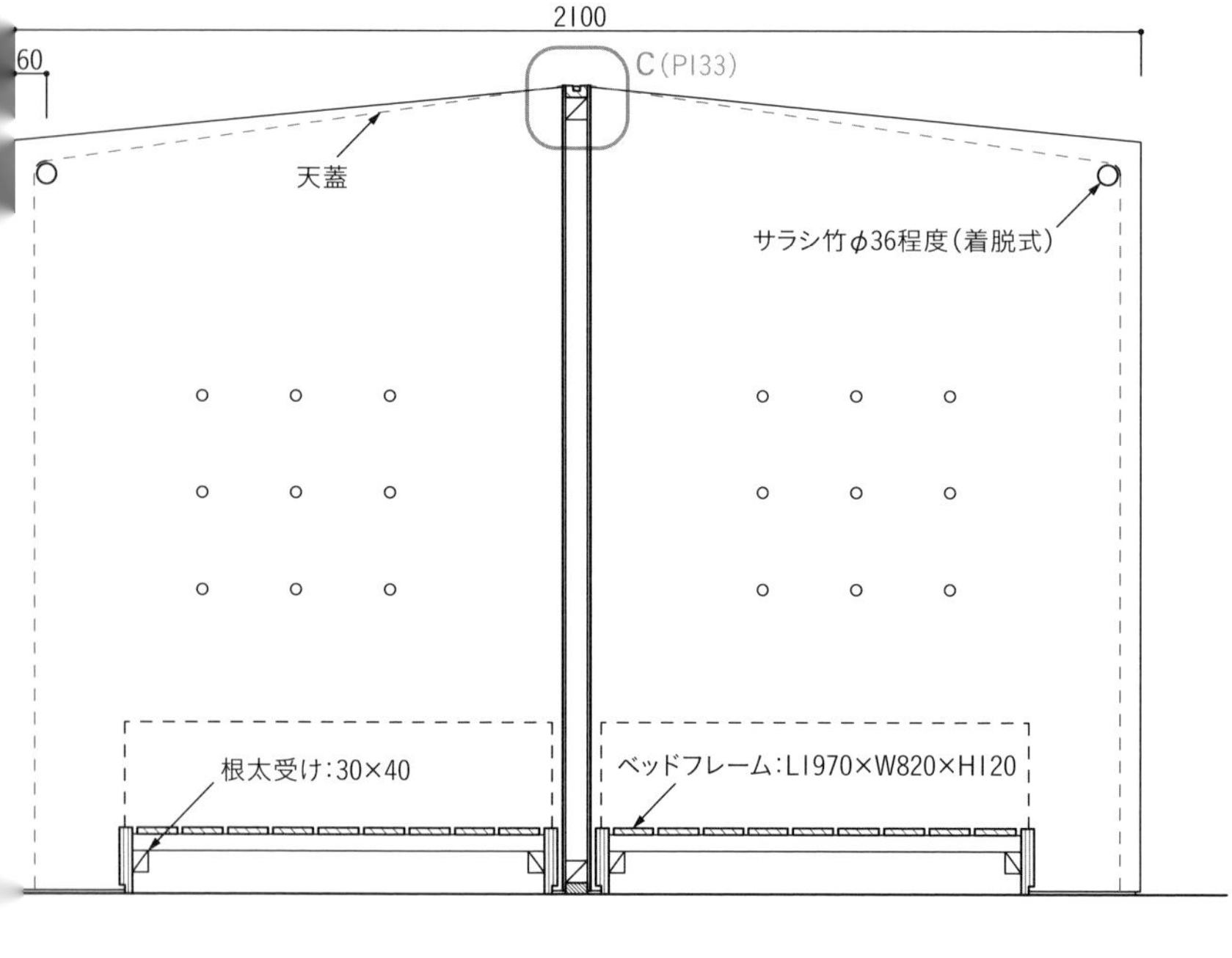
2100
60
C(P133)
天蓋
サラシ竹φ36程度(着脱式)
根太受け:30×40
ベッドフレーム:L1970×W820×H120

展開図ーC

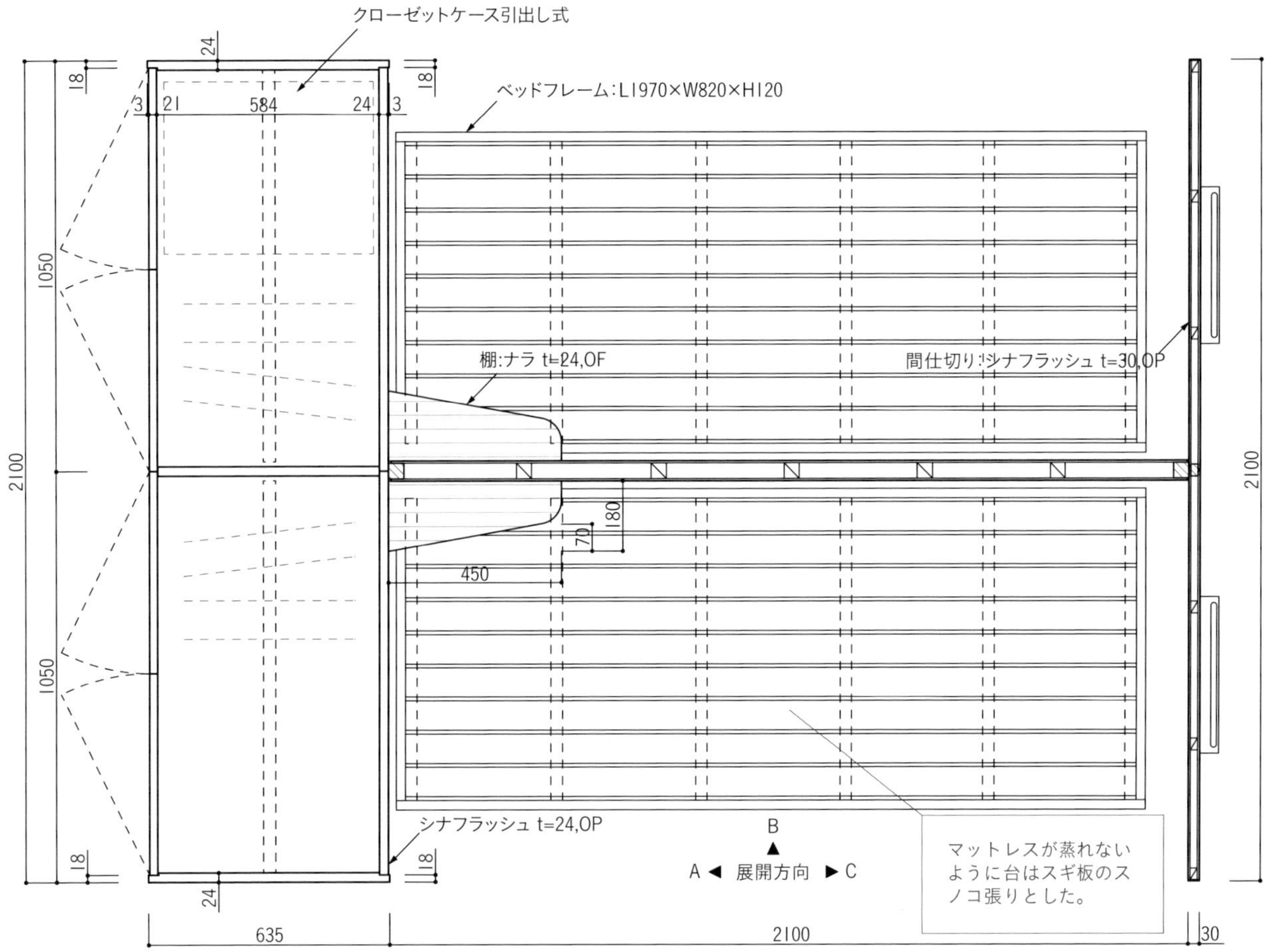

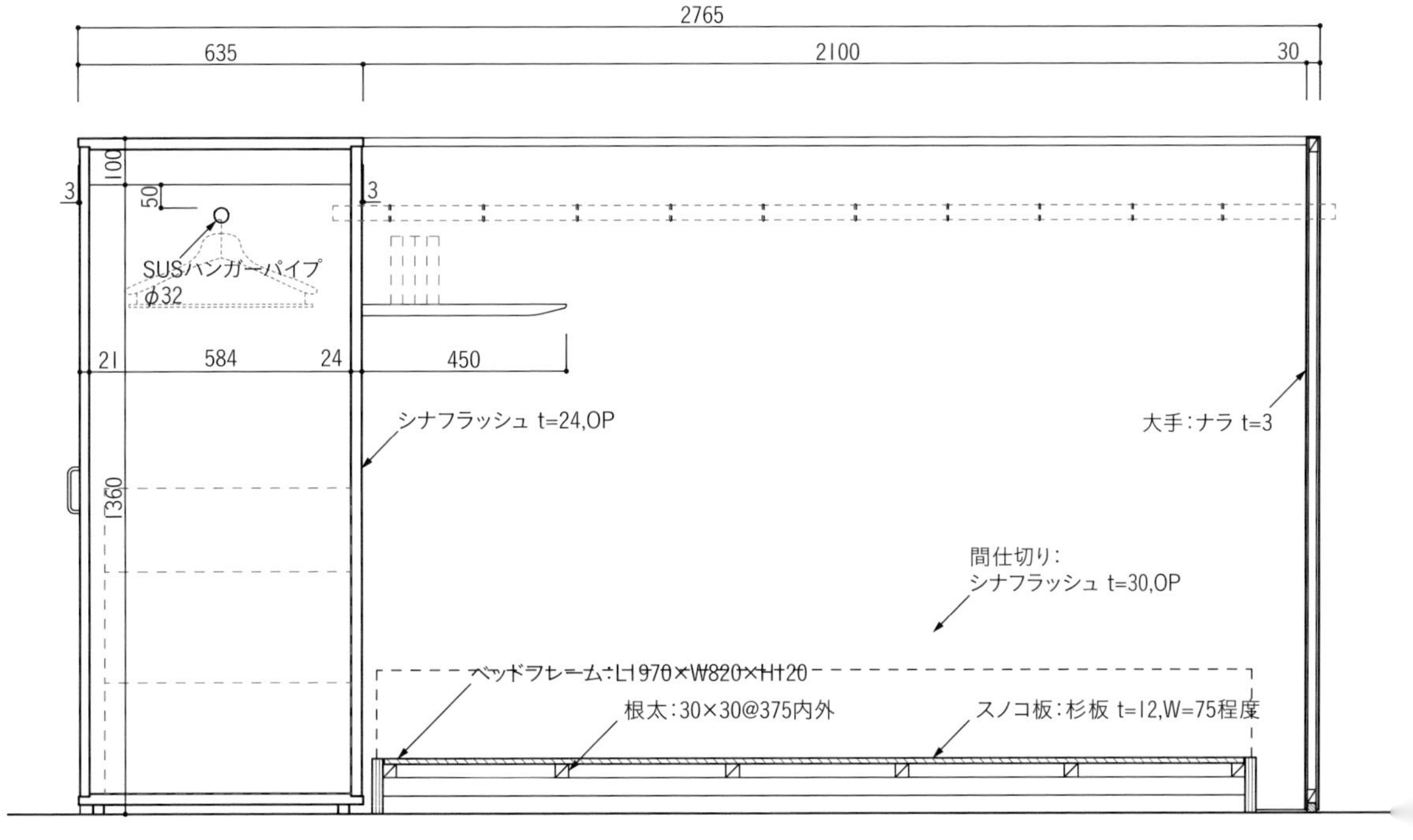

展開図ーB

子供室家具詳細図1 | S=1/20

子供が使いやすい寸法を押さえる

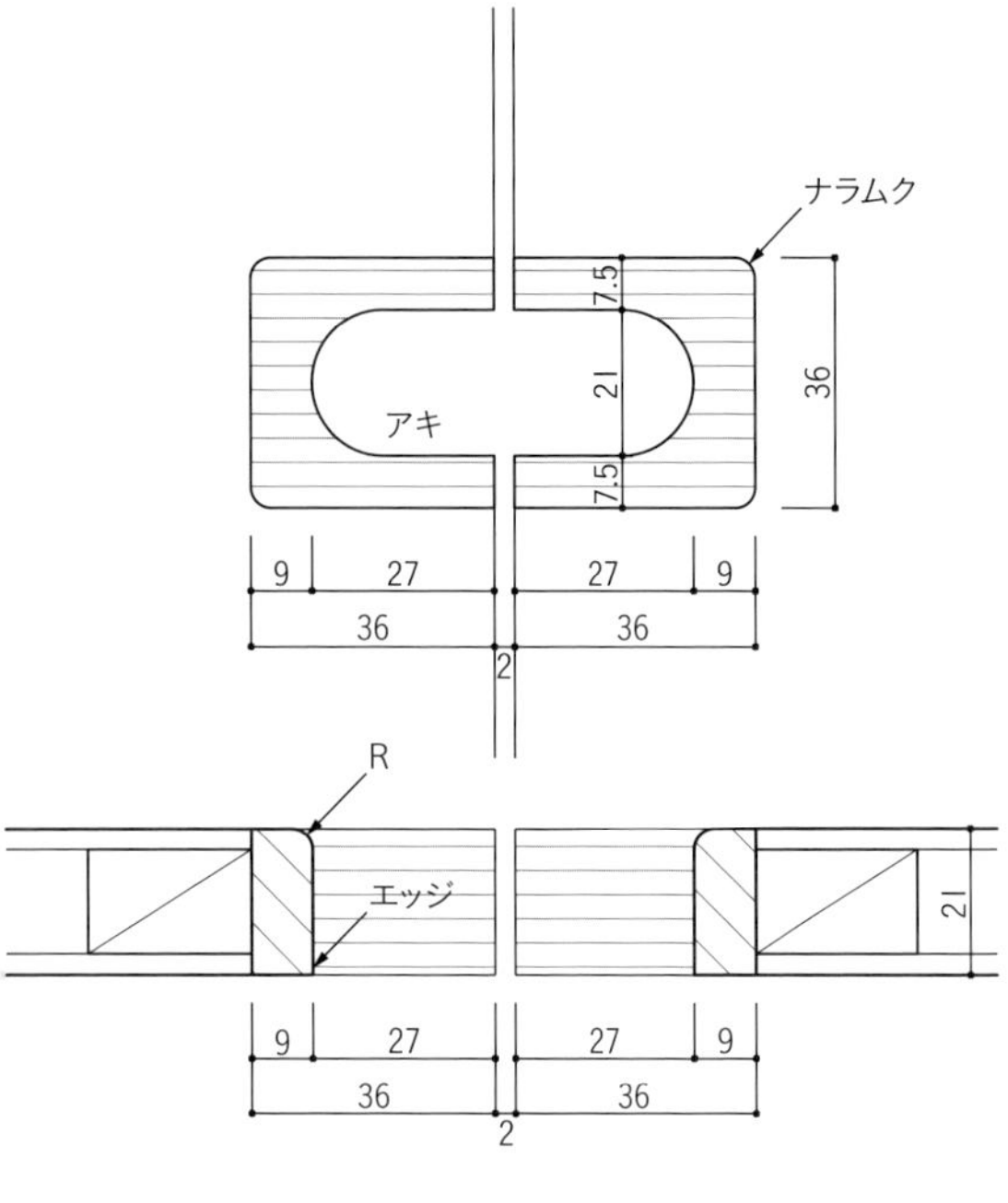

B部分引手詳細図 S=1/2

クローゼットの引手とハンガー掛けを無垢のナラ材で製作。ハンガー掛けは制服などを掛けておくために。

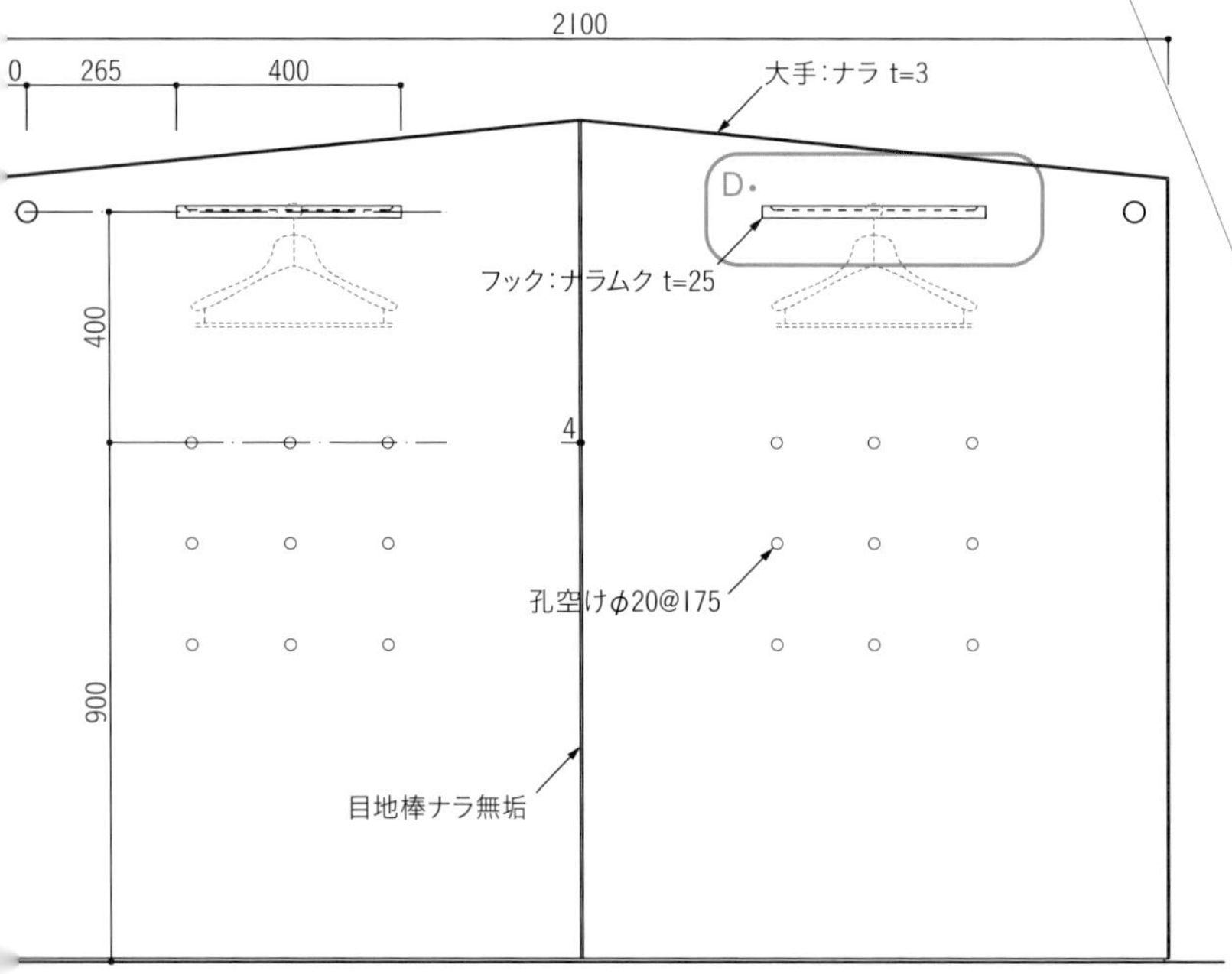

間仕切り立面図

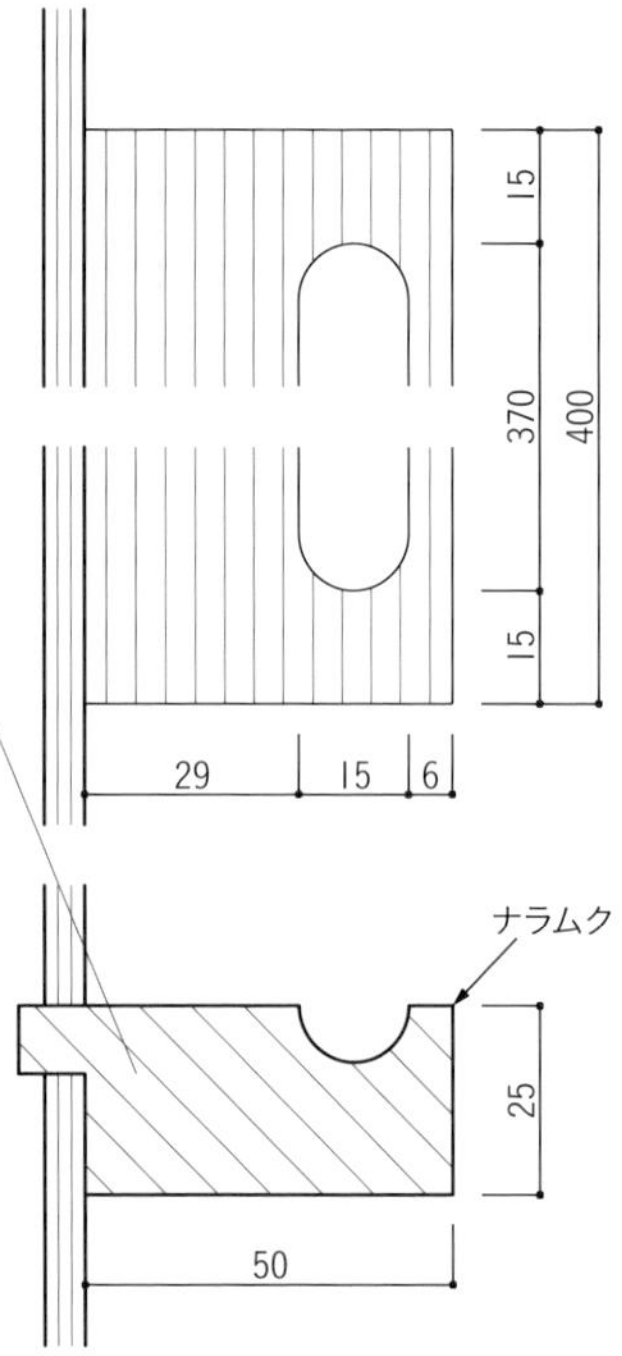

D部分フック詳細図
S=1/2

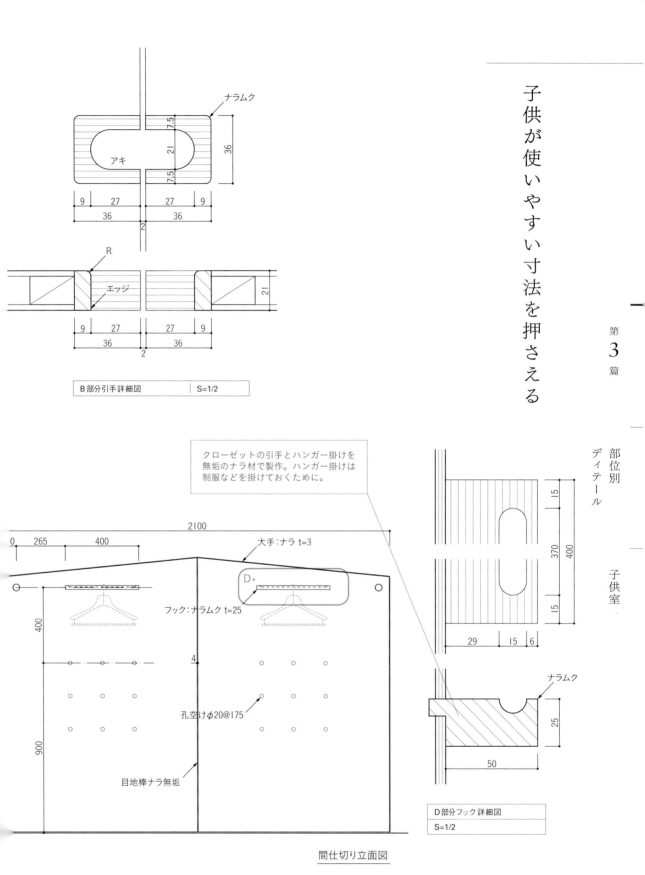

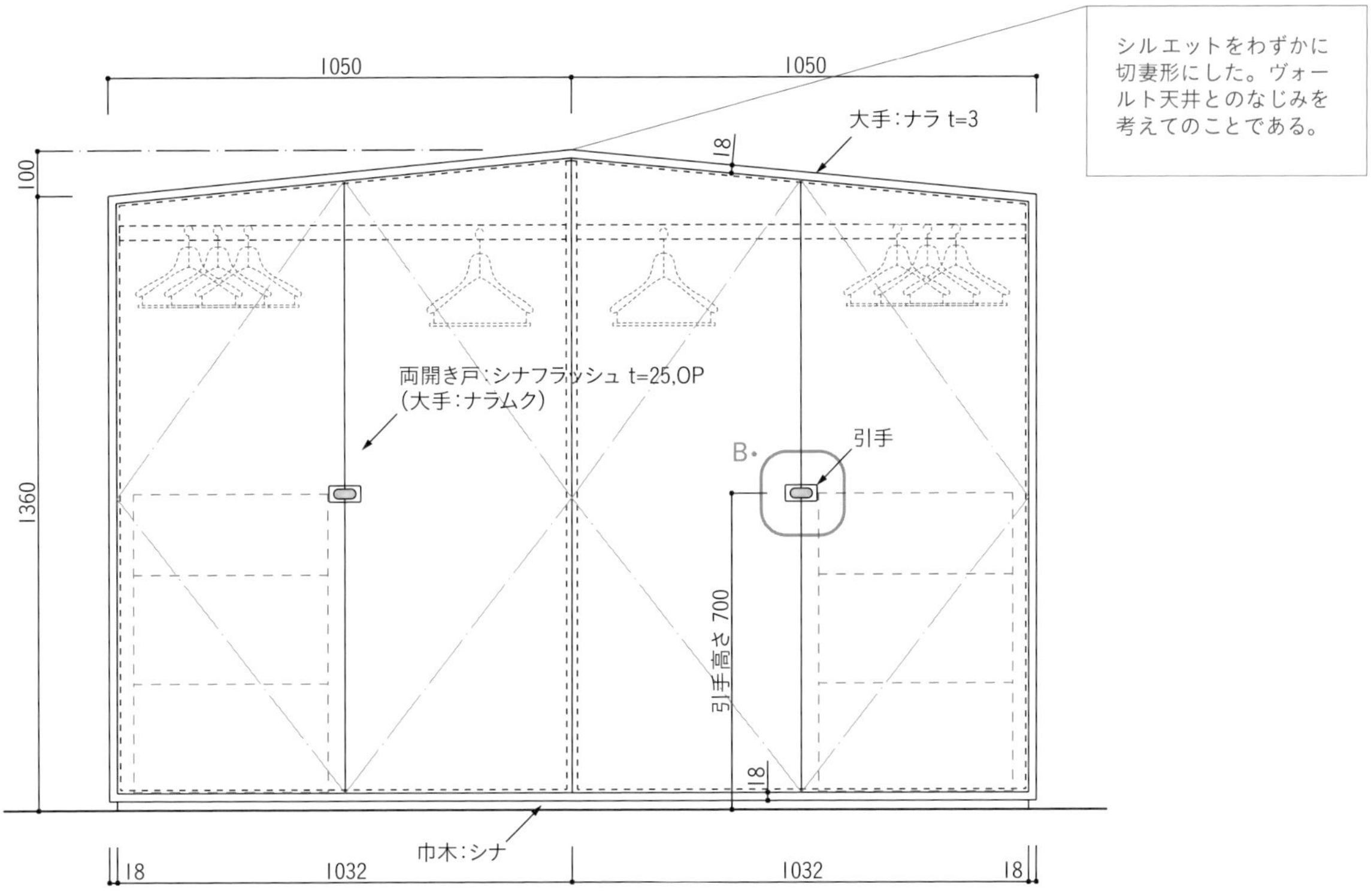

収納断面図

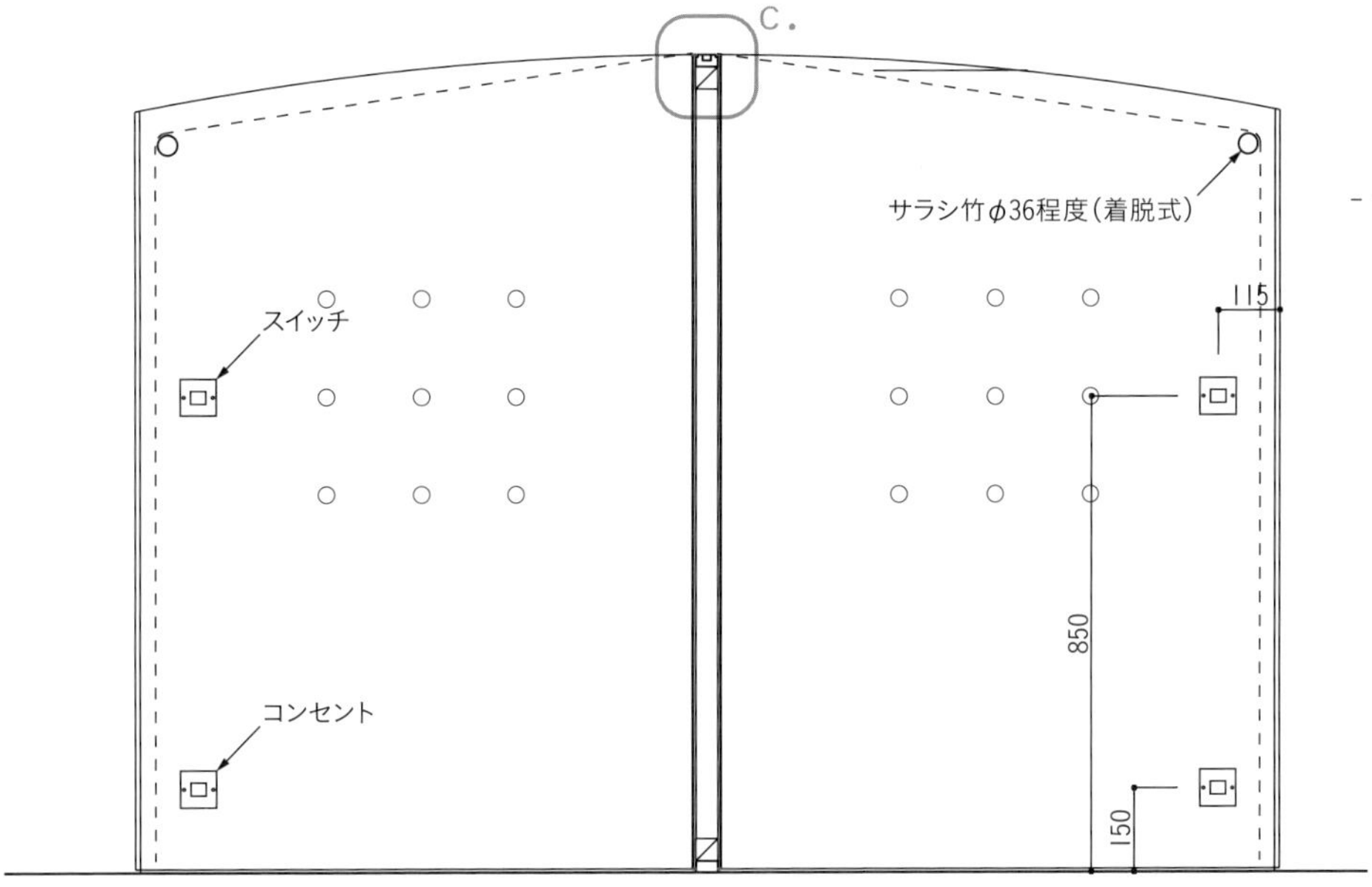

収納立面図

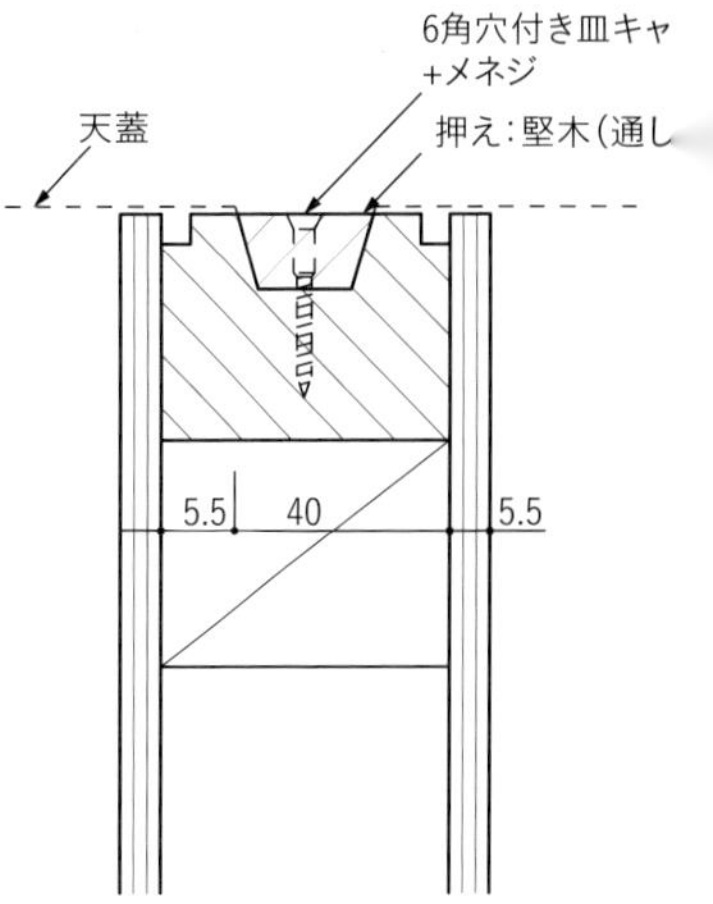

C部分押え詳細図
S=1/2

子供室家具詳細図2	S=1/20

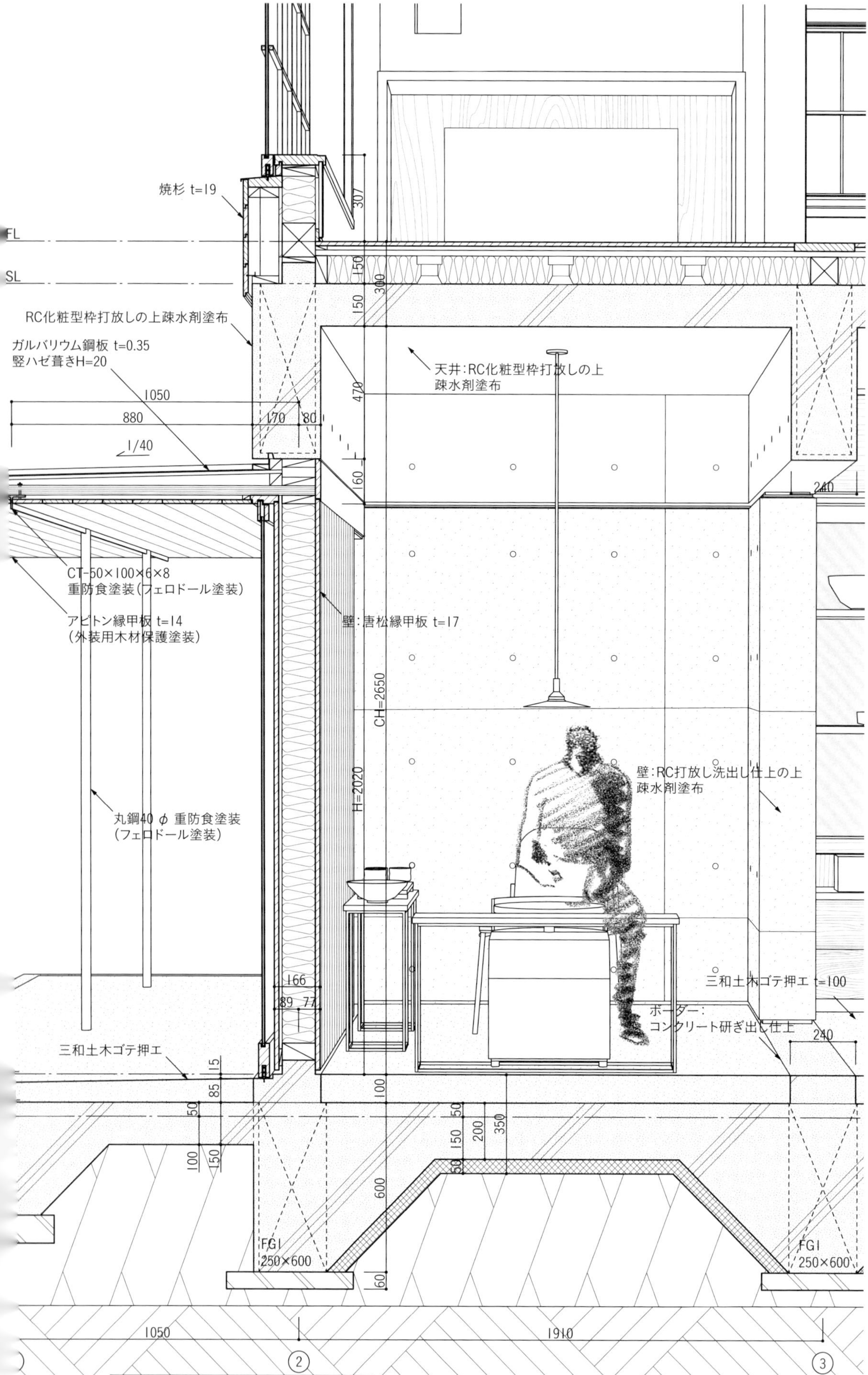

ろくろ室展開パース1 | S=1/20

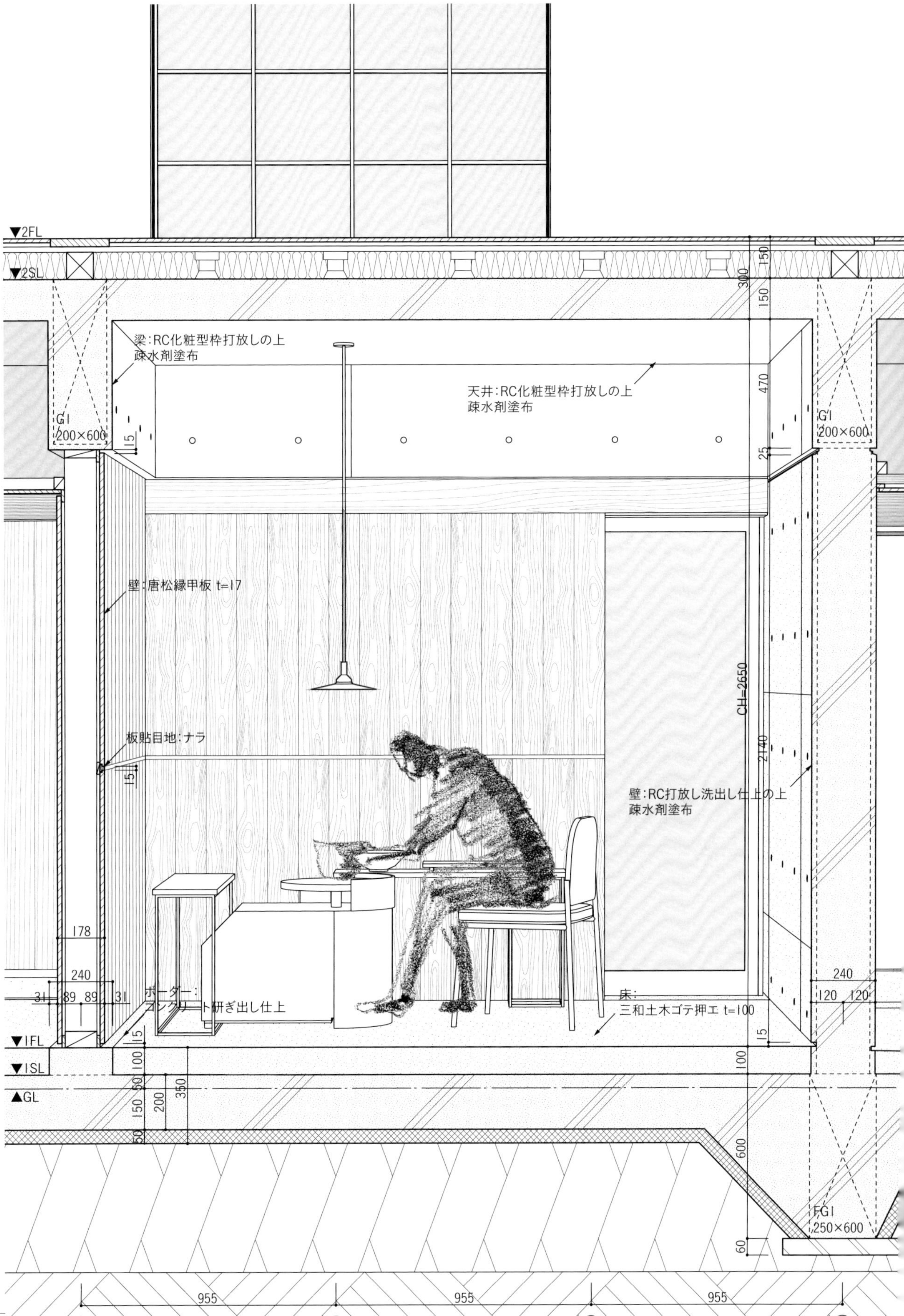

ろくろ室展開パース2 | S=1/20

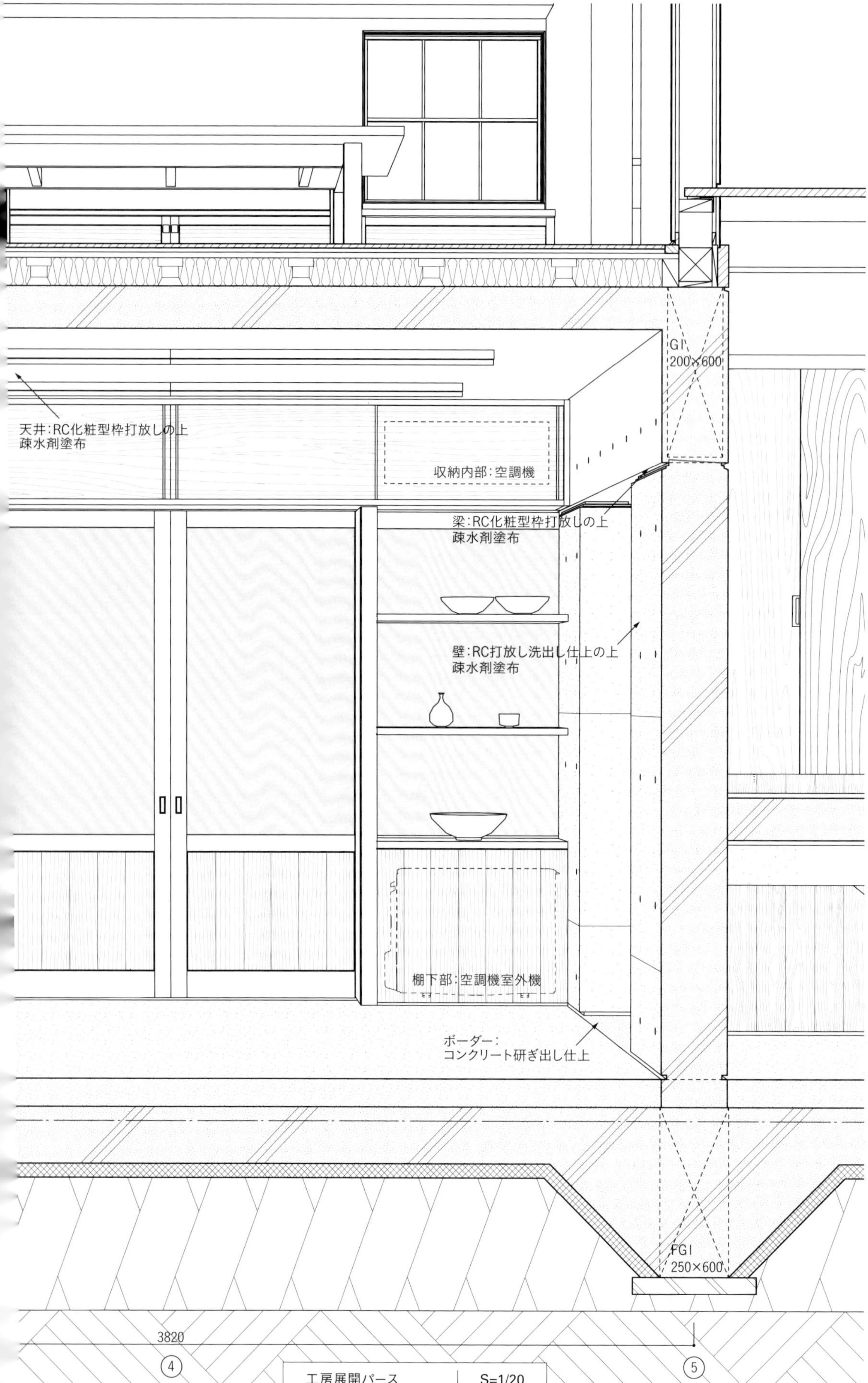

工房展開パース　S=1/20

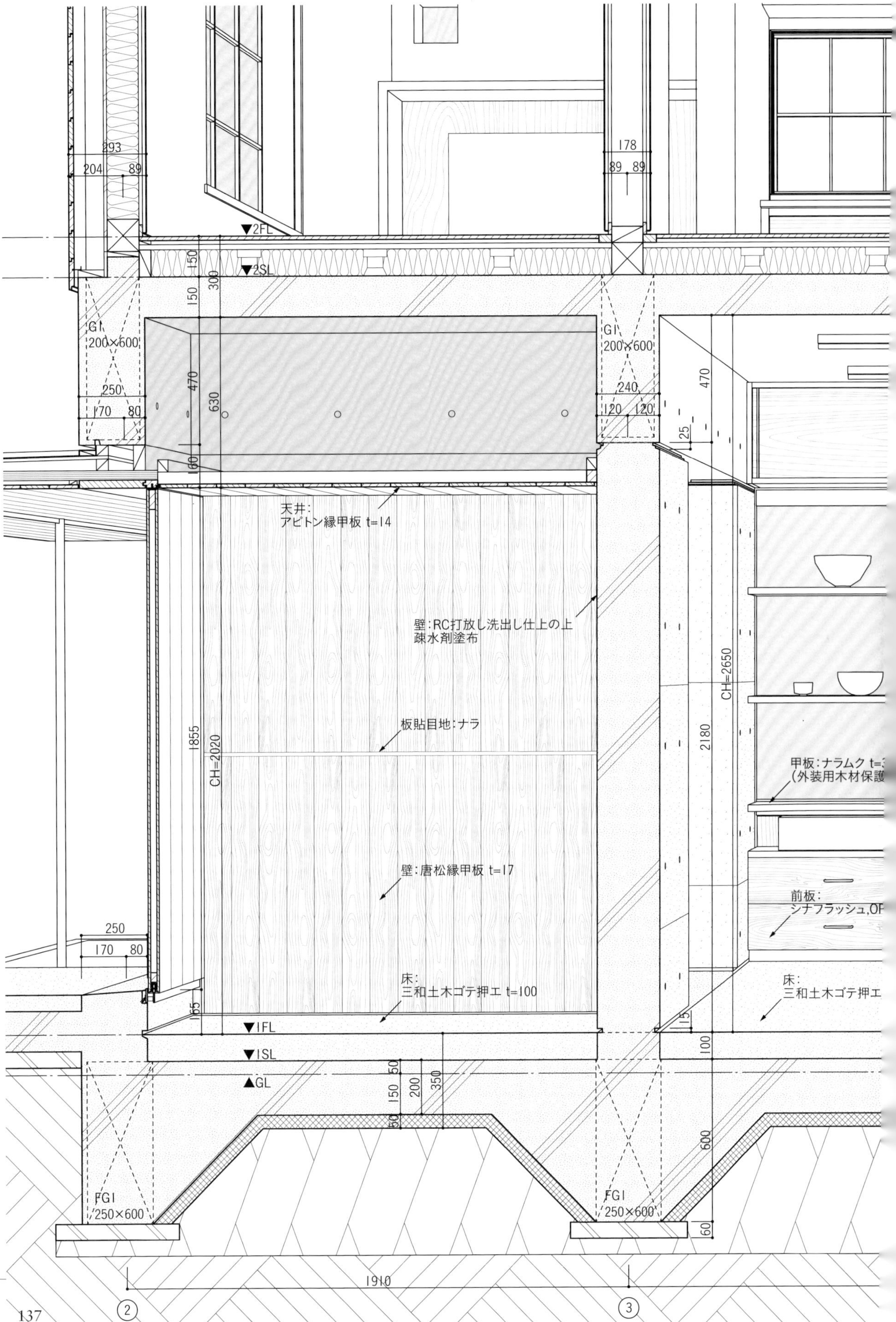
293
204
89
178
89 89
▼2FL
▼2SL
150
300
150
G1
200×600
250
170 80
470
630
60
240
120 120
25
天井:
アピトン縁甲板 t=14
壁:RC打放し洗出し仕上の上
疎水剤塗布
CH=2650
2180
板貼目地:ナラ
1855
CH=2020
甲板:ナラムク t=3
(外装用木材保護
壁:唐松縁甲板 t=17
前板:
シナフラッシュ,OP
250
170 80
床:
三和土木ゴテ押エ t=100
床:
三和土木ゴテ押エ
65
15
▼1FL
▼1SL
▲GL
100
50
150
200
350
50
600
FG1
250×600
FG1
250×600
60
1910
2
3

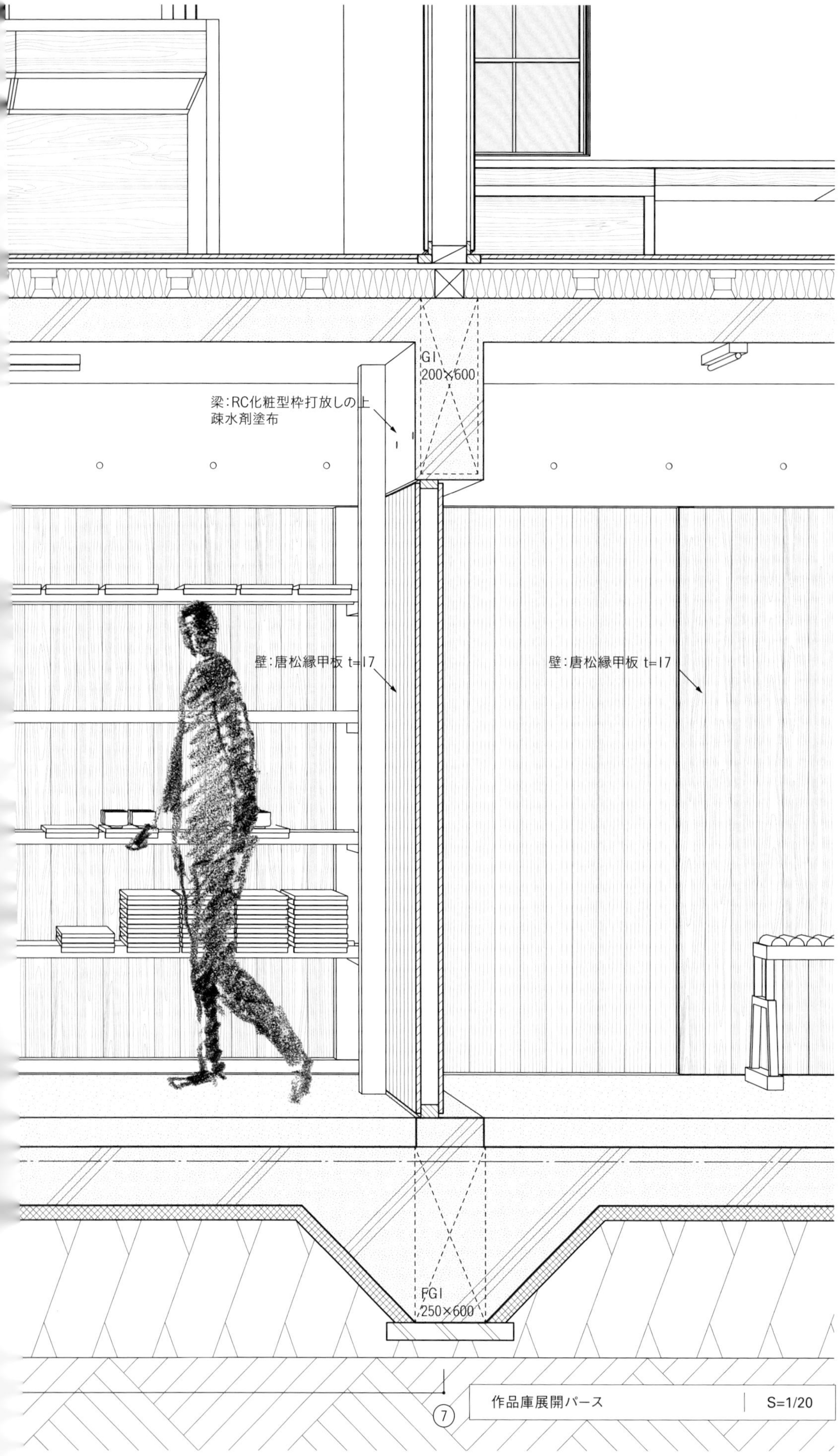

作品庫展開パース　S=1/20

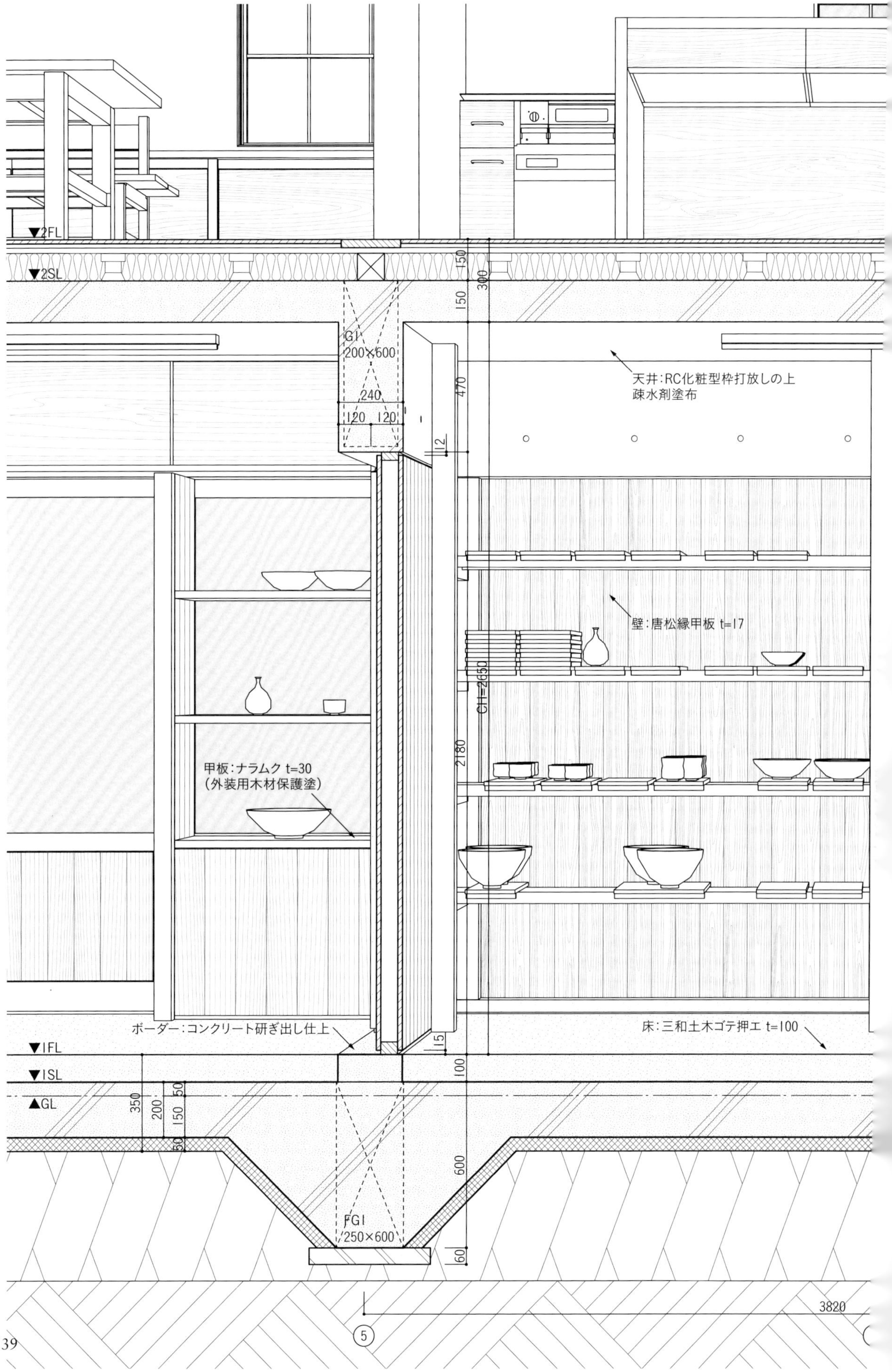

▼2FL
▼2SL
150
300
150
G1
200×600
240
120
120
470
12
天井:RC化粧型枠打放しの上
疎水剤塗布
壁:唐松縁甲板 t=17
CH=2650
2180
甲板:ナラムク t=30
(外装用木材保護塗)
ボーダー:コンクリート研ぎ出し仕上
15
床:三和土木ゴテ押エ t=100
▼1FL
▼1SL
▲GL
100
350
200
50
150
50
600
FG1
250×600
60
3820
5

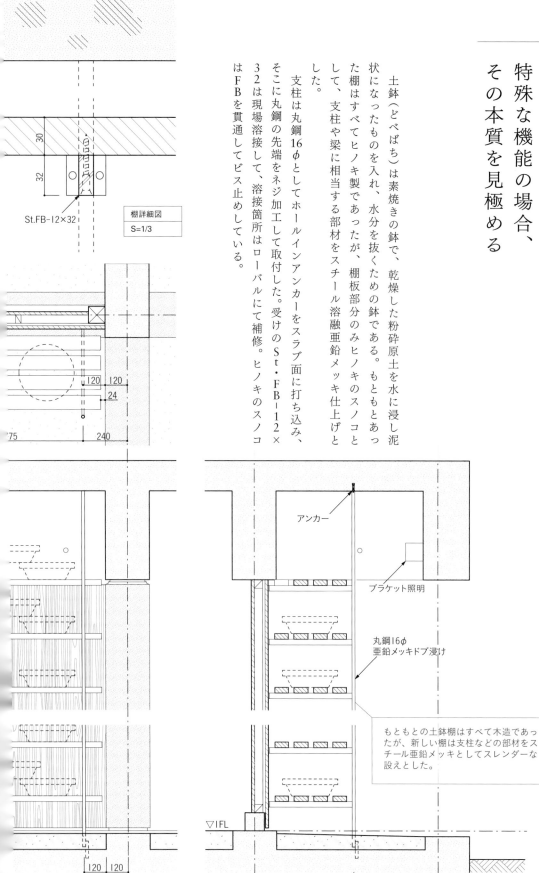

特殊な機能の場合、その本質を見極める

土鉢（どべばち）は素焼きの鉢で、乾燥した粉砕原土を水に浸し泥状になったものを入れ、水分を抜くための鉢である。もともとあった棚はすべてヒノキ製であったが、棚板部分のみヒノキのスノコとして、支柱や梁に相当する部材をスチール溶融亜鉛メッキ仕上げとした。

支柱は丸鋼16φとしてホールインアンカーをスラブ面に打ち込み、そこに丸鋼の先端をネジ加工して取付した。受けのSt・FB-12×32は現場溶接して、溶接箇所はローバルにて補修。ヒノキのスノコはFBを貫通してビス止めしている。

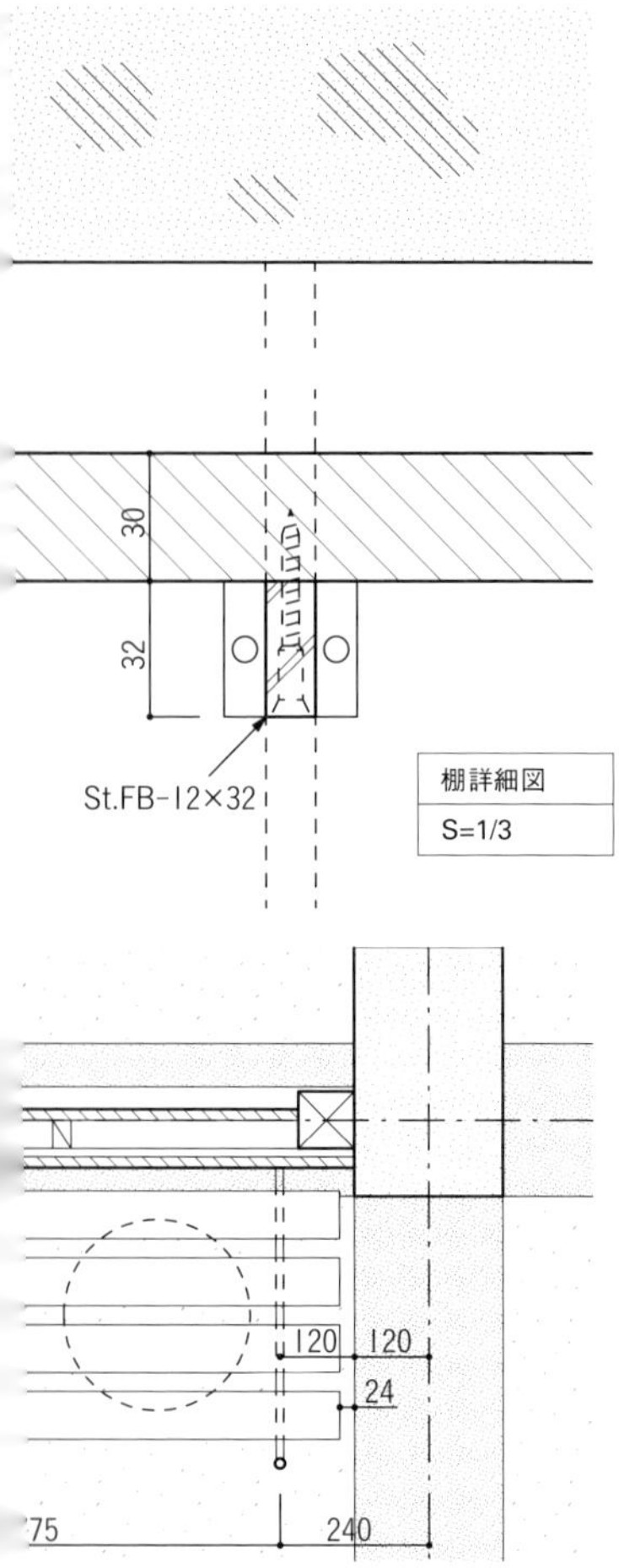
30
32
St.FB-12×32
棚詳細図
S=1/3
120
120
24
75
240

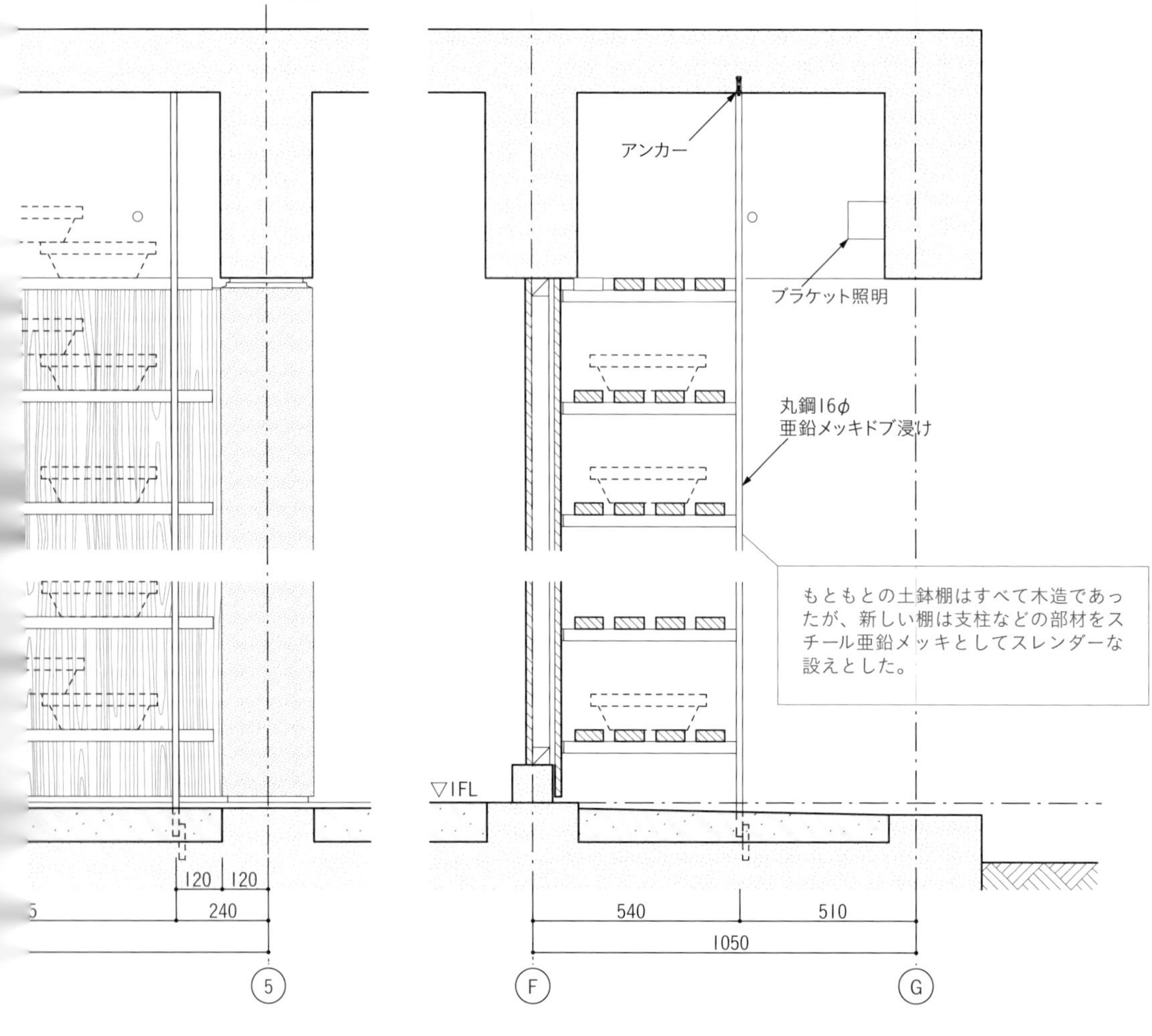
アンカー
ブラケット照明
丸鋼16φ
亜鉛メッキドブ浸け
もともとの土鉢棚はすべて木造であったが、新しい棚は支柱などの部材をスチール亜鉛メッキとしてスレンダーな設えとした。
▽1FL
120
120
240
540
510
1050
5
F
G

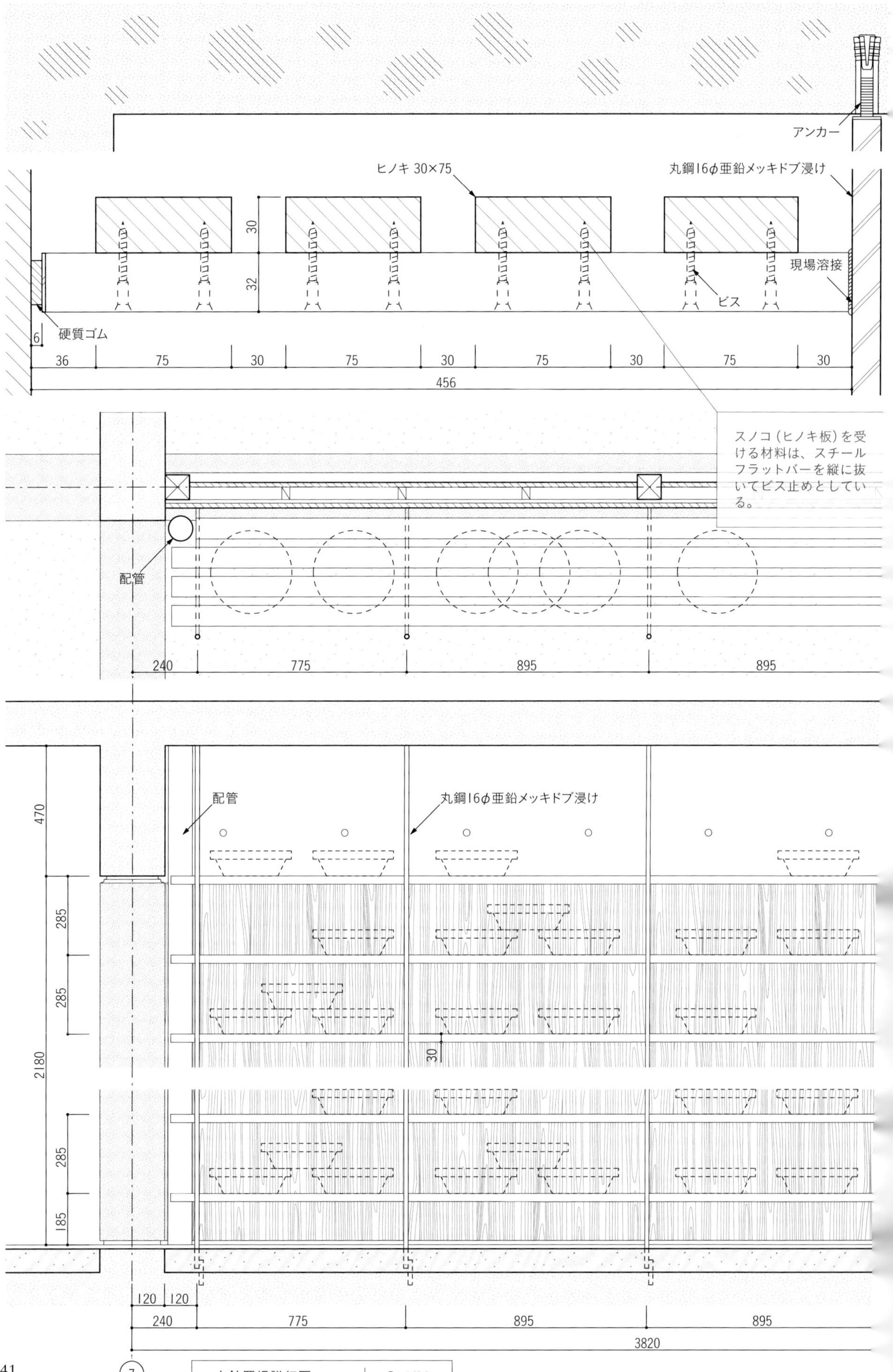

土鉢置場詳細図 S=1/20

反射光をやさしく室内へ導くしかけ

第3篇

部位別　トップライト

ディテール　階段

トップライトは、屋根の一部になるようなるべく「面一」に心がけた。カラーステンレス0・8ミリで三方枠を廻している。結露受けを設けて屋根面に排水するしくみになっている。水下からの暴風雨などの吹上げに対しては、板金との重ね代を100ミリ程度とり、なおかつ返しをとることで対処している。またガラス面から屋根裏に通気がとってあり、結露は発生していない。ガラス強度をもたせるために合わせガラスとして、表面に破損時の飛散防止を兼ねた高透明遮熱フィルムを貼っている。

陽光や樹々の緑は、必ずしも人間にとって常に都合のよいものではない。したがってその採り入れ方には注意深さが必要である。直射光は苛烈であり、家具などを紫外線が痛めてしまう。そこで木製のリフレクターを設置して、バウンドした光をヴォールト天井に導くための設えを考案した。反射板は軽量化を図るため、シナ合板3ミリでフラッシュ加工とした。壁の端部は光が廻るように丸くした。下地はプラスターボードを重ねてつくり、仕上げの漆喰塗りの鏝は塩ビパイプを半割にしてこしらえた。

の小口を丸くしてリ
クターからの自然
穏やかに廻るよう
配慮している。

リフレクターを見る

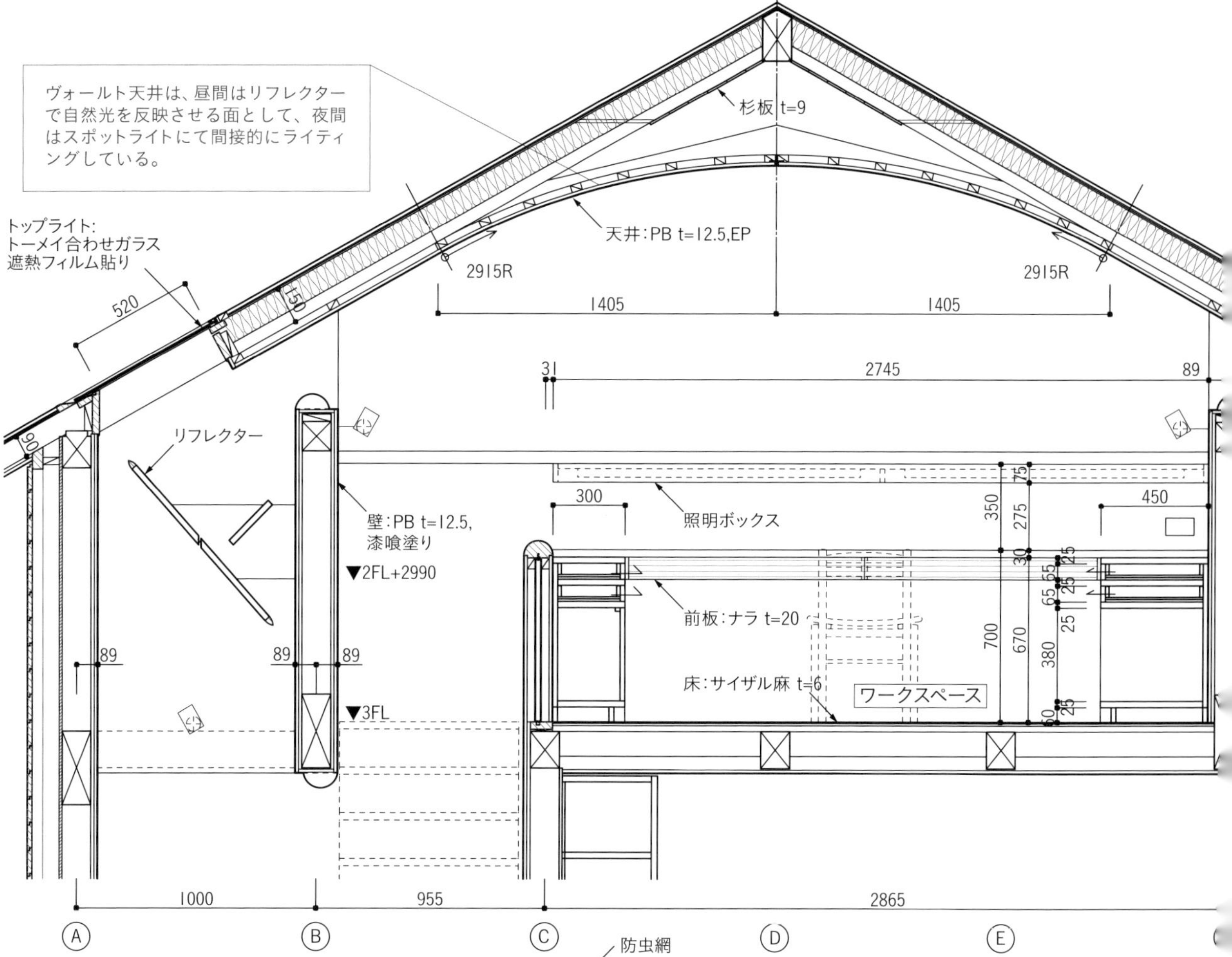

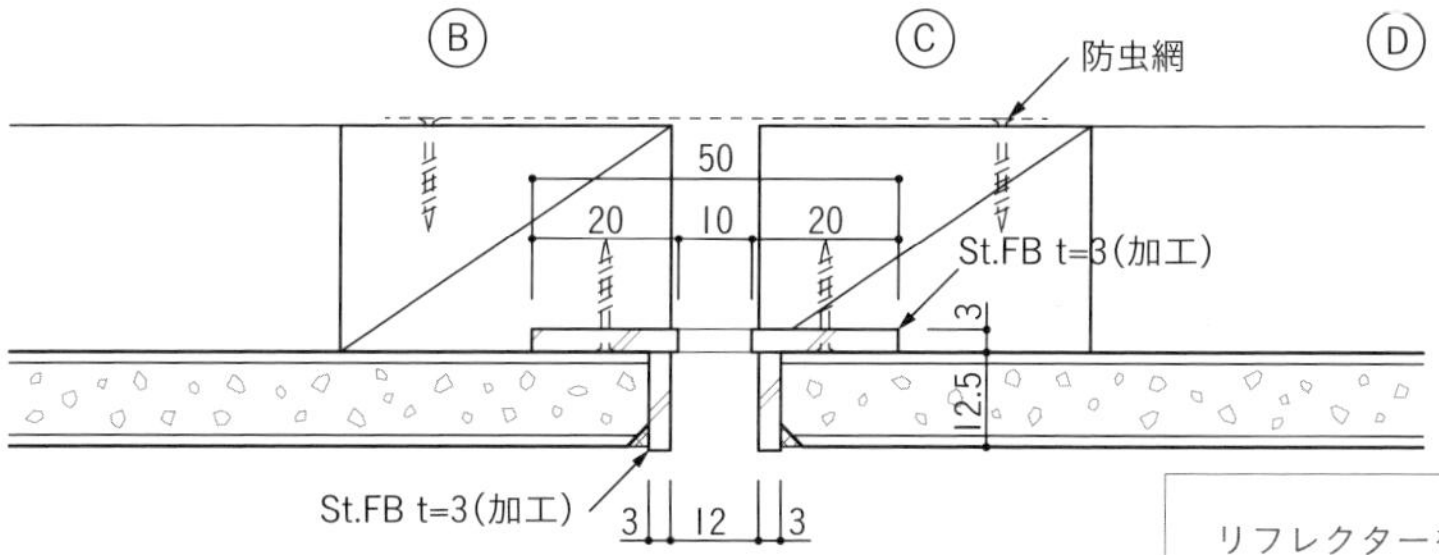

天井見切・排気孔詳細図 S=1/2

ブラケット詳細図
S=1/5

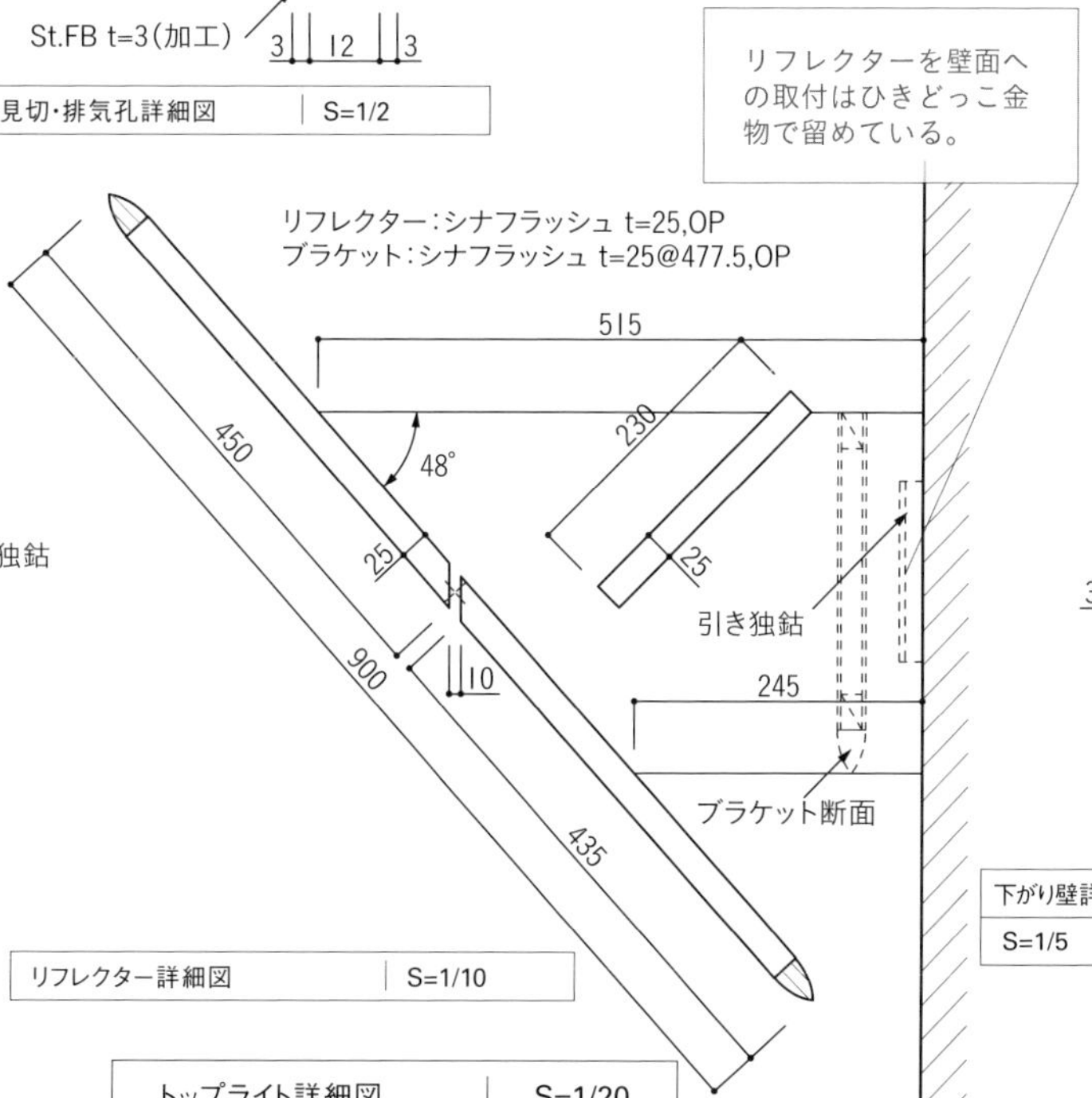

リフレクター詳細図 S=1/10

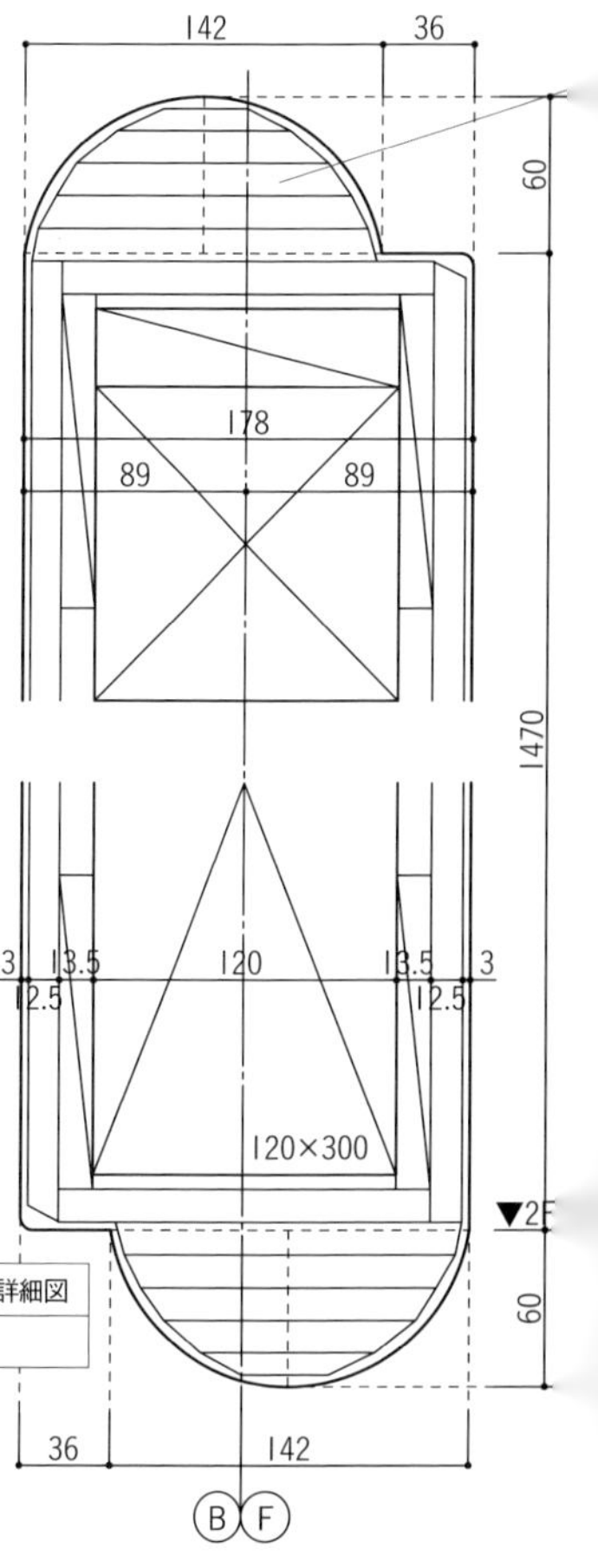

下がり壁詳細図
S=1/5

トップライト詳細図 S=1/20

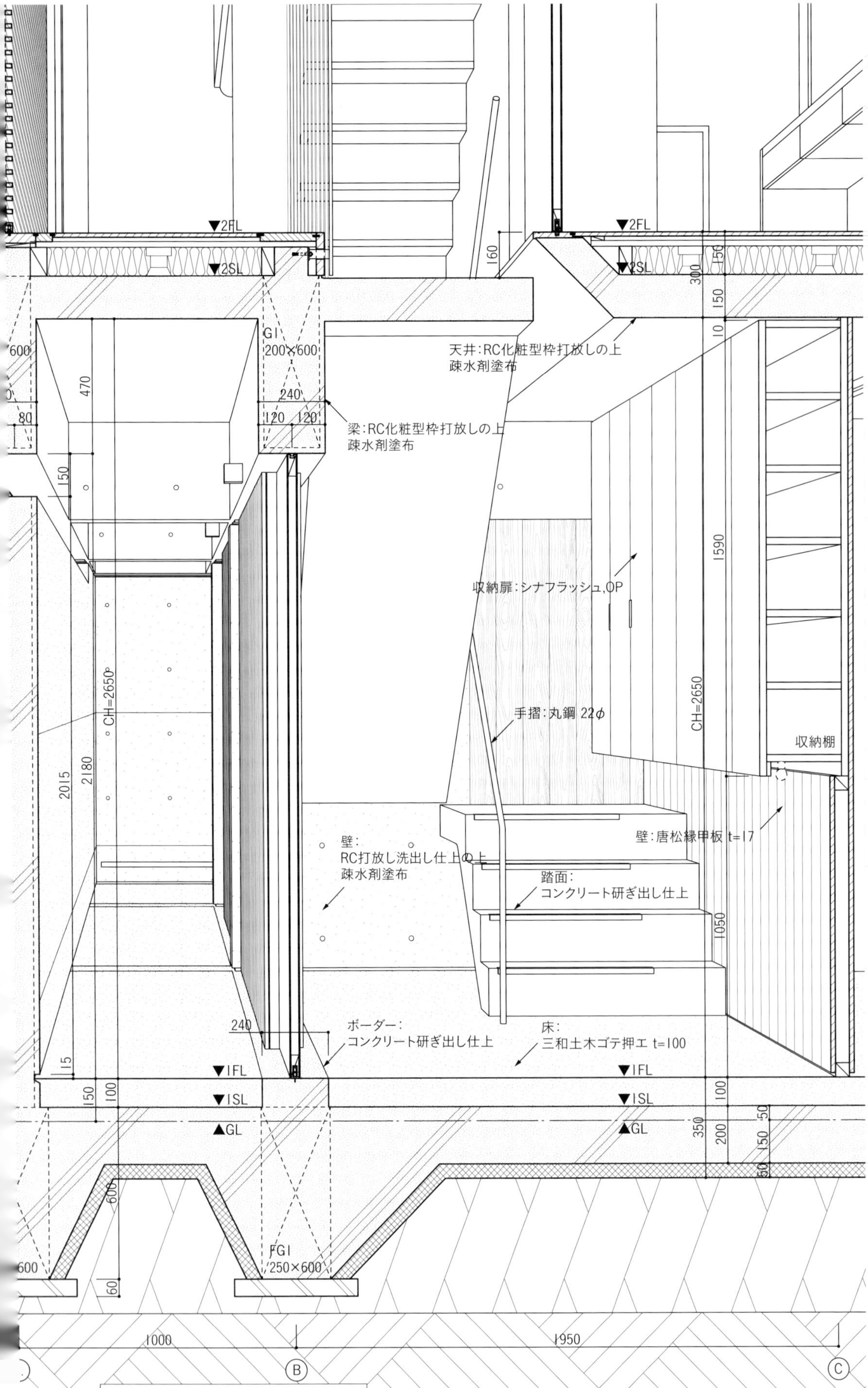

階段展開パース1 S=1/20

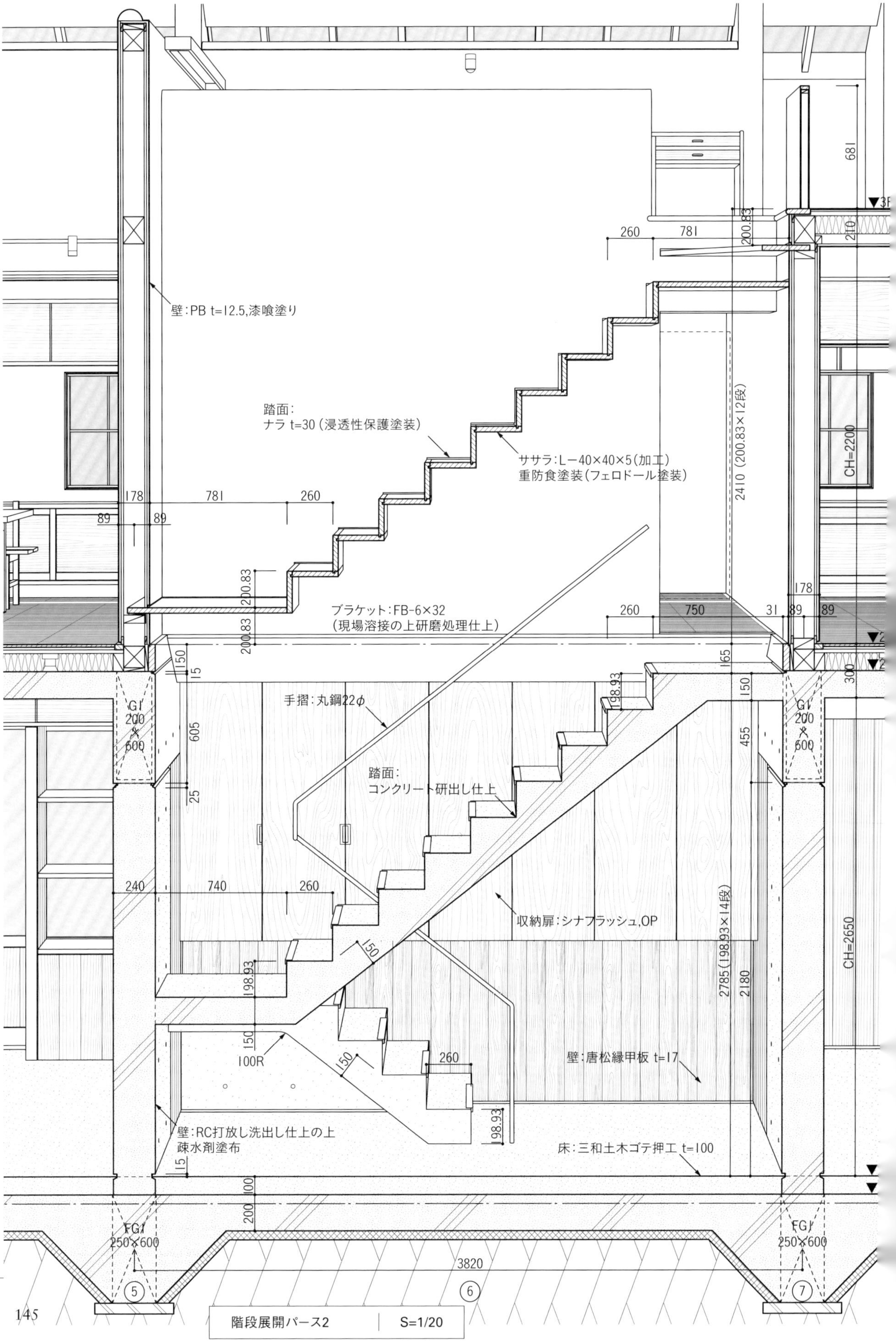

階段展開パース2 S=1/20

階段形式の違いによって仕上げを切り替える

1階から2階まではRC打放し階段とし、2階から3階までは鉄骨の吊り階段とした。RC打放し階段は、踏面を研ぎ出し仕上げとした。段鼻はナラ材のノンスリップを埋め込んでいる。

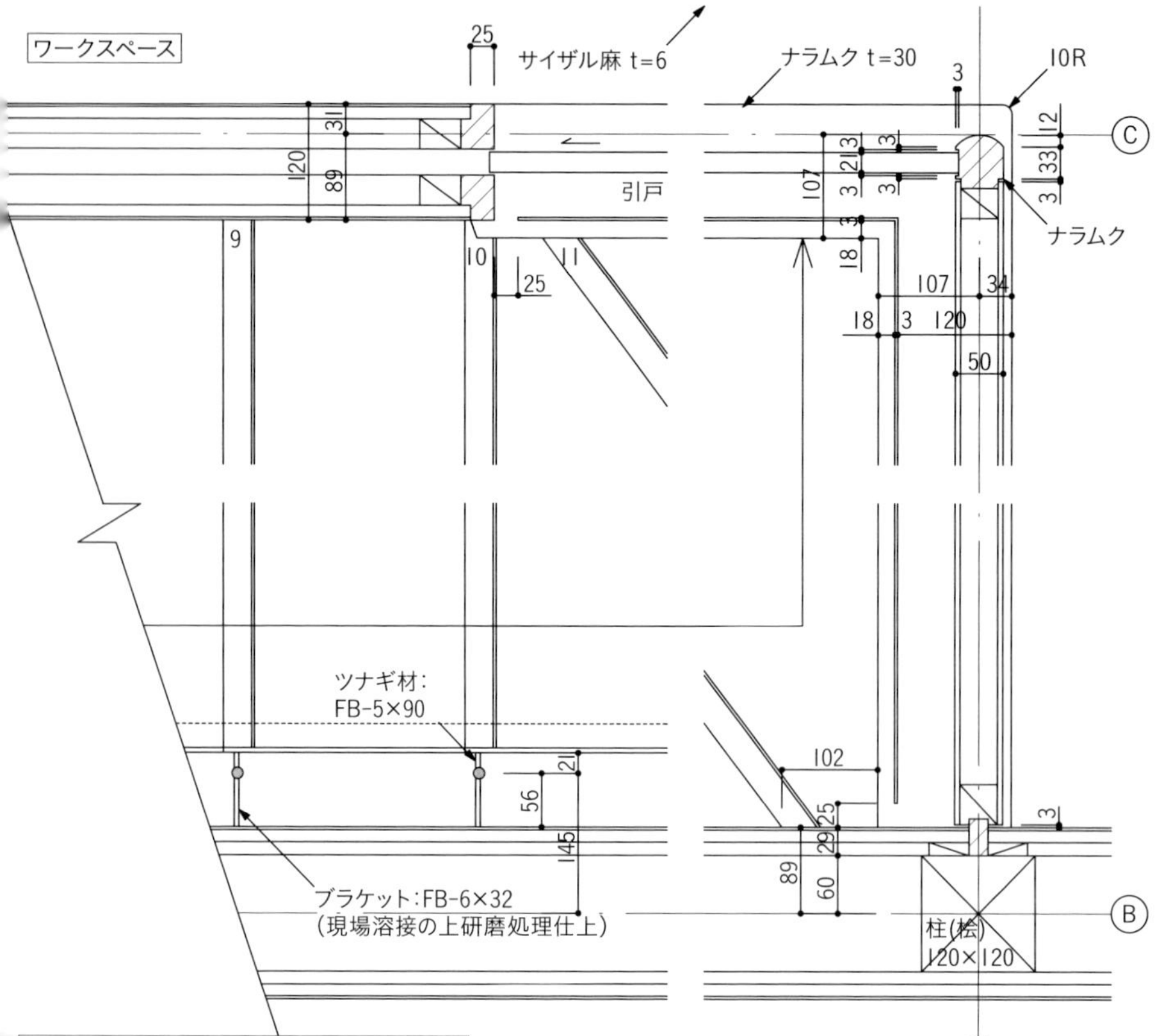

A部分平面詳細図 S=1/10

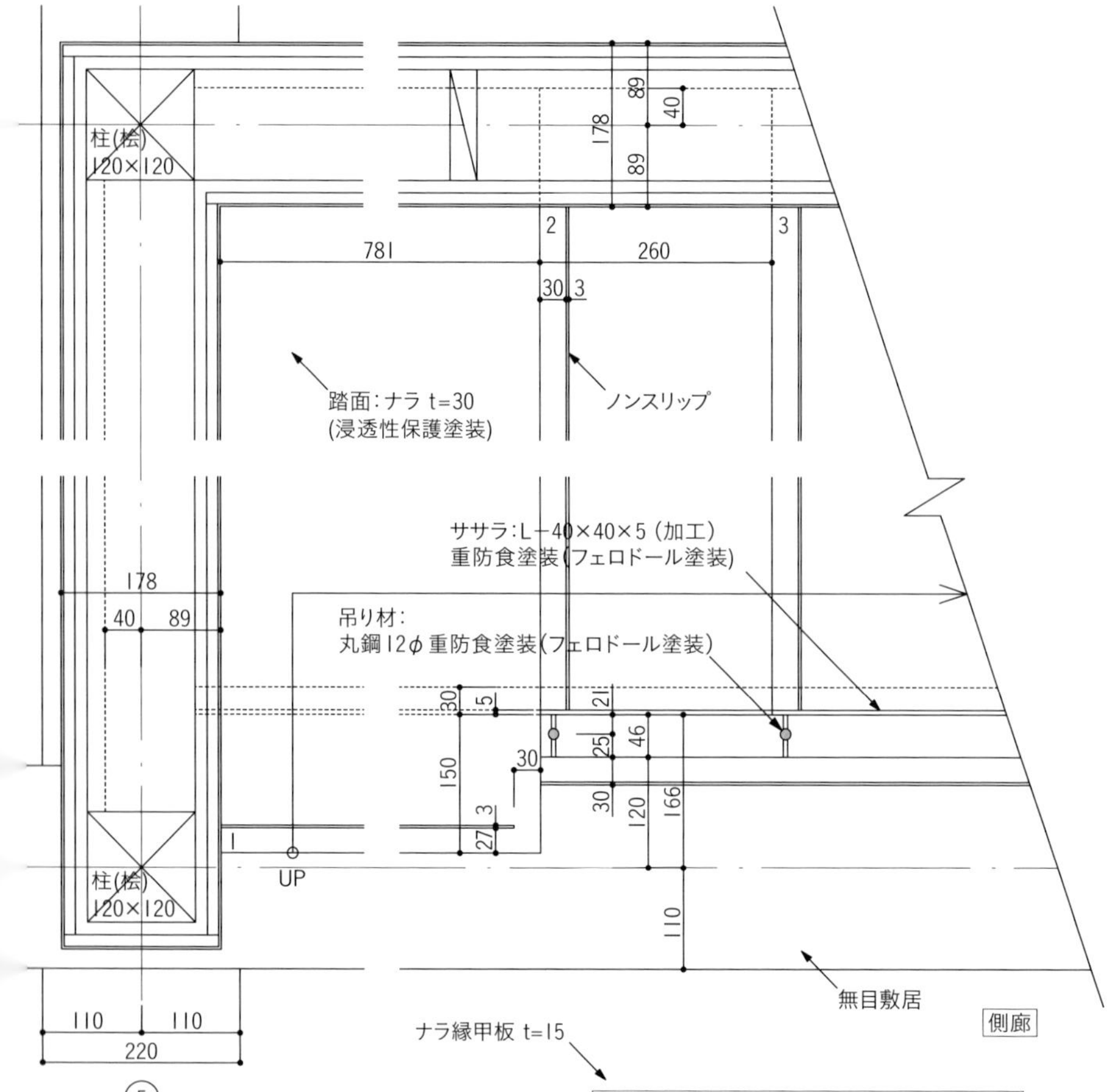

B部分平面詳細図 S=1/10

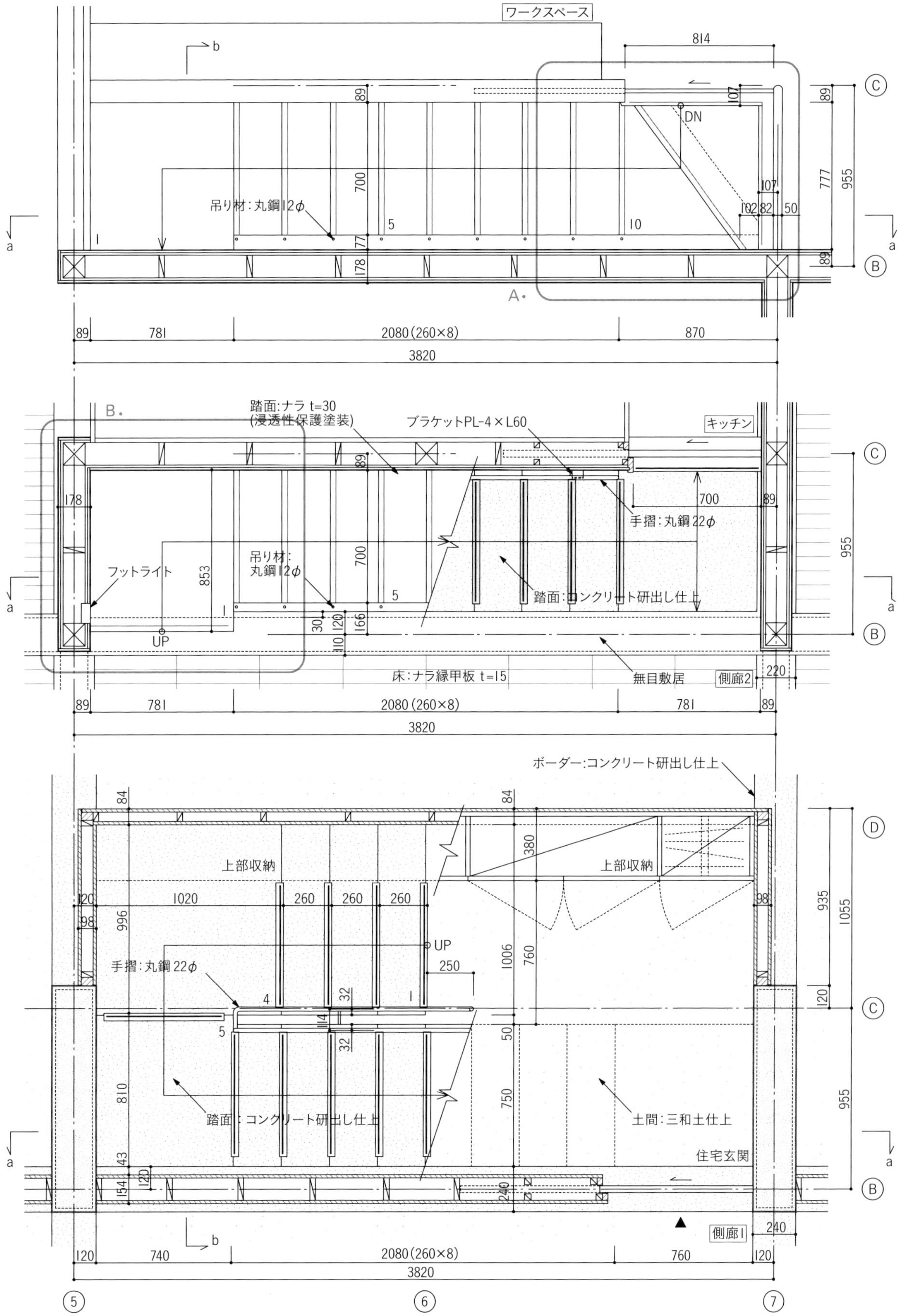
ワークスペース
814
DN
吊り材:丸鋼12φ
700
777
955
3820
2080(260×8)
781
870
踏面:ナラ t=30
(浸透性保護塗装)
ブラケットPL-4×L60
キッチン
手摺:丸鋼22φ
フットライト
吊り材:
丸鋼12φ
踏面:コンクリート研出し仕上
UP
床:ナラ縁甲板 t=15
無目敷居
側廊2
ボーダー:コンクリート研出し仕上
上部収納
上部収納
手摺:丸鋼22φ
踏面:コンクリート研出し仕上
土間:三和土仕上
住宅玄関
側廊1
2080(260×8)
3820

階段詳細図 S=1/20

RC階段はどっしりと、鉄骨階段は軽やかに

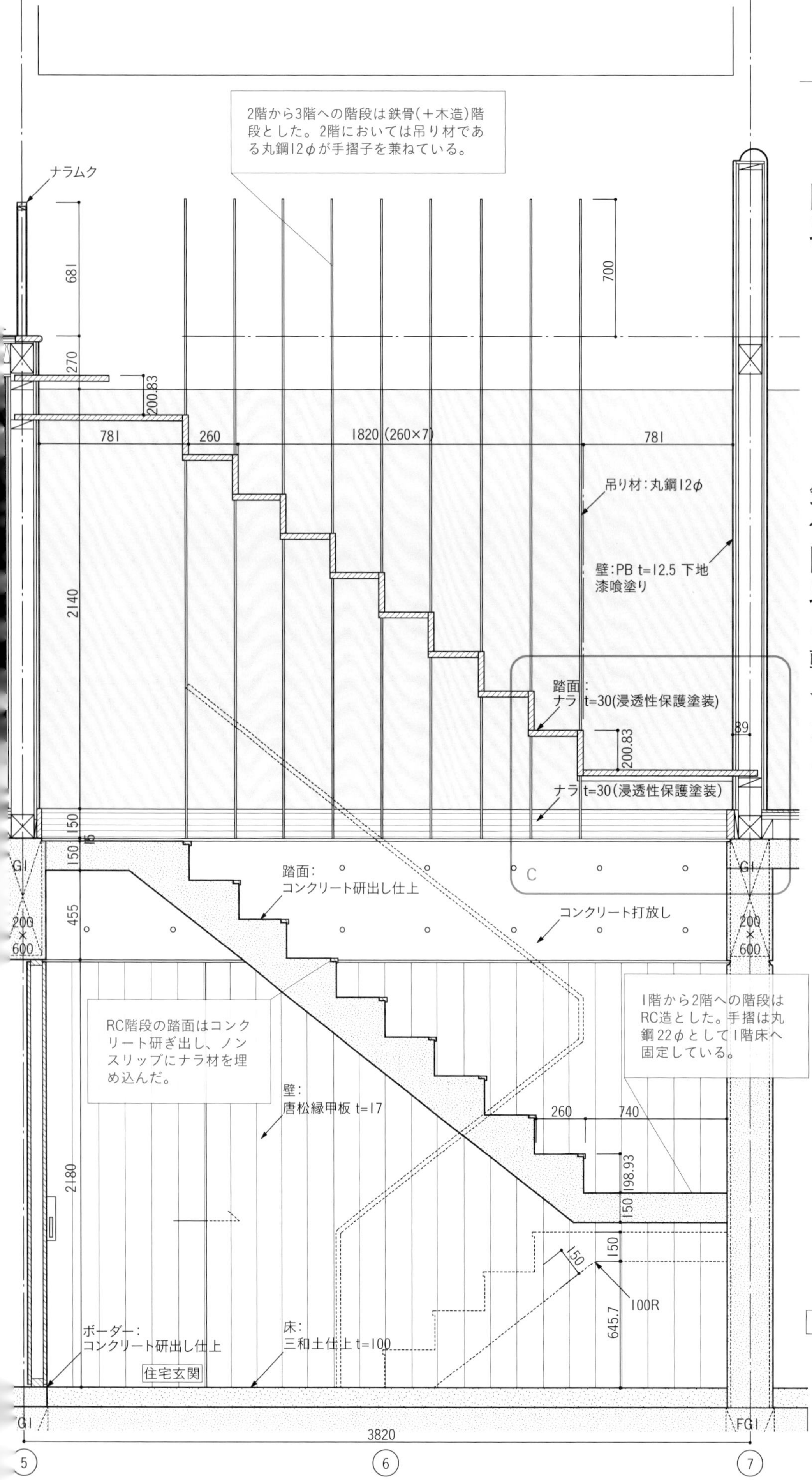

a-a 断面図

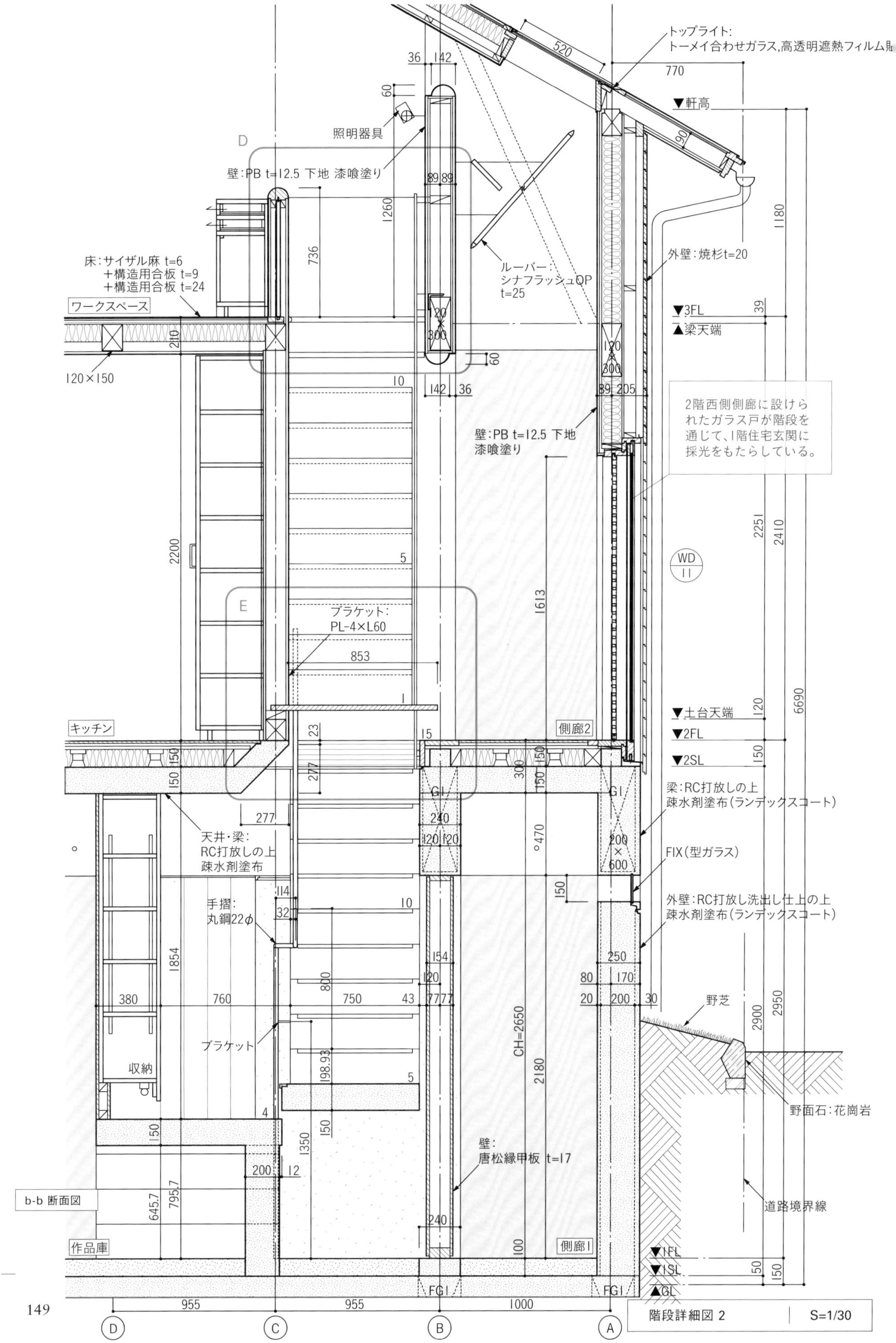
トップライト:
トーメイ合わせガラス,高透明遮熱フィルム貼
▼軒高
照明器具
壁:PB t=12.5 下地 漆喰塗り
ルーバー:
シナフラッシュOP
t=25
外壁:焼杉t=20
床:サイザル麻 t=6
+構造用合板 t=9
+構造用合板 t=24
ワークスペース
120×150
▼3FL
▲梁天端
2階西側側廊に設けられたガラス戸が階段を通じて、1階住宅玄関に採光をもたらしている。
壁:PB t=12.5 下地
漆喰塗り
WD
11
ブラケット:
PL-4×L60
▼土台天端
キッチン
側廊2
▼2FL
▼2SL
梁:RC打放しの上
疎水剤塗布(ランデックスコート)
天井・梁:
RC打放しの上
疎水剤塗布
FIX(型ガラス)
外壁:RC打放し洗出し仕上の上
疎水剤塗布(ランデックスコート)
手摺:
丸鋼22φ
野芝
ブラケット
収納
野面石:花崗岩
壁:
唐松縁甲板 t=17
道路境界線
b-b 断面図
作品庫
側廊1
▼1FL
▼1SL
▲GL
D
E
G1
FG1
CH=2650
D
C
B
A

階段詳細図 2　S=1/30

壁に呑み込ませてすっきり納める

鉄骨階段の壁側は階段を壁に呑み込ませて固定し、一方の開放側である廊下側のササラ桁を鋼材L＝40×40×5を縦横30ミリにカットして用いた。これにナラの無垢材t＝30を組んだ蹴込板、踏板を固定した。幼児の転落防止と手摺子も兼ねて、スチールのササラ桁を260ミリごとに丸鋼12φで吊っている。鉄骨部分はフェロドール塗装仕上げとした。

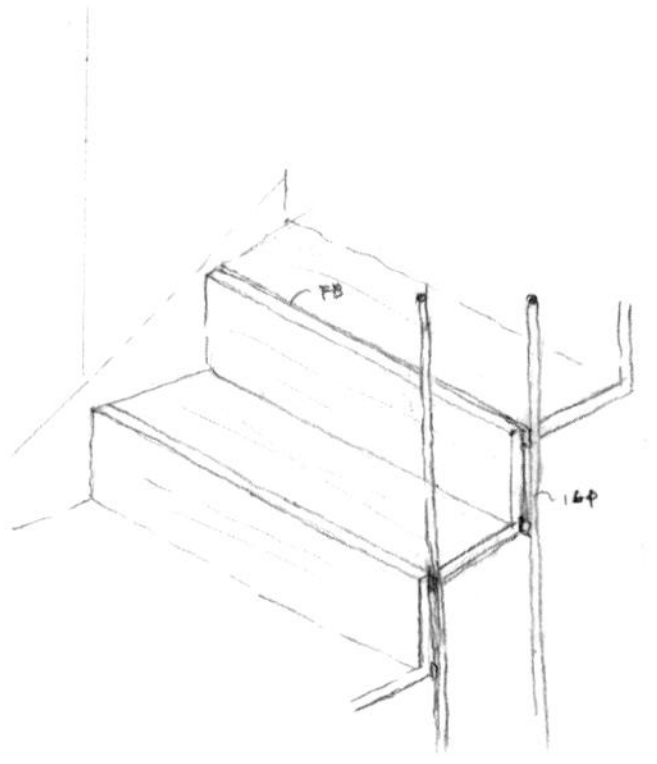
FB
12φ
階段検討スケッチ

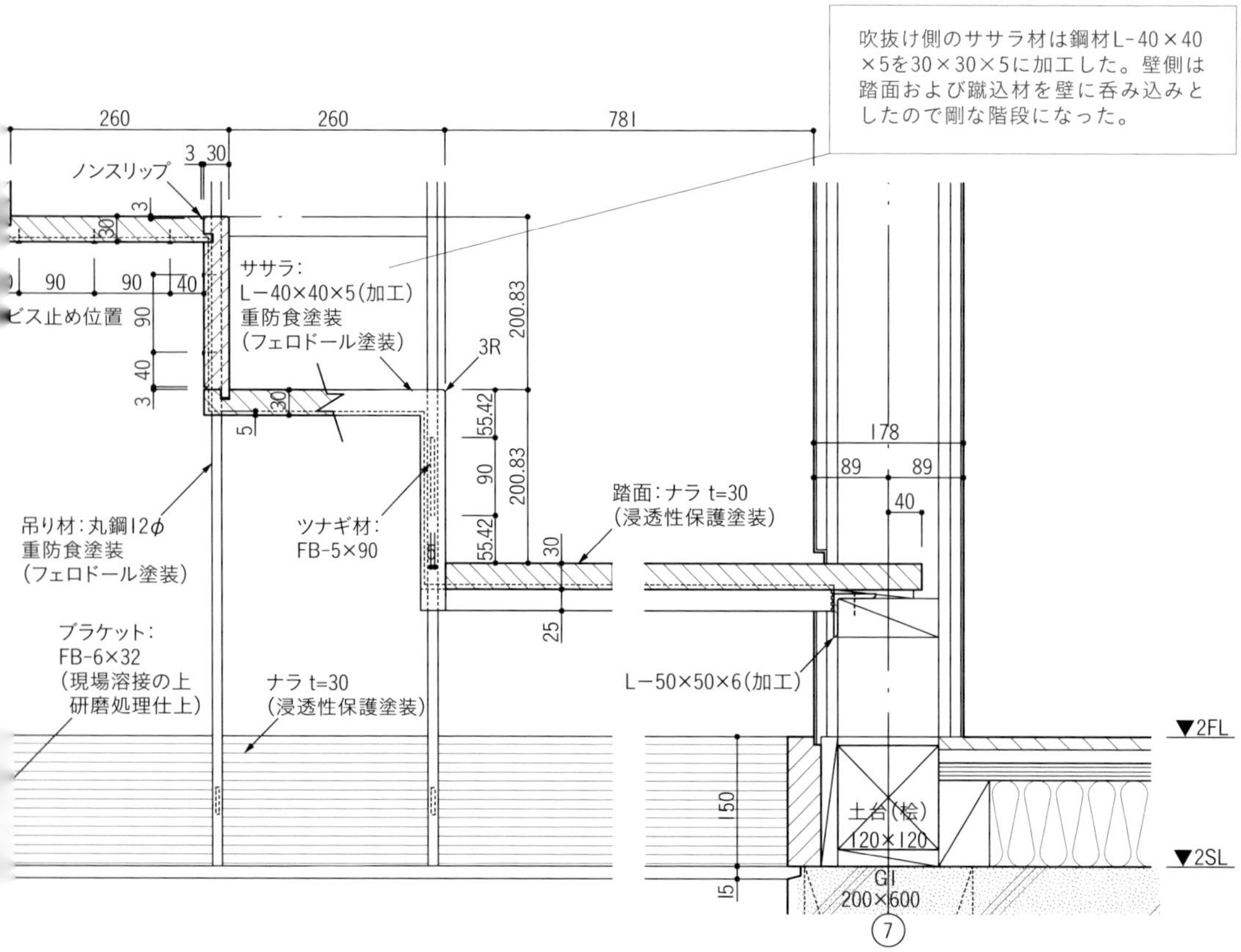
吹抜け側のササラ材は鋼材L-40×40×5を30×30×5に加工した。壁側は踏面および蹴込材を壁に呑み込みとしたので剛な階段になった。
260
260
781
ノンスリップ
3 30
ササラ:
L−40×40×5(加工)
重防食塗装
(フェロドール塗装)
ビス止め位置
3R
200.83
55.42
90
吊り材:丸鋼12φ
重防食塗装
(フェロドール塗装)
ツナギ材:
FB-5×90
踏面:ナラ t=30
(浸透性保護塗装)
178
89
89
40
L−50×50×6(加工)
ブラケット:
FB-6×32
(現場溶接の上
研磨処理仕上)
ナラ t=30
(浸透性保護塗装)
▼2FL
▼2SL
土台(桧)
120×120
GL
200×600
7
C部分断面詳細図 S=1/10

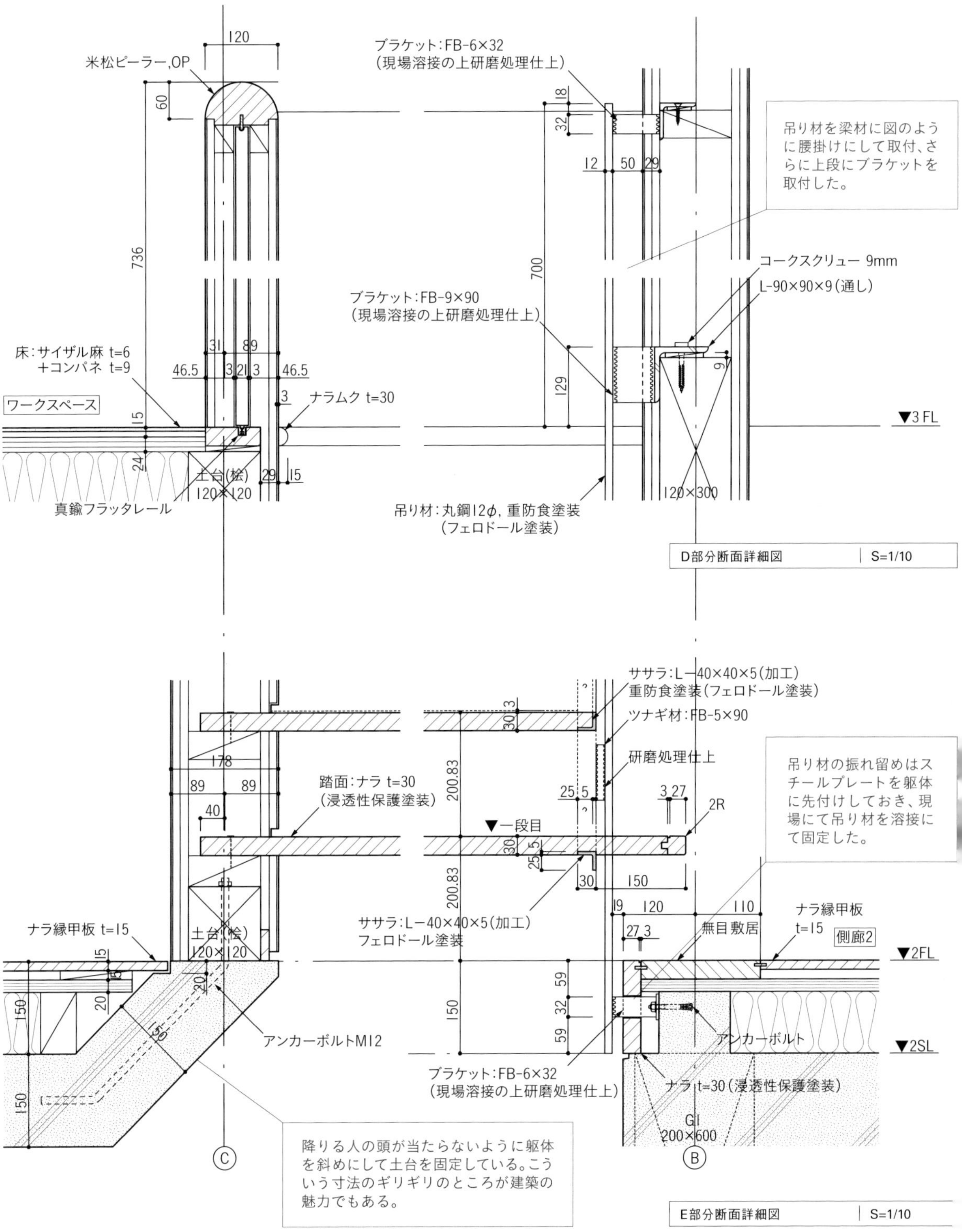
米松ピーラー,OP
120
60
736
床:サイザル麻 t=6
+コンパネ t=9
ワークスペース
15
24
31
89
46.5
3 21 3
46.5
3
ナラムク t=30
土台(桧)
120×120
29
15
真鍮フラッタレール
ブラケット:FB-6×32
(現場溶接の上研磨処理仕上)
18
32
12
50
29
700
吊り材を梁材に図のように腰掛けにして取付、さらに上段にブラケットを取付した。
コークスクリュー 9mm
L-90×90×9(通し)
ブラケット:FB-9×90
(現場溶接の上研磨処理仕上)
129
9
▼3 FL
120×300
吊り材:丸鋼12φ, 重防食塗装
(フェロドール塗装)
D部分断面詳細図
S=1/10
ササラ:L−40×40×5(加工)
重防食塗装(フェロドール塗装)
ツナギ材:FB-5×90
研磨処理仕上
30 3
178
89
89
踏面:ナラ t=30
(浸透性保護塗装)
200.83
25 5
3 27
2R
40
▼一段目
30
5
25
30
150
200.83
19
120
110
吊り材の振れ留めはスチールプレートを躯体に先付けしておき、現場にて吊り材を溶接にて固定した。
ナラ縁甲板 t=15
土台(桧)
120×120
ササラ:L−40×40×5(加工)
フェロドール塗装
27 3
無目敷居
ナラ縁甲板
t=15
側廊2
▼2FL
15
150
20
20
150
アンカーボルトM12
59
32
59
150
アンカーボルト
▼2SL
ブラケット:FB-6×32
(現場溶接の上研磨処理仕上)
ナラ t=30(浸透性保護塗装)
150
GI
200×600
C
B
降りる人の頭が当たらないように躯体を斜めにして土台を固定している。こういう寸法のギリギリのところが建築の魅力でもある。
E部分断面詳細図
S=1/10

階段詳細図3　S=1/10

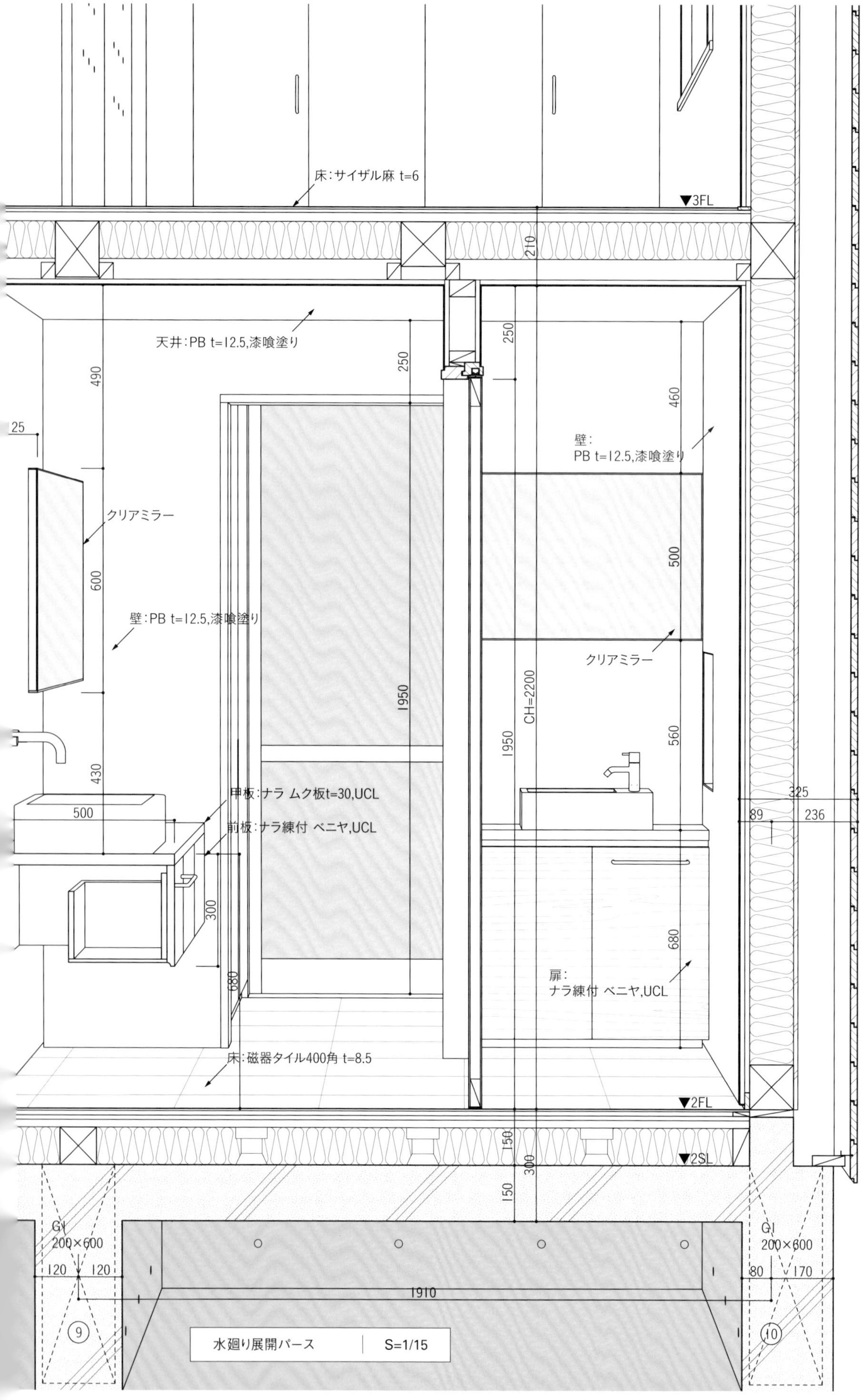

水廻り展開パース S=1/15

第3篇

部位別ディテール

水廻り

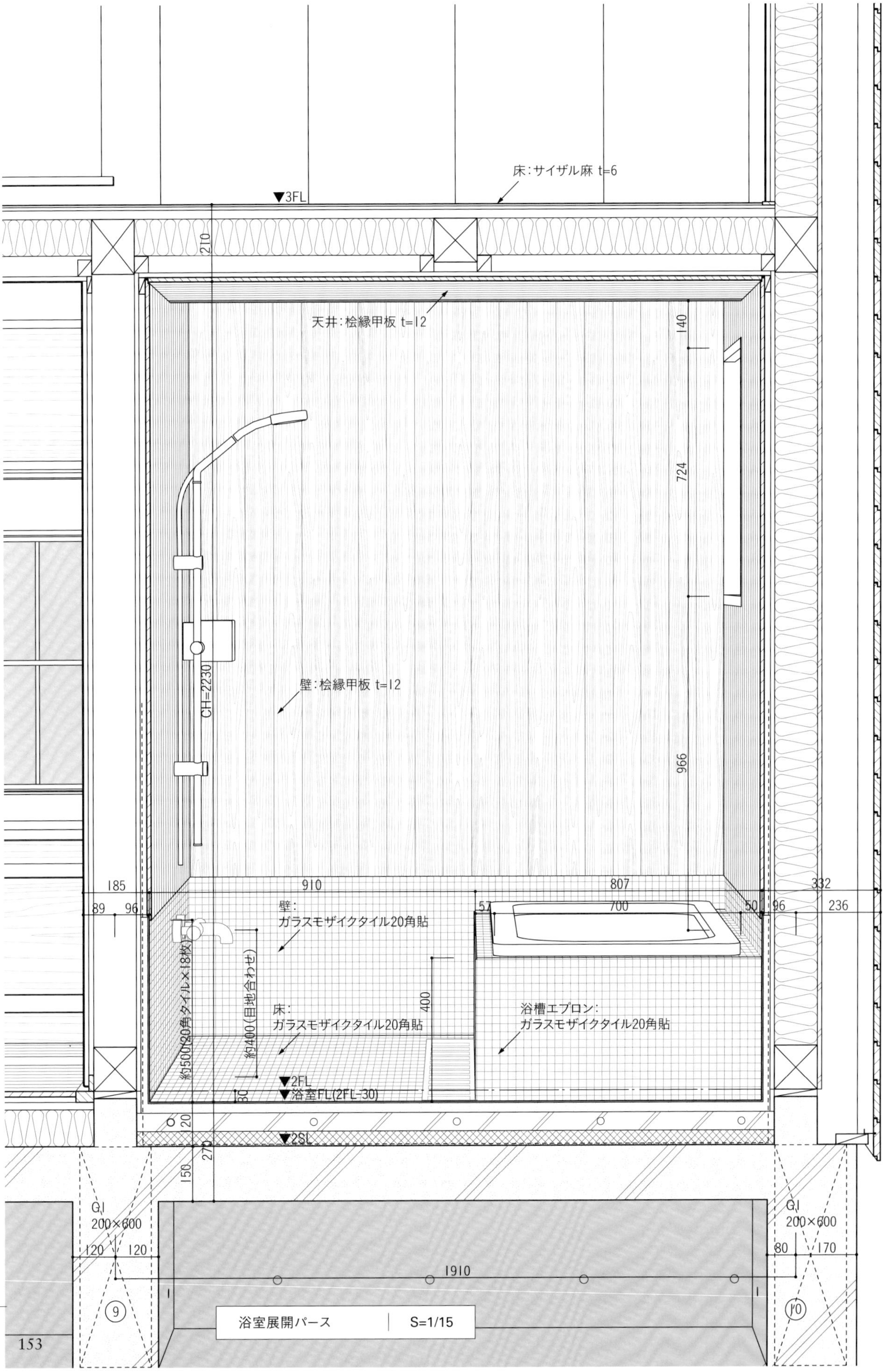

浴室展開パース　S=1/15

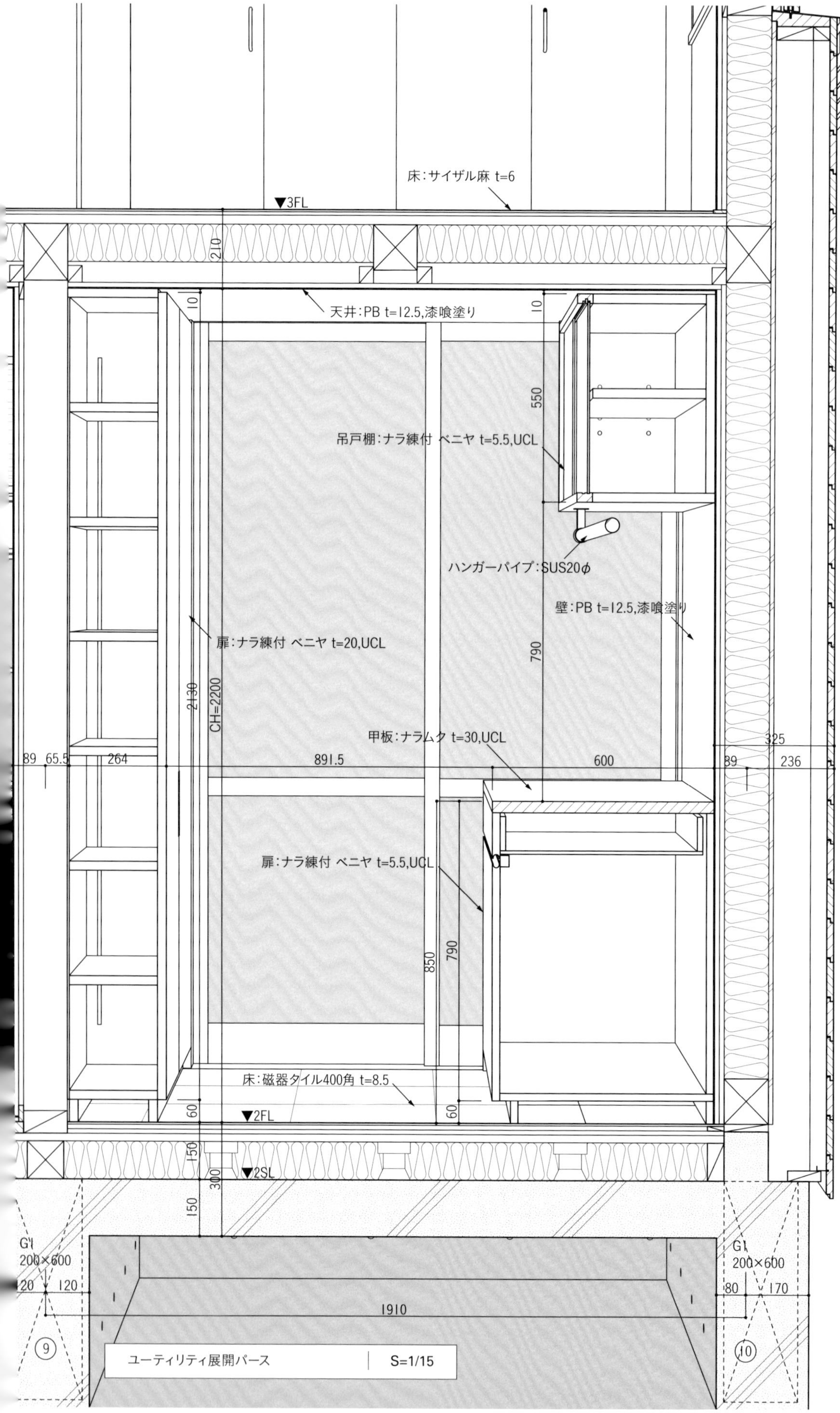
床：サイザル麻 t=6
▼3FL
210
10
天井：PB t=12.5,漆喰塗り
10
550
吊戸棚：ナラ練付 ベニヤ t=5.5,UCL
ハンガーパイプ：SUS20φ
壁：PB t=12.5,漆喰塗り
790
扉：ナラ練付 ベニヤ t=20,UCL
2130
CH=2200
甲板：ナラムク t=30,UCL
325
89
65.5
264
891.5
600
89
236
扉：ナラ練付 ベニヤ t=5.5,UCL
850
790
床：磁器タイル400角 t=8.5
60
▼2FL
60
150
300
▼2SL
150
GL
200×600
120
120
GL
200×600
80
170
1910
9
10
ユーティリティ展開パース
S=1/15

細かな動作が円滑にできる水廻り

カウンターに置き式の洗面器を用い、洗面台に無垢のナラ材の甲板t=30とした。また、下部には引出し収納を設けた。洗面の奥は脱衣とユーティリティを兼ねたスペースである。この場所にはタオルなどのリネンと下着など置いておくためのもの。

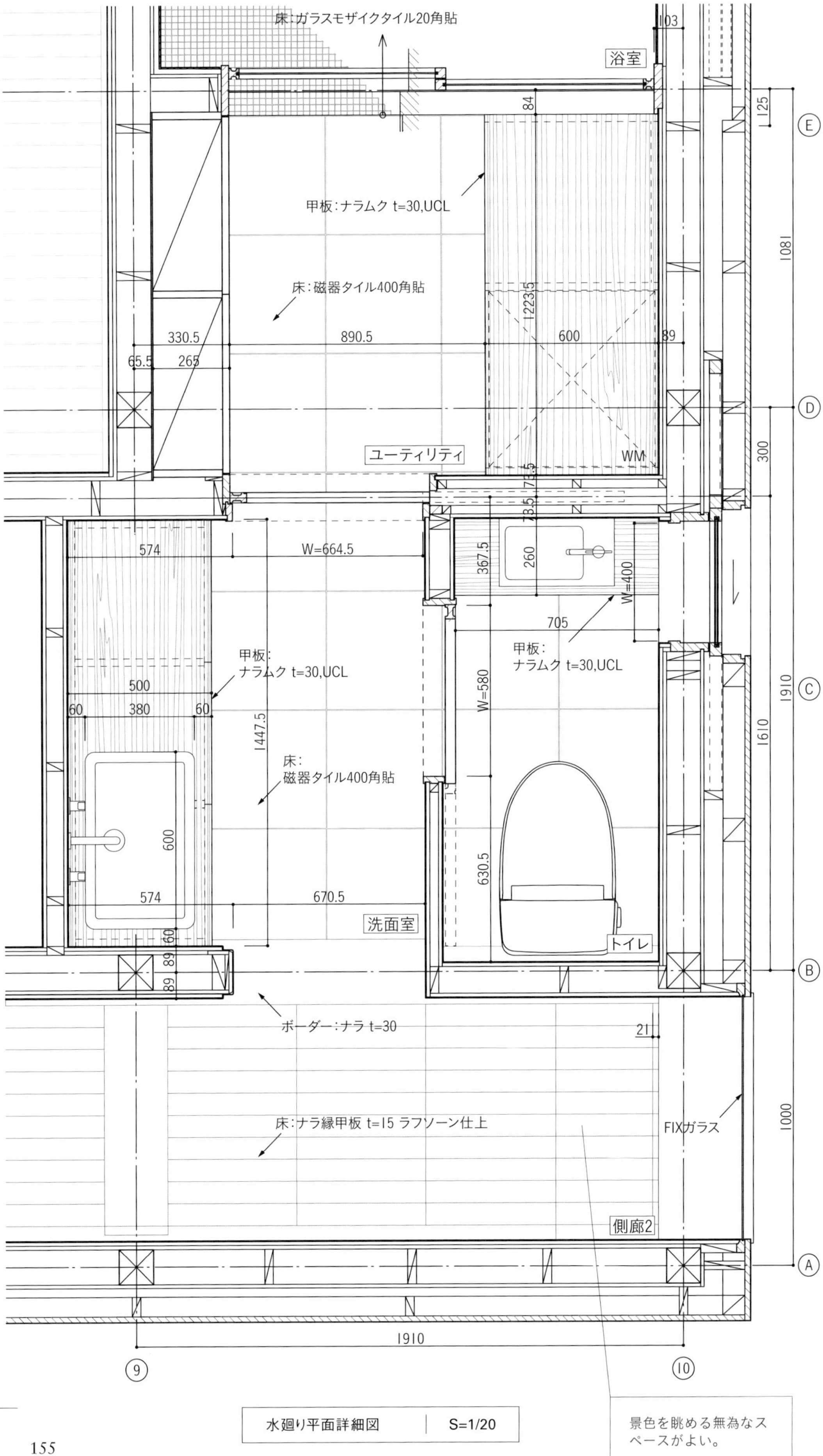

水廻り平面詳細図 S=1/20

第3篇

部位別ディテール

水廻り

小さな配慮が日常に潤いを与える

鏡は壁面から100ミリ離して、そこに照明器具を設置している。これは手元を照らすためと光源を直接見せないための工夫である。

鏡の四方にはナラ無垢3ミリの大手を廻した。トイレには手洗い器と鏡を設置した。便座に座ったときに窓外の景色が見えることと、手洗い時に手がよく見えるように。

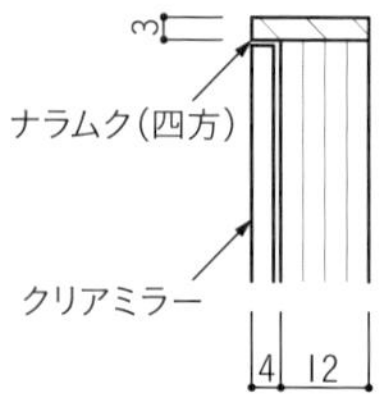

A部分詳細図 | S=1/2

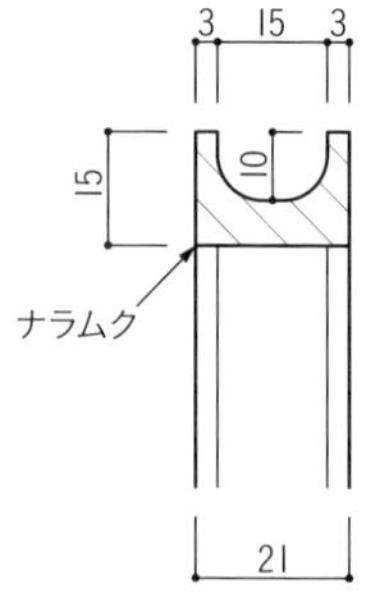

B部分詳細図 | S=1/2

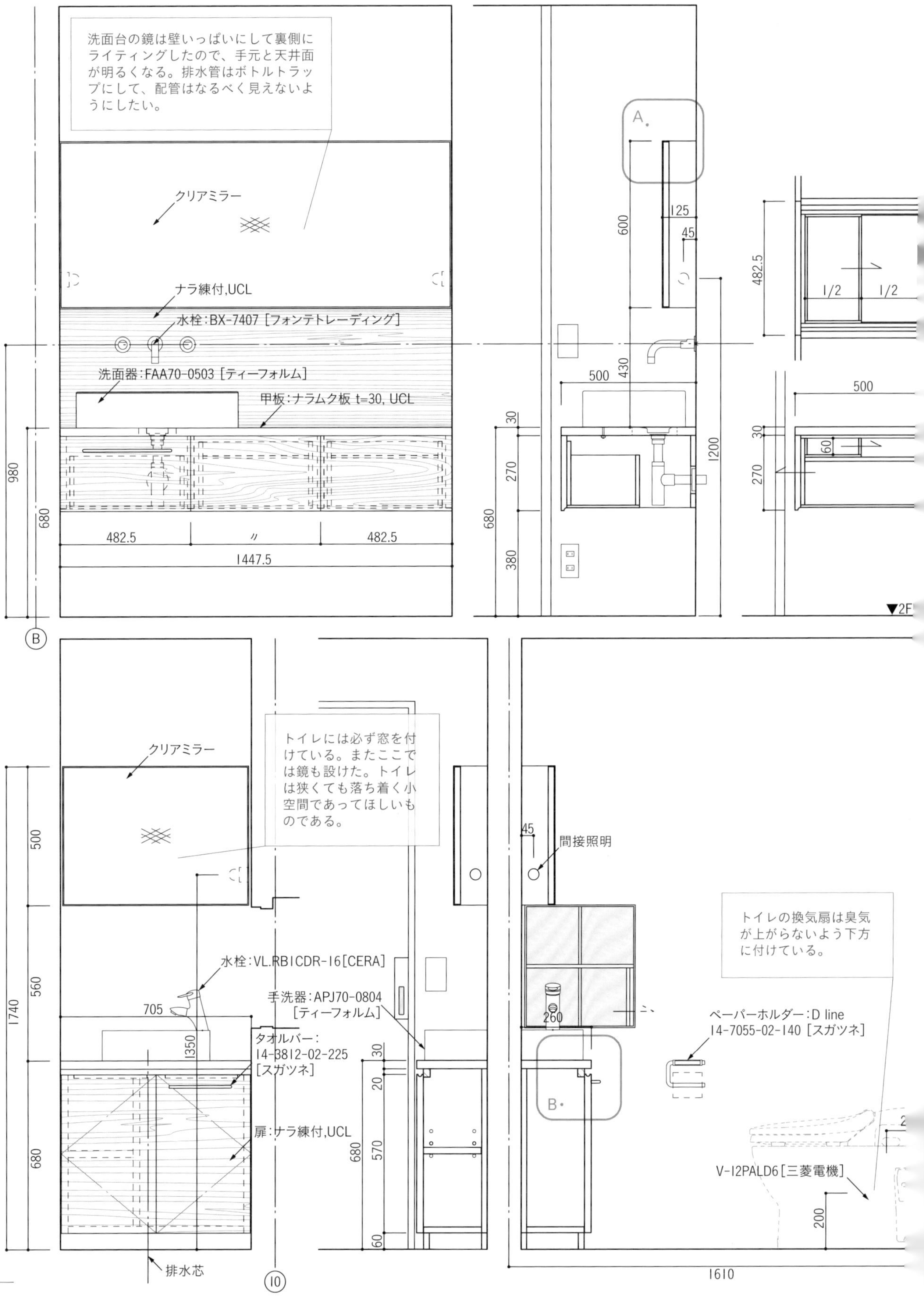

洗面断面詳細図　S=1/20

温熱環境と触り心地に気を配る

浴室は唯一裸になる場所であるから、脱衣室やトイレと同じように、床暖房などで温熱環境を整えておかねばならない。仕上材はたとえぶつかっても安全で、見た目にも柔らかい木材がよい。ここでは、ヒノキの縁甲板を壁や天井材に用いた。

また床および壁立上りをガラスモザイクタイルで仕上げた。木材同士は面一に、異種材であるタイルと壁板は6ミリの段差を取り被せている。

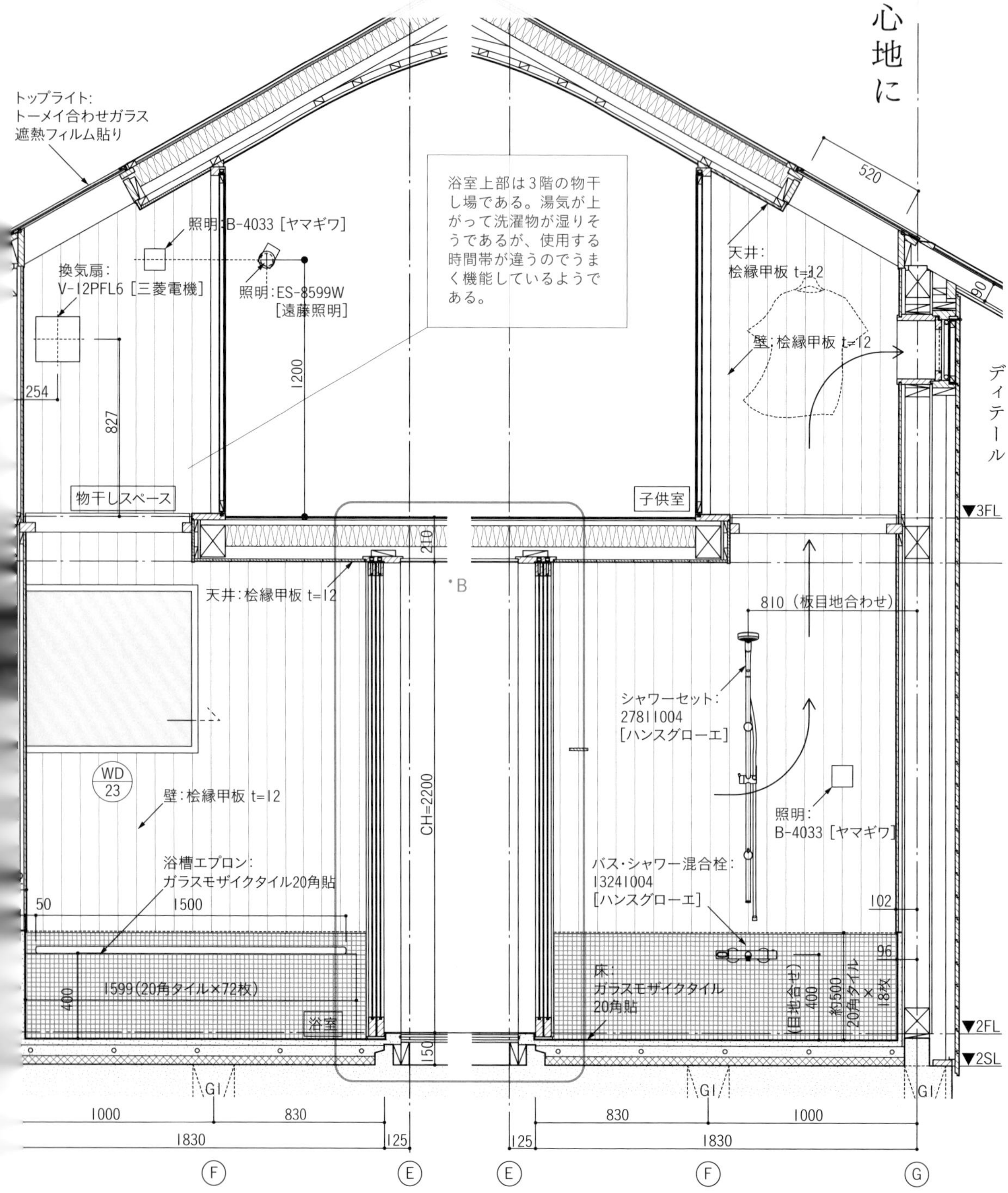

断面図 b　S=1/30

断面図 a　S=1/30

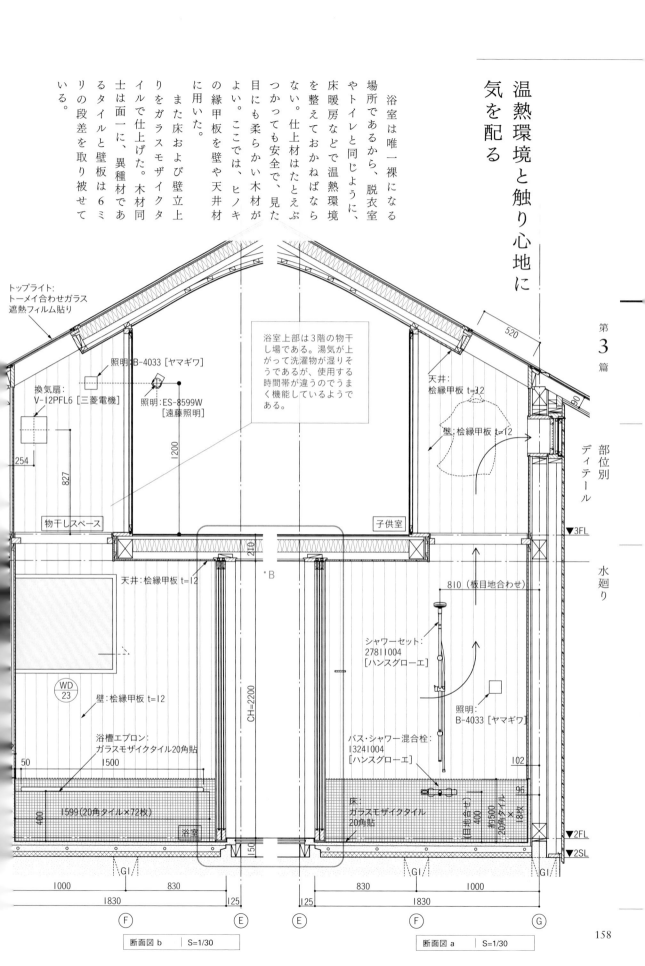

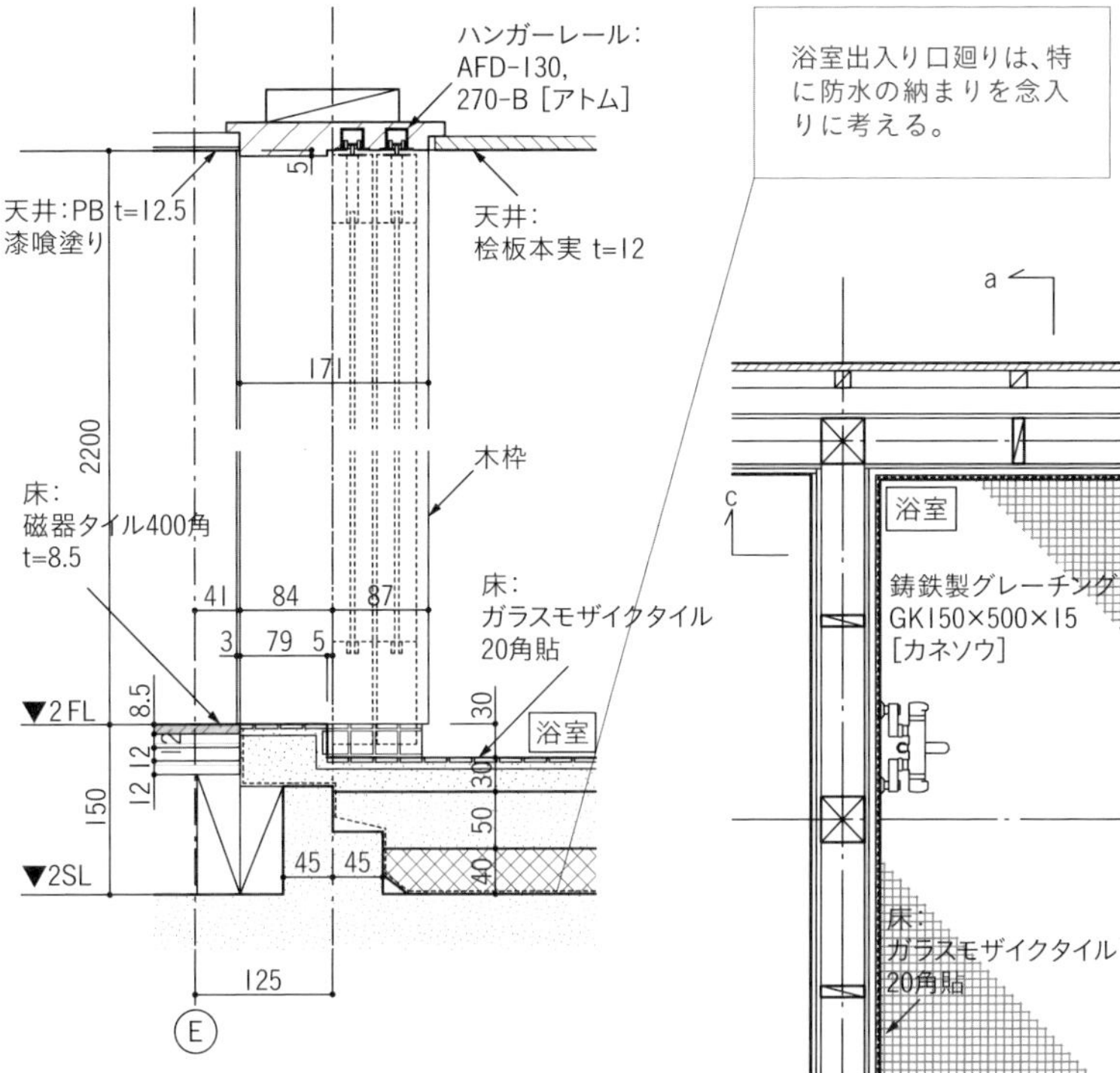

B部分詳細図 S=1/10

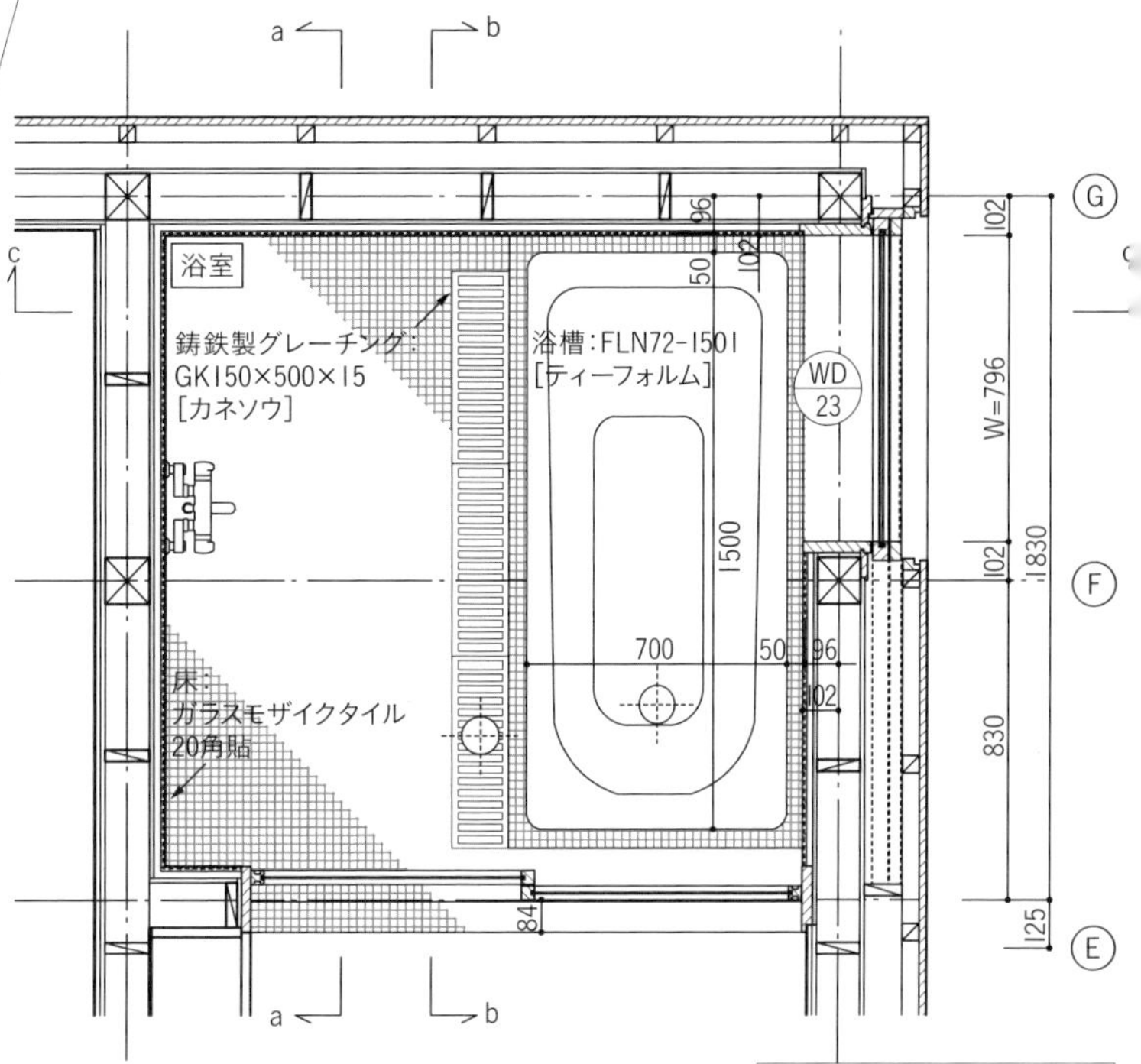

浴室平面図 S=1/30

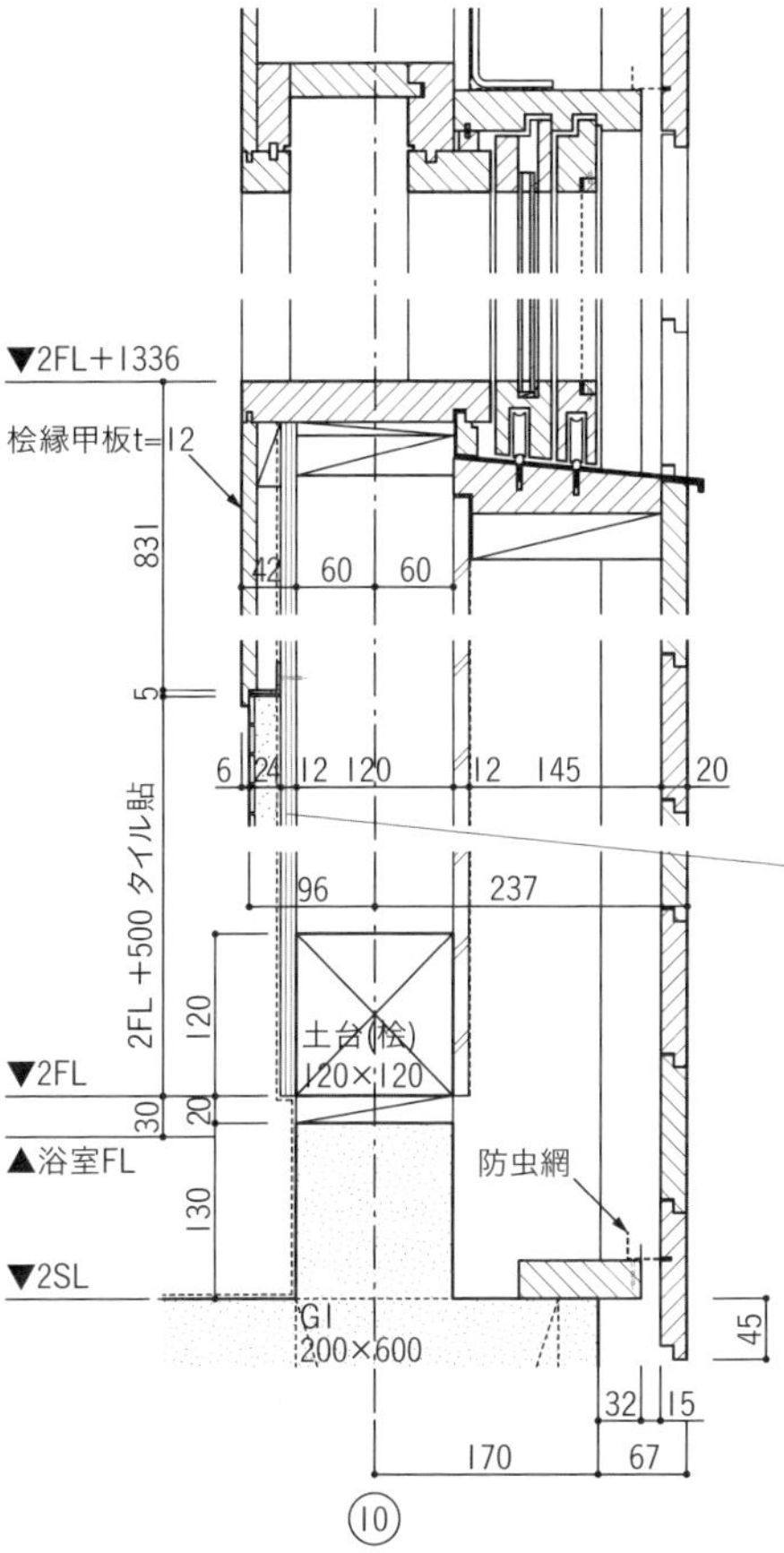

A部分詳細図 S=1/10

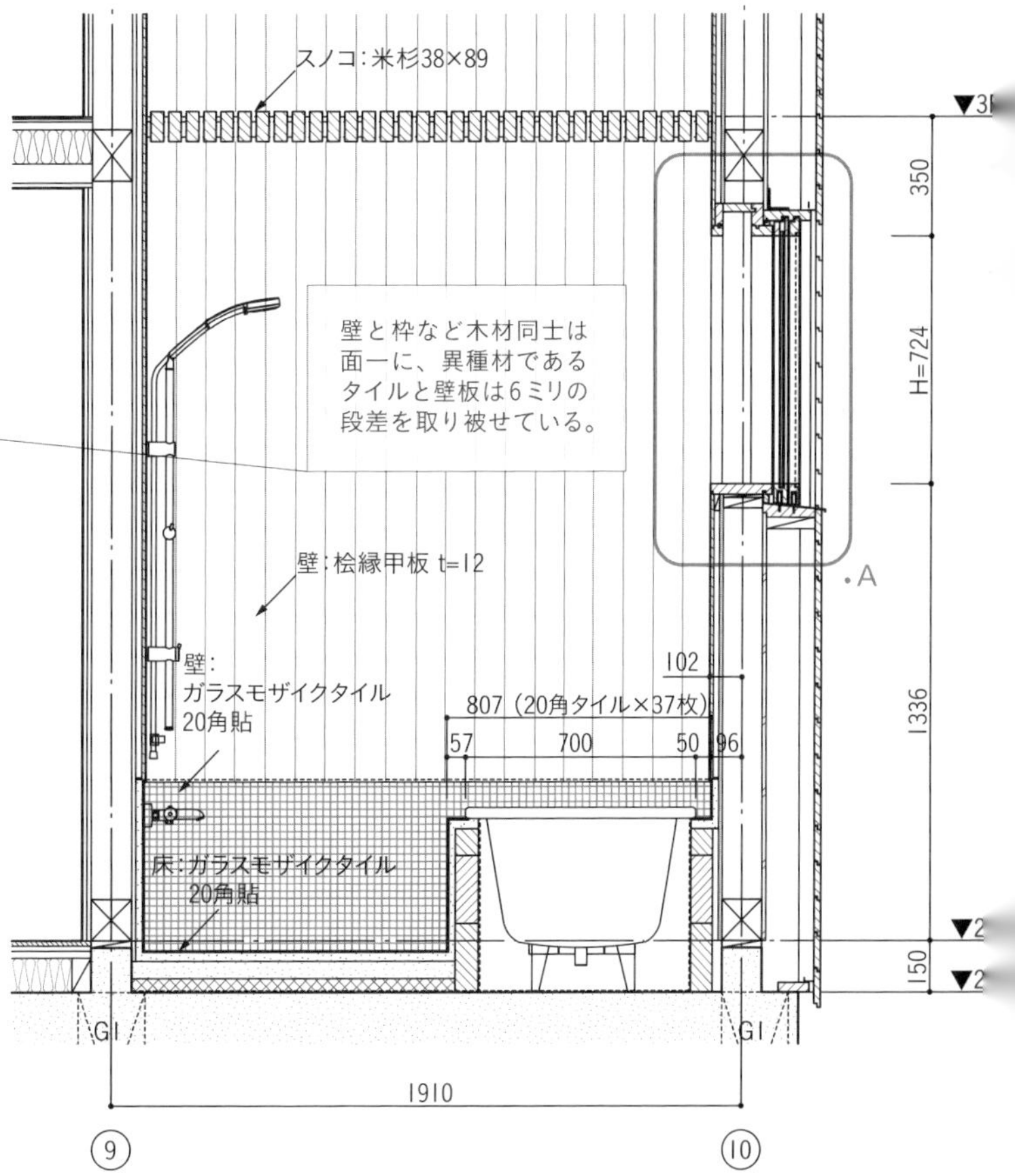

断面図 c S=1/30

浴室詳細図 S=1/30

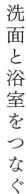

洗面と浴室をつなぐ

ユーティリティ兼脱衣室は、洗面と浴室をつなぐバッファとなるスペースである。

引手は出っぱらないように彫込みとした。反対側のカウンター下には、ドラム式洗濯機を納めている。上部の吊り戸棚には洗剤などを収納する。物干しの準備のために戸棚下にはハンガーパイプを設けている。また底板には棚板に納ま薄型LEDライトを設置した。

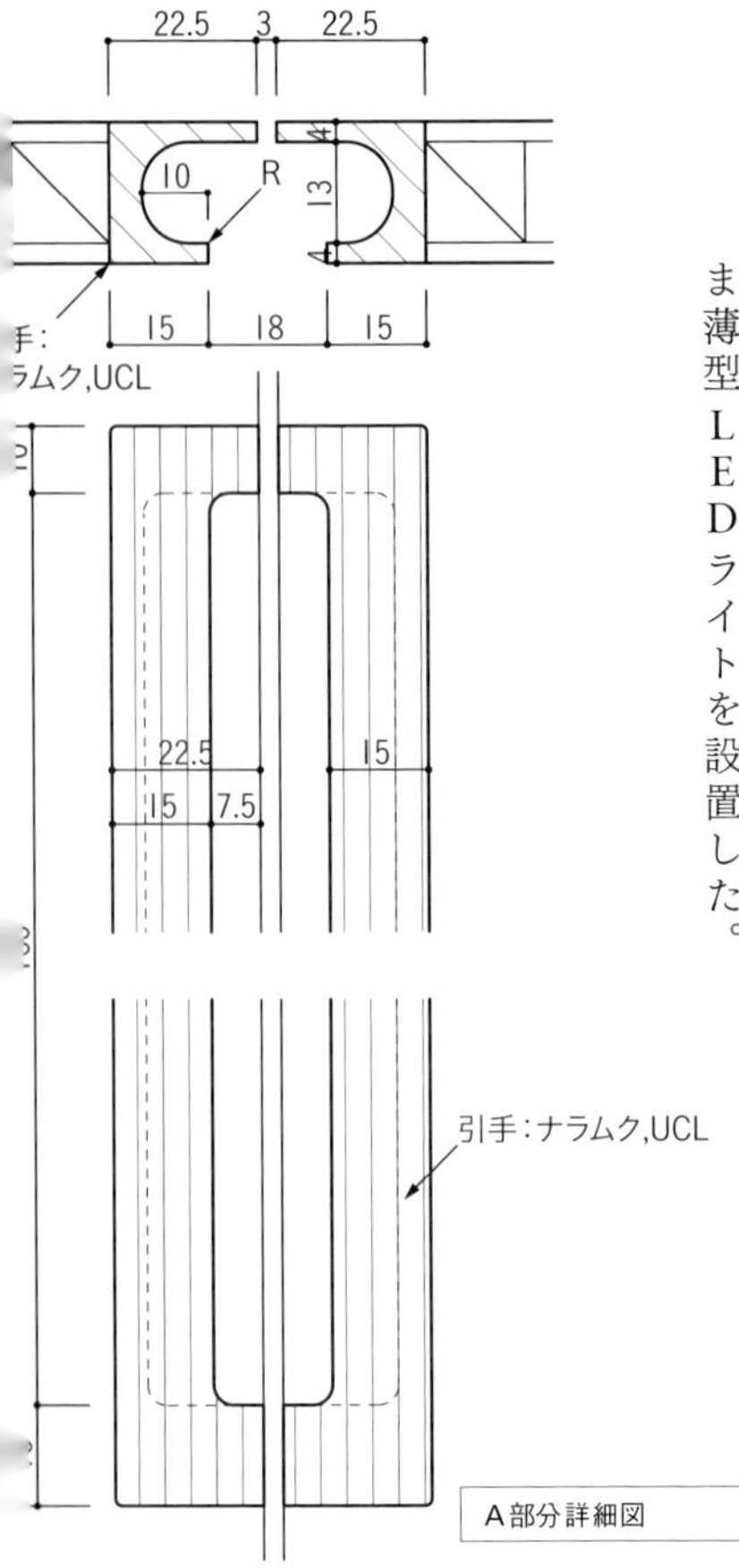

22.5
3
22.5
R
10
13
4
15
18
15
手：
ラムク,UCL
22.5
15
15
7.5
引手：ナラムク,UCL

A部分詳細図　S=1/2

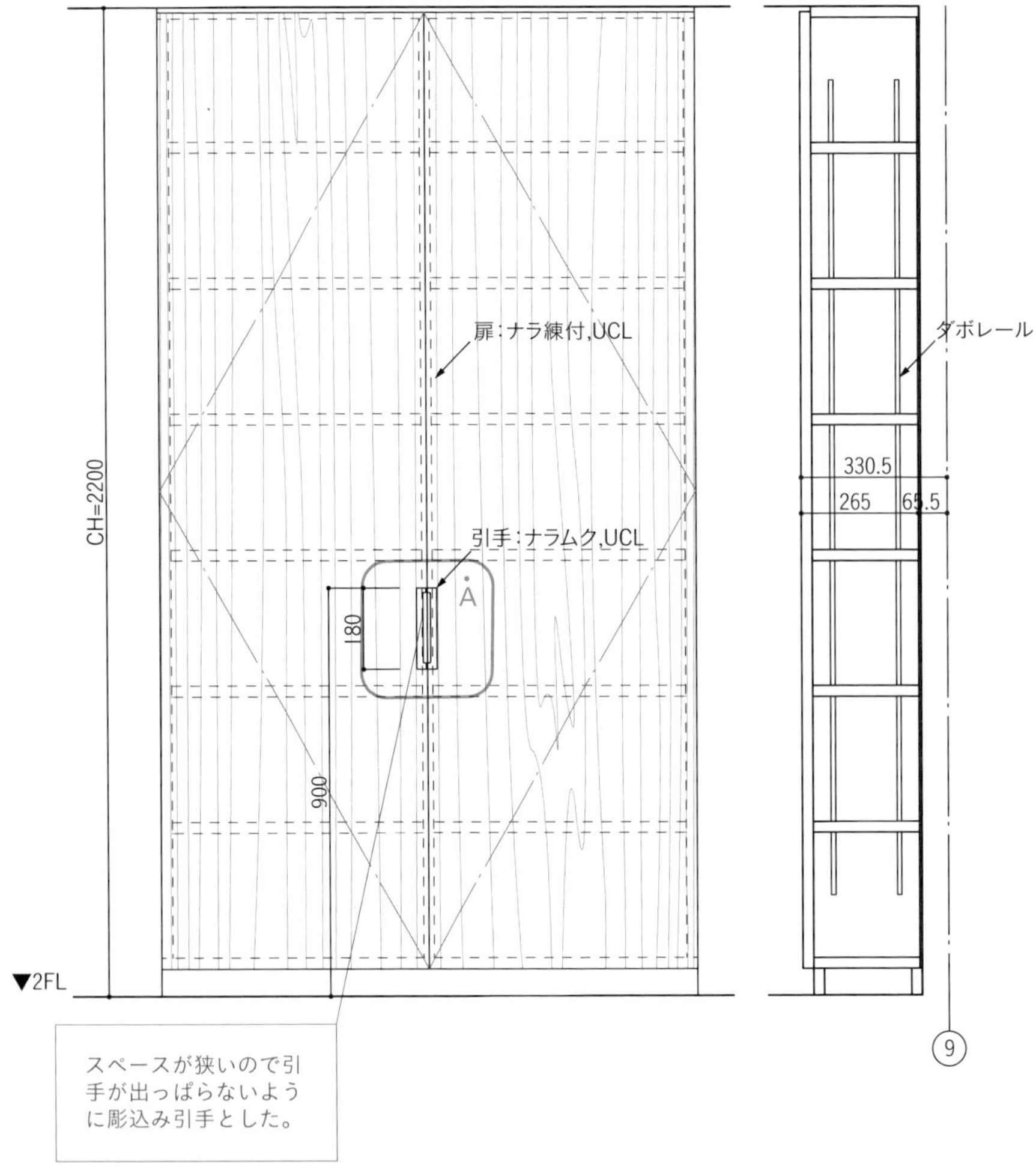

扉：ナラ練付,UCL
引手：ナラムク,UCL
A
180
900
CH=2200
▼2FL
ダボレール
330.5
265
65.5
9
スペースが狭いので引
手が出っぱらないよう
に彫込み引手とした。

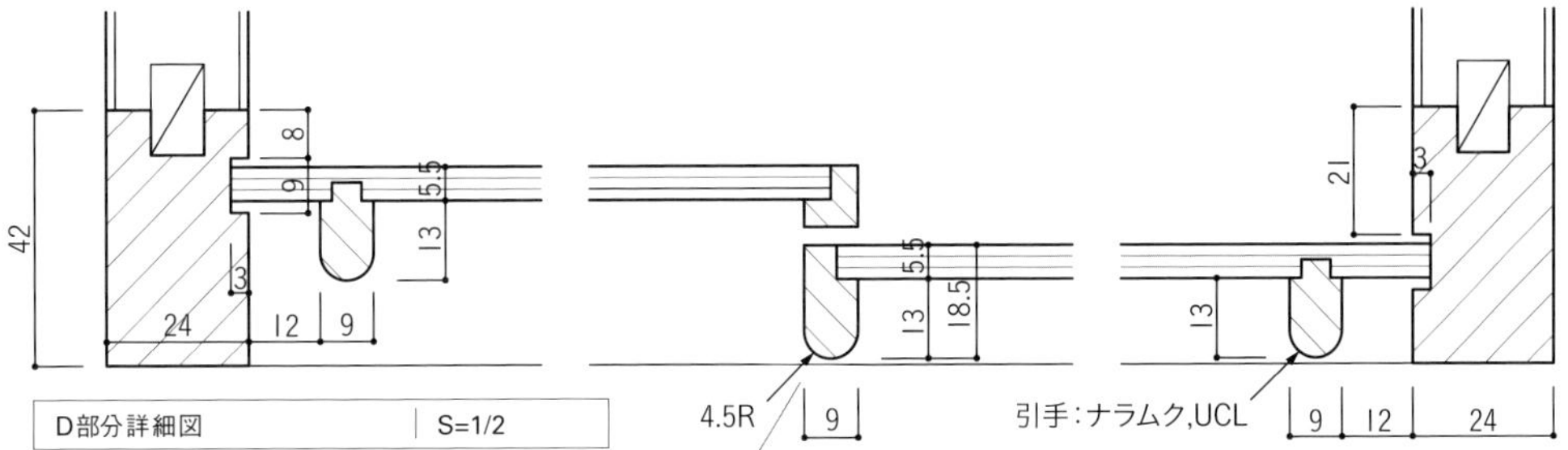

D部分詳細図 | S=1/2

天袋収納は、開き扉より引違いの方が地震時に物が飛び出したりせず安全で、適度に開けた状態にできる。

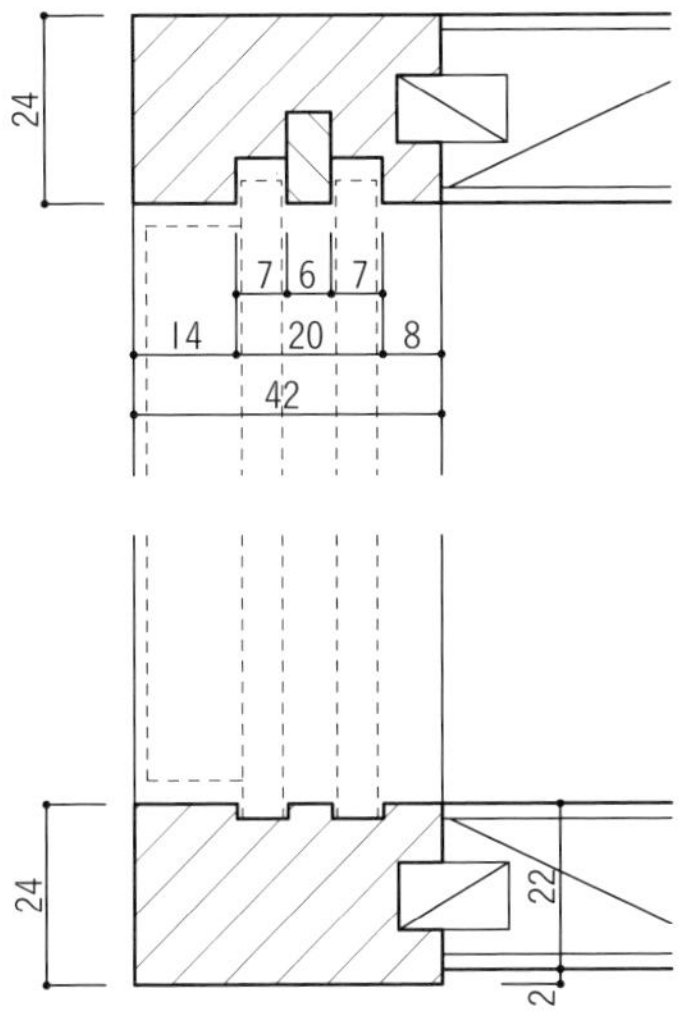

C部分詳細図 | S=1/2

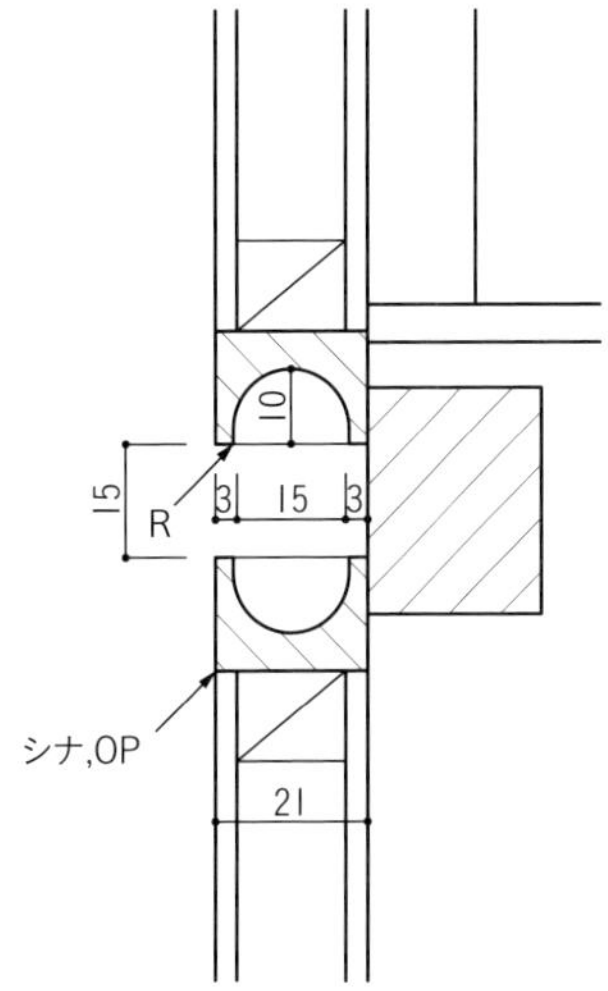

B部分詳細図 | S=1/2

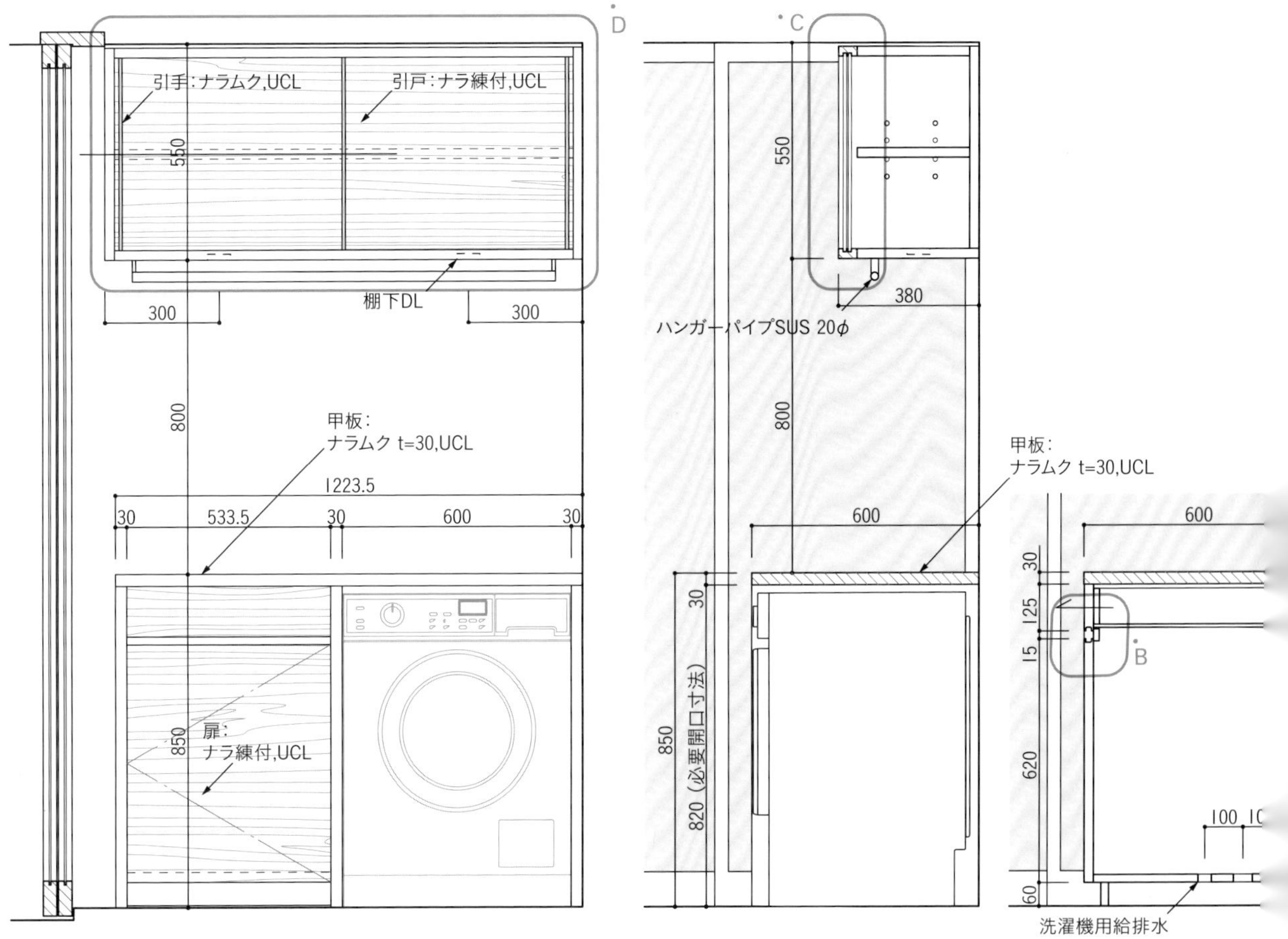

ユーティリティ収納詳細図 | S=1/20

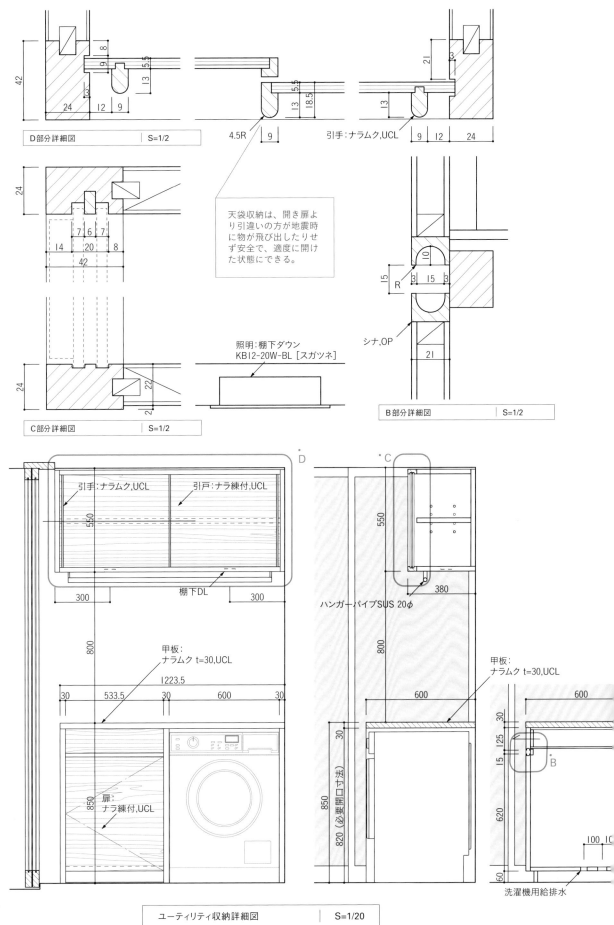

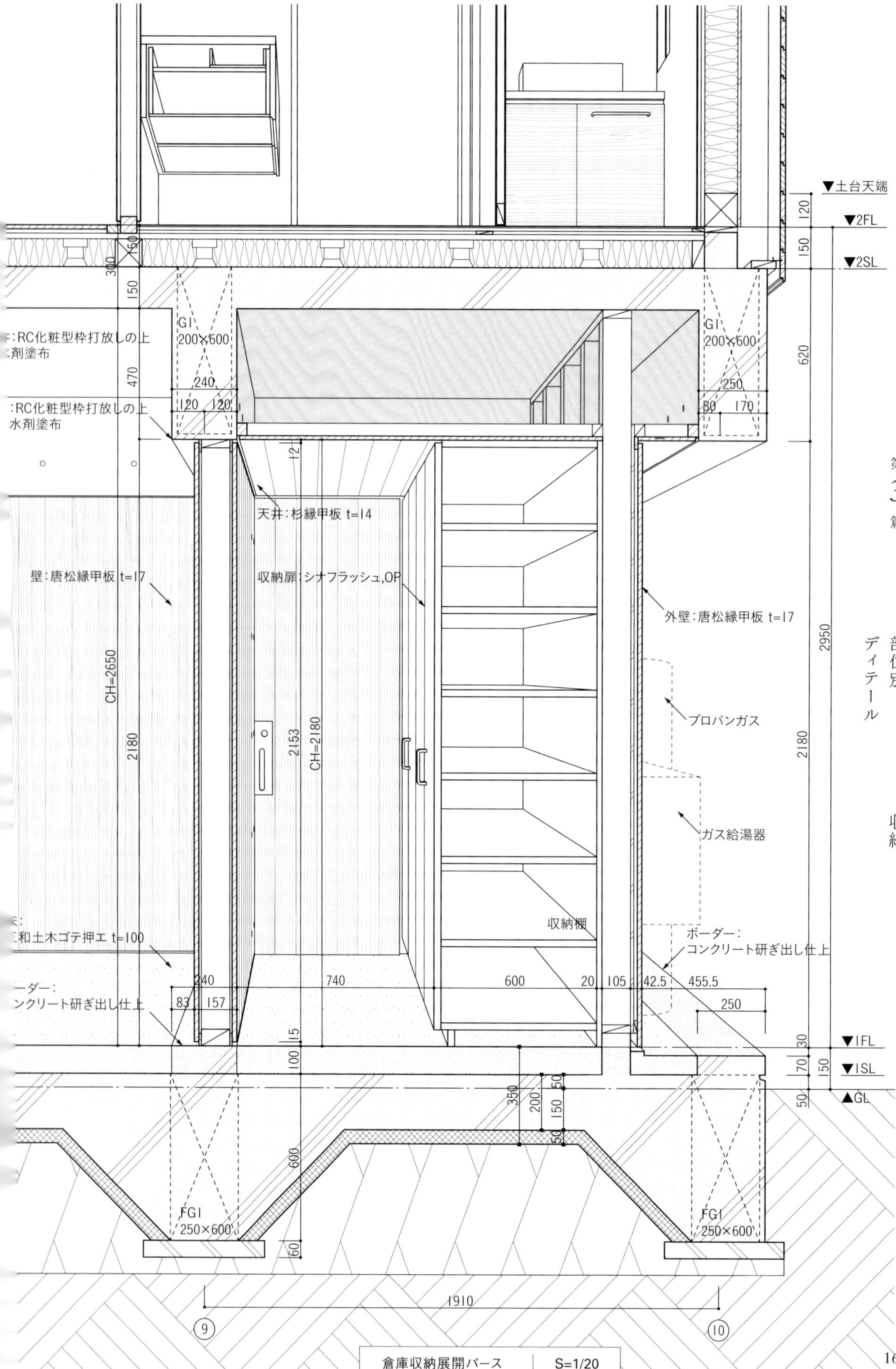

倉庫収納展開パース　S=1/20

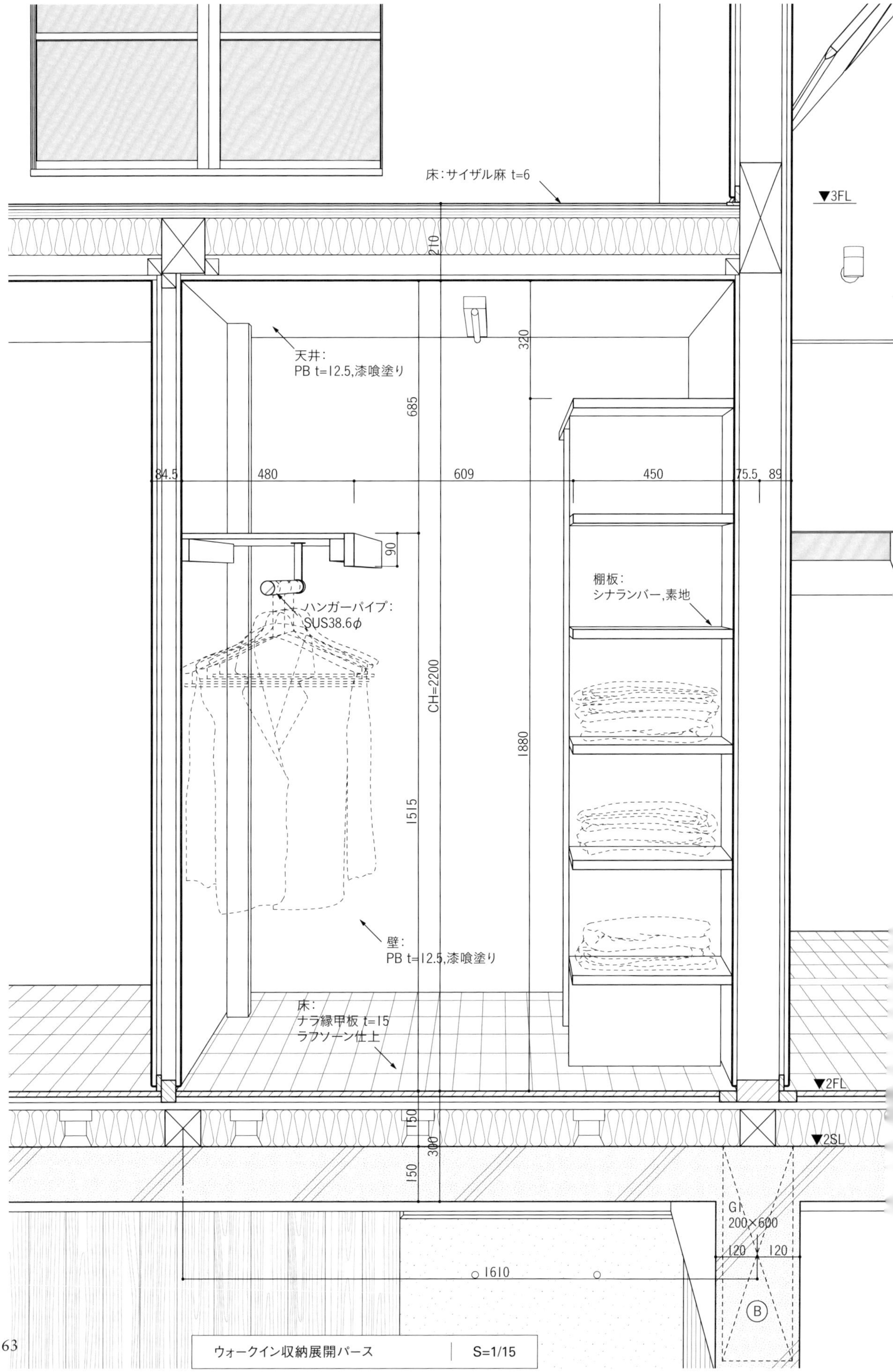

ウォークイン収納展開パース　S=1/15

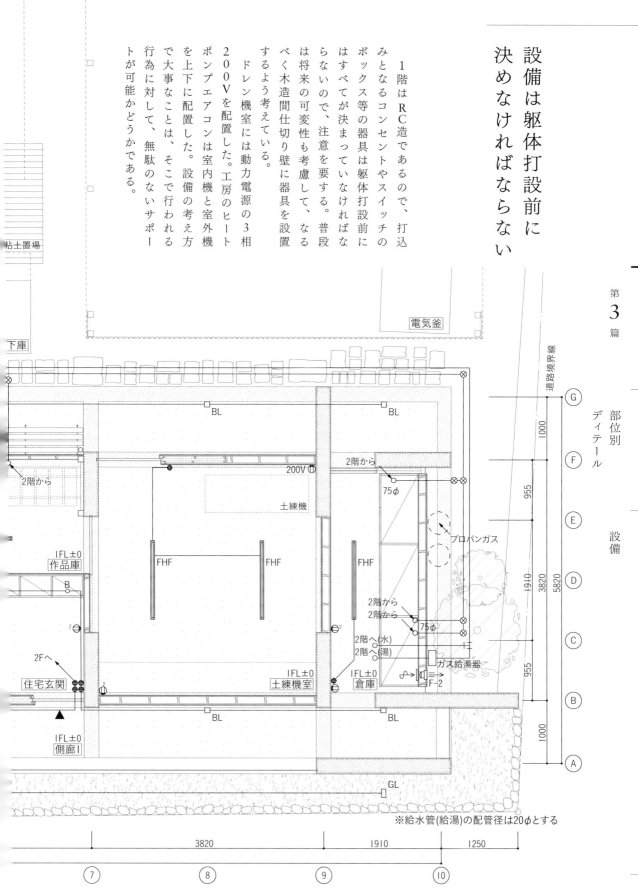

設備は躯体打設前に決めなければならない

1階はRC造であるので、打込みとなるコンセントやスイッチのボックス等の器具は躯体打設前にはすべてが決まっていなければならないので、注意を要する。普段は将来の可変性も考慮して、なるべく木造間仕切り壁に器具を設置するよう考えている。

ドレン機室には動力電源の3相200Vを配置した。工房のヒートポンプエアコンは室内機と室外機を上下に配置した。設備の考え方で大事なことは、そこで行われる行為に対して、無駄のないサポートが可能かどうかである。

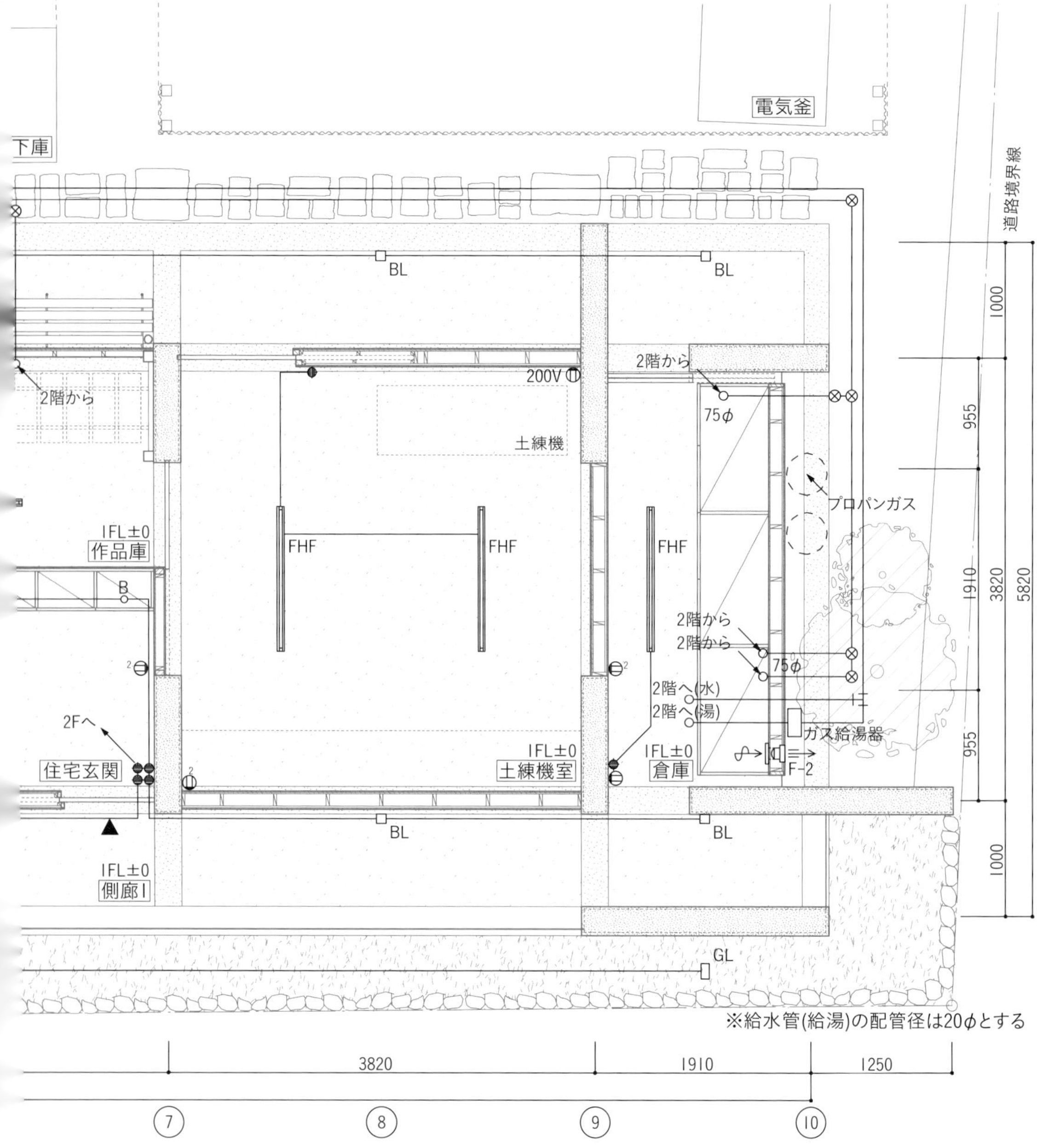
粘土置場
電気釜
下庫
道路境界線
BL
2階から
200V
土練機
75φ
プロパンガス
FHF
IFL±0
作品庫
2階から
2階から
2階へ(水)
2階へ(湯)
ガス給湯器
2Fへ
住宅玄関
土練機室
倉庫
F-2
側廊1
GL
※給水管(給湯)の配管径は20φとする
1000
955
1910
3820
5820
3820
1910
1250
G
F
E
D
C
B
A
7
8
9
10

衛生設備 凡例

図	名称
	混合水栓
	単水栓
	シャワー水栓
	排水口
	汚水パイプマス

コンセント 凡例

図	名称
	コンセント1ヶ口
	コンセント2ヶ口
	アースターミナル付きコンセント
	埋込スイッチ／スイッチプレート
	フロアコンセント
	電話用アウトレット
	テレビまたはFM直列ユニット
	電灯分電盤
	インターホン

照明 凡例

記号	図	型番号	製造
DL		ED-3333WB	遠藤照明
DL2		LGB70088	パナソニック
BL		LGW46120	パナソニック
BL2		B-4033	ヤマギワ
SP		ES-8599W	遠藤照明
SP2		T-5207W	ヤマギワ
B		電球+ソケット	—
FT		D-982W	ヤマギワ
FT2		D-4473B	ヤマギワ
GL		ES-8942H	遠藤照明
FHF		EK8163NB	遠藤照明
FL40-W		FL蛍光灯	—
ライティングダクト		X5012J	ヤマギワ

換気扇 凡例

記号	図	名称	型番号	製造
F-1		天井扇	VD-20ZP9	三菱電機
F-2		パイプファン	V-12PALD6	三菱電機
F-3		パイプファン	V-12PFL6	三菱電機
S		レジスター	JSP100H	西邦工業
		ベントキャップ	SXUD-S	西邦工業

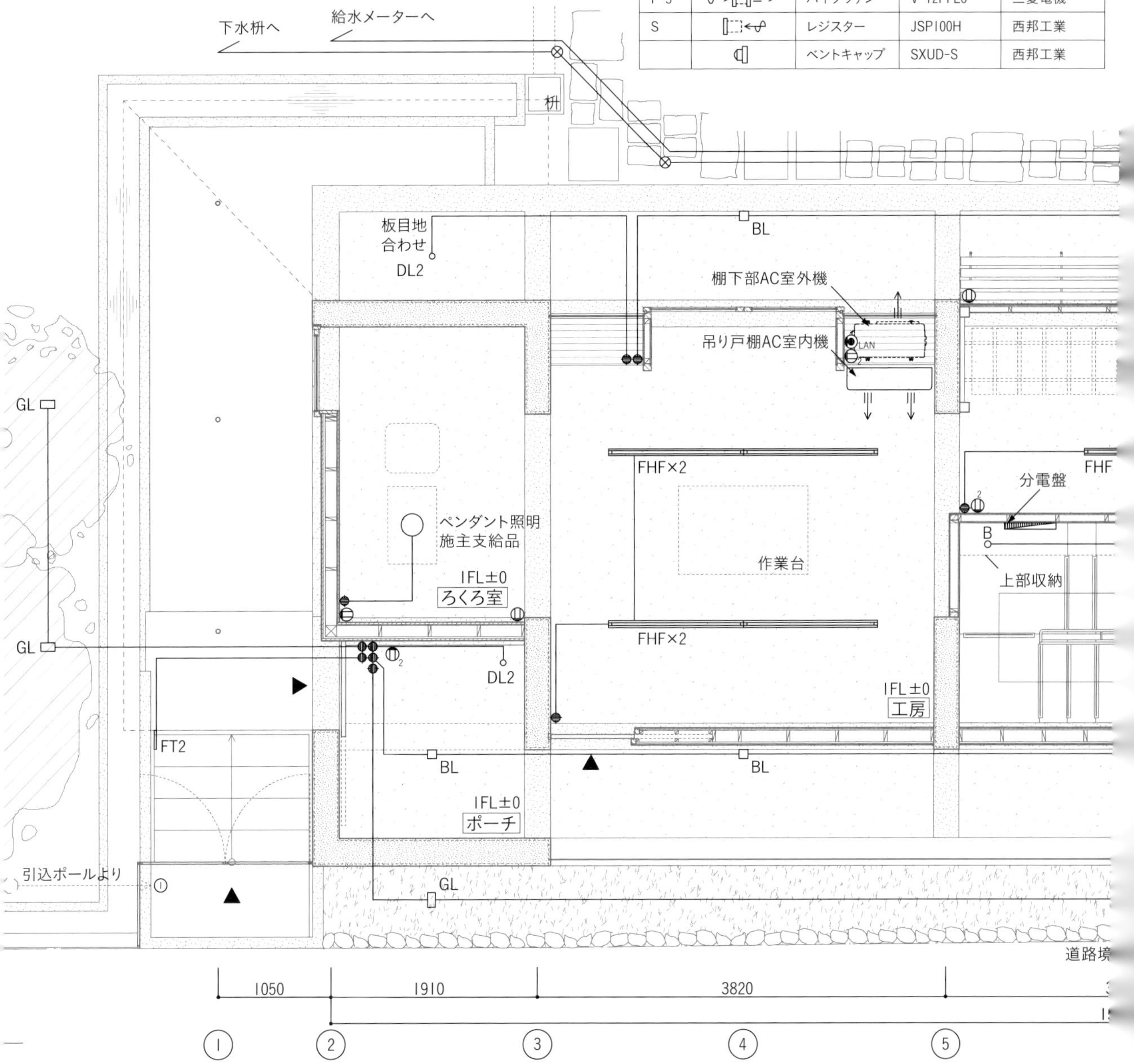

1階設備図 S=1/60

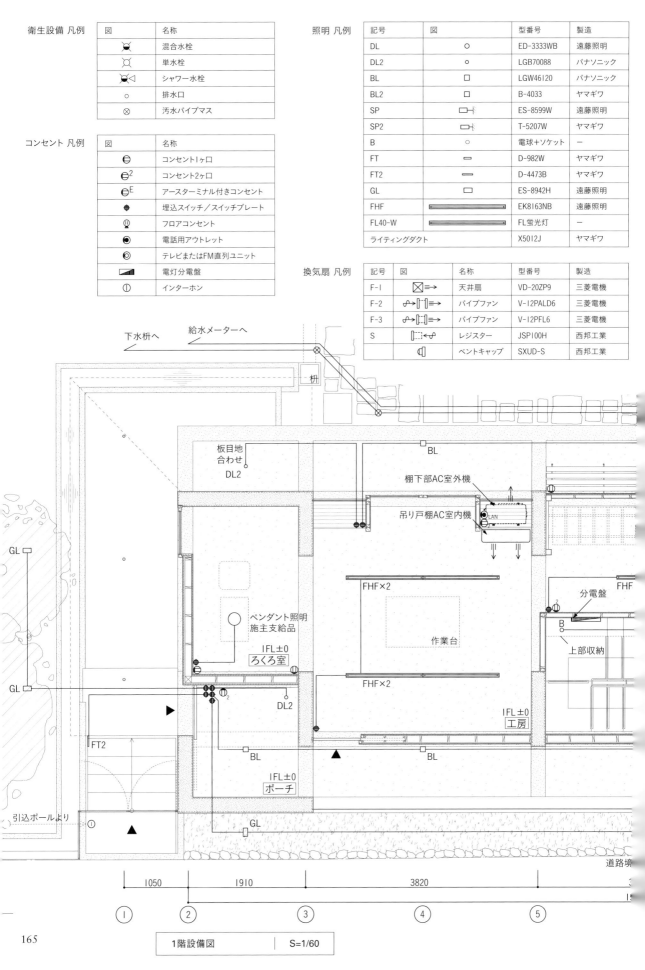

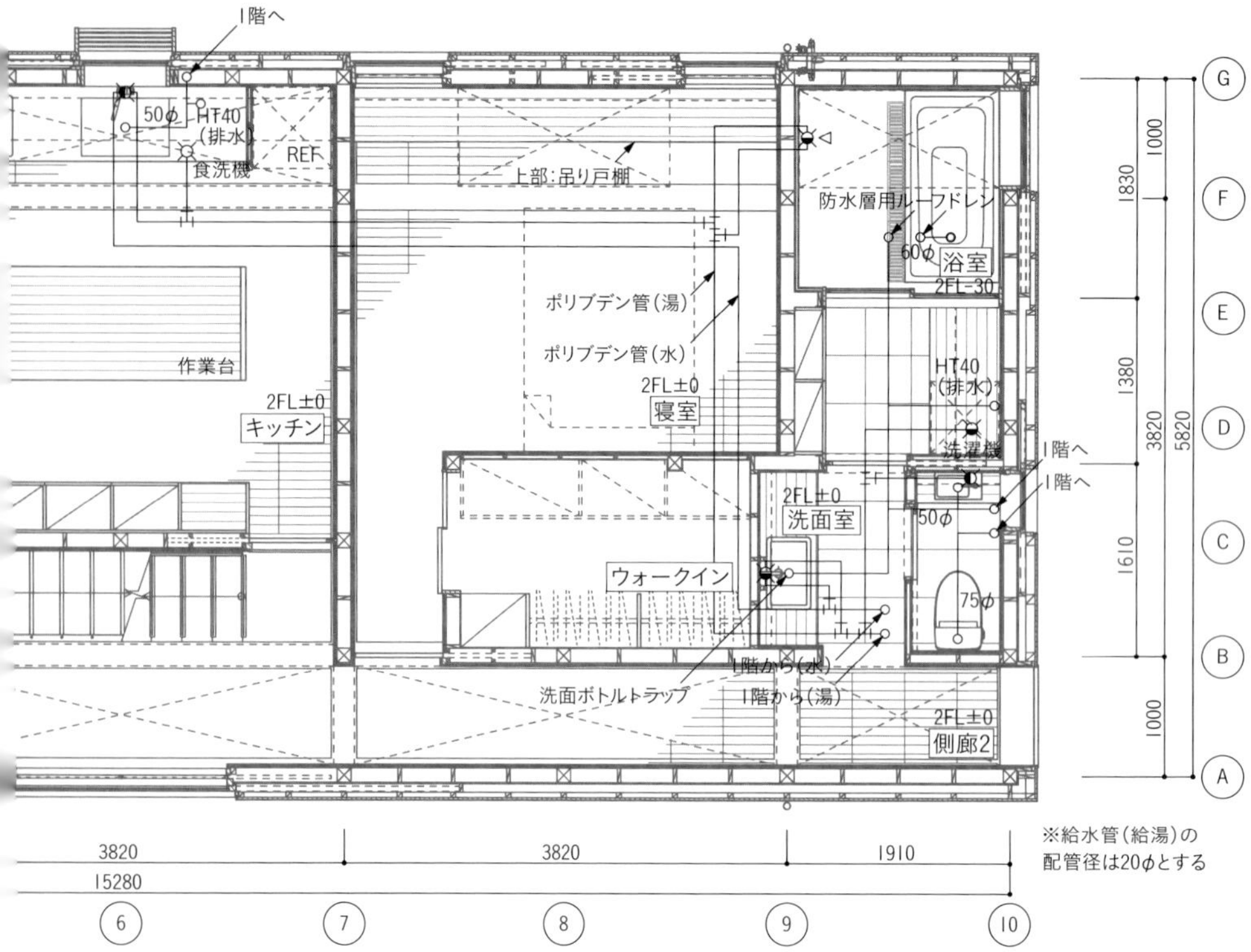

2階配管図　S=1/80

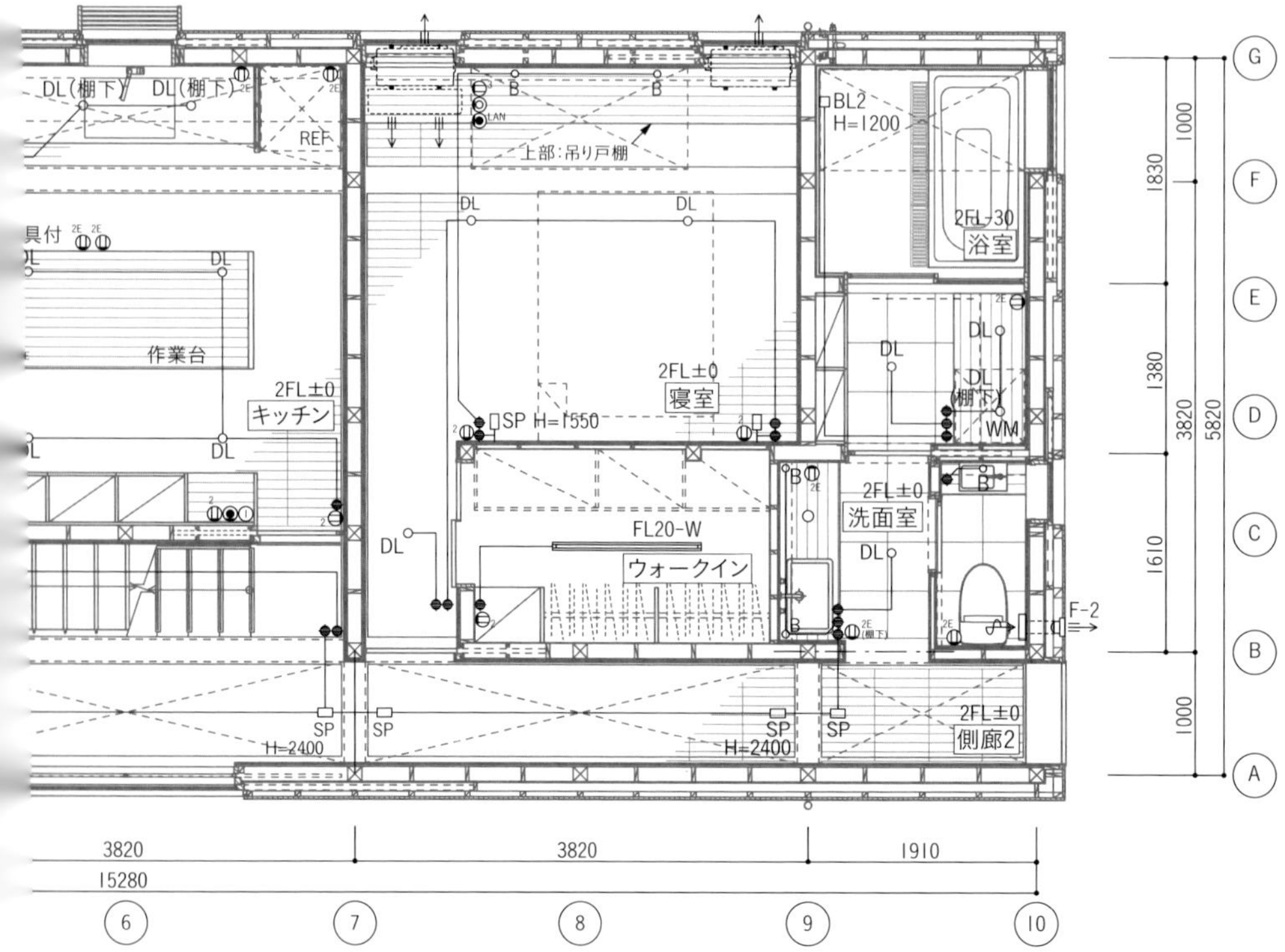

2階電気図　S=1/80

衛生設備 凡例

図	名称
	混合水栓
	単水栓
	シャワー水栓
○	排水口
⊗	汚水パイプマス

コンセント 凡例

図	名称
	コンセント1ヶ口
	コンセント2ヶ口
	アースターミナル付きコンセント
	埋込スイッチ／スイッチプレート
	フロアコンセント
	電話用アウトレット
	テレビまたはFM直列ユニット
	電灯分電盤
	インターホン

照明 凡例

記号		型番号	製造
DL	○	ED-3333WB	遠藤照明
DL2	○	LGB70088	パナソニック
BL	□	LGW46120	パナソニック
BL2	□	B-4033	ヤマギワ
SP		ES-8599W	遠藤照明
SP2		T-5207W	ヤマギワ
B	○	電球＋ソケット	―
FT		D-982W	ヤマギワ
FT2		D-4473B	ヤマギワ
GL	□	ES-8942H	遠藤照明
FHF		EK8163NB	遠藤照明
FL40-W		FL蛍光灯	―
ライティングダクト		X5012J	ヤマギワ

換気扇 凡例

記号		名称	型番号	製造
F-1		天井扇	VD-20ZP9	三菱電機
F-2		パイプファン	V-12PALD6	三菱電機
F-3		パイプファン	V-12PFL6	三菱電機
S		レジスター	JSP100H	西邦工業
		ベントキャップ	SXUD-S	西邦工業

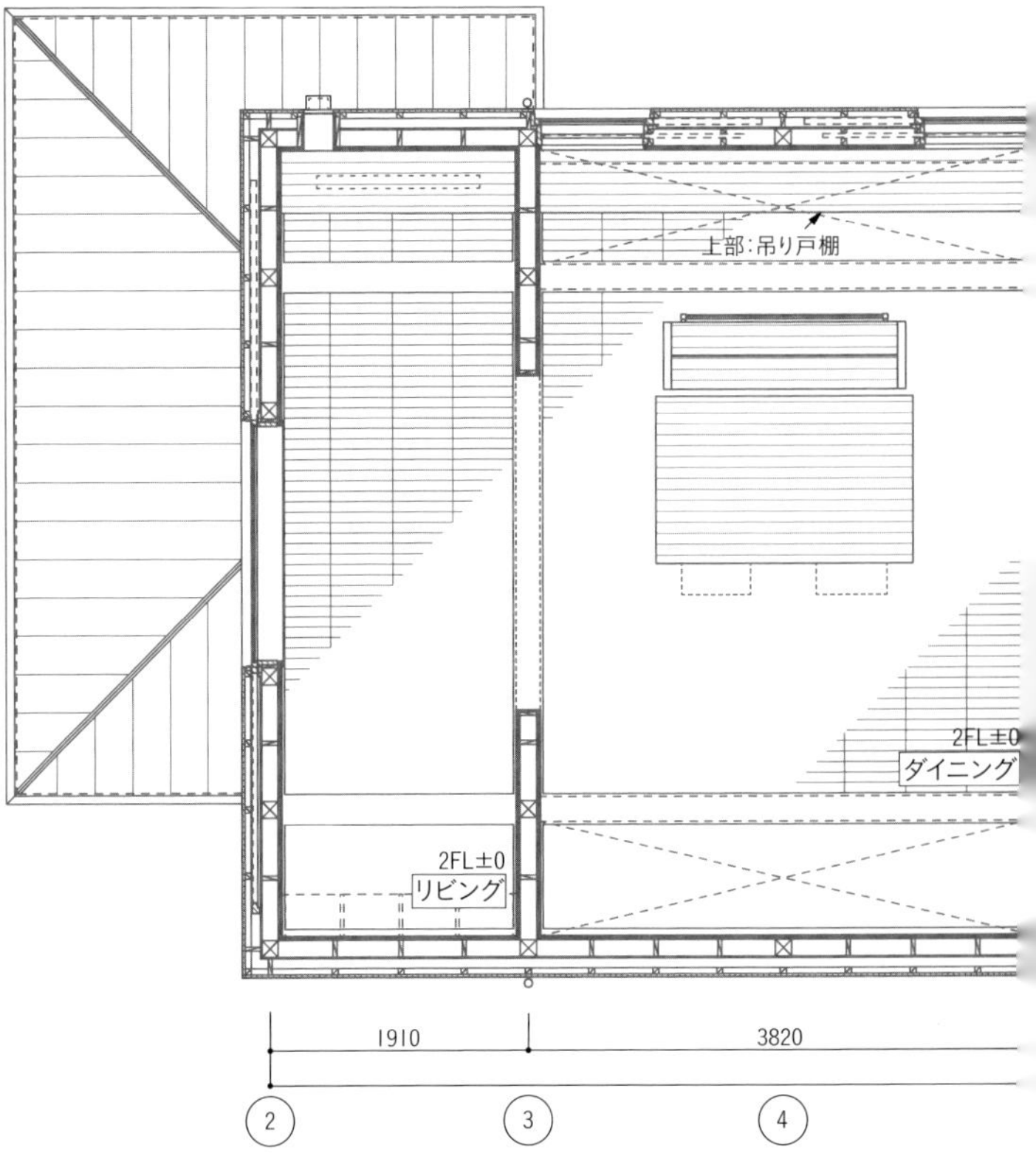

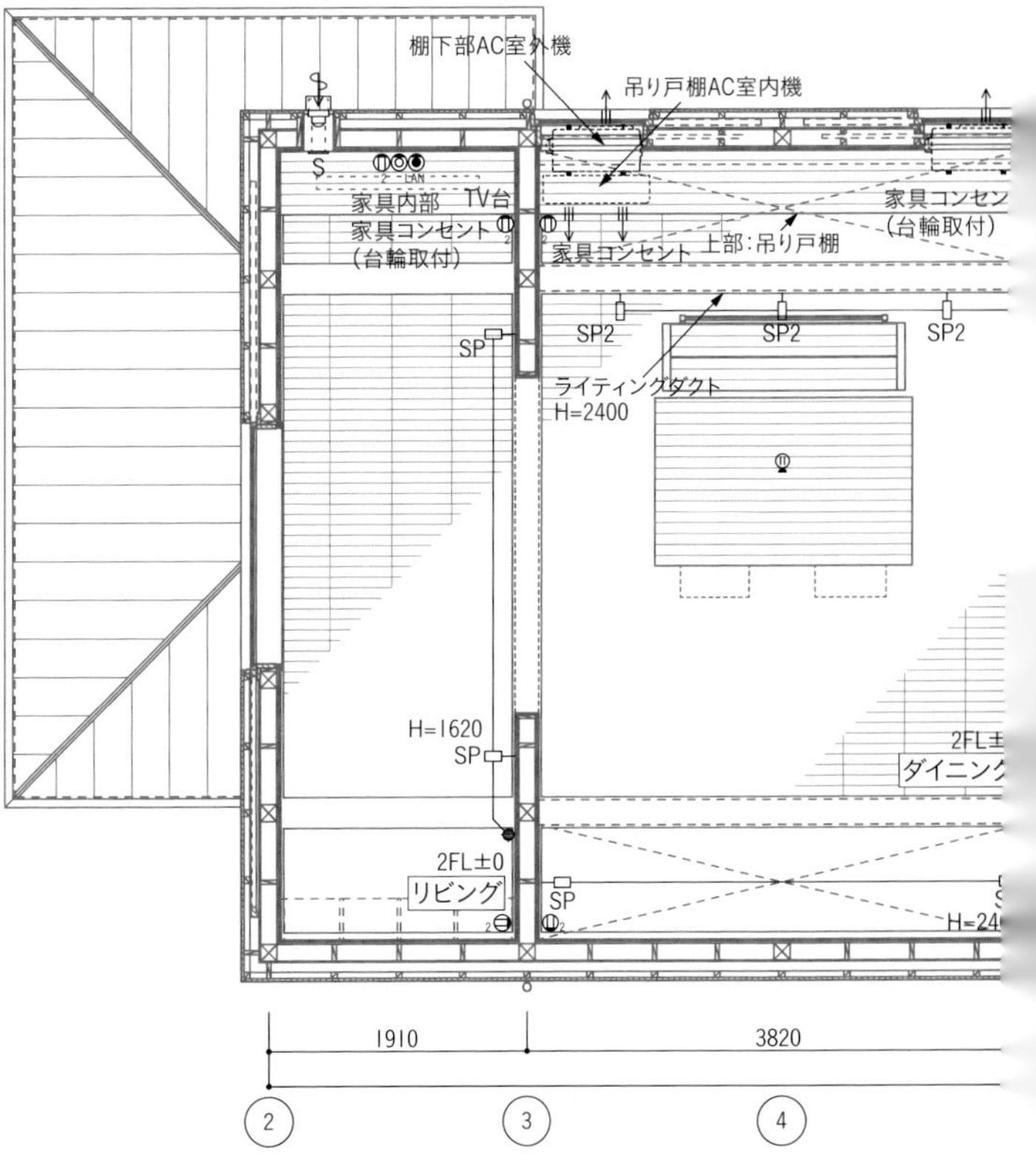

2階設備図	S=1/80

人の動きを考慮した配置

3階の照明は夫人のワークスペースと子供室をゆるやかなヴォールト天井が覆っている。基本的にはこの天井面をスポットライトで照らし、間接照明としている。

スイッチやコンセントは空間の中での人の動きを考慮して配置する。スイッチは床面から1メートルくらい。コンセントは20センチくらいの高さにする。これらの配置如何でせっかくの壁が台無しになることもあるので注意が必要である。ただし、意匠を重視するあまりどこにスイッチがあるのかわからないような配置は論外である。

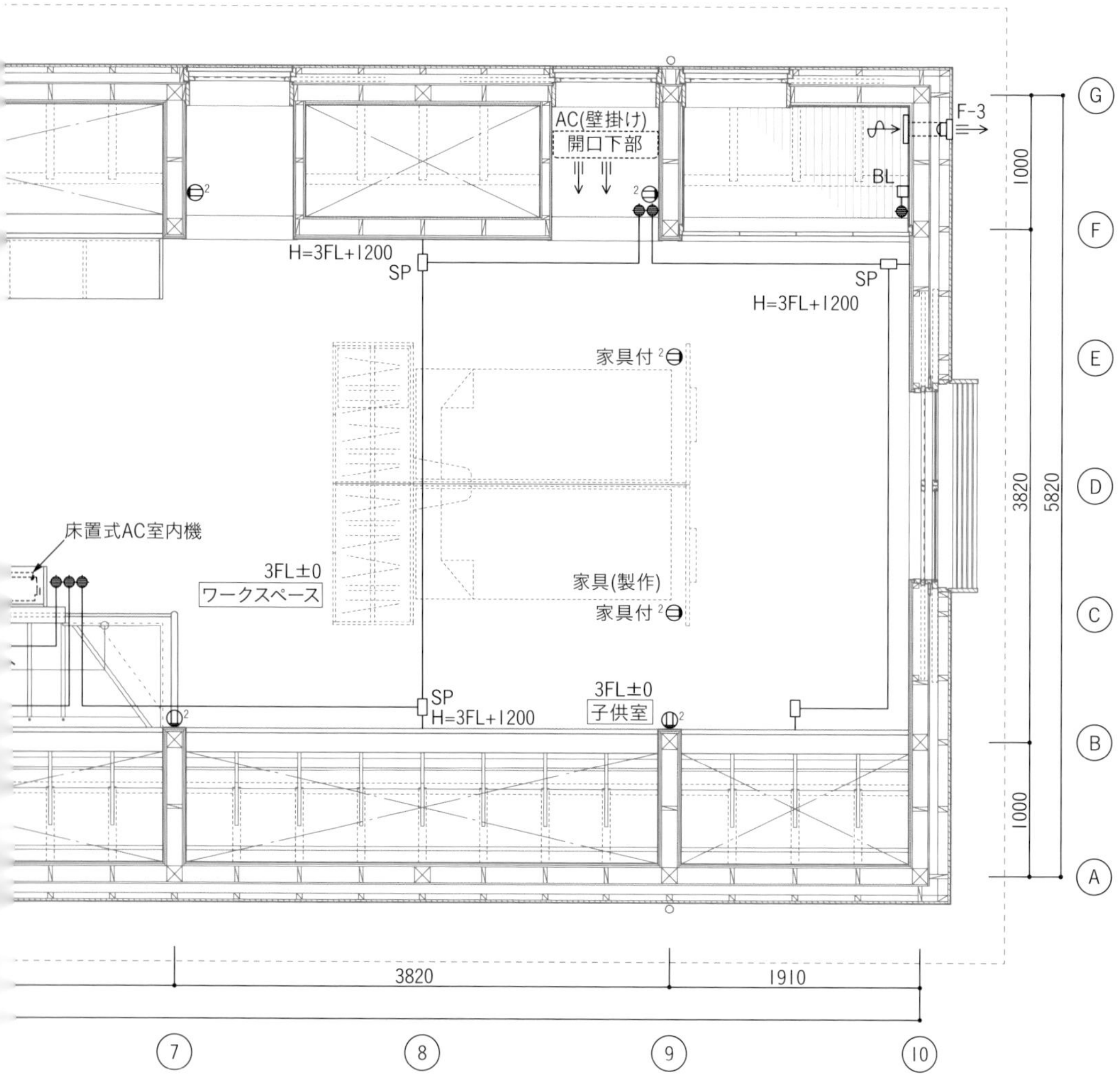

コンセント 凡例

図	名称
	コンセント1ヶ口
	コンセント2ヶ口
	アースターミナル付きコンセント
	埋込スイッチ／スイッチプレート
	フロアコンセント
	電話用アウトレット
	テレビまたはFM直列ユニット
	電灯分電盤
	インターホン

照明 凡例

記号	図	型番号	製造
DL	○	ED-3333WB	遠藤照明
DL2	○	LGB70088	パナソニック
BL	□	LGW46120	パナソニック
BL2	□	B-4033	ヤマギワ
SP		ES-8599W	遠藤照明
SP2		T-5207W	ヤマギワ
B	○	電球＋ソケット	―
FT		D-982W	ヤマギワ
FT2		D-4473B	ヤマギワ
GL		ES-8942H	遠藤照明
FHF		EK8163NB	遠藤照明
FL40-W		FL蛍光灯	―
ライティングダクト		X5012J	ヤマギワ

換気扇 凡例

記号	図	名称	型番号	製造
F-1		天井扇	VD-20ZP9	三菱電機
F-2		パイプファン	V-12PALD6	三菱電機
F-3		パイプファン	V-12PFL6	三菱電機
S		レジスター	JSP100H	西邦工業
		ベントキャップ	SXUD-S	西邦工業

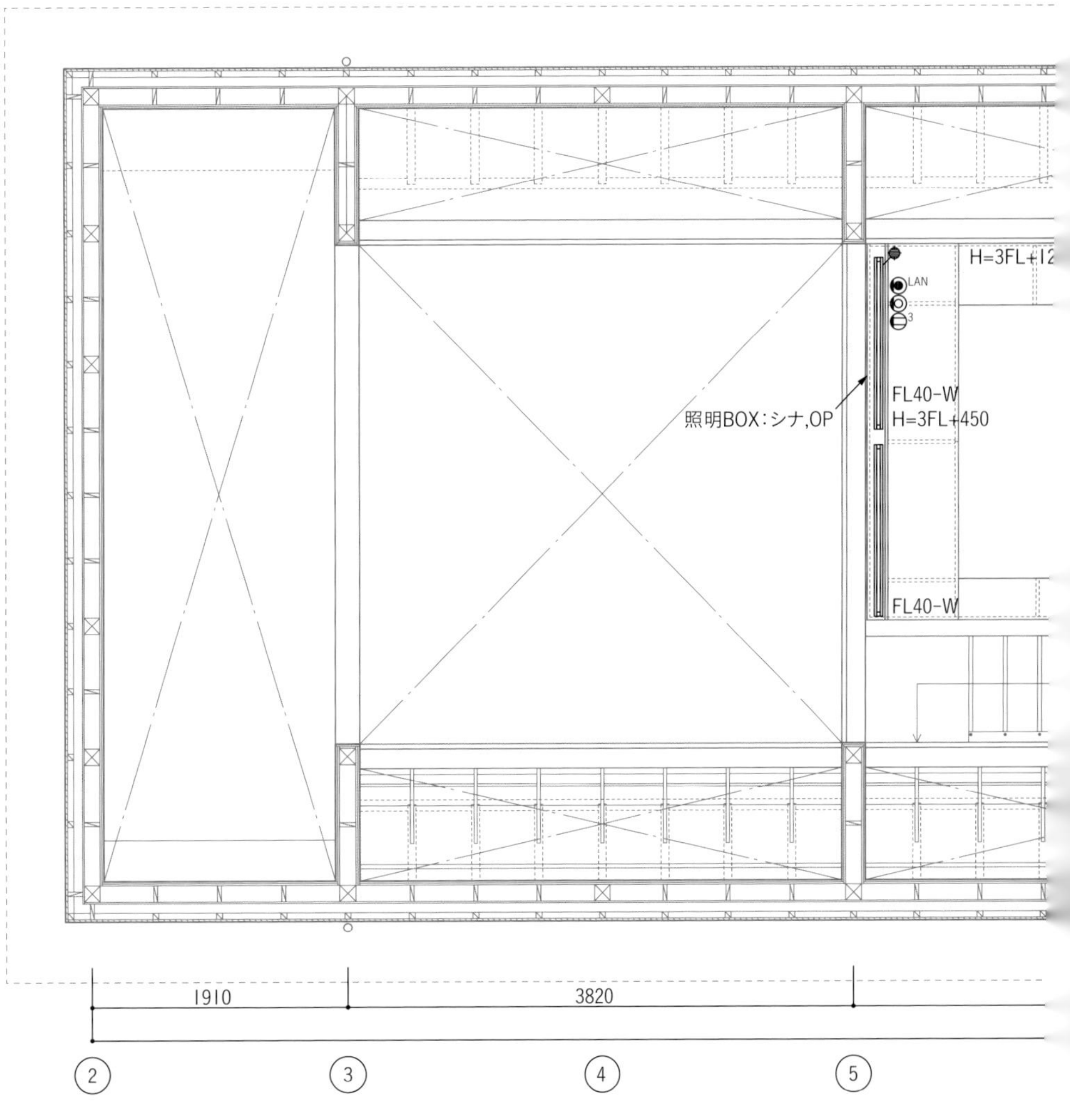

3階設備図 S=1/60

自然と人が集まる軒下空間

東側にある父上の工房との取合となじみをよくするために、同じように土庇を廻した。デザインは要素を絞ったシンプルなものとする一方、強くも弱くもない存在感の中庸なデザインを目指した。

道路面より95センチ下がっているため、庇高さは階段を上がり下がりする人の頭がぶつからないギリギリの高さにしている。軒の深さはスギ材（三層）の構造用合板の寸法から導かれたものである。軒天井の仕上げは耐久性に富んだ材料である堅牢なアピトンを用いた。打放し面を高圧洗浄で洗い出した粗い表情に負けない剛さを期待した。

このような軒下空間があると、なんとなく人々の溜まりとなり、自然と創作の合間に会話をしている光景をよく目にするものだ。

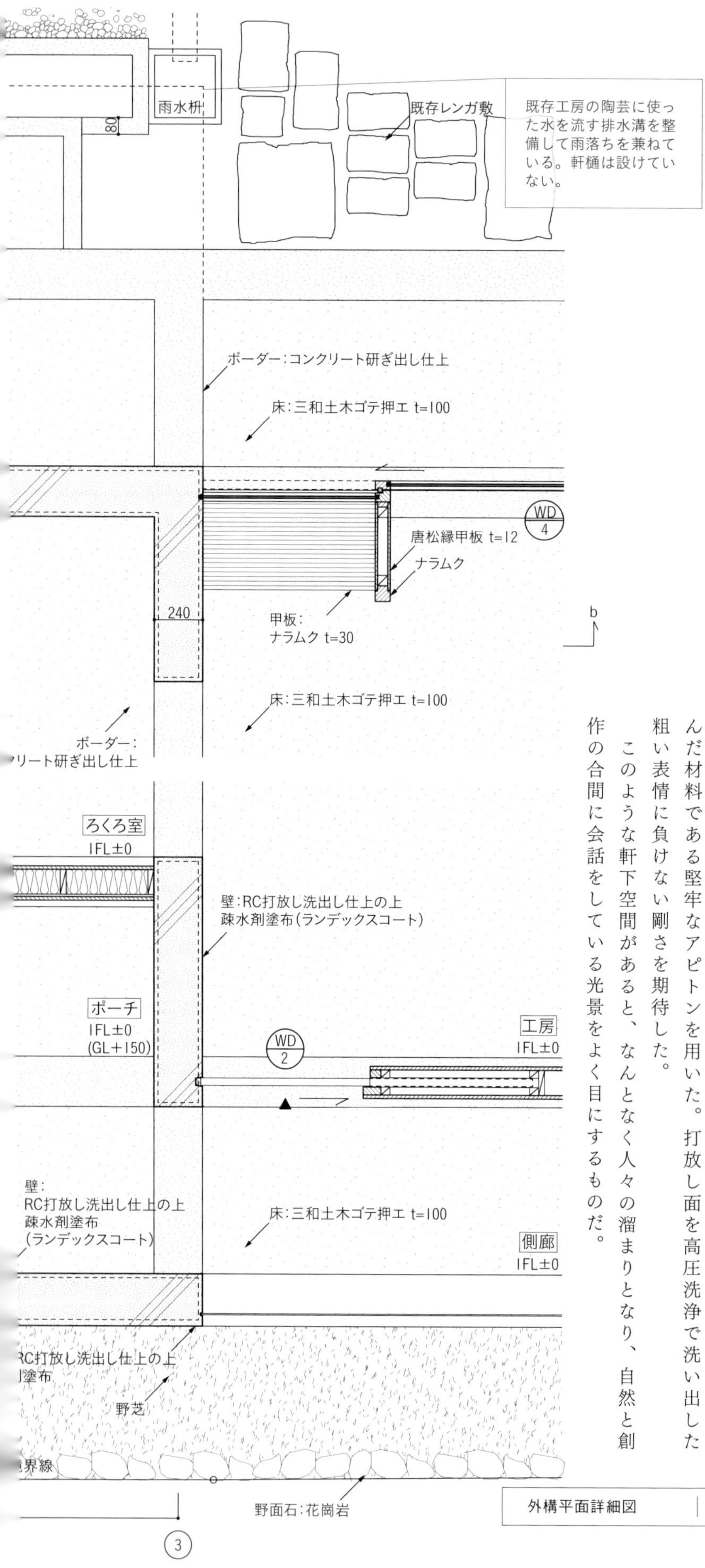

外構平面詳細図　S=1/30

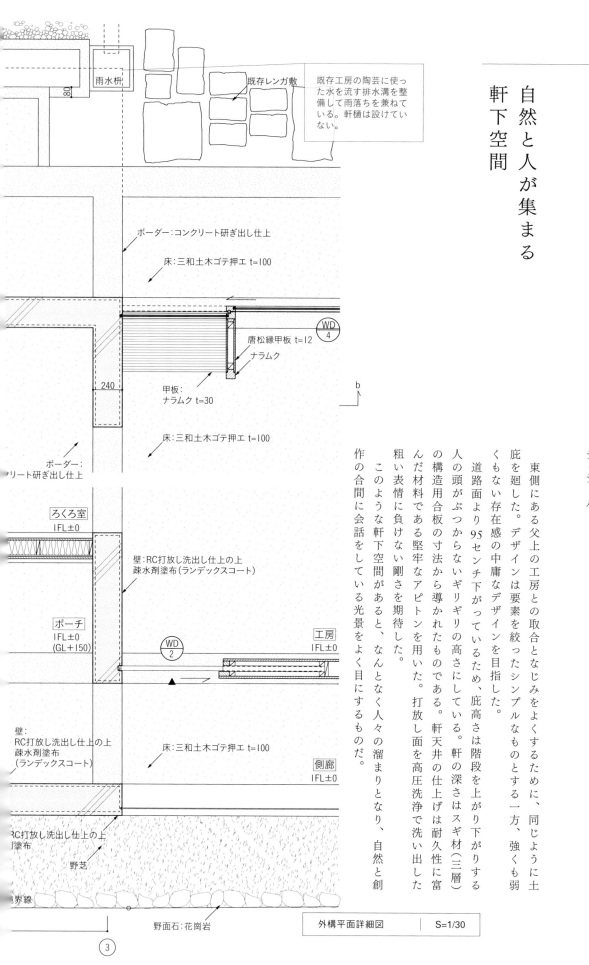

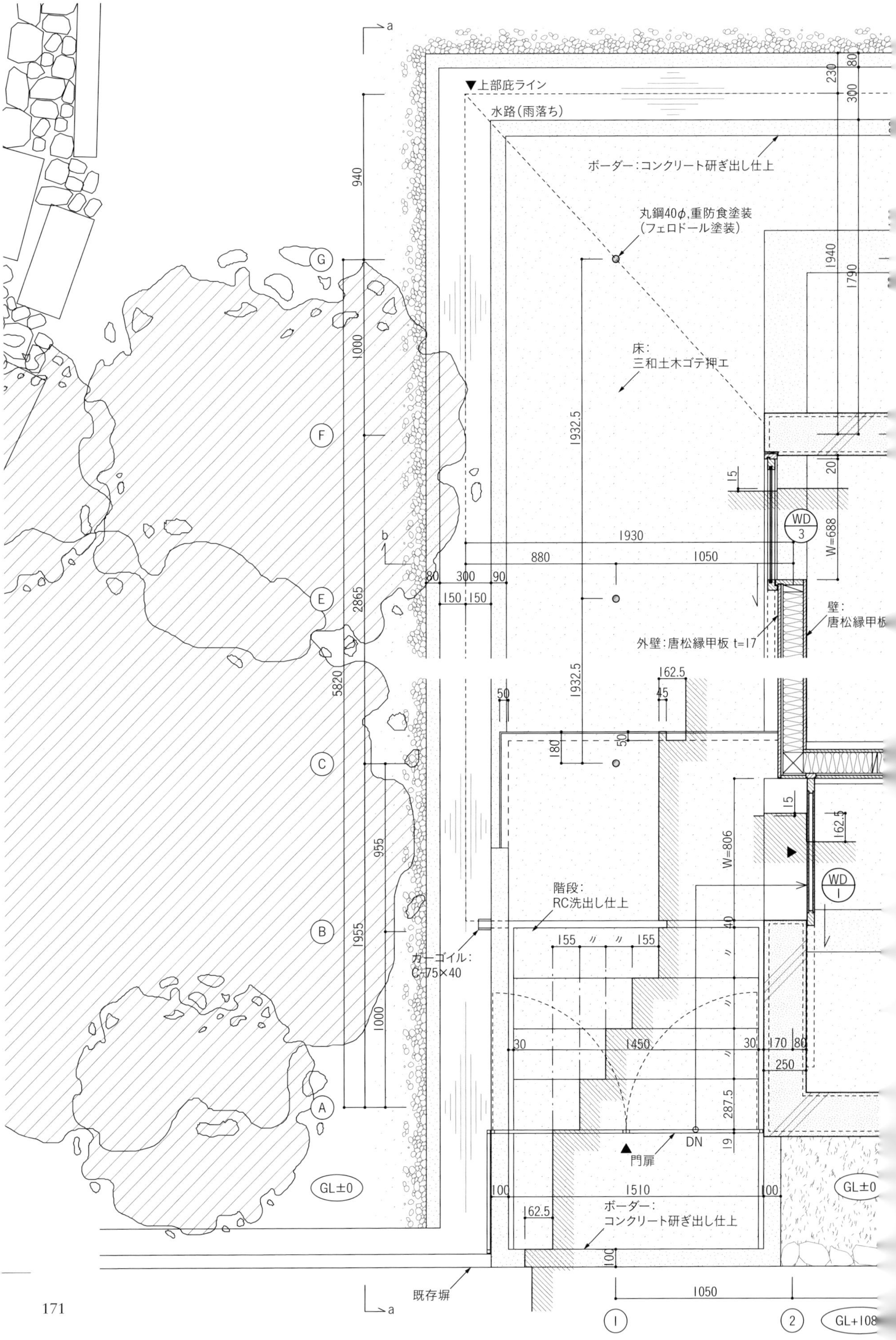
a
▼上部庇ライン
水路(雨落ち)
ボーダー:コンクリート研ぎ出し仕上
丸鋼40φ,重防食塗装
(フェロドール塗装)
床:
三和土木ゴテ押エ
外壁:唐松縁甲板 t=17
壁:
唐松縁甲板
WD
3
W=688
WD
1
W=806
階段:
RC洗出し仕上
ガーゴイル:
C-75×40
門扉
DN
ボーダー:
コンクリート研ぎ出し仕上
既存塀
GL±0
GL±0
GL+108
G
F
E
C
B
A
1
2
940
1000
2865
5820
955
1955
1000
1932.5
1932.5
1930
880
1050
80
300
90
150
150
162.5
45
50
50
180
230
300
80
1940
1790
20
15
15
162.5
40
30
1450
30
170
80
250
287.5
19
100
1510
100
162.5
100
1050
155
155
b

庇は力みのないデザインにする

この庇部分の雨水処理は軒樋を設けていない。既存の工房の陶芸に使った水を流す排水溝を整備して雨落ちを兼ねた。こうした庇は、なるべく力が入っていないデザインが望ましい。軒先は材の小口が露出するところであり、木材の劣化は小口処理の如何にかかっている。ここではステンレスアングルを用い、水切りとした。先端の小口はレーザーカットして角出し処理している。塗装仕上げは柱とともに橋梁などに使われる重防食塗装（フェロドール）である。

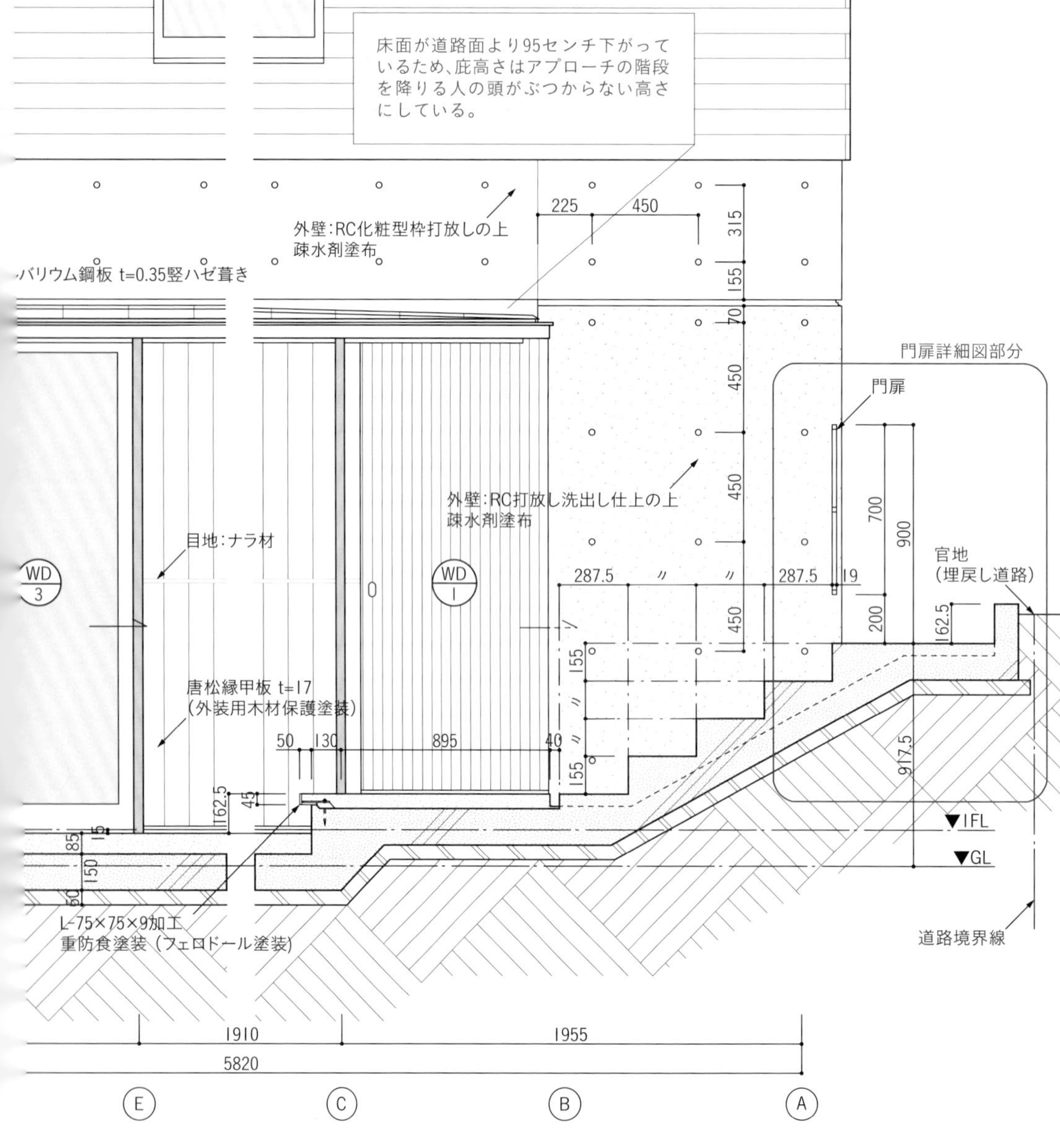

a-a 断面図

外構断面詳細図　S=1/30

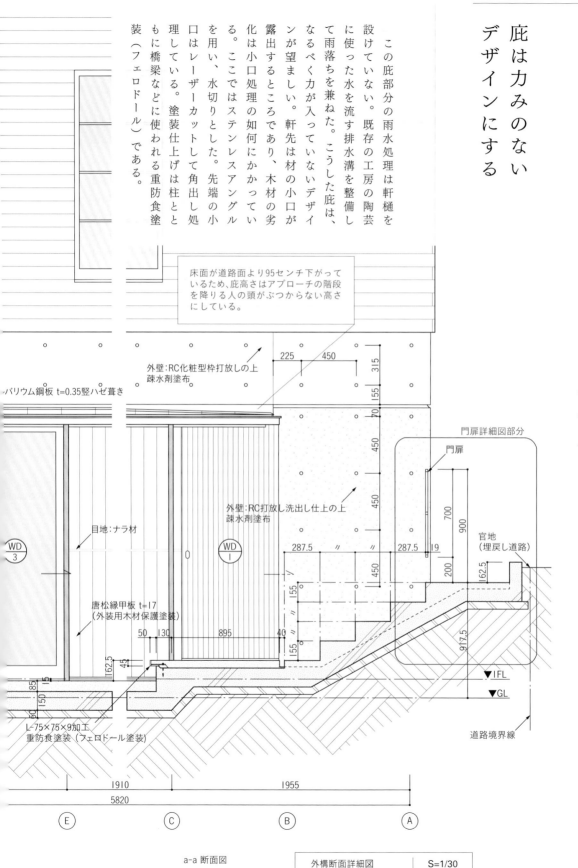

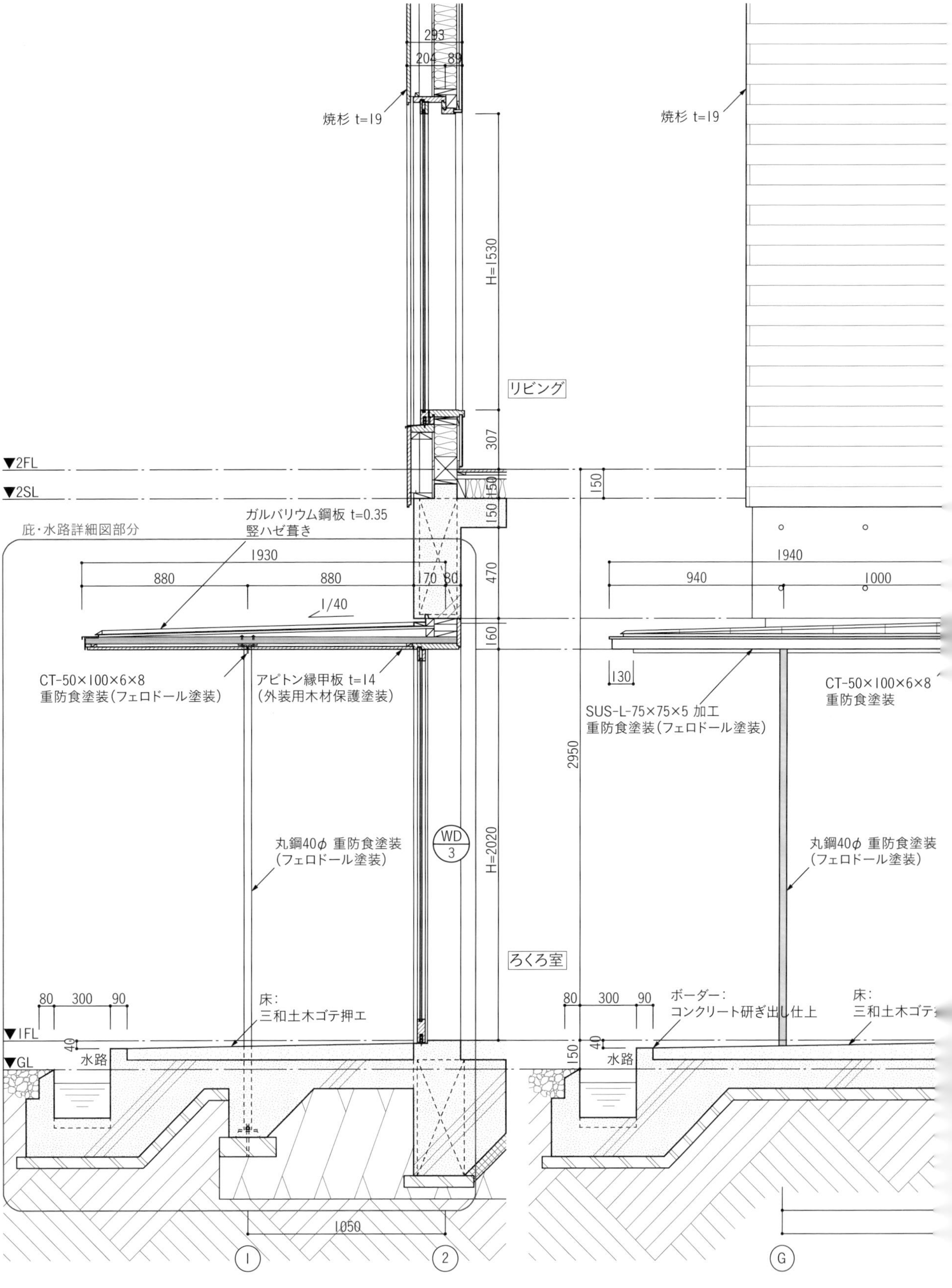
焼杉 t=19
293
204
89
H=1530
リビング
307
▼2FL
▼2SL
150
ガルバリウム鋼板 t=0.35
竪ハゼ葺き
庇・水路詳細図部分
1930
880
170
80
470
1/40
160
CT-50×100×6×8
重防食塗装(フェロドール塗装)
アピトン縁甲板 t=14
(外装用木材保護塗装)
丸鋼40φ 重防食塗装
(フェロドール塗装)
WD
3
H=2020
ろくろ室
300
90
床:
三和土木ゴテ押エ
▼1FL
40
水路
▼GL
1050
1940
940
1000
130
SUS-L-75×75×5 加工
重防食塗装(フェロドール塗装)
2950
重防食塗装
ボーダー:
コンクリート研ぎ出し仕上

b-b 断面図

埋め込み柱脚により細い柱を実現

軒下空間の構造の考え方は、丸鋼40φの柱とCT-50×100の桁によるフレームの上に構造用合板t=35の野地板を直接載せ、野地板としてだけでなく垂木や水平構面要素としての役割ももたせている。構造用合板がRC躯体に接合されることで、屋根レベルにおける水平方向の動きが拘束される。これにより柱は鉛直荷重のみを支持すればよく、さらに埋め込み柱脚にすることで座屈条件が改善され、細い柱を実現している。

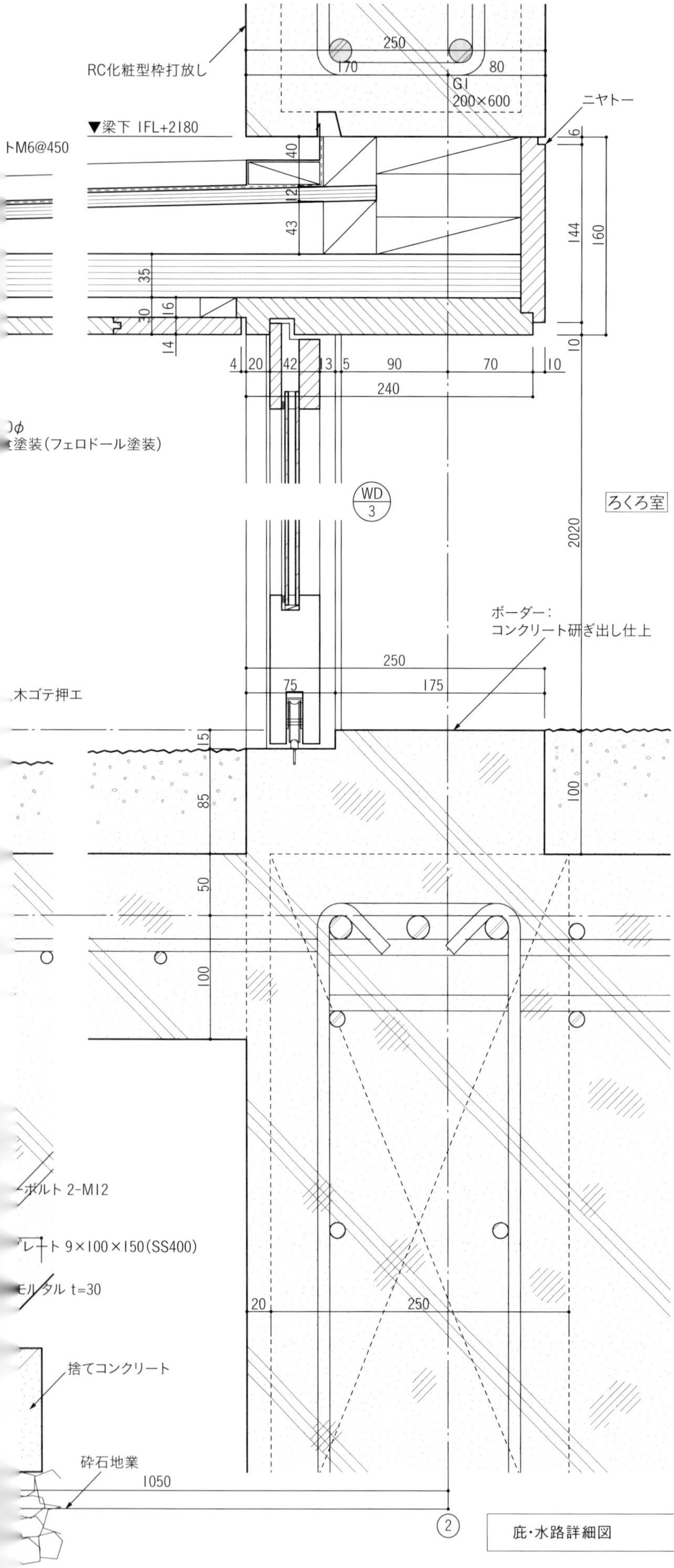

庇・水路詳細図　S=1/5

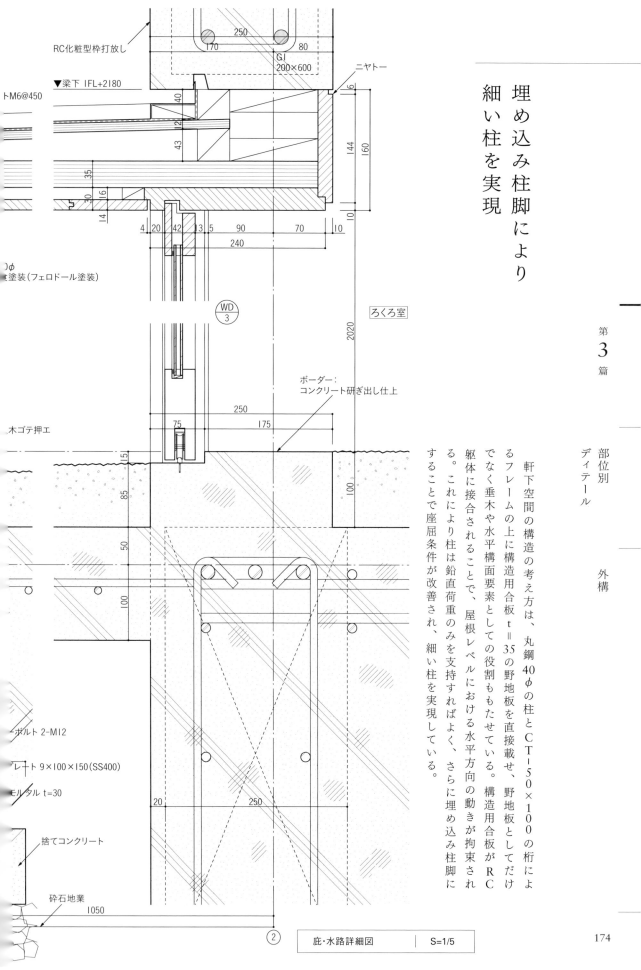

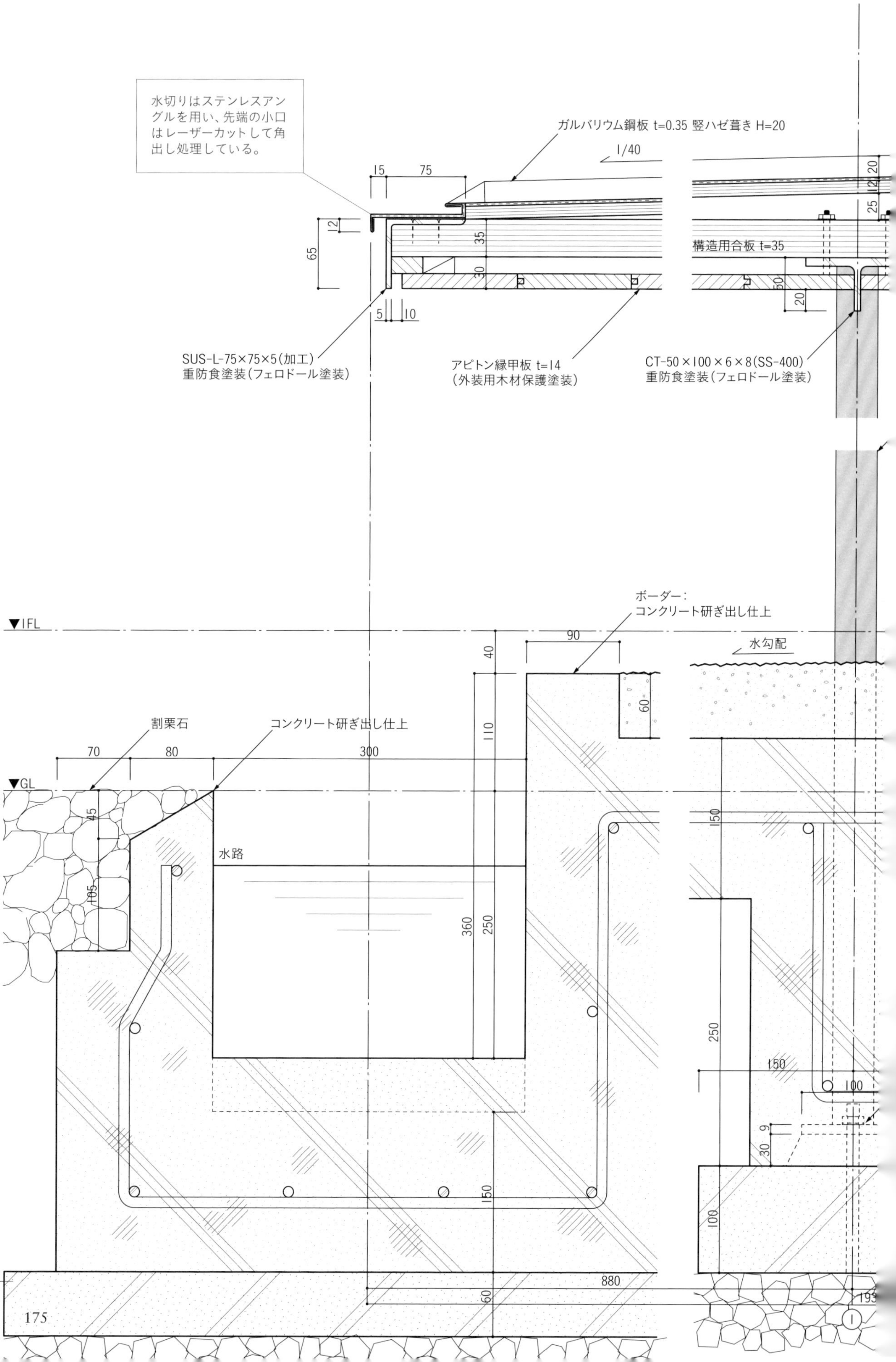
水切りはステンレスアングルを用い、先端の小口はレーザーカットして角出し処理している。
ガルバリウム鋼板 t=0.35 竪ハゼ葺き H=20
1/40
15
75
12
65
35
30
20
12
25
構造用合板 t=35
50
20
5
10
SUS-L-75×75×5(加工)
重防食塗装(フェロドール塗装)
アピトン縁甲板 t=14
(外装用木材保護塗装)
CT-50×100×6×8(SS-400)
重防食塗装(フェロドール塗装)
ボーダー:
コンクリート研ぎ出し仕上
▼1FL
90
40
水勾配
60
110
割栗石
コンクリート研ぎ出し仕上
70
80
300
▼GL
45
105
水路
150
360
250
250
150
100
9
30
150
100
880
60
195
1

角鋼で門扉をつくる

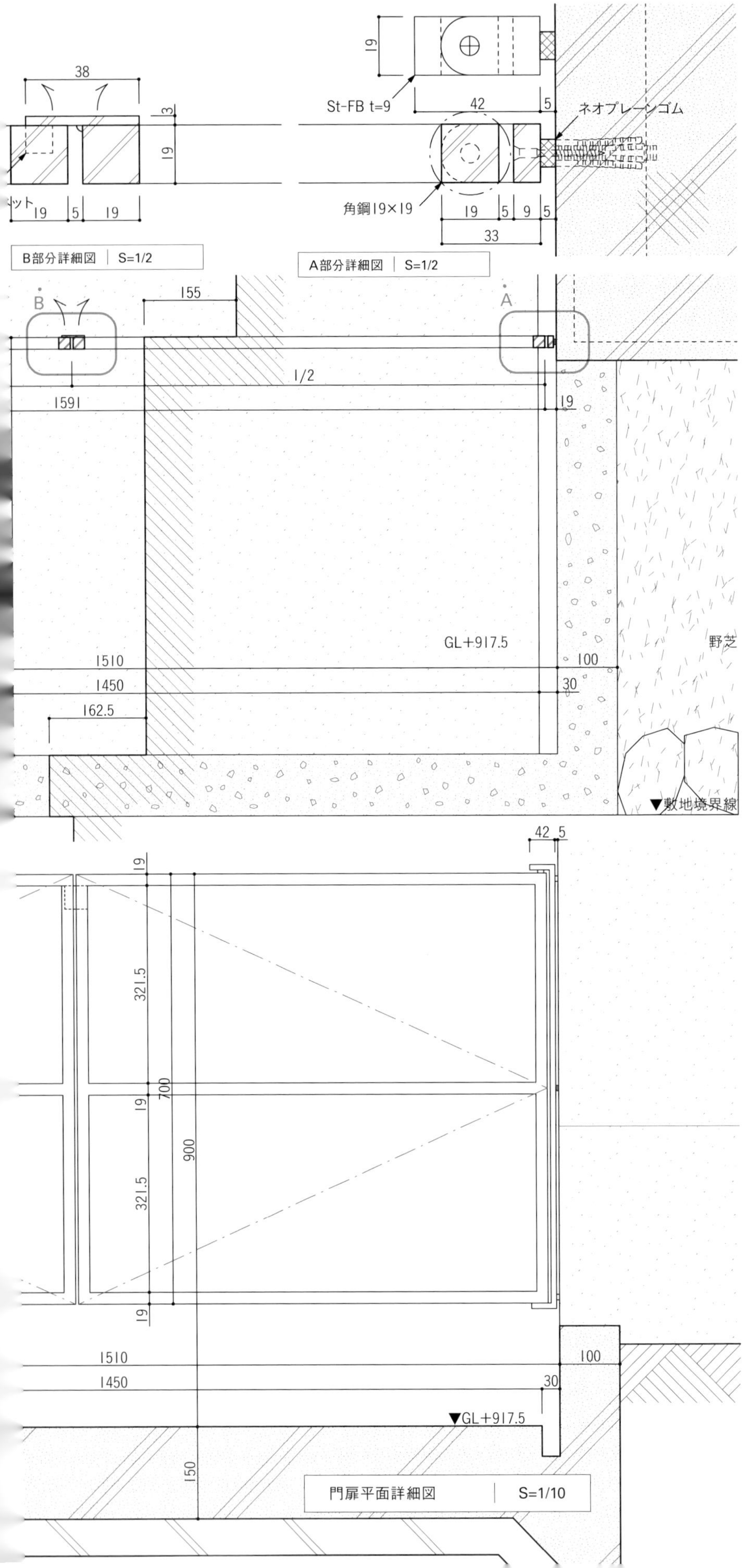

B部分詳細図 S=1/2

A部分詳細図 S=1/2

門扉平面詳細図 S=1/10

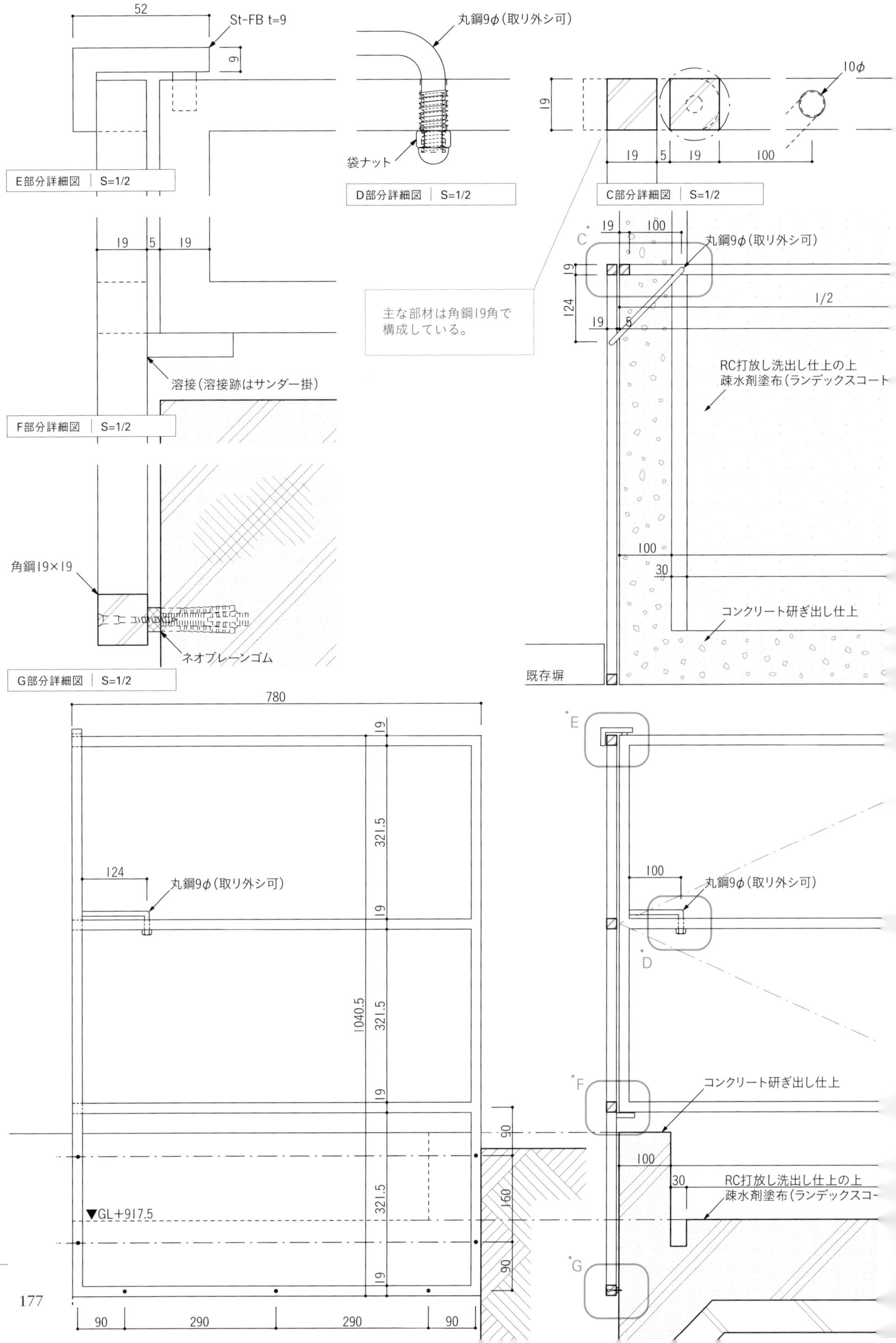
52
St-FB t=9
9
E部分詳細図 | S=1/2
丸鋼9φ(取リ外シ可)
袋ナット
D部分詳細図 | S=1/2
19
19
5
19
100
10φ
C部分詳細図 | S=1/2
19
5
19
溶接(溶接跡はサンダー掛)
F部分詳細図 | S=1/2
角鋼19×19
ネオプレーンゴム
G部分詳細図 | S=1/2
主な部材は角鋼19角で
構成している。
C
19
100
丸鋼9φ(取リ外シ可)
19
124
19
5
1/2
RC打放し洗出し仕上の上
疎水剤塗布(ランデックスコート
100
30
コンクリート研ぎ出し仕上
既存塀
780
19
321.5
124
丸鋼9φ(取リ外シ可)
19
1040.5
321.5
19
90
▼GL+917.5
321.5
160
90
19
90
290
290
90
E
100
丸鋼9φ(取リ外シ可)
D
F
コンクリート研ぎ出し仕上
100
30
RC打放し洗出し仕上の上
疎水剤塗布(ランデックスコー
G

伊部という名の光

西川公朗
（写真家）

手嶋さんの建築では、光は空間を彩る要素ではありません。建築をかたちづくる素材そのものです。

「伊部の家」は、木や石、コンクリート、そして光によって建築がかたちづくられています。あたかも光が建築を支える構造のように感じます。

アトリエの屋根へ注ぐ光は、内に招かれます。リフレクターによって反射され跳ね返った光は拡散します。そして屈折しながら天井を這い、空間の輪郭をなぞり、導かれ、室内に拡がっていきます。

室内で光は踊ります。跳ね返り、空気に触れ、震えたりにじんだりしながら。濃い影の中にもわずかな光がその足元に漂っています。

あまたに注ぎあまたを満たす光。その姿はとても愛しいものです。

手嶋さんの建築は、光がすべての場所、すべての瞬間において個性的で尊いものだと教えてくれます。

このアトリエで創作されるのは備前焼という名の焼き物です。備前焼はその場所の土によってつくられています。同じように、このアトリエもまた、この場所を満たす光によってかたちづくられているのでしょう。手嶋さんのつくり出す空間は、名もなき光を特別なものにします。

アトリエを満たす光、その光には「伊部」という名が与えられました。

コンクリート洗出しの表情

WDI 枠廻り土庇天井との取合

WDI 枠廻り下枠廻り

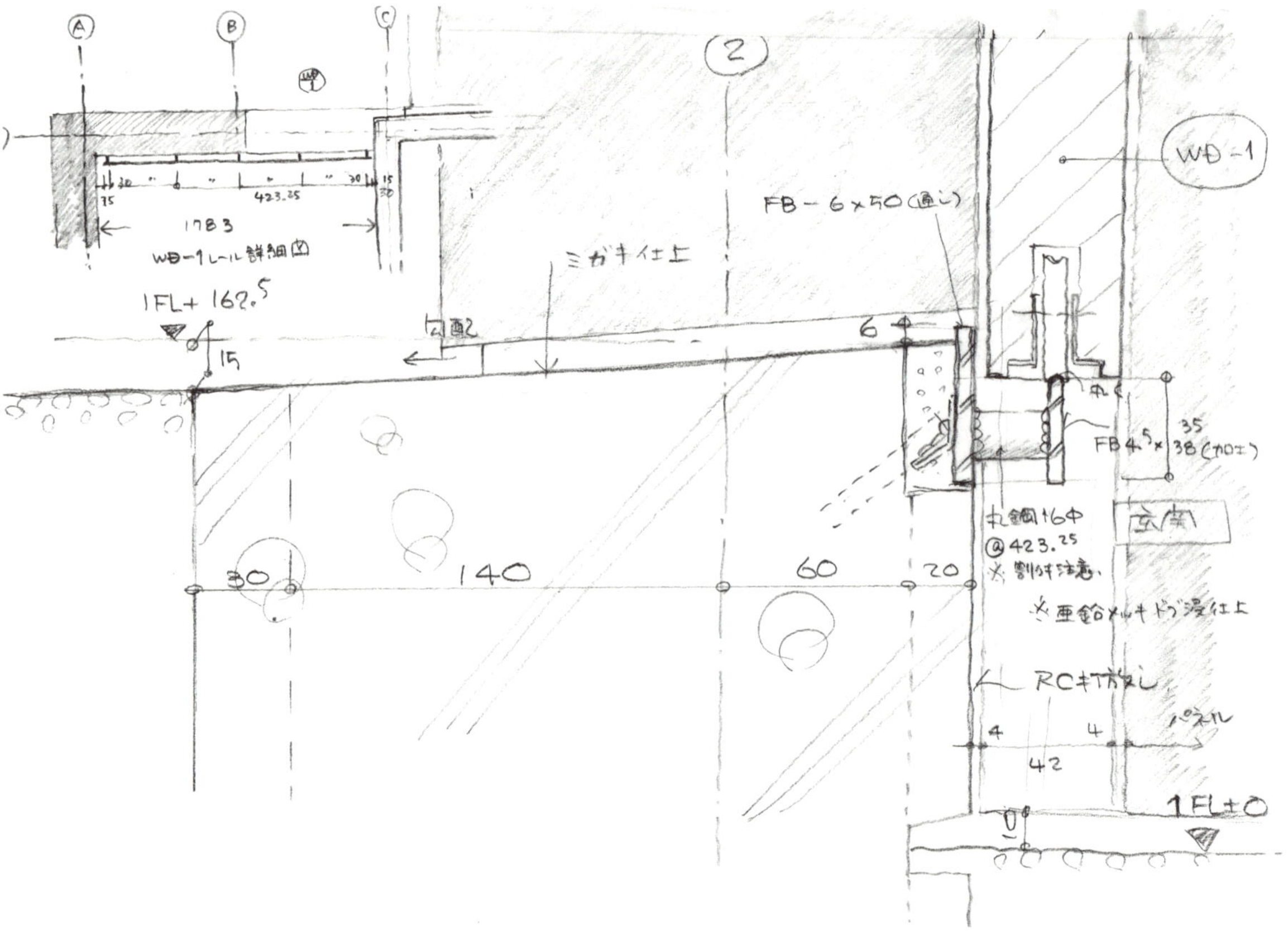

WDI 枠廻り下枠廻りのスケッチ

WDI 枠廻りディテール

工房棚と RC 壁との取合

RC 壁に象嵌された木枠

側廊の洗出しの壁と板壁

WD6 と洗出し壁との取合

側廊より住宅玄関戸（WD9）を開けた様子

WD12 の棚ダボを使用したガイド

WW1 開口部。花台越しに外を見る

WW8 ガラス戸と網戸の連結している様子

WW3 開口部廻りディテール

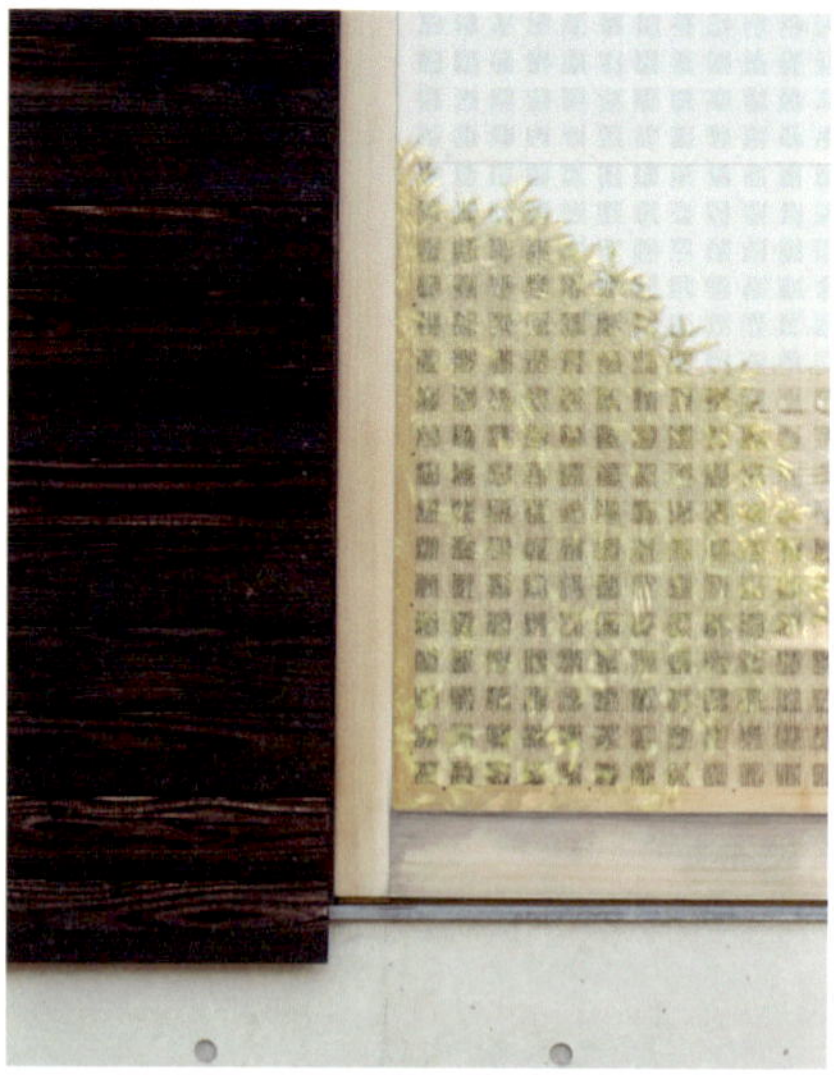

WDIIの枠廻りディテール

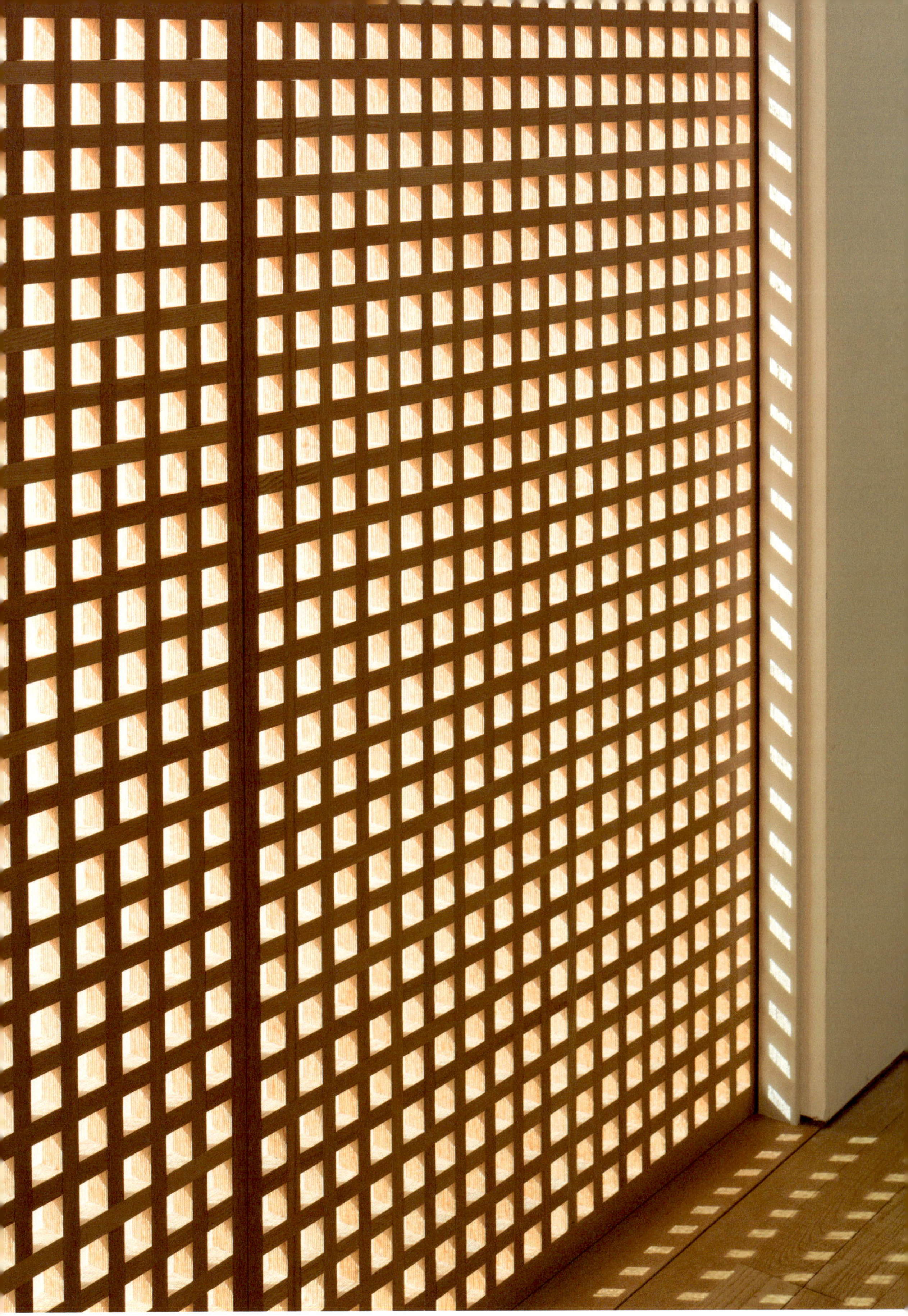

WNIのディテール。西日が差し込む様子

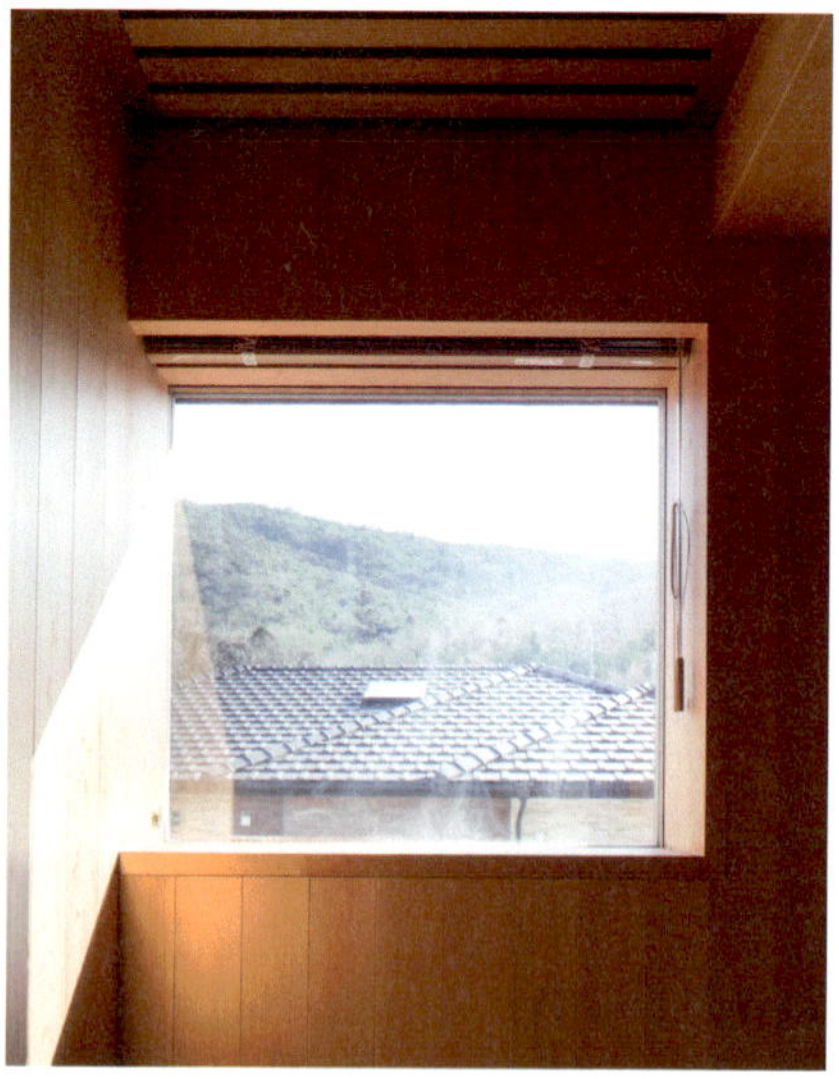

WW7 開口部。戸袋に引き込まれるところ

WW8 開口部。手元が明るくなる

WW9 開口部。3 階より南側の山を眺める

東側（3階子供室）に設けられた通風口（WW追加）。網戸が壁に引込みになっている

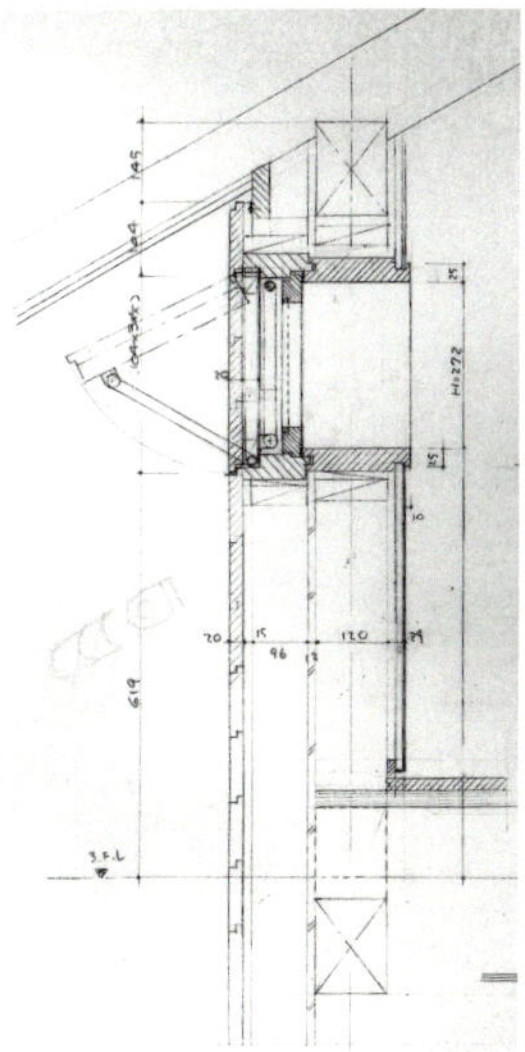

WW追加の断面スケッチ

WW9の開口部外観。花台が足がかりになる

WW9。花台を固定する関係で引込み網戸を内側に設けた

2 階鉄骨階段の段裏を見る

4

枠廻り詳細図

日本における「窓」の起源は、柱と柱の間にできた空隙をふさぐものであった。このように、窓（間戸）は必然的に単に換気（通風）のみでなく、採光（自然光の採り入れ）や眺望（周囲の状況を見渡す）、境界の調整機能〜外部（近隣）との関係、外部との交感機能にかかわっている。求められる機能は単純であるが、通風一つとっても、網戸を設けて虫の侵入を防がねばならないし、晴れた日のことばかりではなく、暴風雨の日のことも考えなければならない。ゆえに、「窓」は建築の最も重要な部分の一つといえる。

「伊部の家」では昨今珍しく、すべて木製建具の製作であったが、外廻りの建具はすべて柱から外に追い出されており、基本的にはガラス戸や網戸は外壁面に戸袋を付けることなく、多少外壁をふかし、柱と外壁との間に納めている。

枠廻りは原寸図を手描きしてみると、板金の曲がりの長さや勾配で水のキレの善し悪しや、金物や機密材などの取合がよくわかる。それらは単に見え掛かりのデザインのみならず、耐久性やコストと重要な関係がある。そして、思い描いた空間に手応えを感じることができる。細かな図面による指示は、何より「空間の質」を吟味しているのである。これらの枠廻り詳細図は工事の進捗に合わせて描いているが、現場監督や大工などの職方の理解も早く、意見を聞いて直すこともある。

※建具符号は原図のままとした。
WD：木製戸
WW：木製窓
WN：木製網戸

内開きの玄関戸は水勾配に気を付ける

アプローチからポーチ（側廊）に入るときの玄関戸である。内側に引き込むため、下框にあたる部分に水勾配をとった。レールをスチールFBにて製作した。

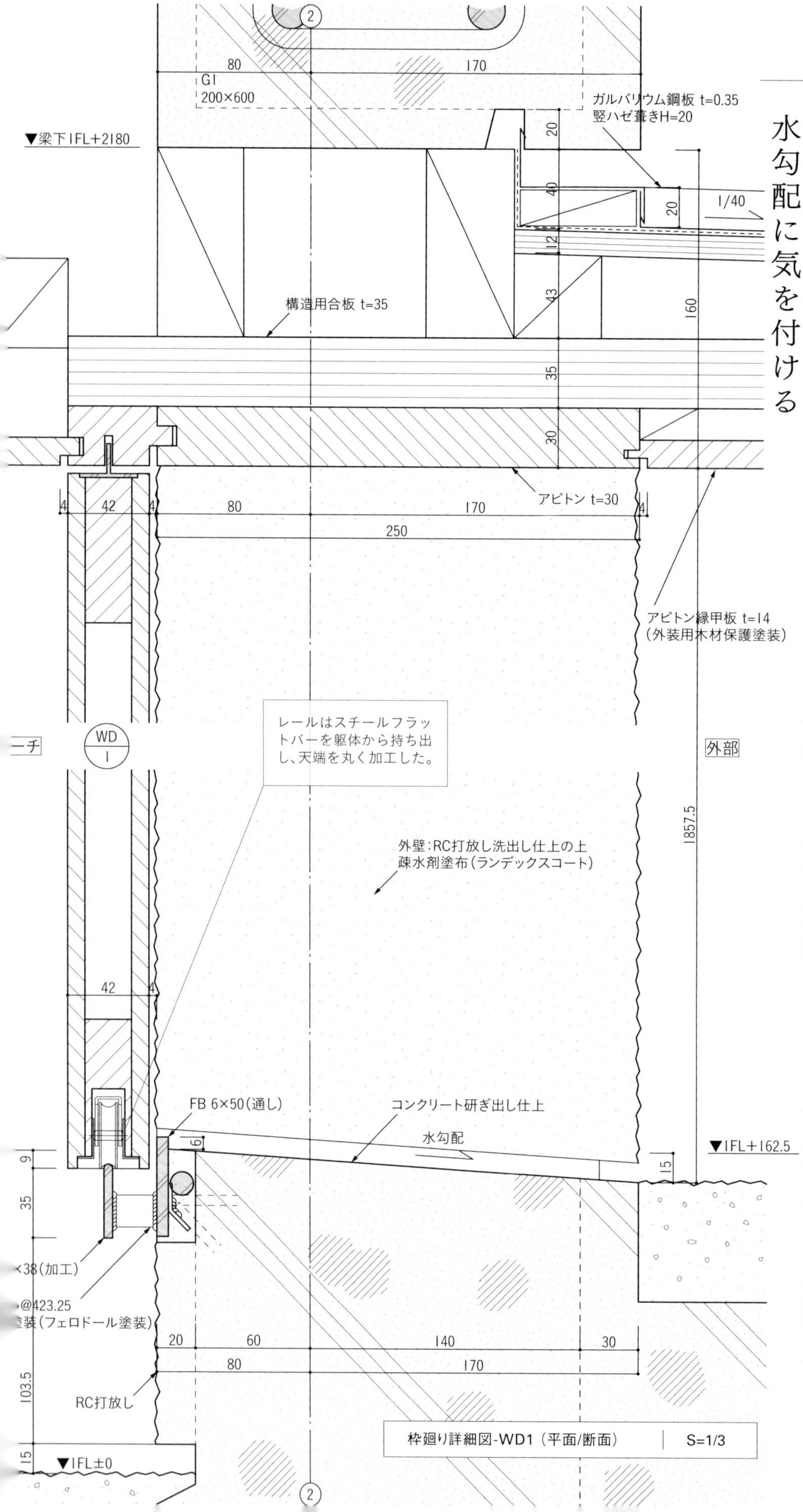

枠廻り詳細図-WD1（平面/断面） S=1/3

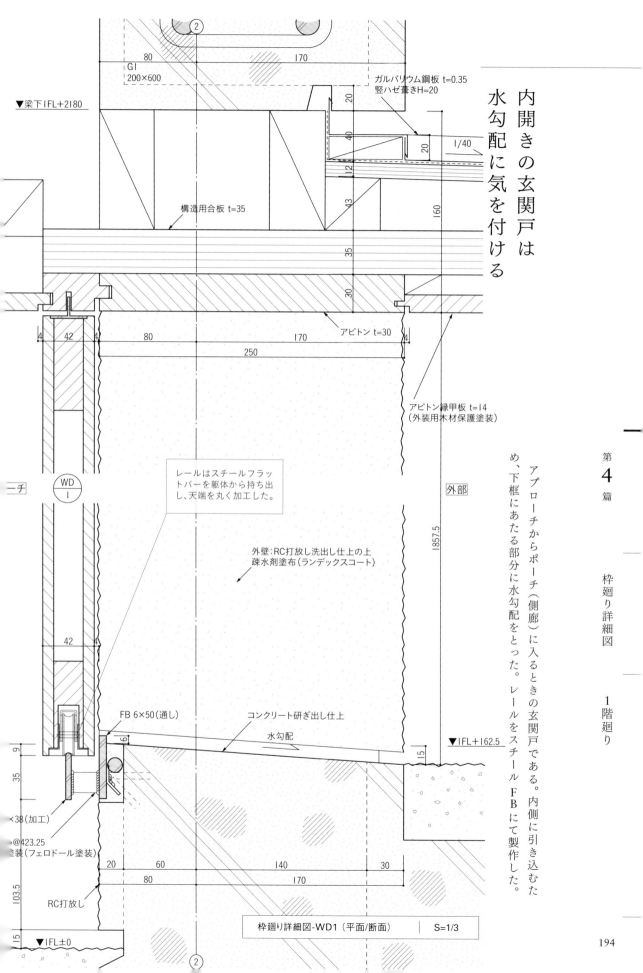

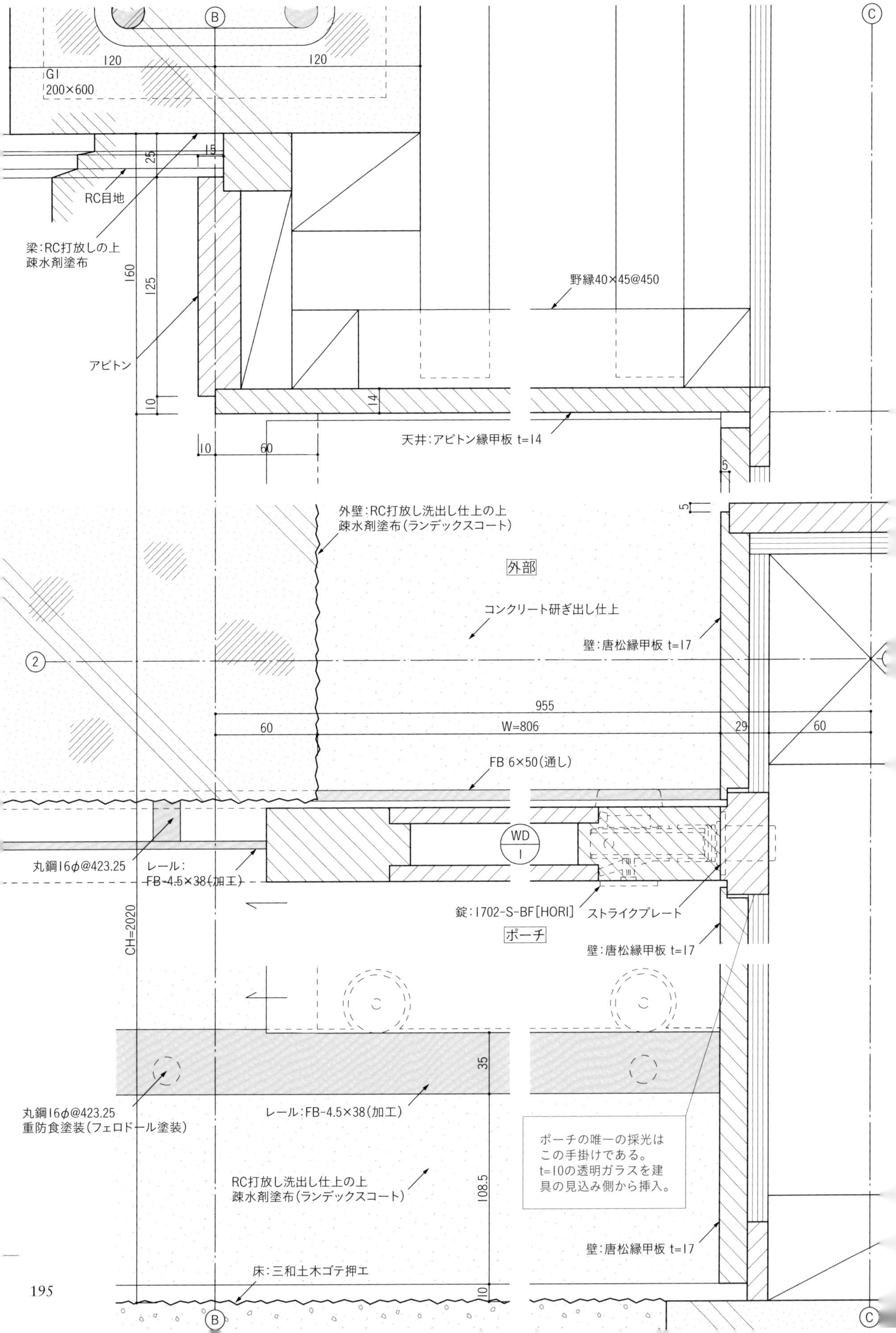

B
C
120
120
G1
200×600
15
25
RC目地
梁:RC打放しの上
疎水剤塗布
160
125
アピトン
10
野縁40×45@450
14
天井:アピトン縁甲板 t=14
10
60
5
外壁:RC打放し洗出し仕上の上
疎水剤塗布(ランデックスコート)
外部
コンクリート研ぎ出し仕上
壁:唐松縁甲板 t=17
2
955
60
W=806
29
60
FB 6×50(通し)
WD
1
丸鋼16φ@423.25
レール:
FB-4.5×38(加工)
錠:1702-S-BF[HORI]
ストライクプレート
ポーチ
壁:唐松縁甲板 t=17
CH=2020
35
丸鋼16φ@423.25
重防食塗装(フェロドール塗装)
レール:FB-4.5×38(加工)
ポーチの唯一の採光は
この手掛けである。
t=10の透明ガラスを建
具の見込み側から挿入。
RC打放し洗出し仕上の上
疎水剤塗布(ランデックスコート)
108.5
壁:唐松縁甲板 t=17
床:三和土木ゴテ押エ
10

躯体に木枠を埋め込み、洗練させる

内部のコンクリート打放し部分に設けた建具である。木枠を躯体に象嵌されたように埋め込みとした。床のレールは甲丸プラントレールとしている。

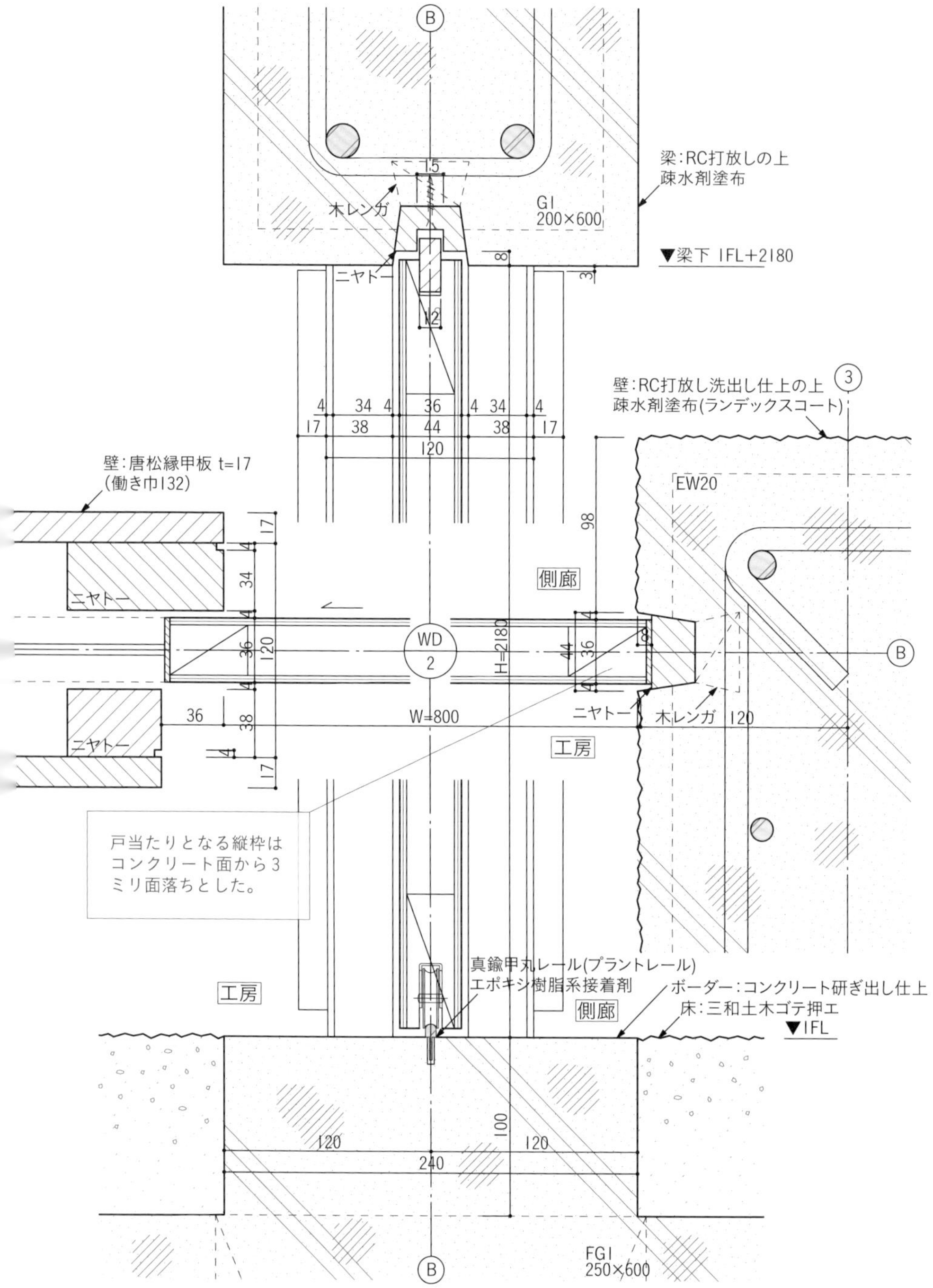

枠廻り詳細図-WD2（平断面） S=1/4

気密を考慮した掃き出し窓

工房の中のろくろ室に設けられた掃き出し窓。片引きとしてエアタイトを考慮している。戸尻にはピンチブロックなどの気密材を設けている。

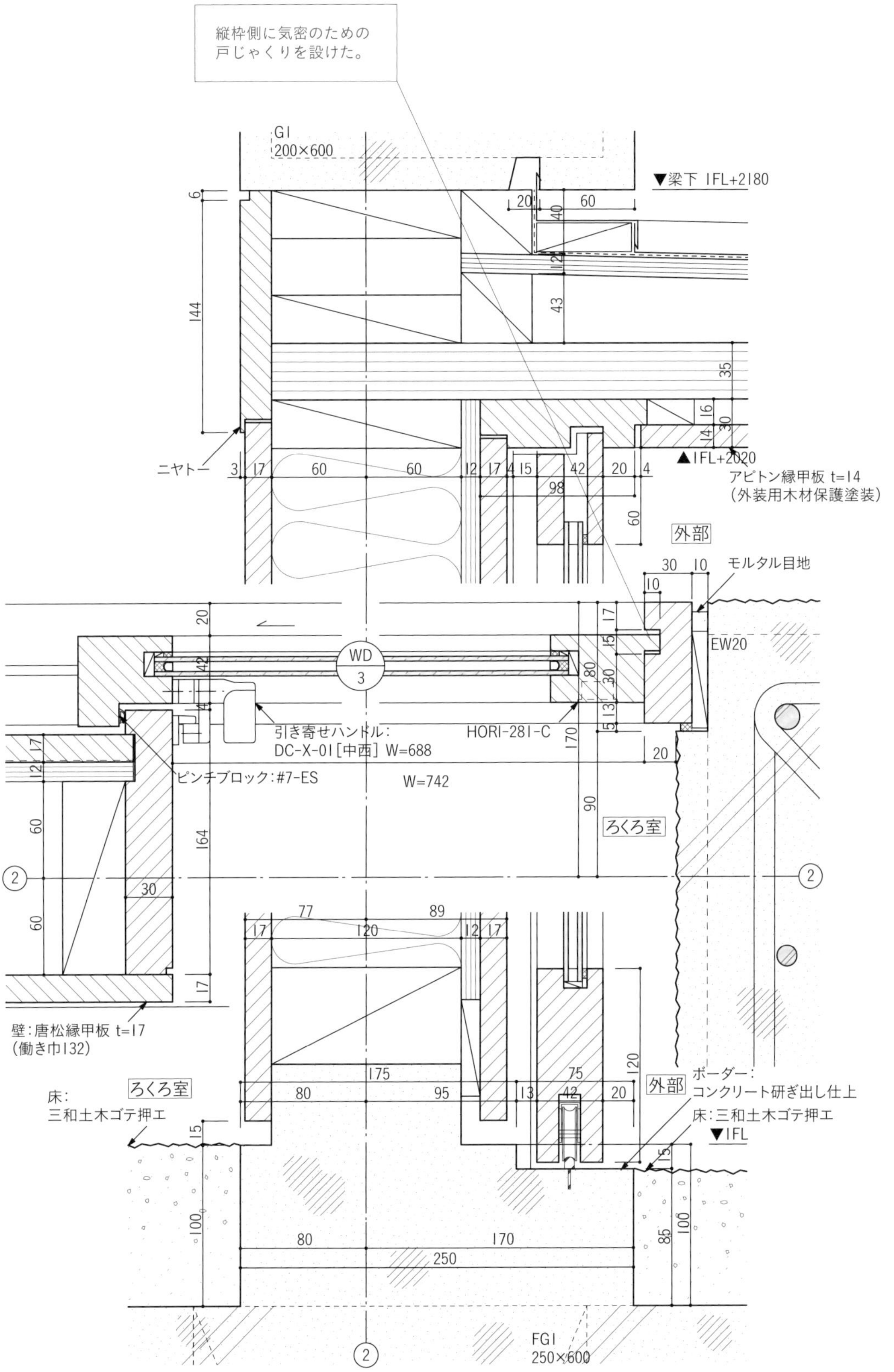

枠廻り詳細図-WD3（平断面） S=1/4

上框の上部に水がかからない工夫

工房のガラス戸である。上枠をコンクリートに埋め込みとして上框の上部に水がかからないように工夫している。ガラスのシリコンシールは外側のみ。

　袖部分のFIX窓の腰下にエアコンの室外機を納め、鋼製ガラリを設けている。

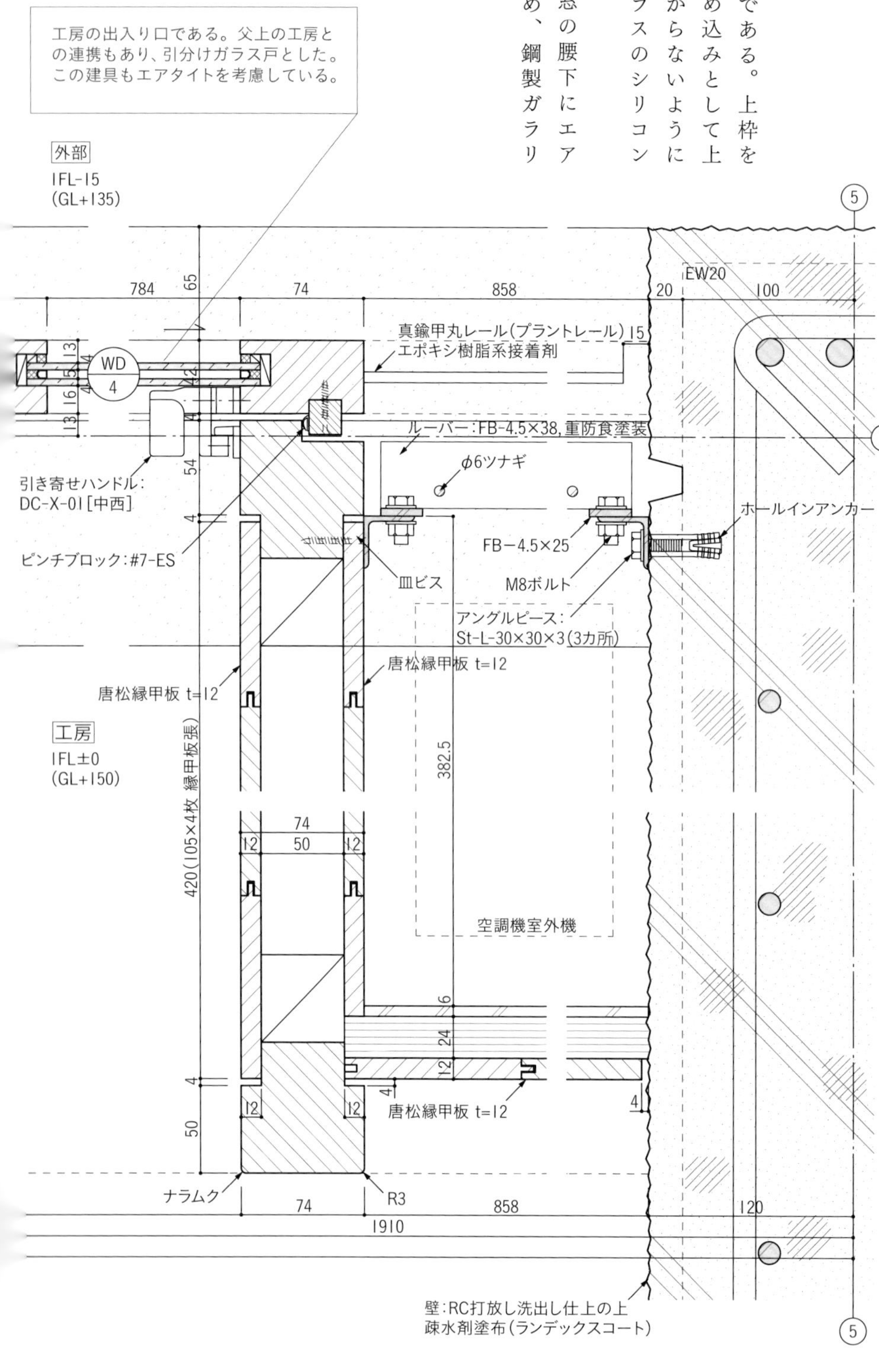

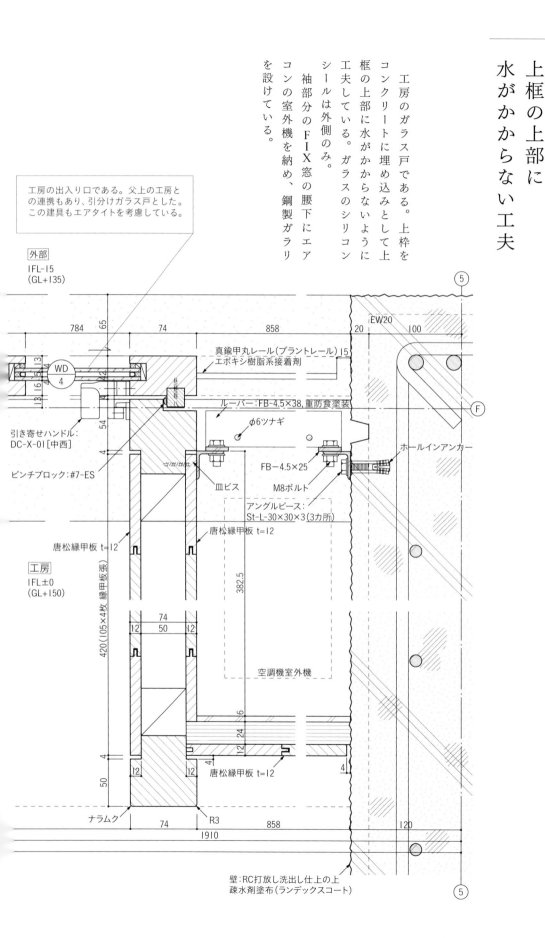

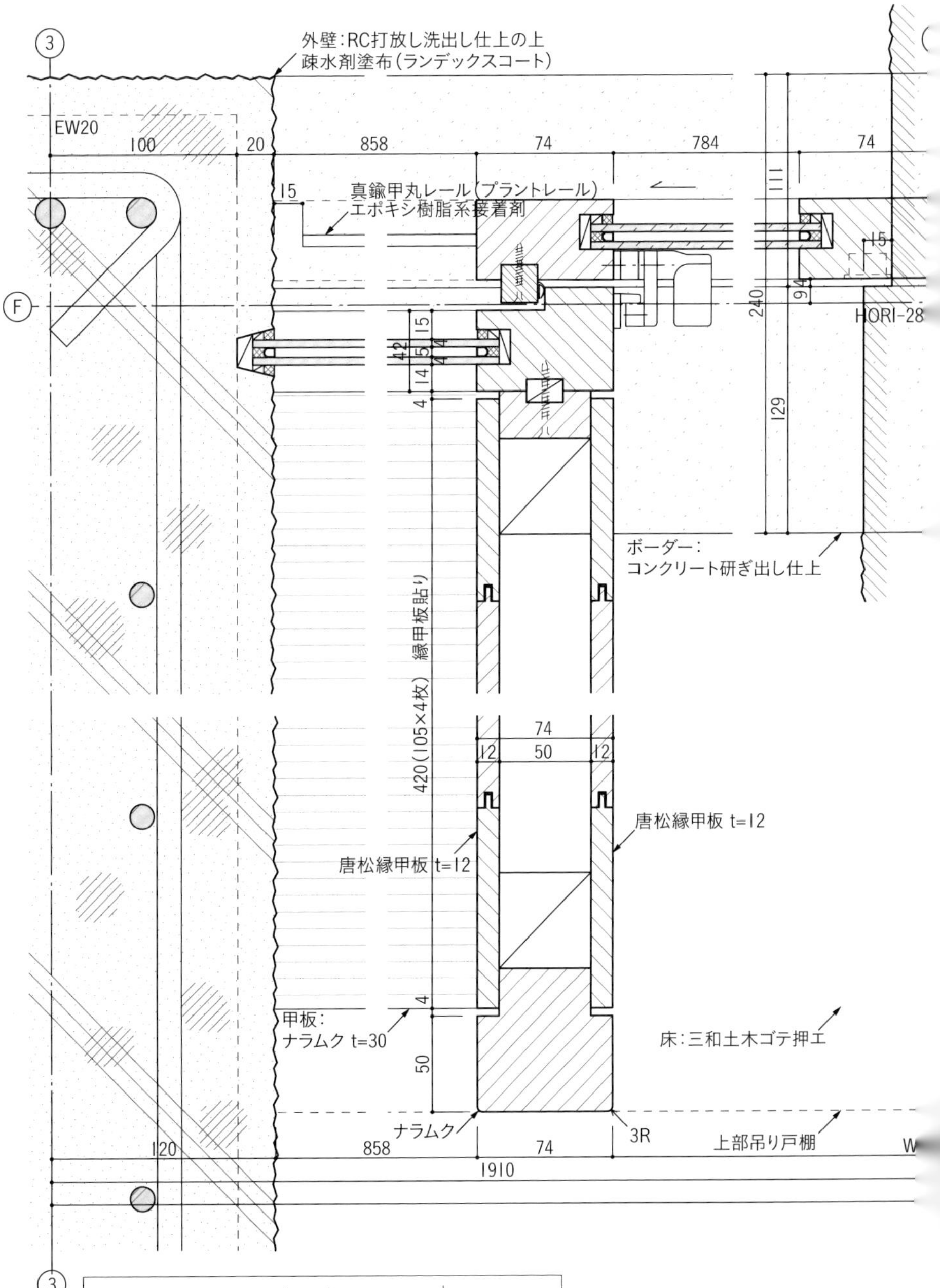

枠廻り詳細図-WD4(平面) S=1/4

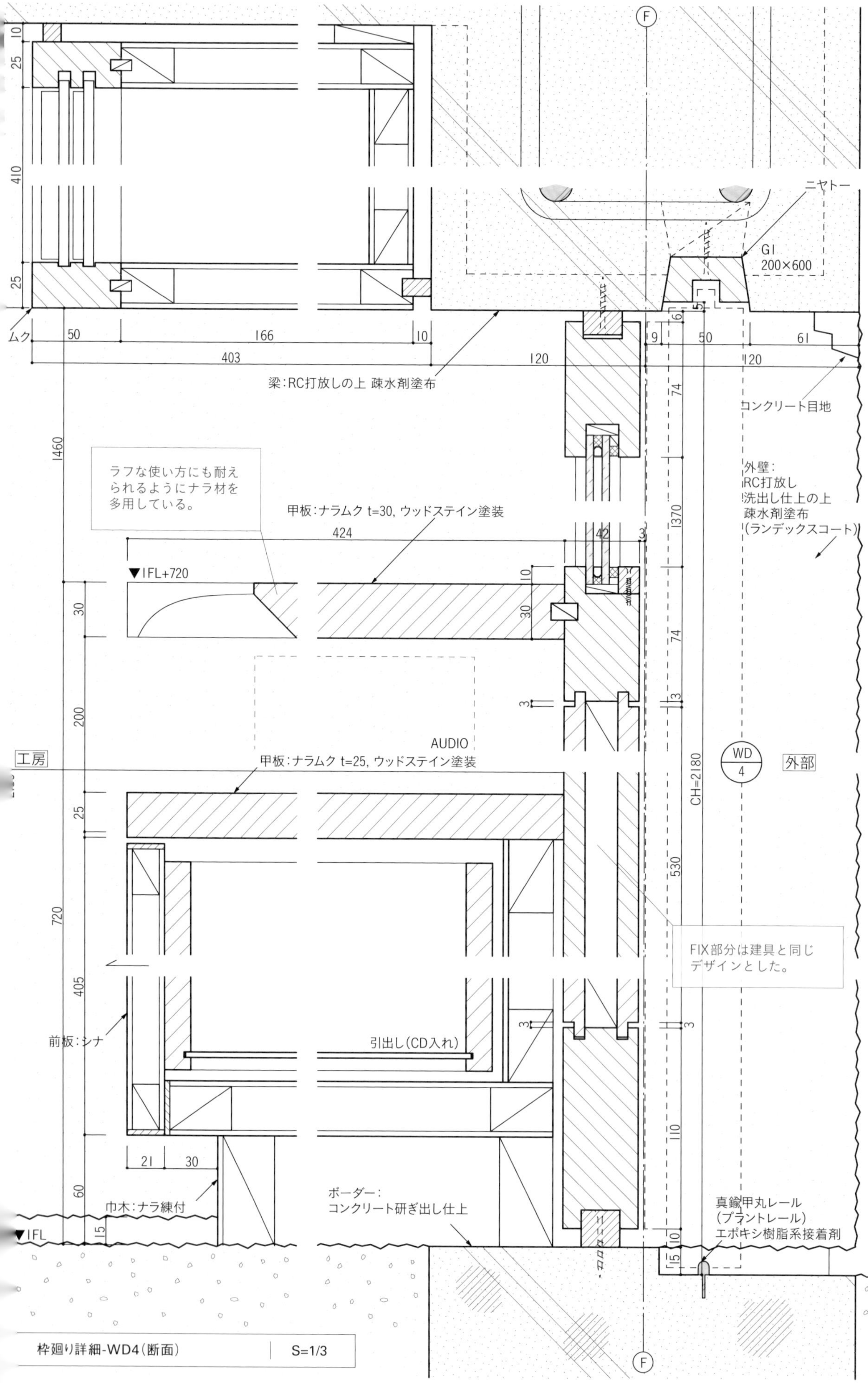

枠廻り詳細-WD4(断面)　S=1/3

第4篇

枠廻り詳細図

1階廻り

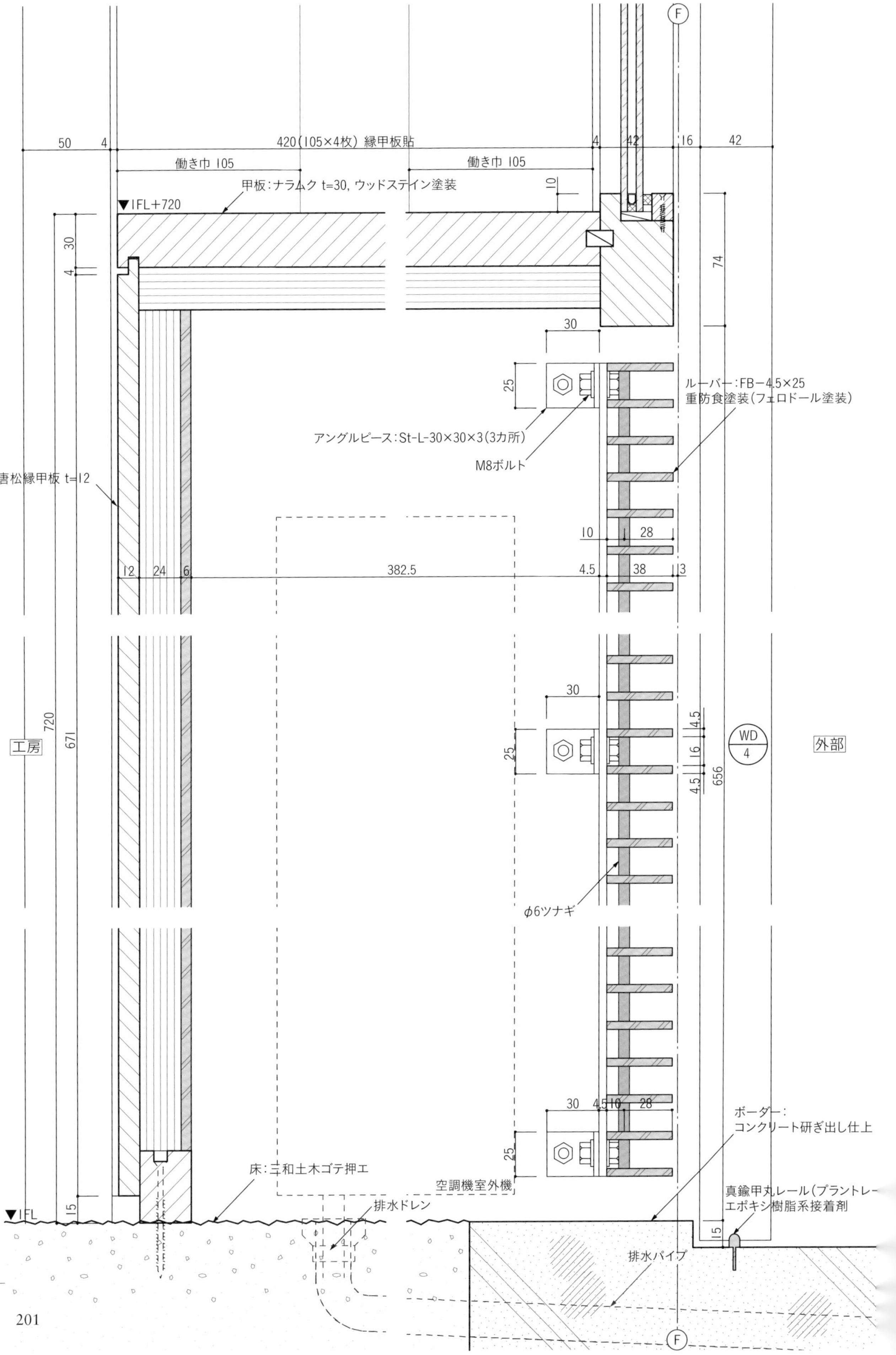

420（105×4枚）縁甲板貼
働き巾 105
働き巾 105
甲板：ナラムク t=30, ウッドステイン塗装
▼1FL+720
ルーバー：FB−4.5×25
重防食塗装（フェロドール塗装）
アングルピース：St-L-30×30×3（3カ所）
M8ボルト
唐松縁甲板 t=12
工房
外部
WD
4
φ6ツナギ
ボーダー：
コンクリート研ぎ出し仕上
床：三和土木ゴテ押エ
空調機室外機
真鍮甲丸レール（プラントレー
エポキシ樹脂系接着剤
▼1FL
排水ドレン
排水パイプ
F
F

建具の引手は長さをとった彫込み引手

基本的にはWD2と同じ。外部に面しているので床に段差を付けている。

ここの建具の引手は長さをとった彫込み引手としているが、土などの陶芸材料をもって出入りするという作業を考慮してのものである。

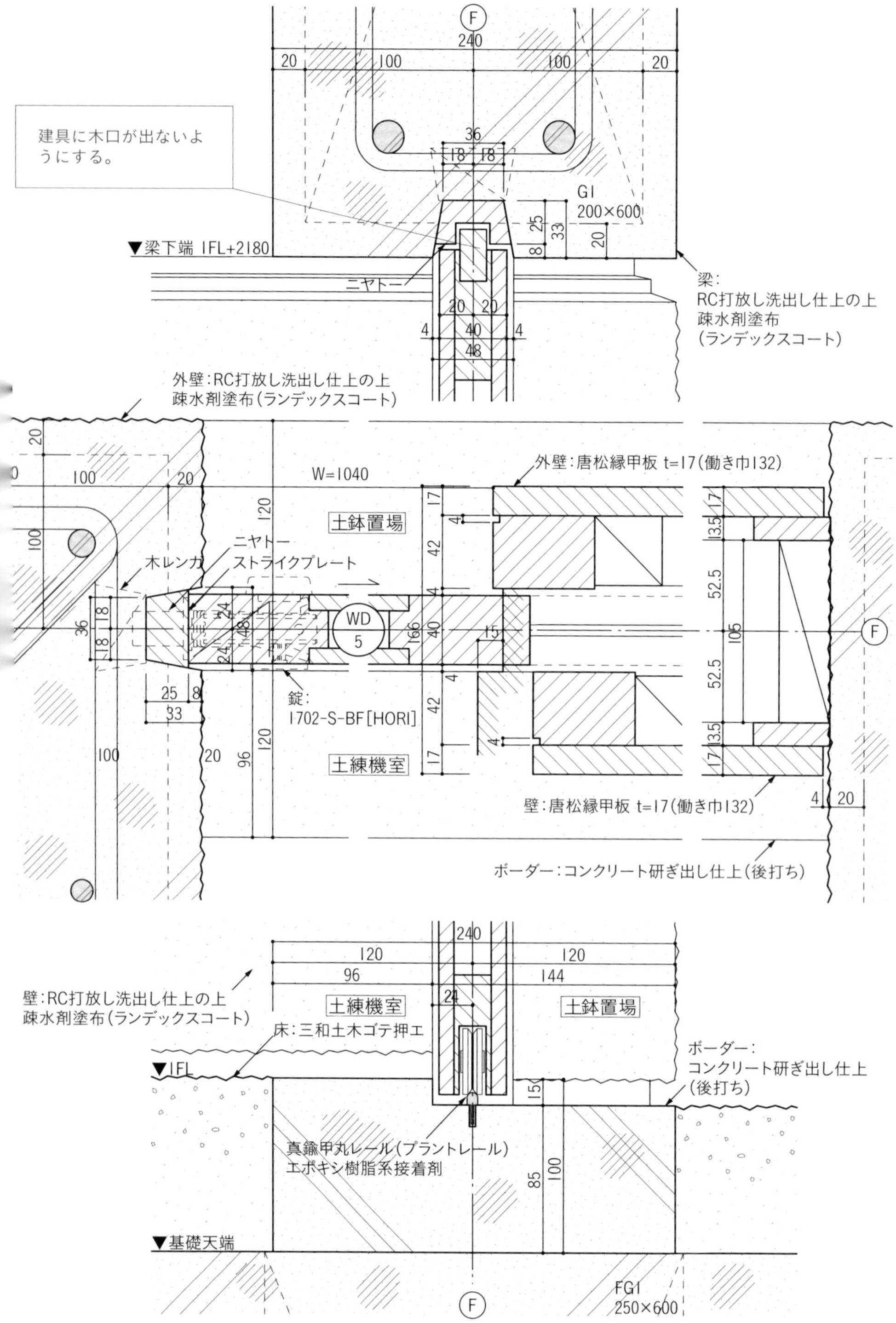

枠廻り詳細-WD5(平断面)　S=1/3

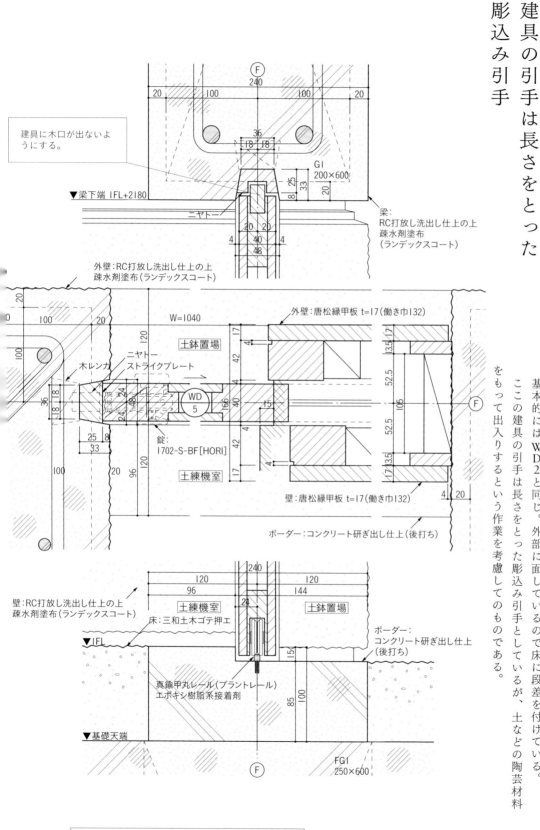

床レールはプラント用の真鍮甲丸レールを使う

住宅用の納戸収納を1階の回廊部に設けている。収納家具とRC壁をスリットで分節しながら、開口部の採光の役目ももたせている。レールは床コンクリートにカッター入れを施し、プラント用の真鍮甲丸レールを二液性エポキシ接着剤にて接着している。

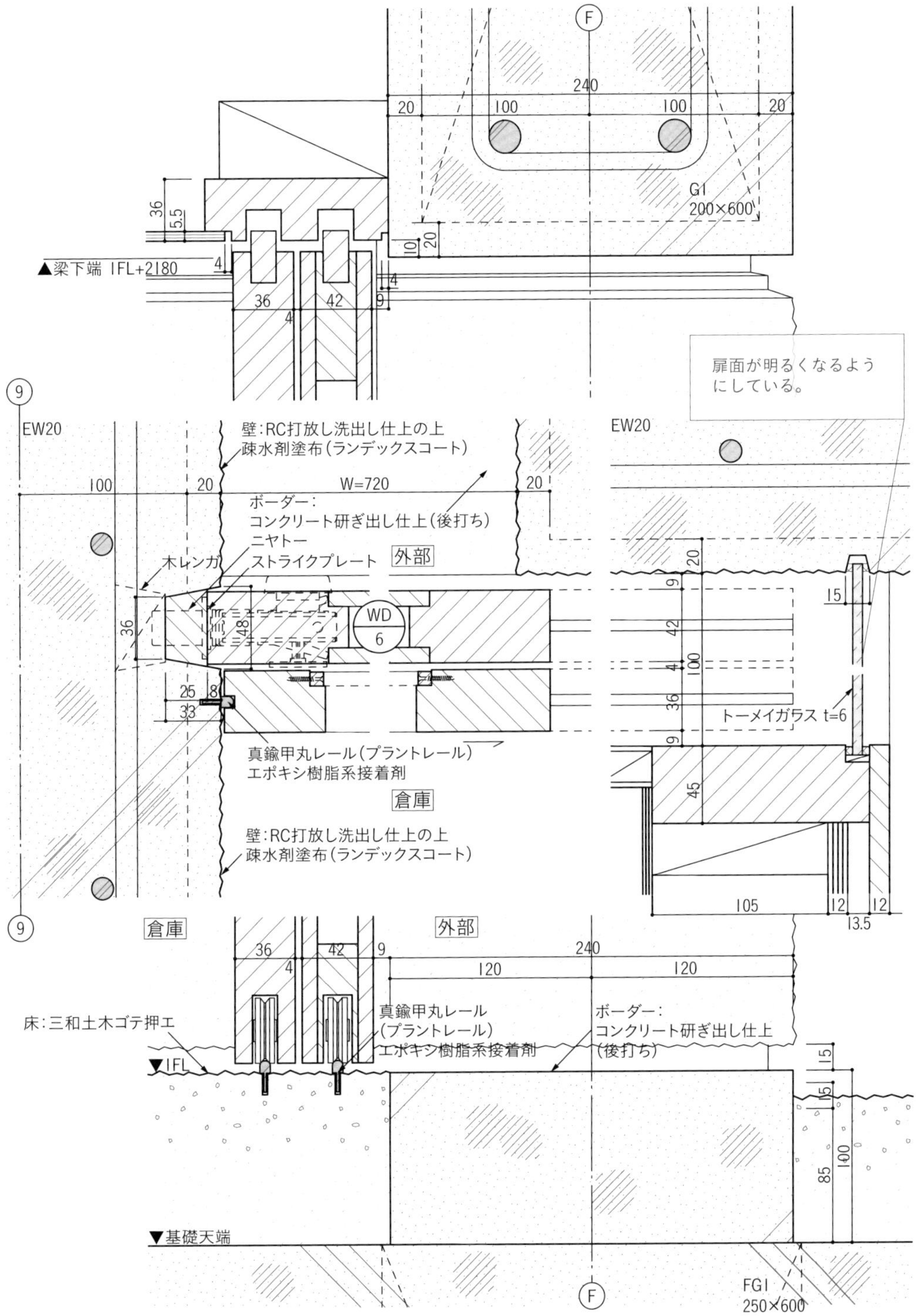

枠廻り詳細-WD6（平断面） S=1/4

戸当たりはフェルト貼りとして衝撃を少なく

側廊から住宅玄関に入る出入り口。室内から室内の間仕切りなので上枠に該当する部分をステンレス製の棚ダボを用いている。戸当たりも同様に棚ダボを用いているが、当たる部分にはフェルト貼りをして衝撃を少なくしている。

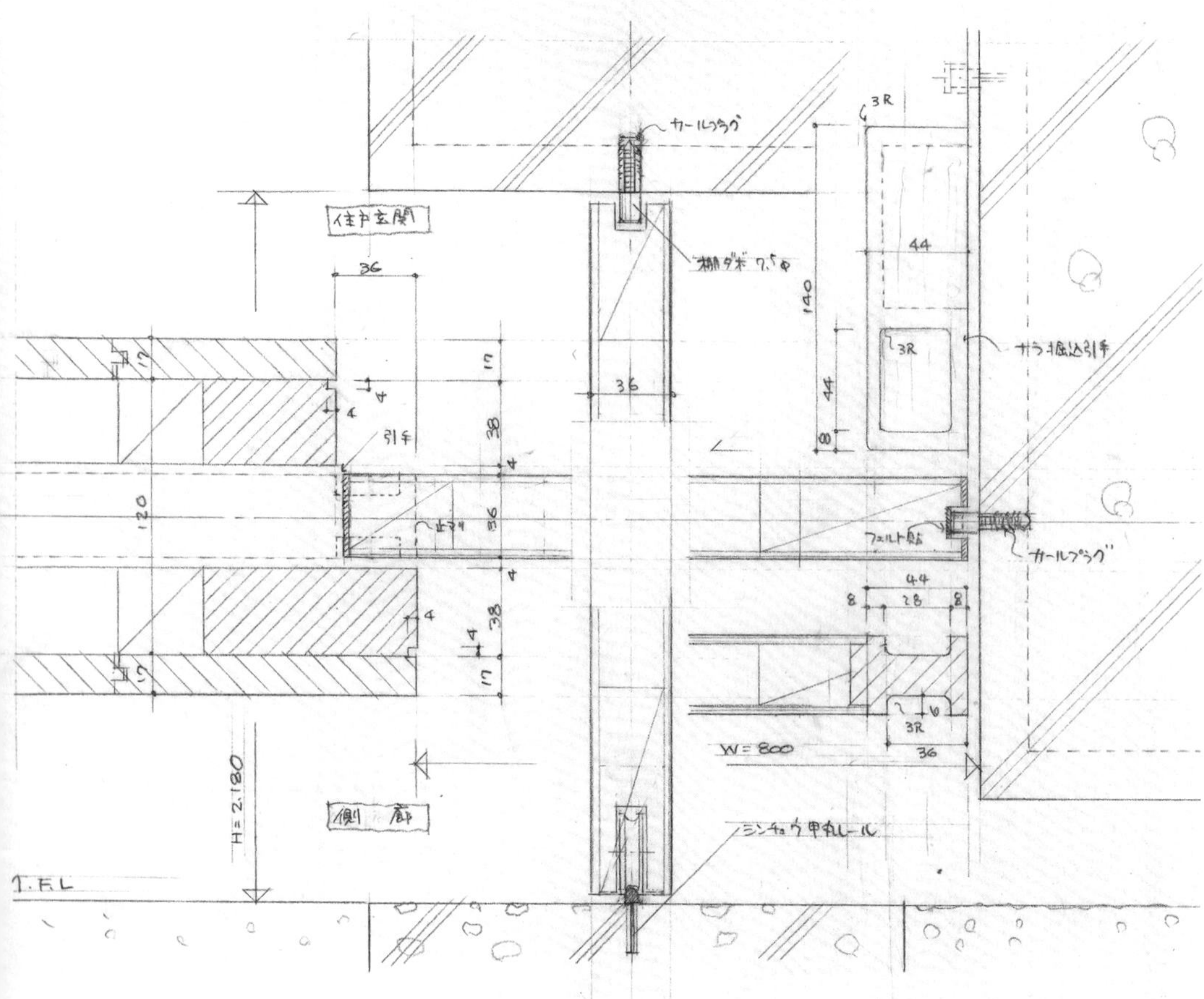

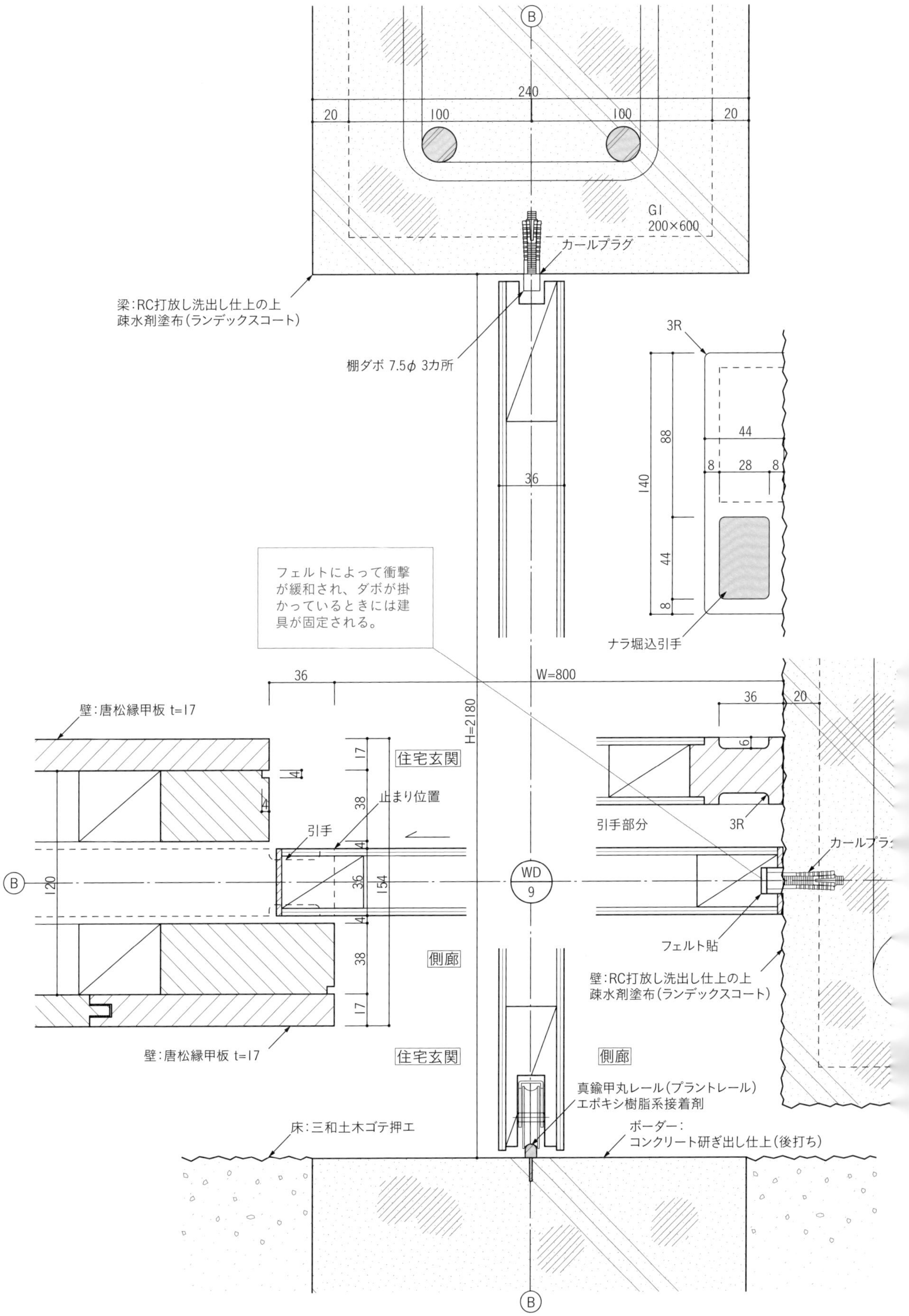

枠廻り詳細図-WD9(平断面) | S=1/3

地階に光を落とすためのガラス窓＋格子戸

西側の道路側に面した2階開口部。当初は荷物の搬入口として考えていたが、1階の住宅玄関に光を落とすためにガラス窓に変更した。

防犯性とプライバシーを考慮して、内側に格子戸を設けた。家具などの重量物搬入の際、下枠が壊れないように水切り金物St・PL3を溶融亜鉛メッキリン酸塩処理とした。

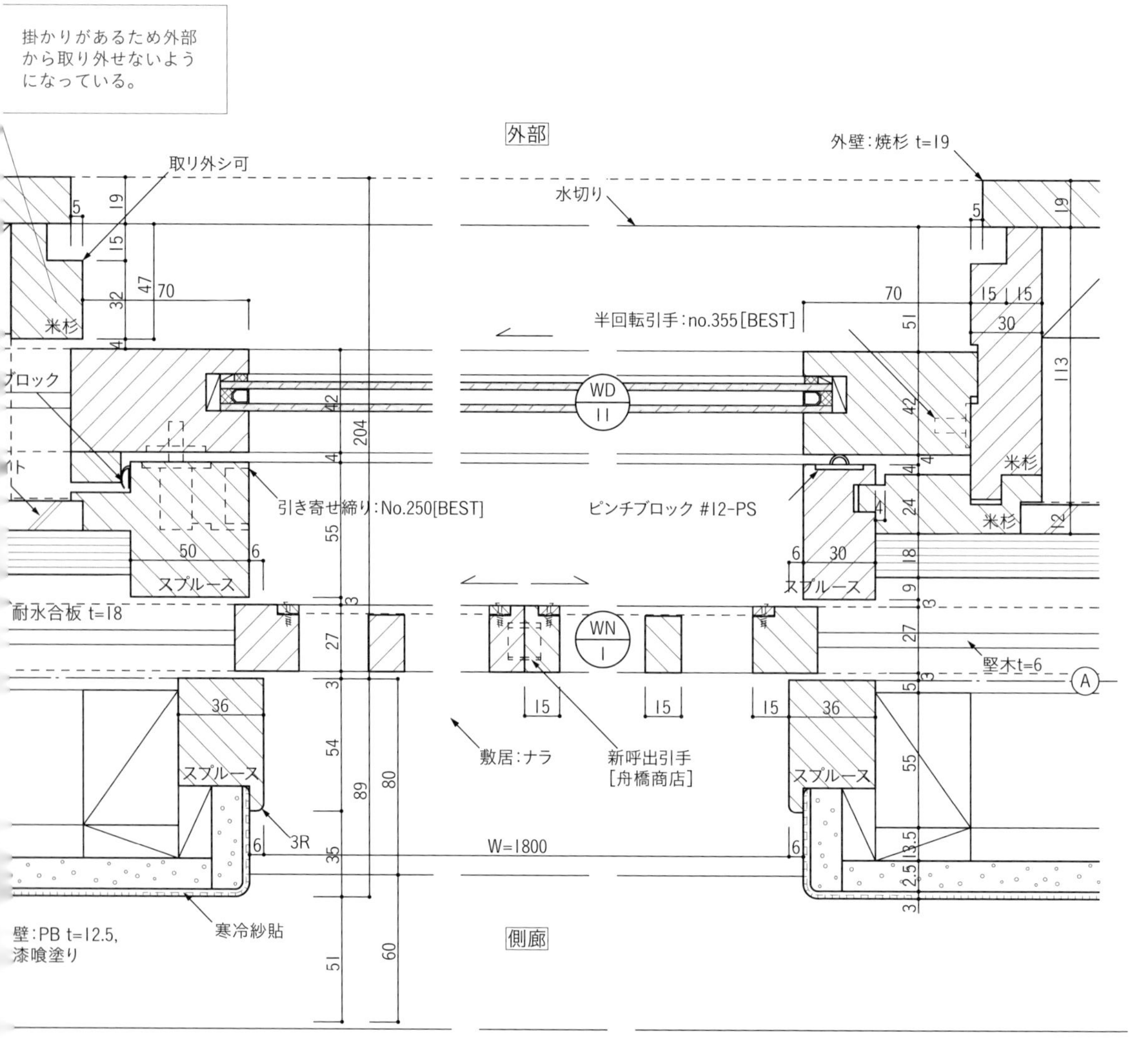

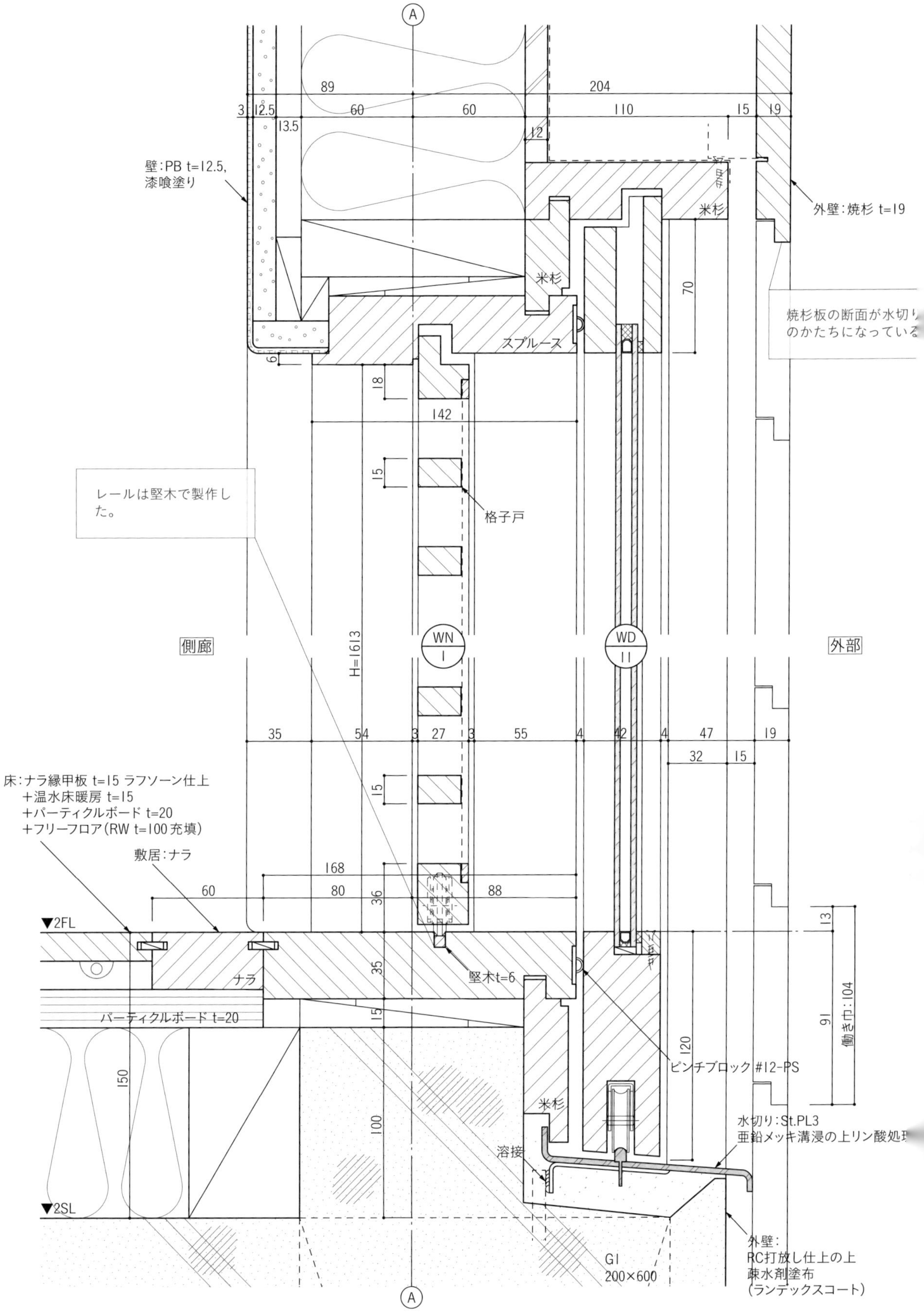

枠廻り詳細図-WD11(断面/平面) S=1/3

枠の存在を目立たせないフラッシュ建具

階段～キッチンの出入り口。このフラッシュ建具は普段開いていることを常として考えている。よってなるべく枠の存在を目立たないように上枠および戸当りを省略し、棚受けに使われるステンレス製のダボをガイドにして使用している。戸当たりの建具側にはフェルト貼りしている。

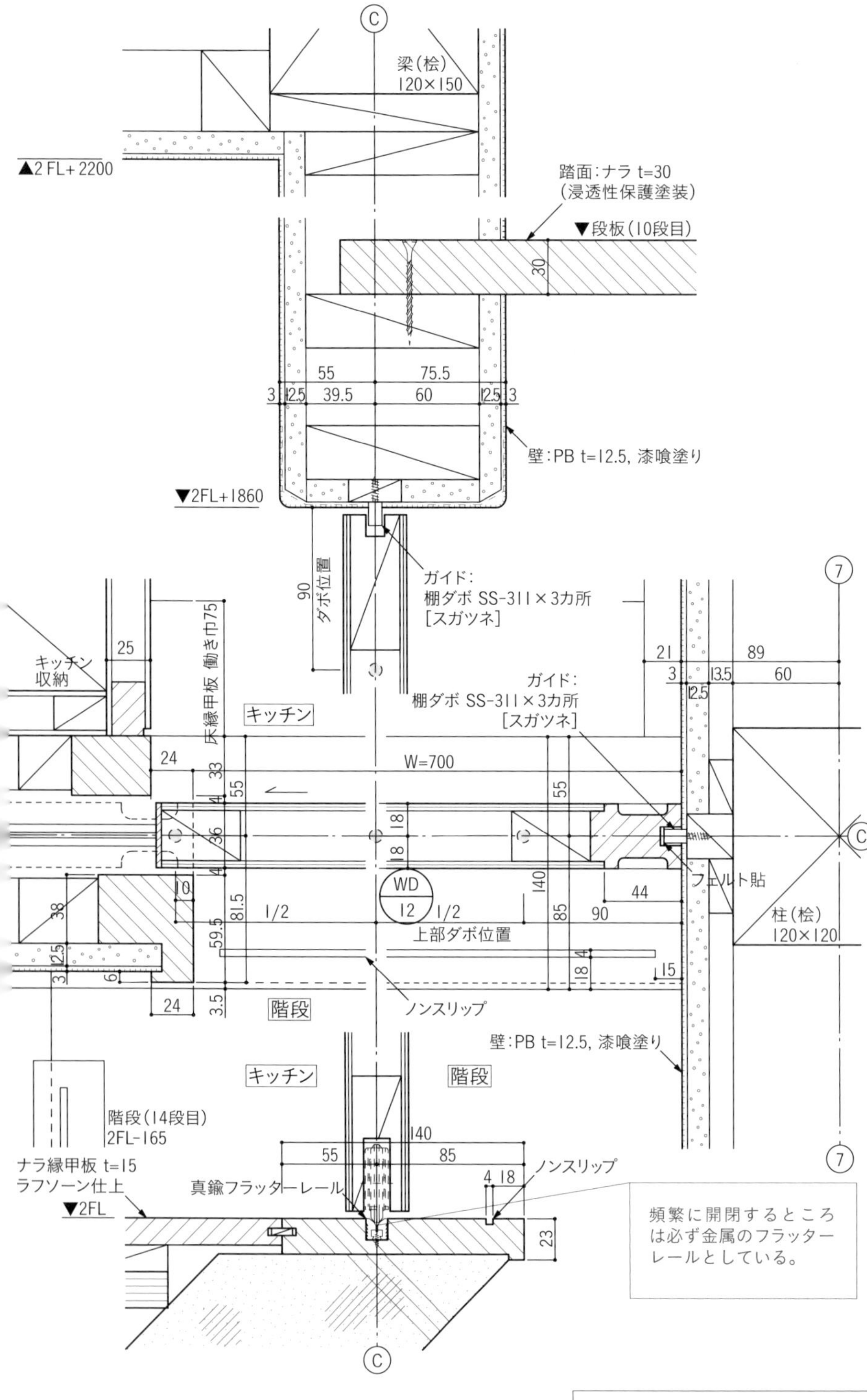

枠廻り詳細図-WD12(平断面) S=1/4

空間を連続させる枠の極小化

主寝室～側廊の出入り口。こちらは閉じていることが常であるので、光漏れなどが少なくなるように配慮している。枠の要素を極小化しながら空間の連続性を確保した。

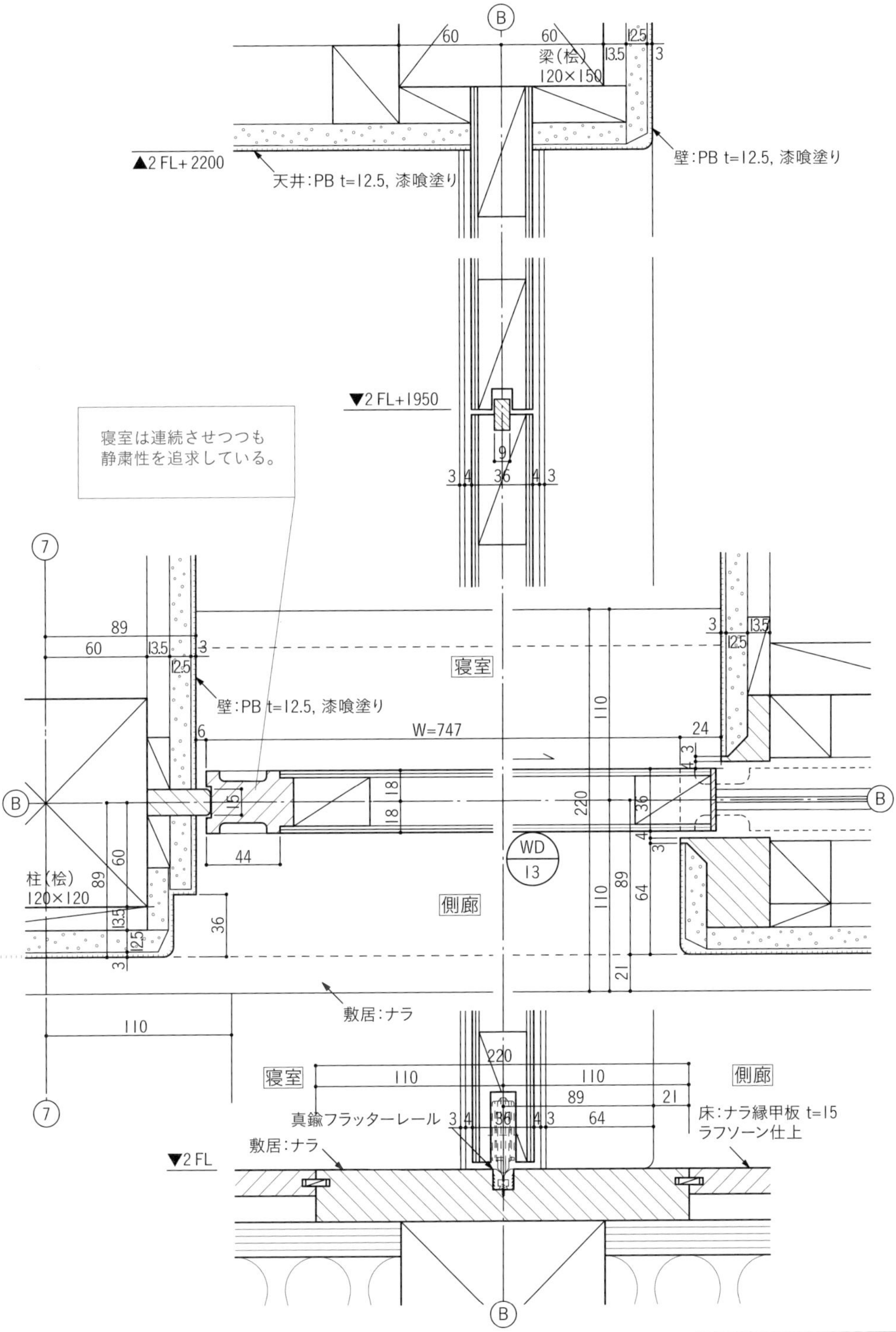
梁(桧) 120×150
▲2 FL+2200
天井:PB t=12.5, 漆喰塗り
壁:PB t=12.5, 漆喰塗り
▼2 FL+1950
寝室は連続させつつも静粛性を追求している。
寝室
側廊
W=747
WD 13
柱(桧) 120×120
敷居:ナラ
真鍮フラッターレール
床:ナラ縁甲板 t=15 ラフソーン仕上
▼2 FL

枠廻り詳細図-WD13(平断面)　S=1/4

指一本で開閉できる吊り戸

洗面室~トイレの出入り口。指一本で軽く開閉できるように吊り戸にした。吊り戸の問題点は機構からくる光や音の漏れであろう。ここでは上枠や縦枠と建具に適切な重なりを設けることで、これを考慮した。

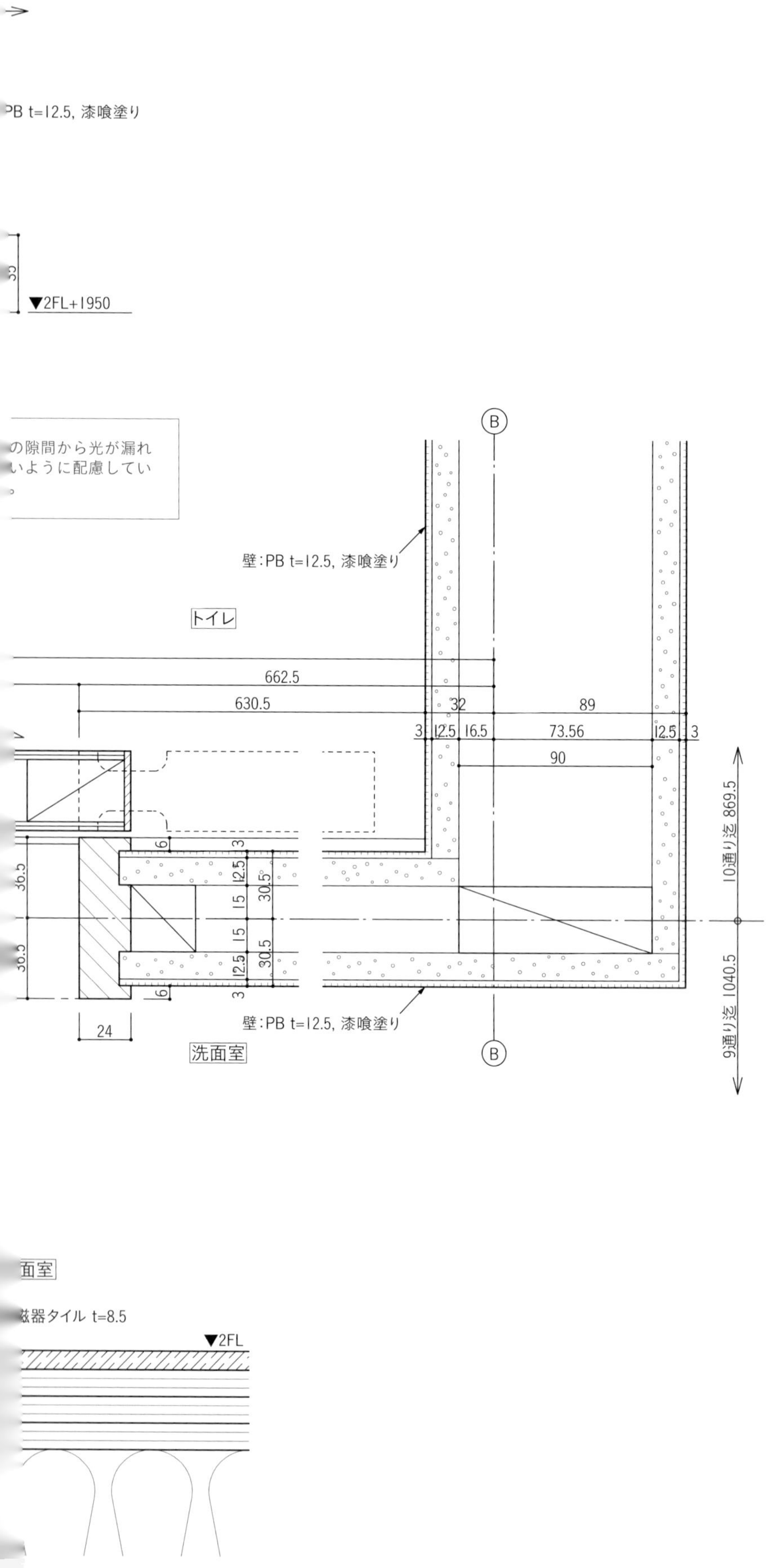

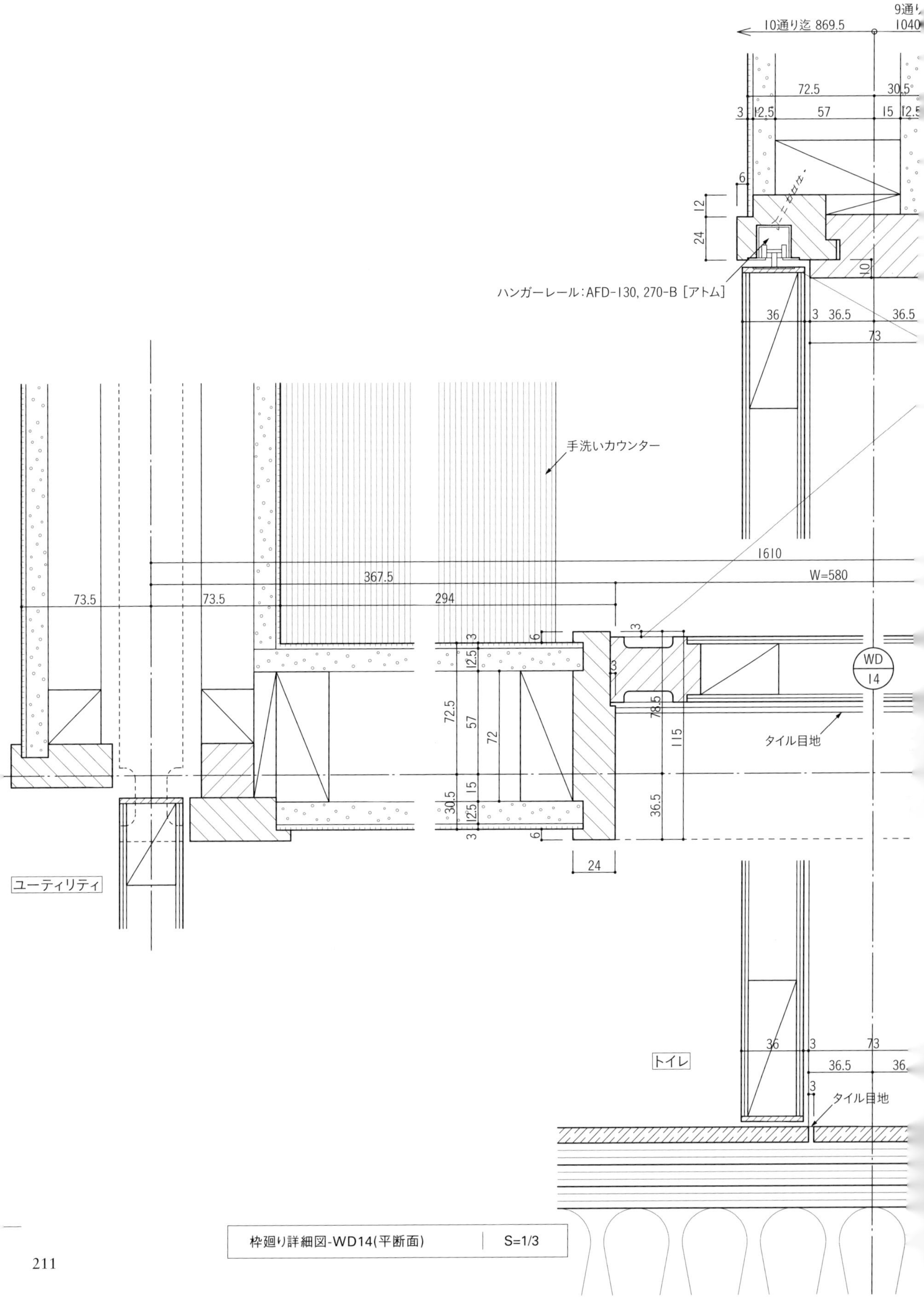

枠廻り詳細図-WD14(平断面)　S=1/3

常に開放されている建具

ユーティリティと洗面室の出入り口。基本的にはWD14と同じコンセプト。これもどちらかといえば常に開放されている建具。したがって床にレールが出てきてほしくないので吊り戸にした。

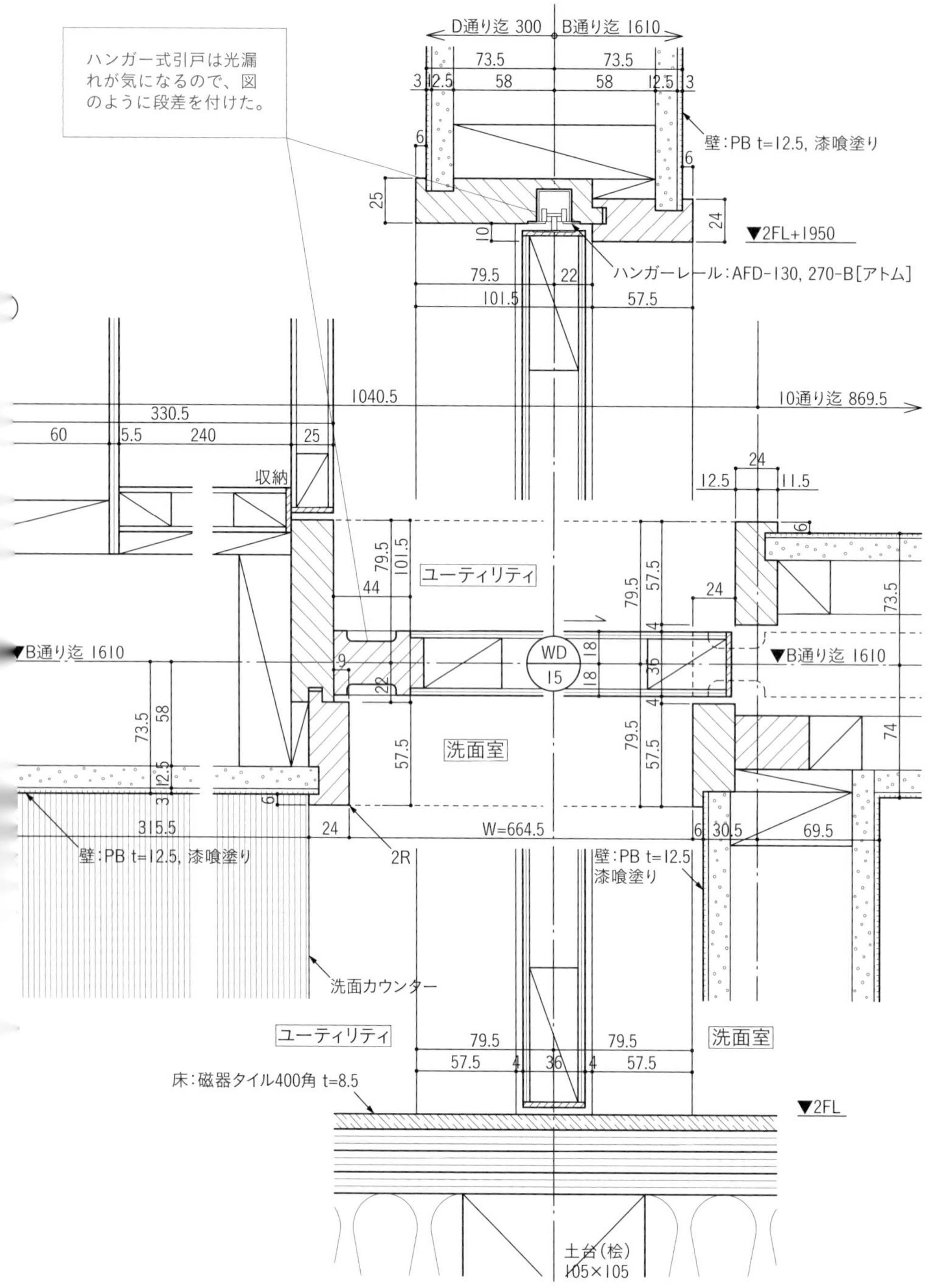

枠廻り詳細図-WD15（平断面） | S=1/4

袖壁を設けて引くスペースを確保する

狭いスペースでは引戸が望ましいが、このウォークインクローゼットへの出入り口は戸を壁内に引き込むスペースが充分でないために、開口の一部にケンドン式の袖壁を設け、整理タンスなどの大きな物を搬入する際はこれを取り外して対応する。

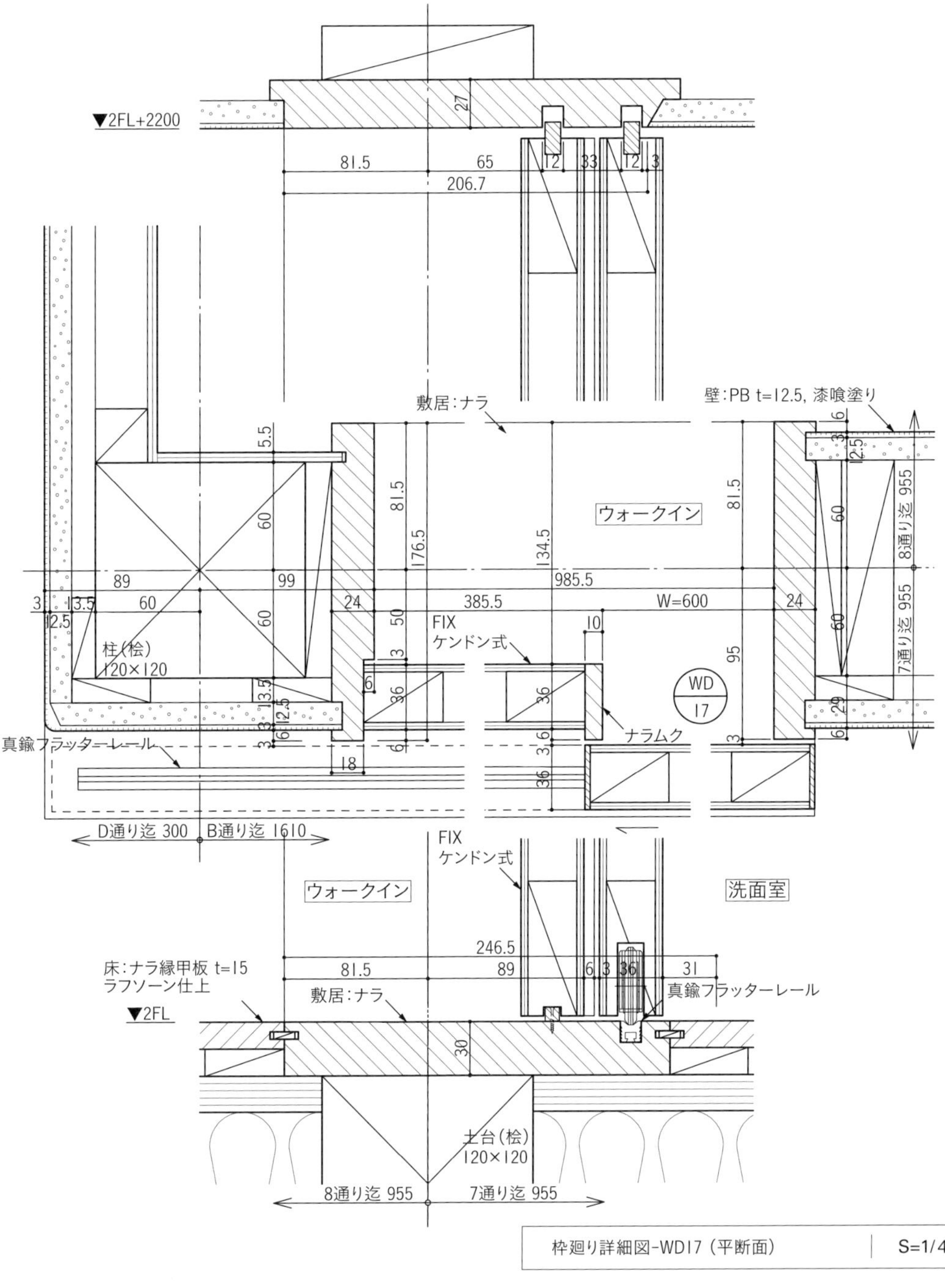

枠廻り詳細図-WD17 (平断面) S=1/4

縦框に枠を入れて防犯性を考慮する

キッチンの流し台前の窓。ガラス窓にはステンレス網戸が鎌錠にて連結、解錠できる。防犯性を考慮して縦框に枠（取り外し可）が被る。窓外には花台を設けている。

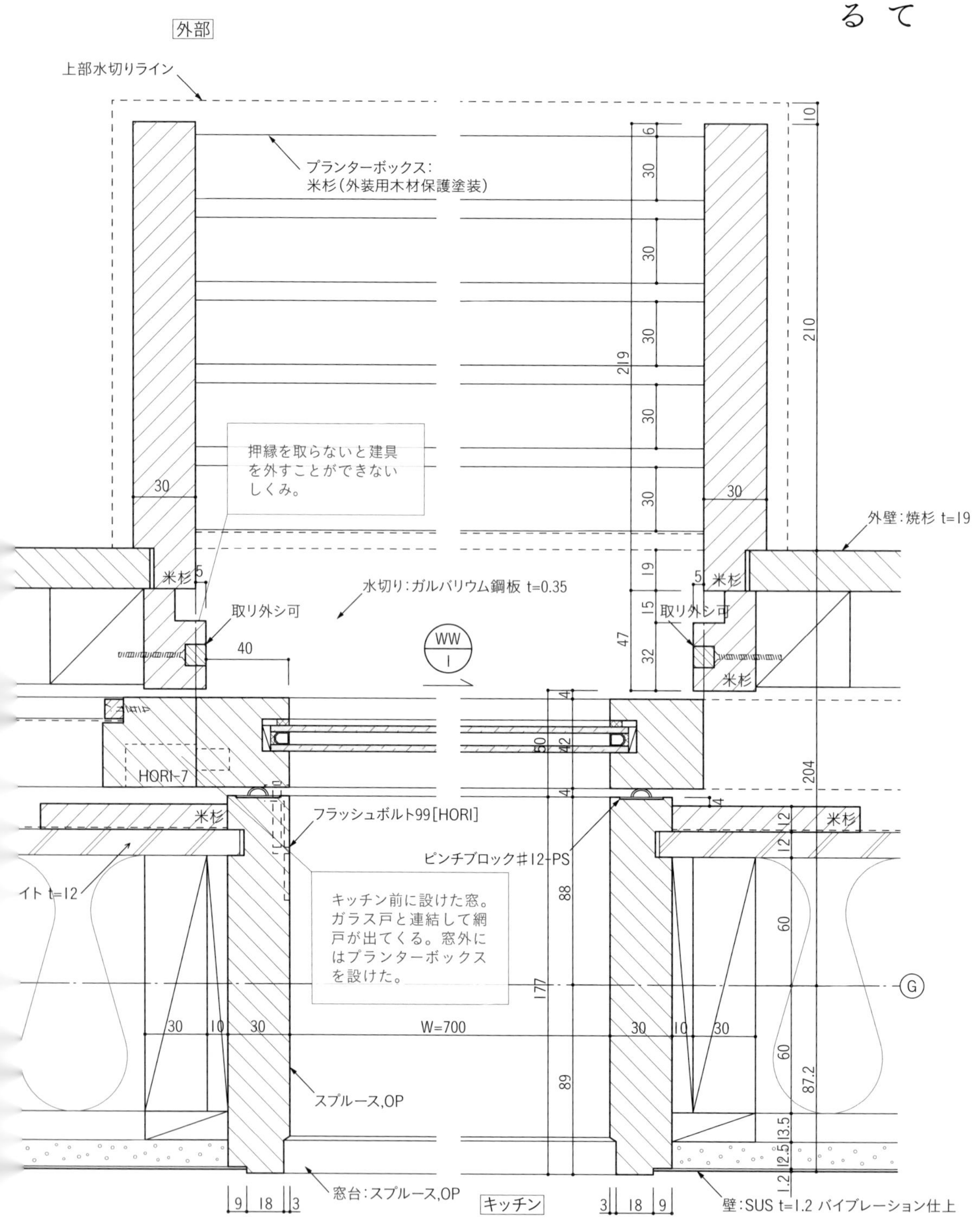
外部
上部水切りライン
プランターボックス：米杉（外装用木材保護塗装）
押縁を取らないと建具を外すことができないしくみ。
外壁：焼杉 t=19
米杉
水切り：ガルバリウム鋼板 t=0.35
取リ外シ可
WW 1
HORI-7
フラッシュボルト99［HORI］
ピンチブロック＃12-PS
キッチン前に設けた窓。ガラス戸と連結して網戸が出てくる。窓外にはプランターボックスを設けた。
イト t=12
W=700
スプルース,OP
窓台：スプルース,OP
キッチン
壁：SUS t=1.2 バイブレーション仕上
G

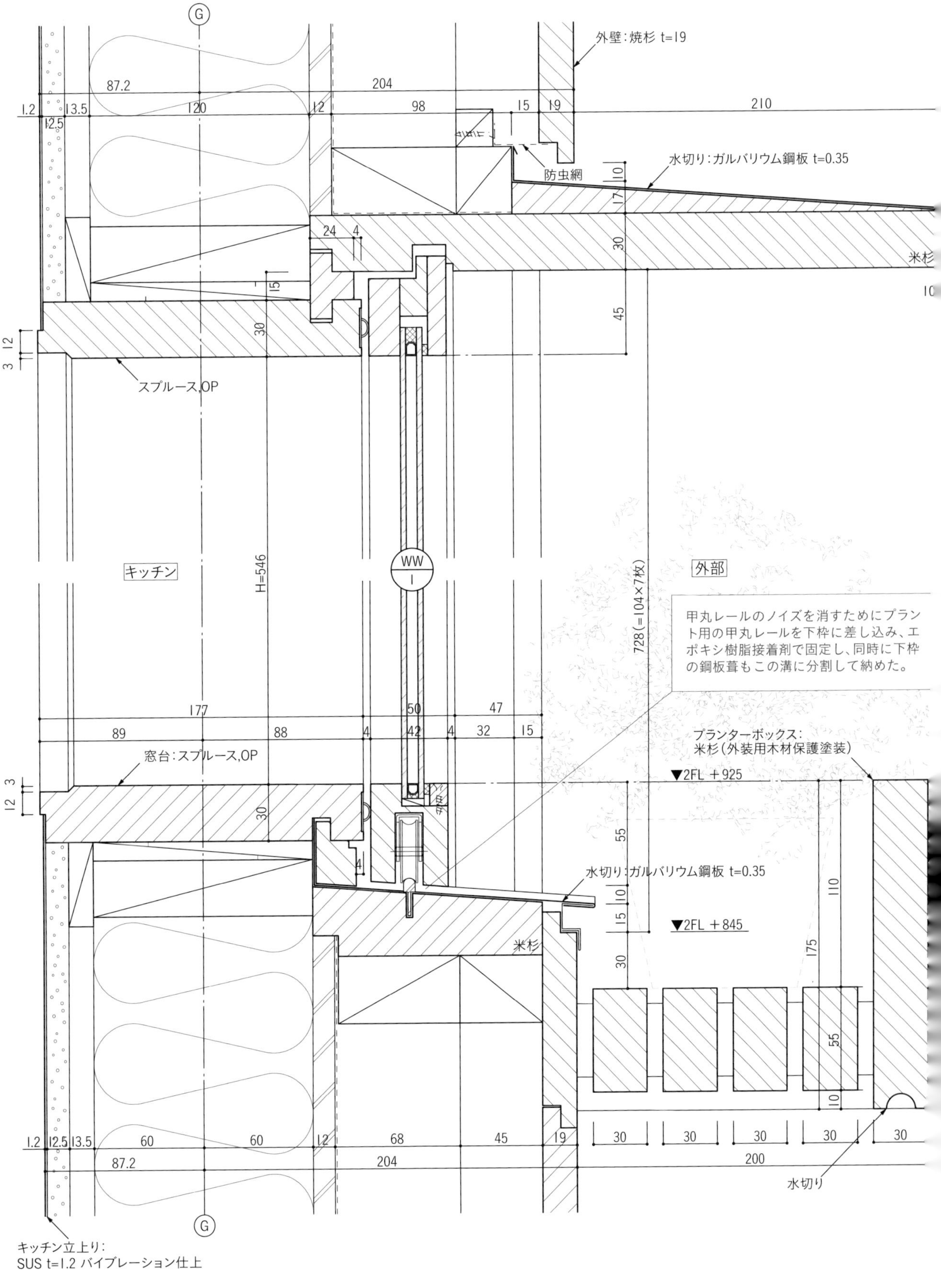

枠廻り詳細図-WW1(断面/平面) | S=1/3

床から300ミリの高さにすると腰掛けにもなる

リビングに設けられた大きな開口部。全般的に隠し框としているが、外の景色を切り取るだけでなく、防水や気密性の向上が目的である。

窓台の高さを床から300ミリ程度として、簡単な腰掛けとしている。この「鞘の間」のようなスペースには、当初カーテンなどのフィッティングは設けるつもりはなかったが、念のためブラインドボックスを設けた。

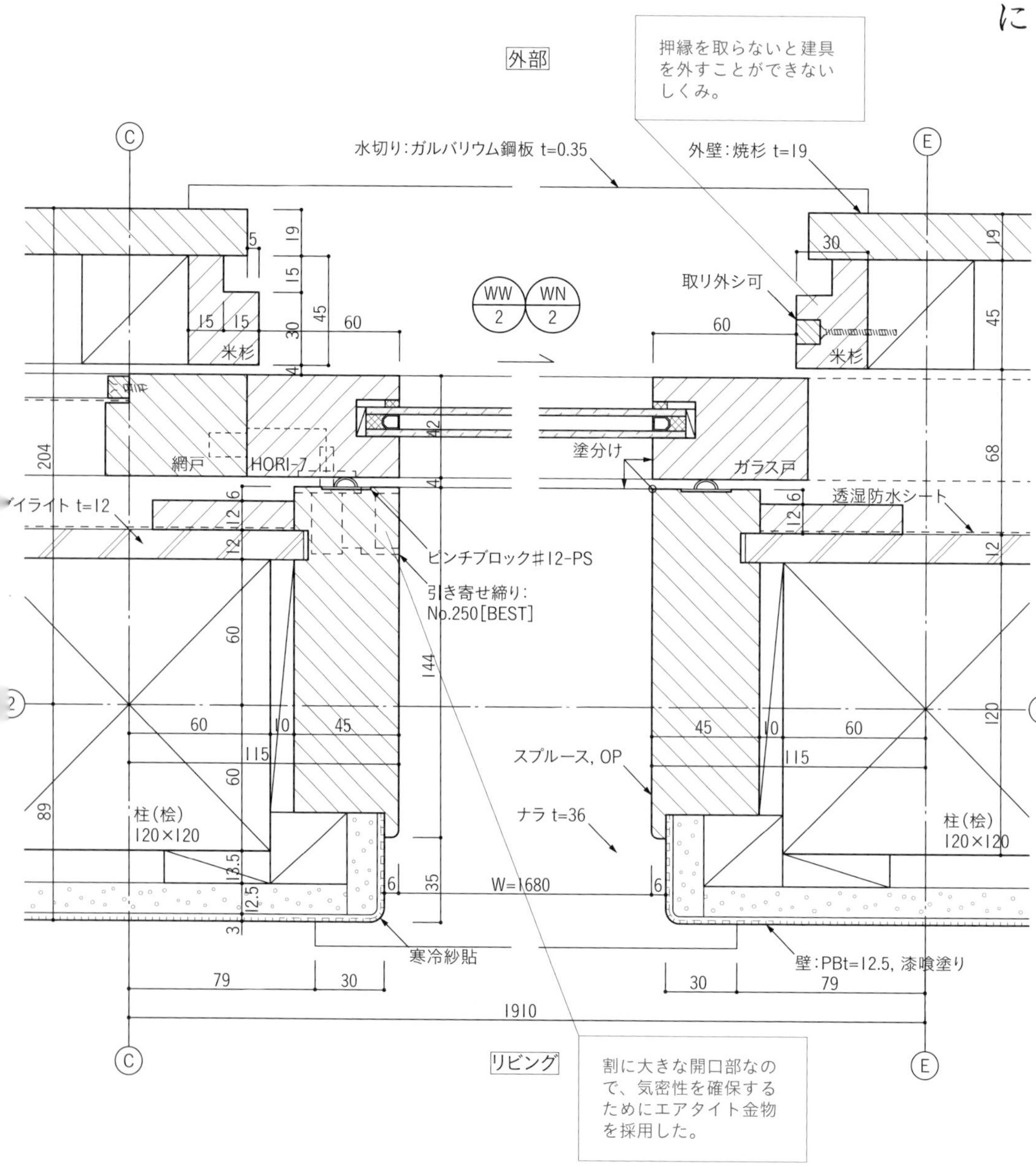
外部
押縁を取らないと建具を外すことができないしくみ。
水切り:ガルバリウム鋼板 t=0.35
外壁:焼杉 t=19
取リ外シ可
米杉
WW 2
WN 2
網戸
HORI-7
ガラス戸
塗分け
イライト t=12
透湿防水シート
ピンチブロック♯12-PS
引き寄せ締り:
No.250[BEST]
スプルース, OP
ナラ t=36
柱(桧)
120×120
W=1680
寒冷紗貼
壁:PBt=12.5, 漆喰塗り
1910
リビング
割に大きな開口部なので、気密性を確保するためにエアタイト金物を採用した。

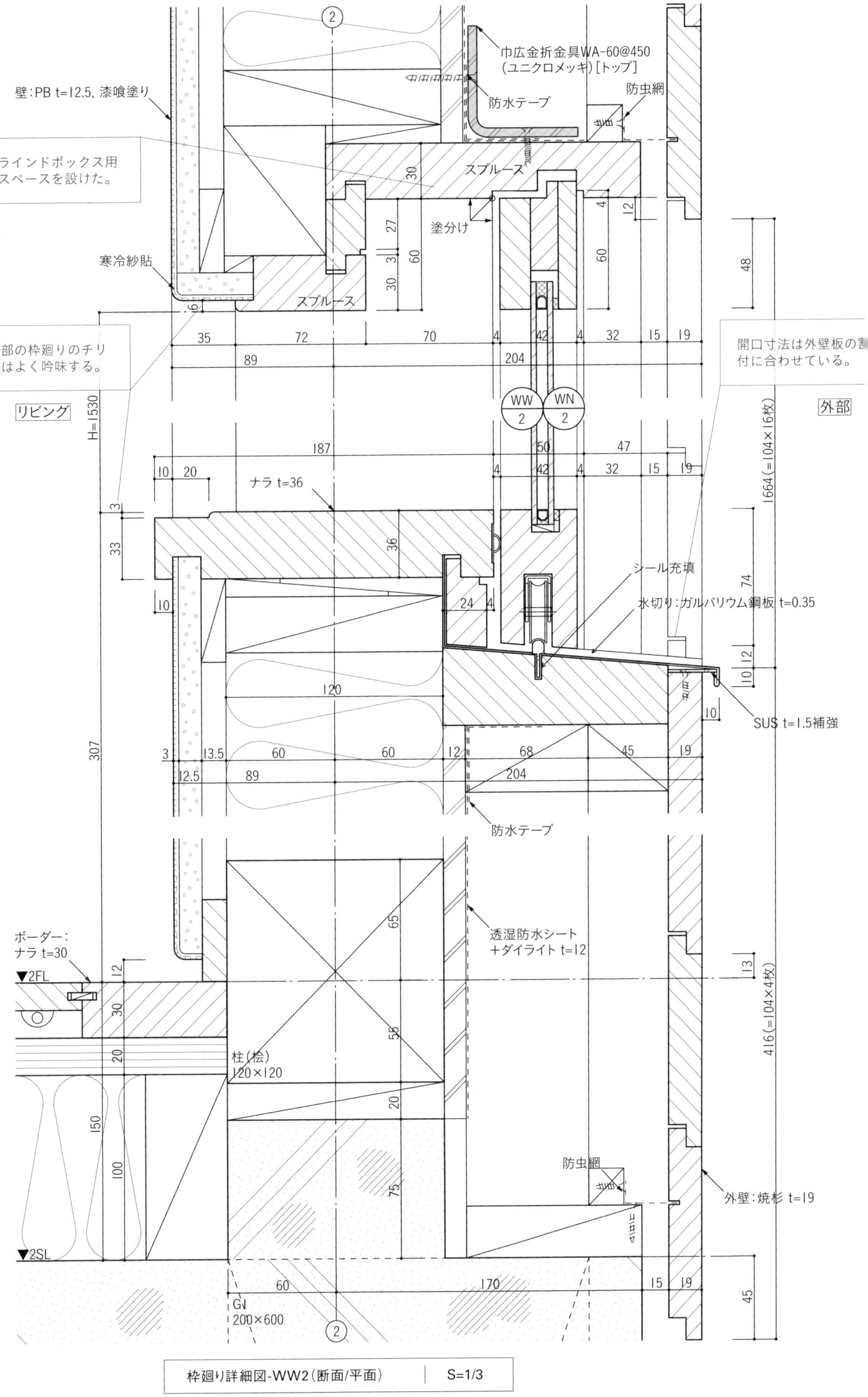

枠廻り詳細図-WW2(断面/平面) S=1/3

設備機器をうまく納める方法

エアコンなどの設備機器をどう納めるかは非常に重要なポイントである。室外機を目立たないようにしたいあまり、遠くに設置すると機器のパフォーマンスが悪くなってしまう。ここでは断面的に窓をはさんで室内機と外機を最短で結んでいる。

また室外機から排出される結露水が1階工房に落ちないよう、スチールアングルを溶融亜鉛メッキ仕上げした横樋を設け、これを竪樋に合流させている。

外壁材は特注の合じゃくり加工の焼杉板 t=19とした。桁側壁面全体を割付、板幅を決めた後、窓廻りの大きさなどの各部寸法を決定している。

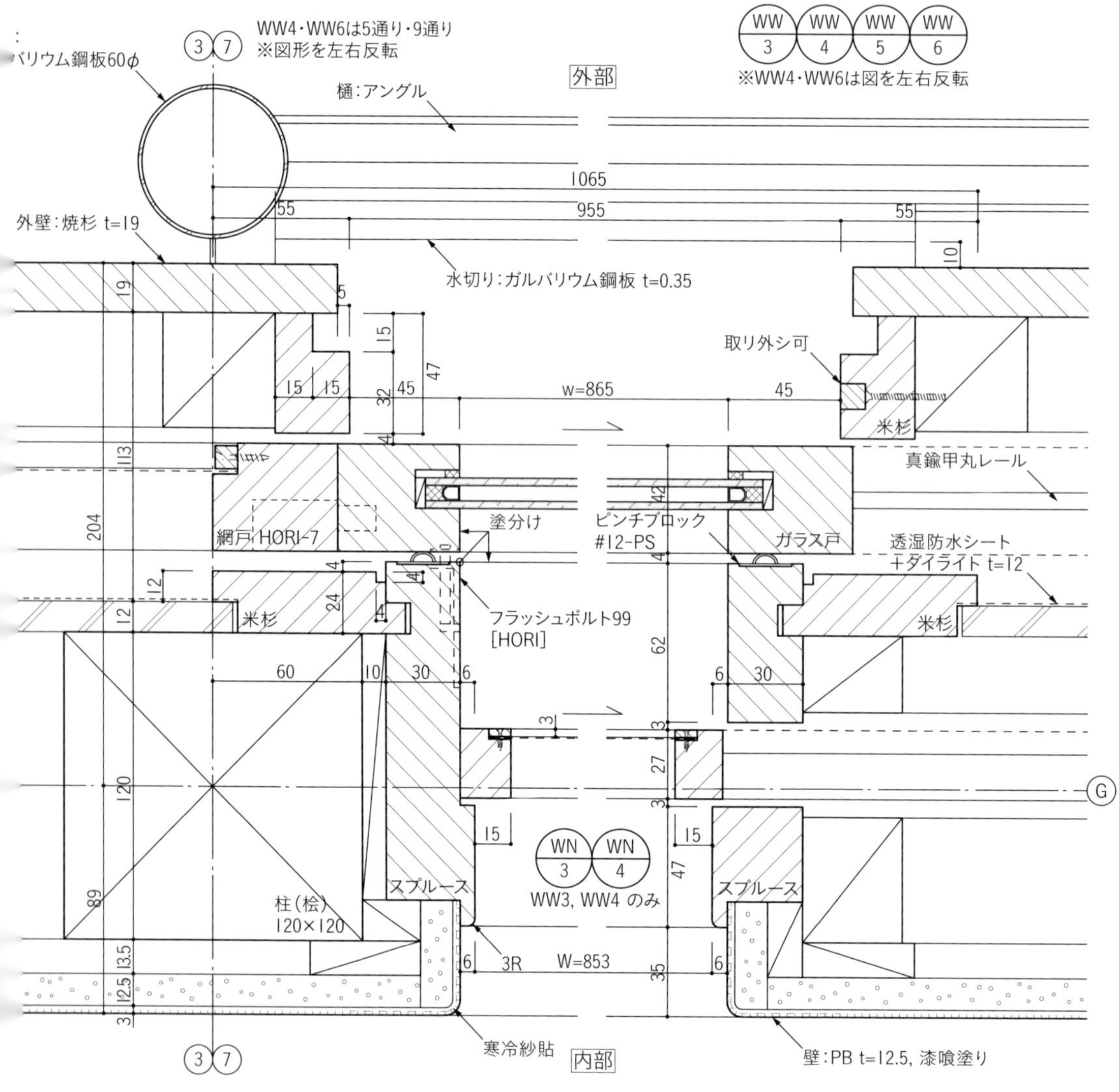

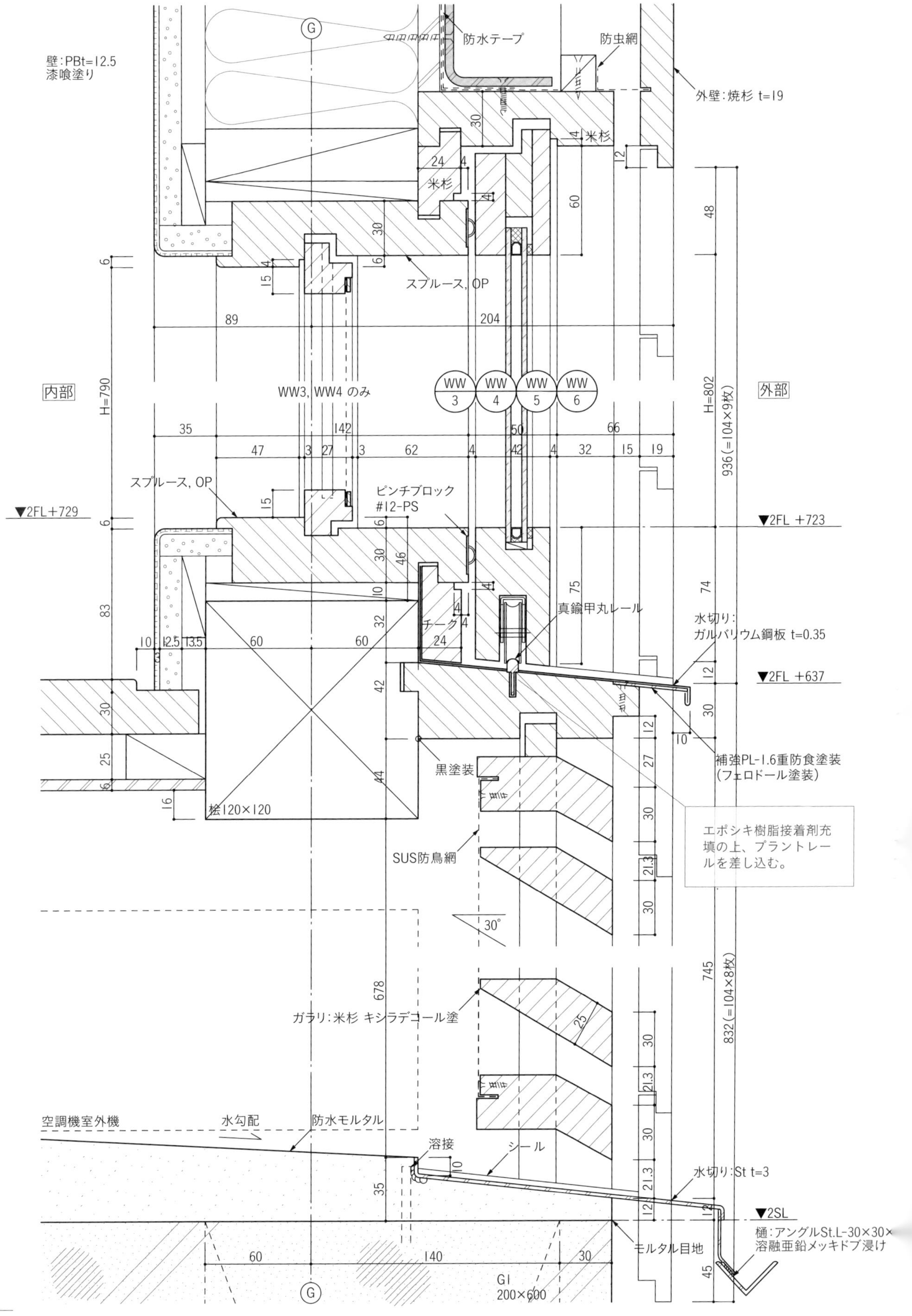

枠廻り詳細-WW3 / WW4 / WW5 / WW6（断面/平面） S=1/3

メンテナンス性を考慮した片引きガラス戸

片引きガラス戸はすっきりして気持ちのよいものであるが、内側からガラス面の清掃をするときに拭き残しが出てしまう欠点がある。

ここでは戸当たり枠を戸蓋加工して100ミリ程度引き込めるようにし、片側から拭き残しがないように拭くことを可能にしている。

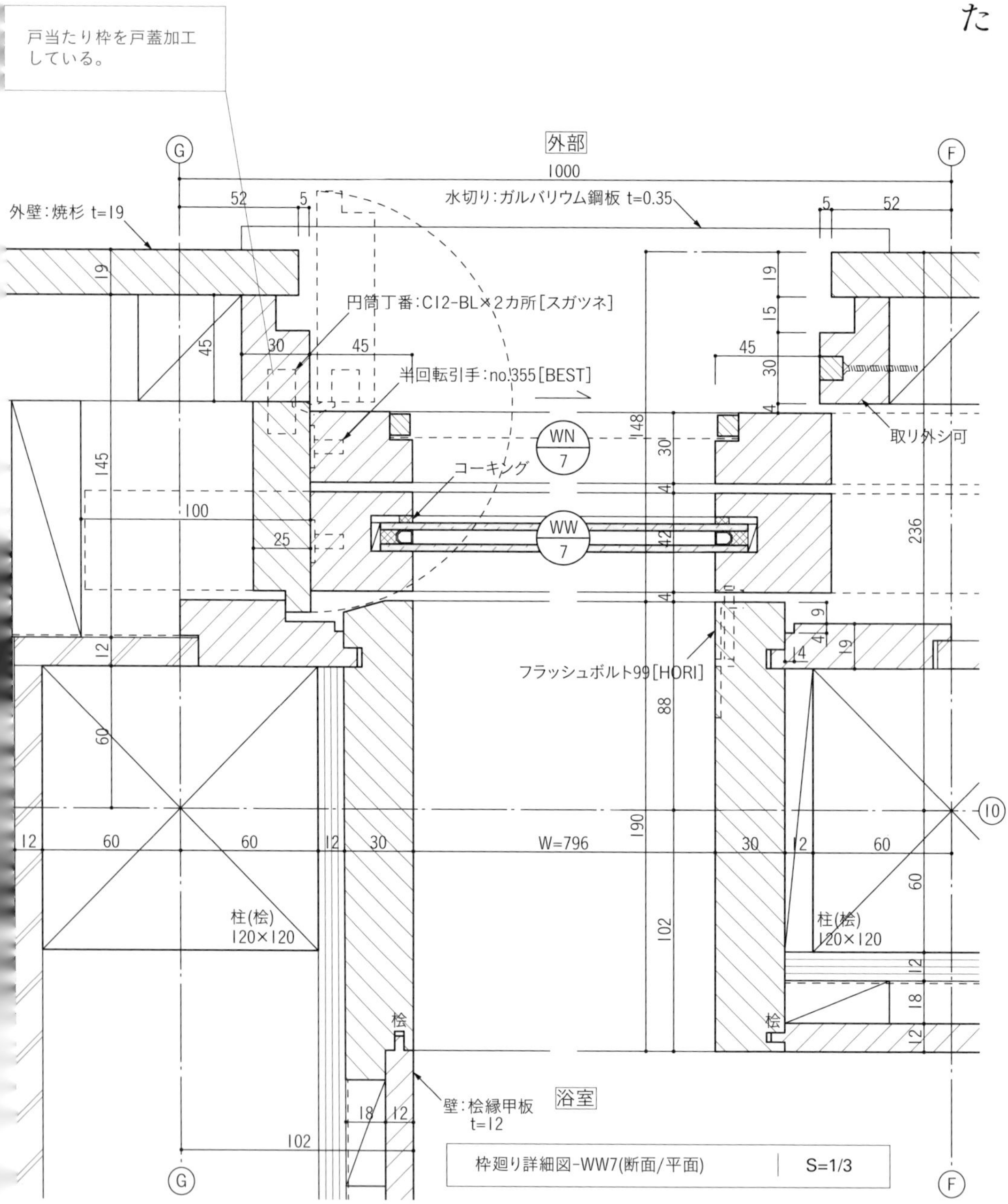

枠廻り詳細図-WW7(断面/平面) S=1/3

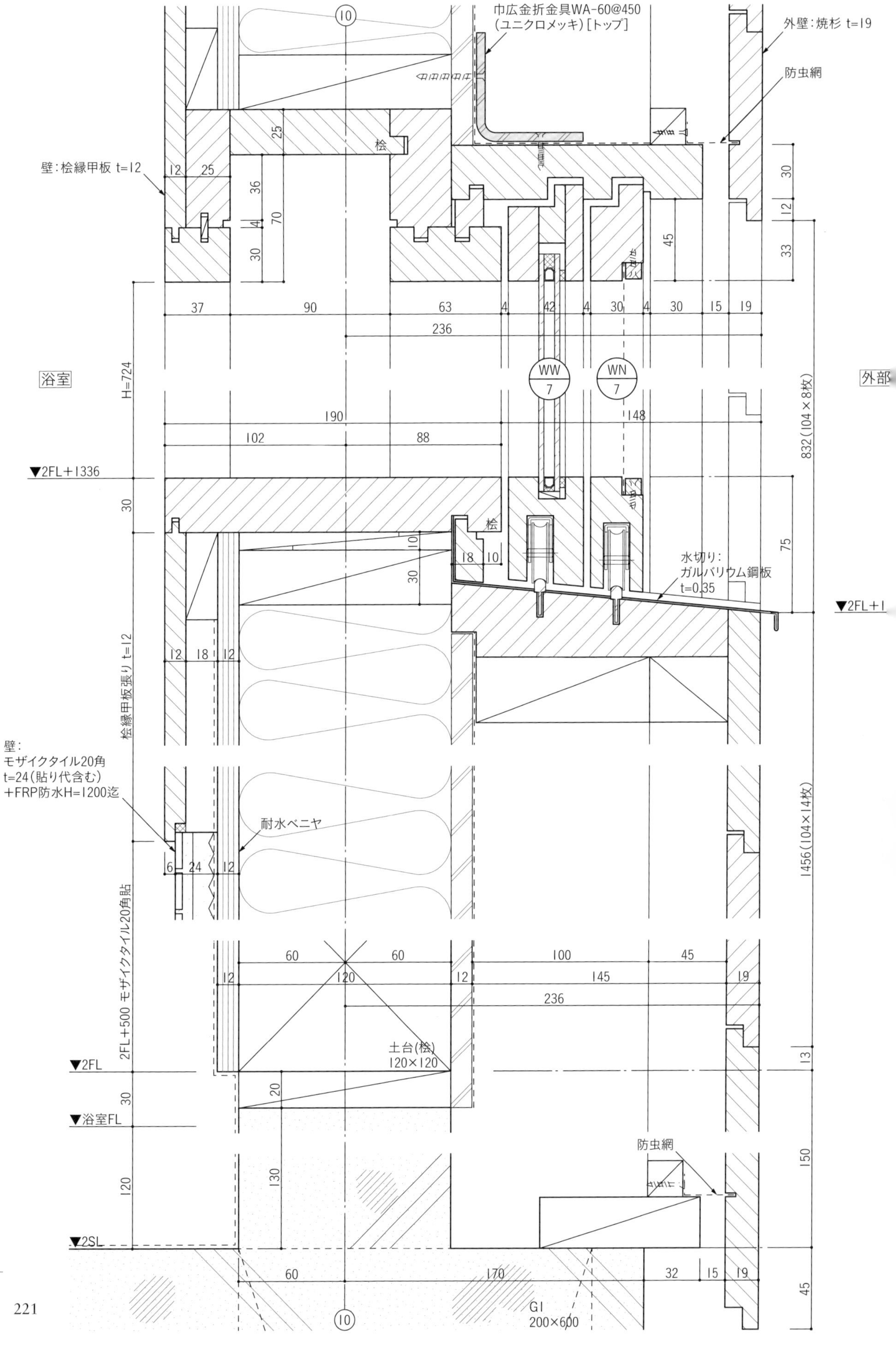
巾広金折金具WA-60@450
(ユニクロメッキ)[トップ]
外壁:焼杉 t=19
防虫網
壁:桧縁甲板 t=12
浴室
外部
▼2FL+1336
▼2FL+1
水切り:
ガルバリウム鋼板
t=0.35
桧縁甲板張り t=12
壁:
モザイクタイル20角
t=24(貼り代含む)
+FRP防水H=1200迄
耐水ベニヤ
2FL+500 モザイクタイル20角貼
土台(桧)
120×120
▼2FL
▼浴室FL
防虫網
▼2SL
GI
200×600
H=724
832(104×8枚)
1456(104×14枚)
WW 7
WN 7

小さい窓も印象を変える力がある

トイレ内の小窓である。WW3と同じく、網戸を連結しているので虫などが入りにくくなっている。またブラインドの上部ボックスのみ隠している。

小さいけれど印象的な光の空間になった。

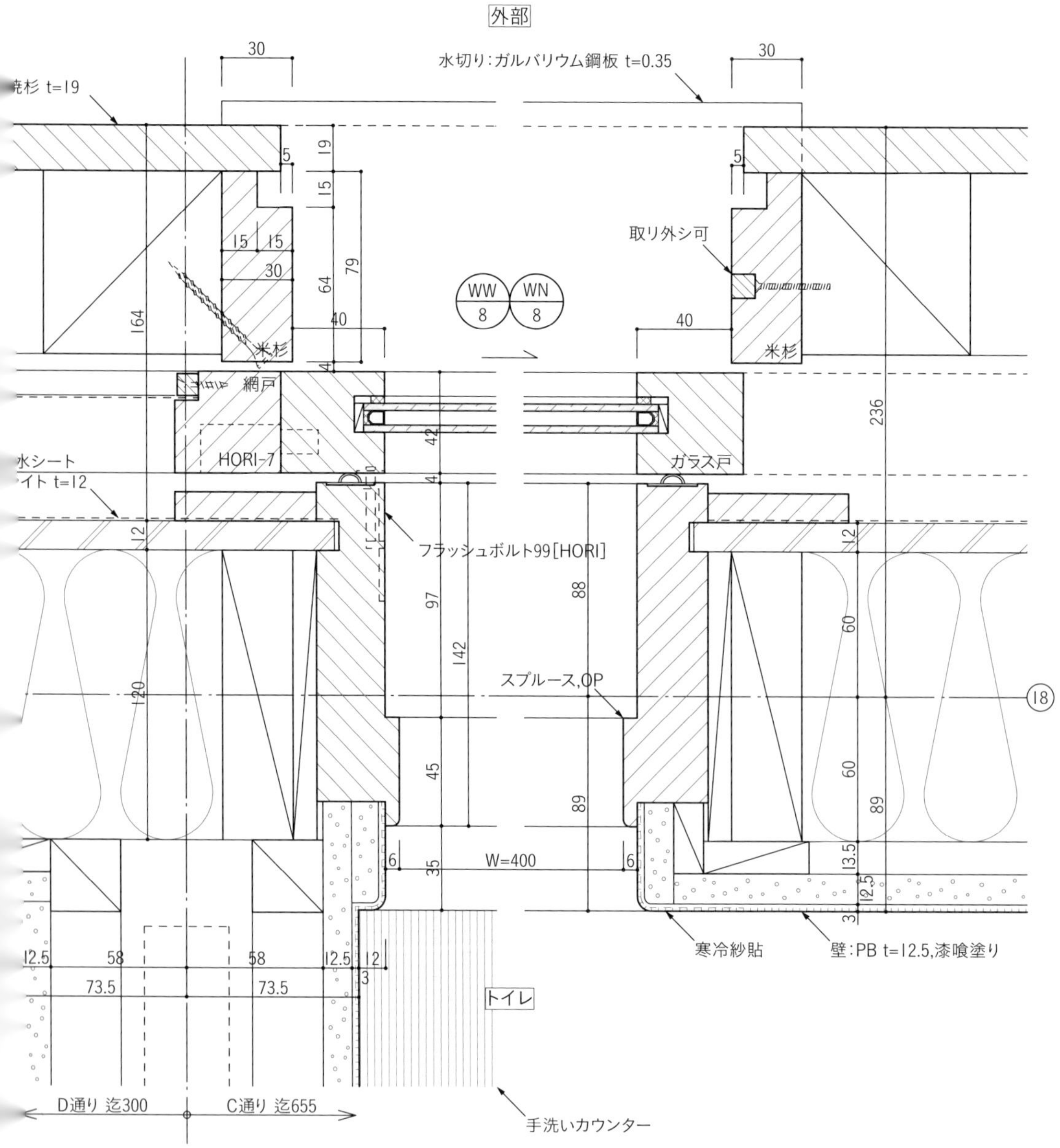

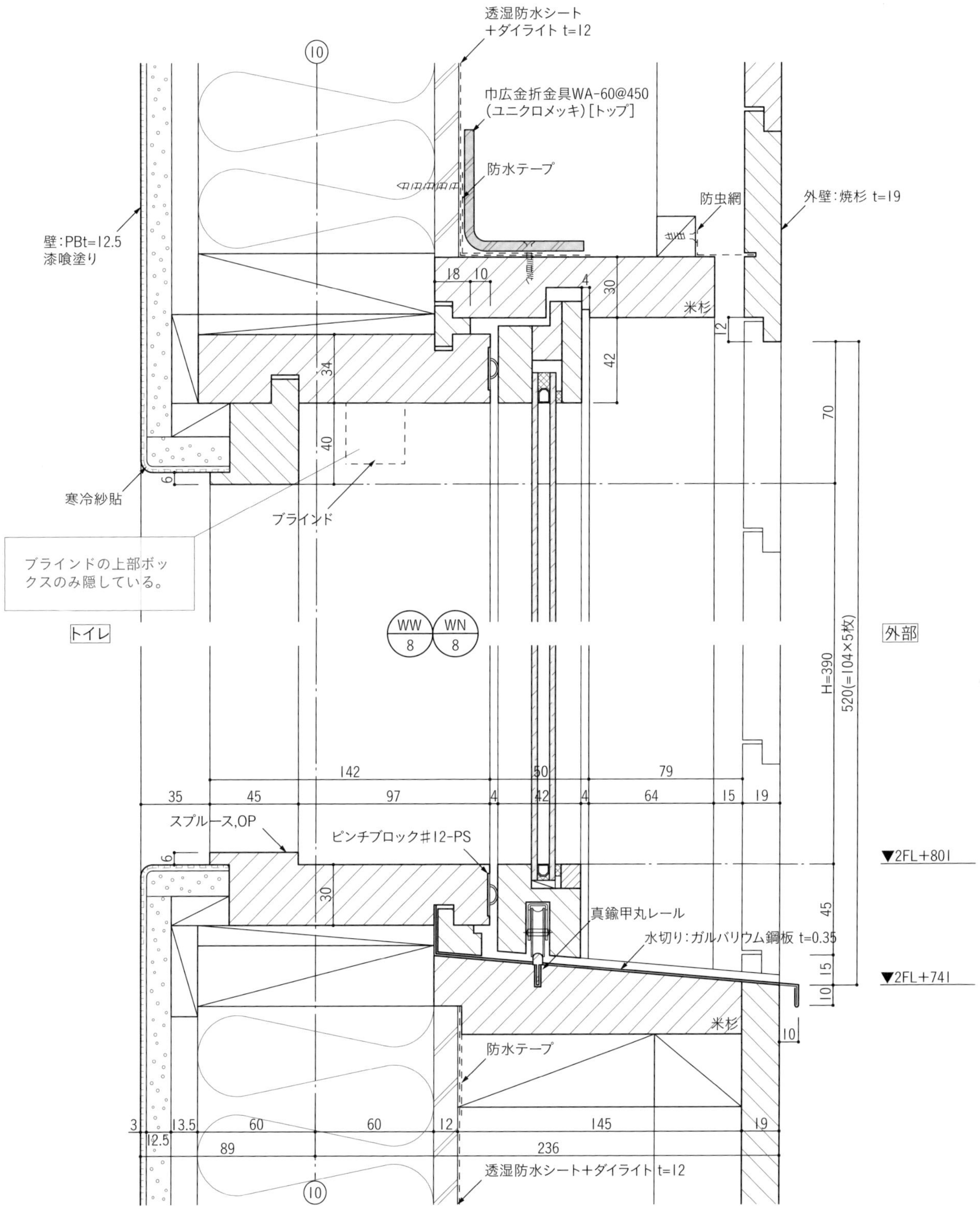

枠廻り詳細図-WW8(断面／平面) | S=1/3

木製建具は下枠を攻略せよ

浴室への出入り口。木製建具の弱点は下枠であるので浴室では吊り戸にしている。この場合はユーティリティとの段差をモザイクタイル1枚分の高さにしている。枠廻りの防水の納まりを見てほしい。

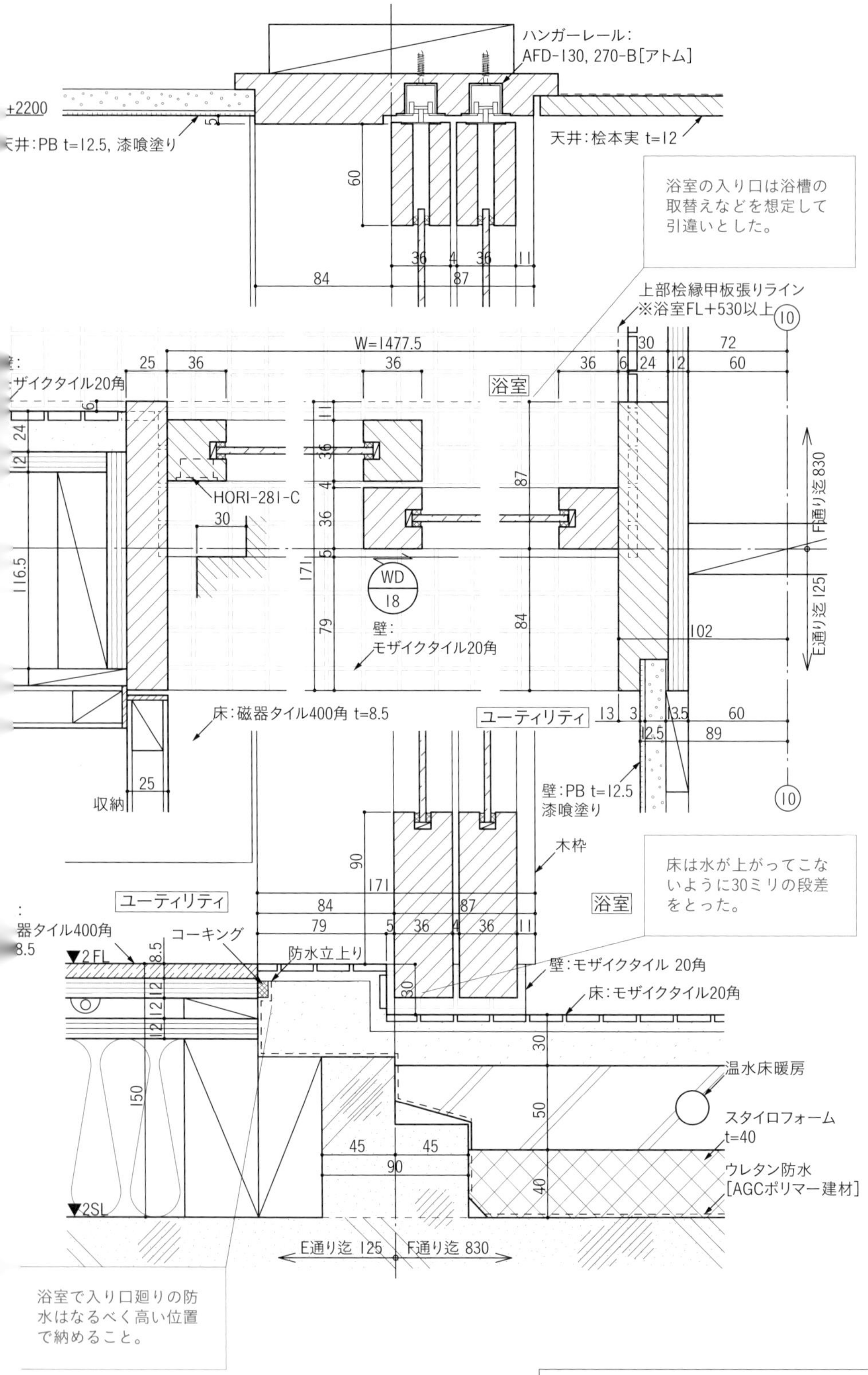

枠廻り詳細図-WD18（平断面）　S=1/4

3階の物干し場の建具。吊り戸形式の折れ戸とした。

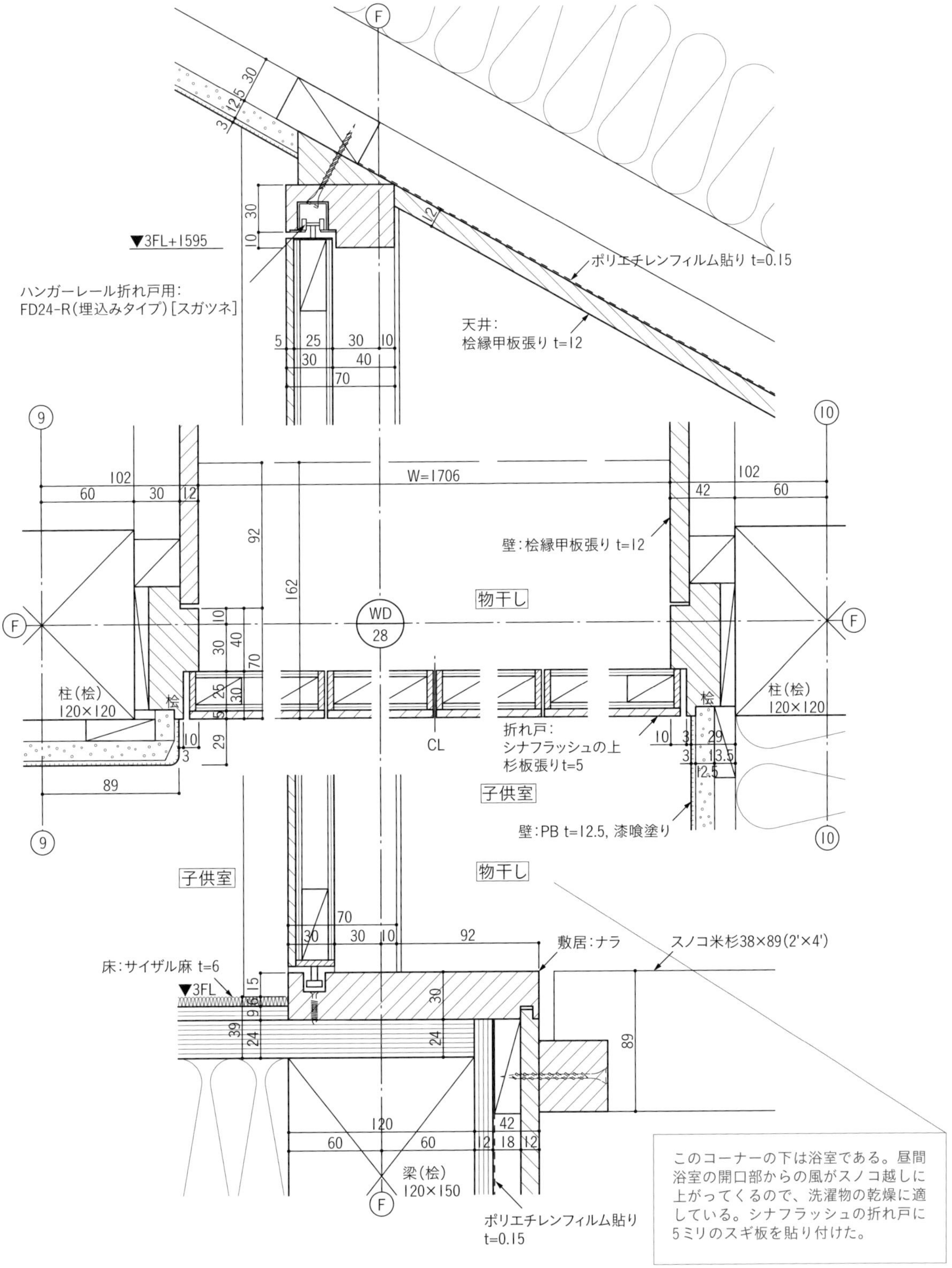

このコーナーの下は浴室である。昼間浴室の開口部からの風がスノコ越しに上がってくるので、洗濯物の乾燥に適している。シナフラッシュの折れ戸に5ミリのスギ板を貼り付けた。

枠廻り詳細図-WD28(平断面) | S=1/4

家全体の換気・通気を担う開口部

これは3階子供室の引分け窓で、法規上の排煙口、非常用の出口も兼ねている。

　窓ガラスのクリーニング（外側の花台はその場合の必要な足場となる）を考慮して引分けとしている。この窓は家全体のベンチレーションの役割を担うため、網戸をガラス窓の内側に配置して常時閉めた状態で使うことを考えている。

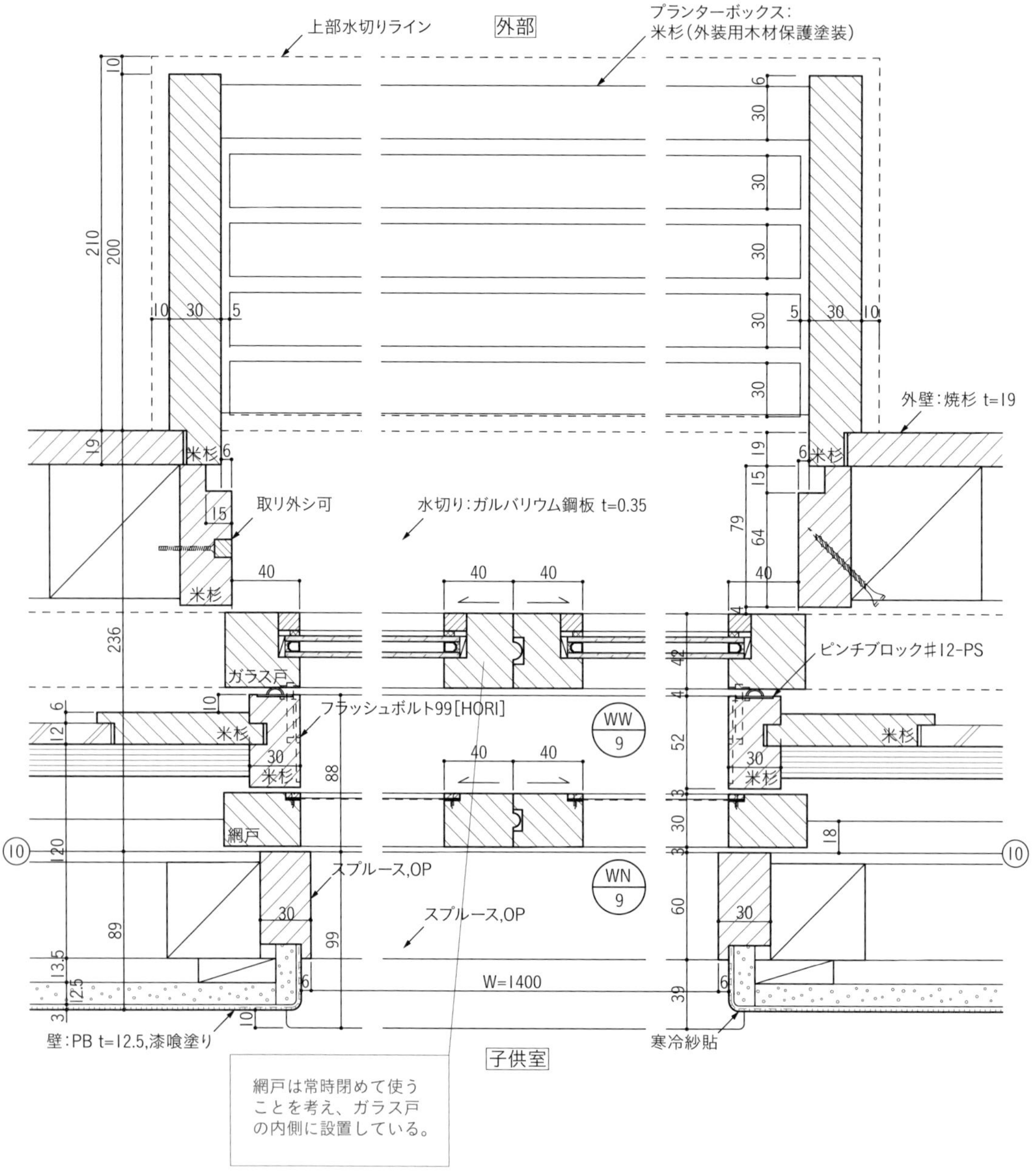

上部水切りライン
外部
プランターボックス：
米杉（外装用木材保護塗装）
外壁：焼杉 t=19
米杉
取り外シ可
水切り：ガルバリウム鋼板 t=0.35
ガラス戸
ピンチブロック♯12-PS
フラッシュボルト99［HORI］
WW
9
網戸
WN
9
スプルース,OP
スプルース,OP
W=1400
壁：PB t=12.5,漆喰塗り
寒冷紗貼
子供室
網戸は常時閉めて使う
ことを考え、ガラス戸
の内側に設置している。

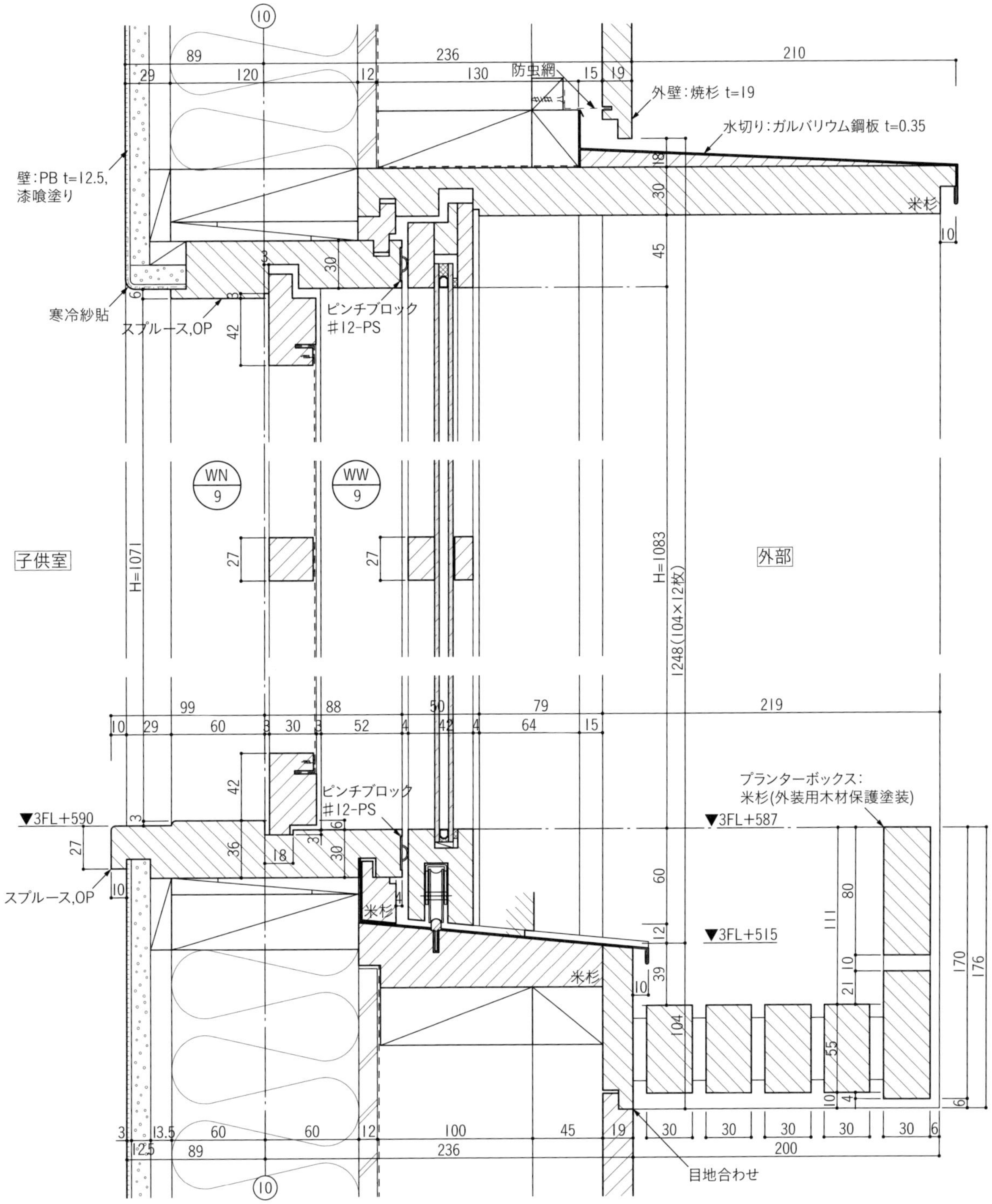

枠廻り詳細図-WW9(断面/平面) S=1/4

棟梁の提案から生まれた突き出し板戸

棟上げも終わり、外壁の下地ができた頃、棟梁の藤元さんから提案があった。東側からいい風が入ってくるので、開口を設けてはどうかと。

そこで外壁板3枚分の高さの突き出し板戸を考えた。それがこの通風口である。内側にはステンレス網戸が壁に引き込まれている。

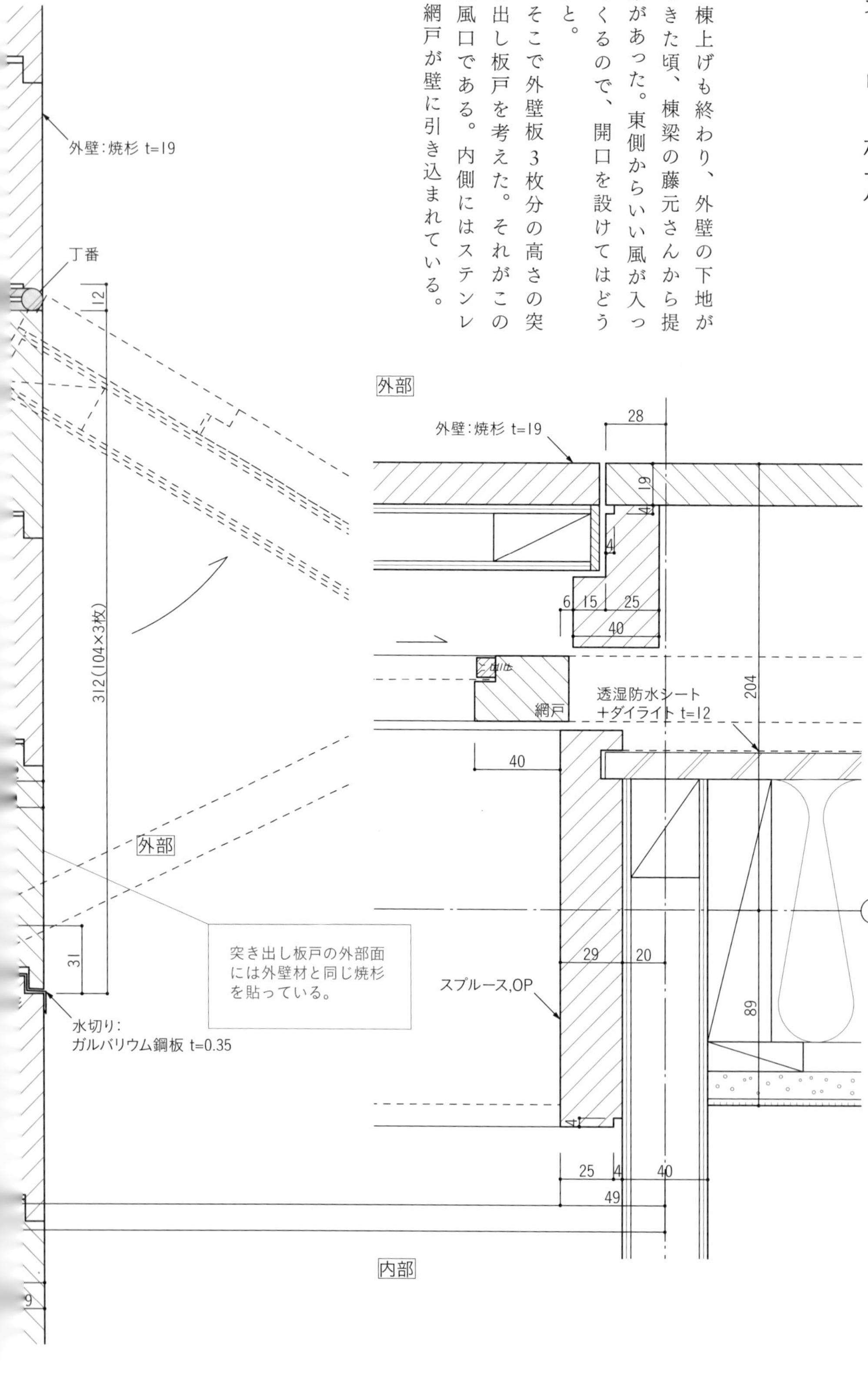

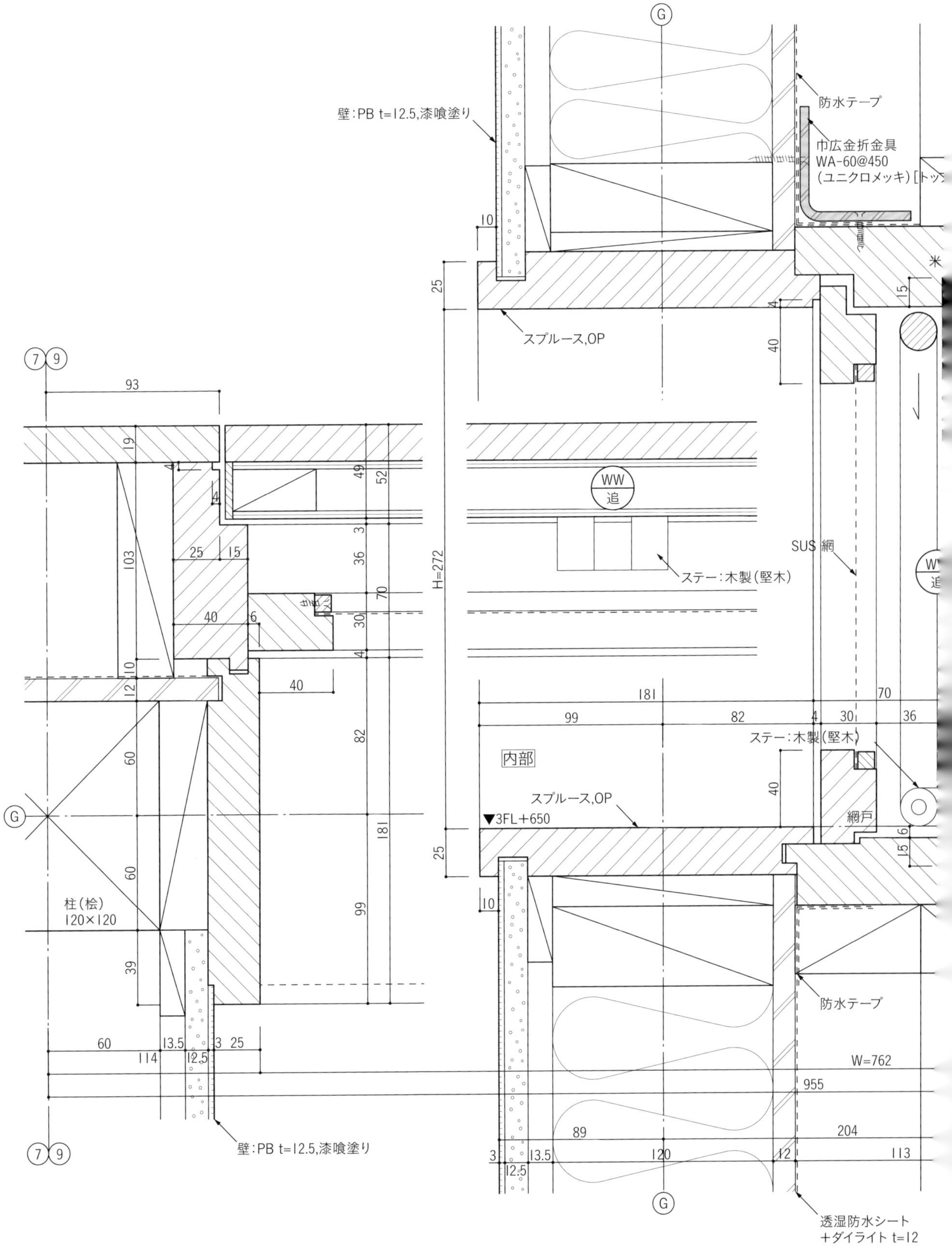

枠廻り詳細図-WW追加(平断面)　S=1/3

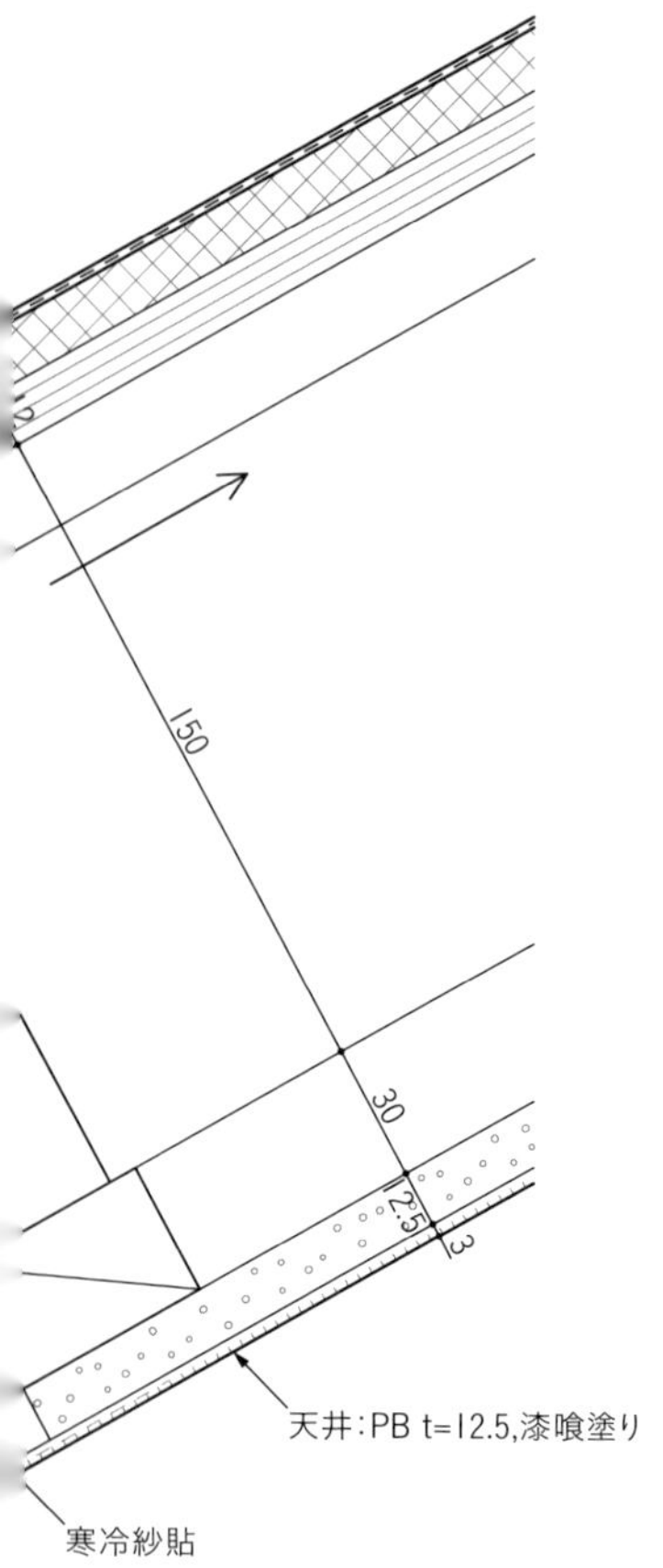

屋根面と一体化したトップライト

トップライトのガラスを屋根面と一体とすることを考えた。ガラスはSUS−304、t＝0・4で内枠をつくりシールの上、シールの紫外線劣化を防ぐために屋根材カラーガルバリウム鋼板でカバーしている。また結露受けとして垂木頂部には屋根材と共材の鋼板でガーターを設けた。ガラスは合わせガラスとし、紫外線99％および熱線除去に効果のある高透明遮熱フィルムを内貼りした。

内枠廻りは6ミリのチリをとり、強い影が出ないように配慮し、これを白くペイントしている。上枠にはスリットを設け、温められた空気がガラス面をなめながら対流することで結露防止を期待している。

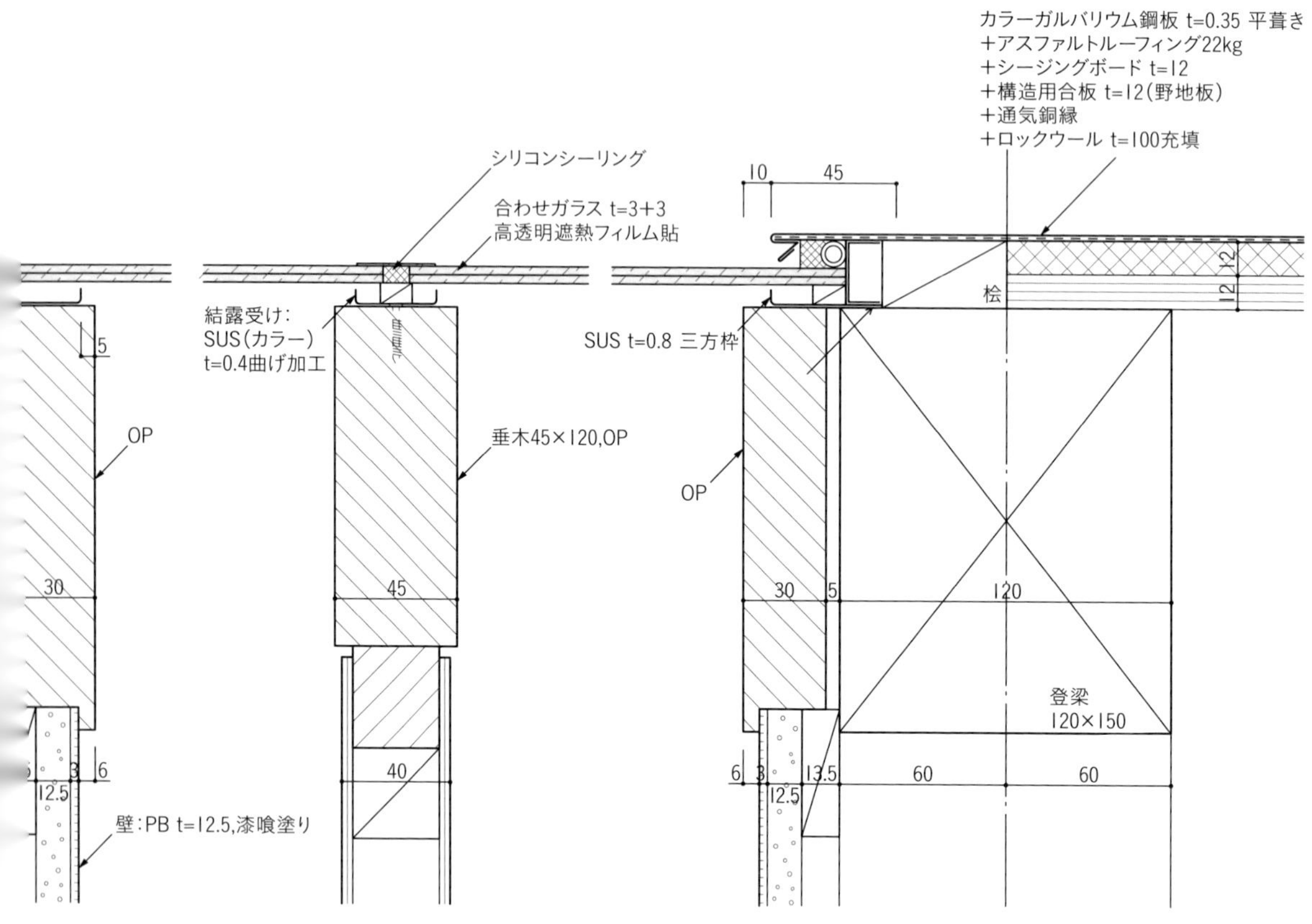

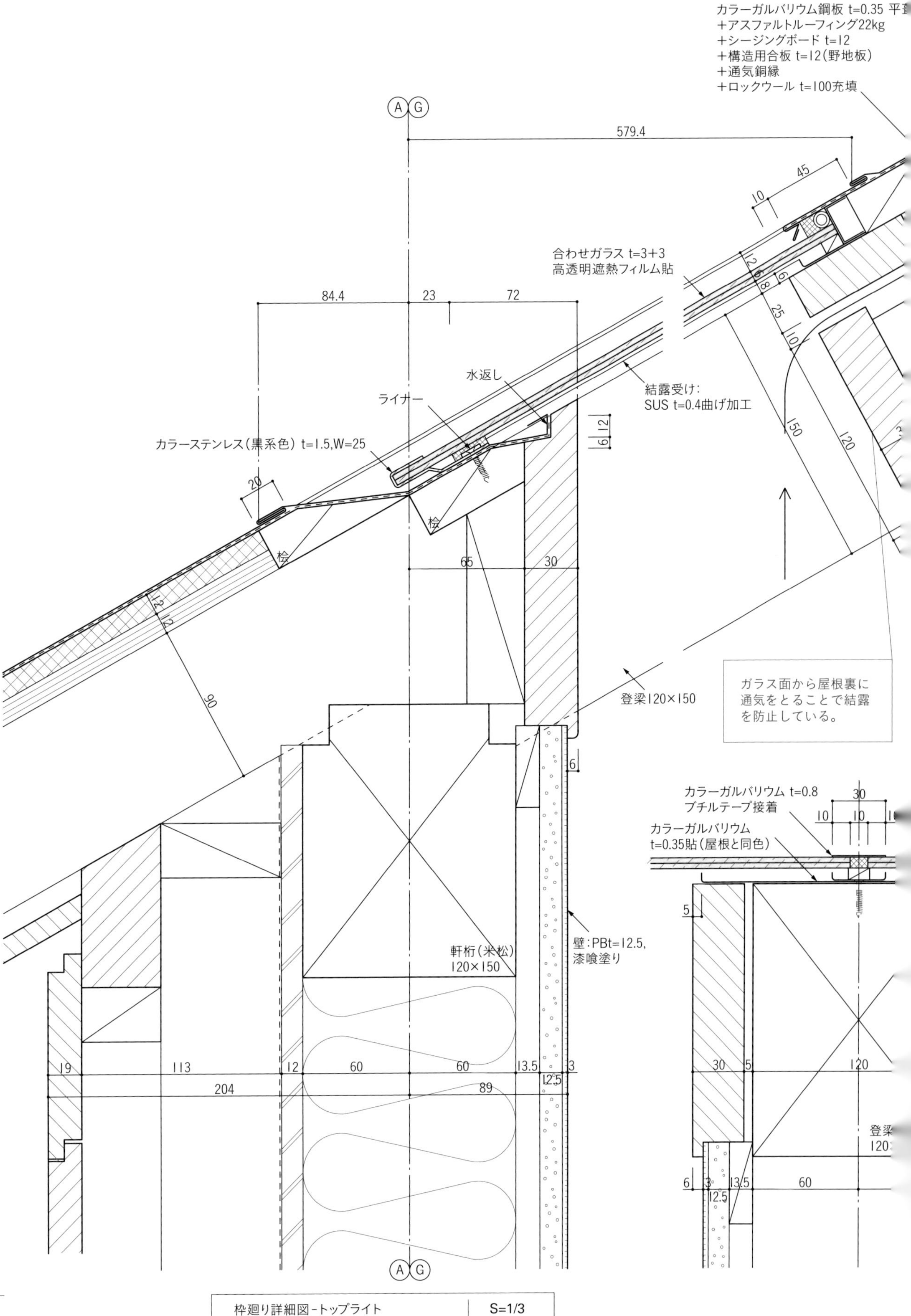

カラーガルバリウム鋼板 t=0.35 平葺
+アスファルトルーフィング22kg
+シージングボード t=12
+構造用合板 t=12(野地板)
+通気銅縁
+ロックウール t=100充填
579.4
合わせガラス t=3+3
高透明遮熱フィルム貼
84.4
23
72
水返し
ライナー
結露受け:
SUS t=0.4曲げ加工
カラーステンレス(黒系色) t=1.5,W=25
桧
桧
登梁120×150
ガラス面から屋根裏に
通気をとることで結露
を防止している。
カラーガルバリウム t=0.8
ブチルテープ接着
カラーガルバリウム
t=0.35貼(屋根と同色)
軒桁(米松)
120×150
壁:PBt=12.5,
漆喰塗り
204
89

枠廻り詳細図-トップライト S=1/3

塗り籠め的な建築

伏見唯
（建築史家・編集者）

手嶋保の建築は、簡単には言葉を受け入れてくれそうにない。

手嶋が設計した建築をはじめて訪ねたとき、設計主旨を問うても、「恥ずかしいから、つくり手自身に聞かないでください」といわれた。それは、こちらの勉強不足を見抜かれていたから、自分で考えろ、という含意で発せられた言葉だろう。ただ同時におそらくは、わかりやすい言葉によって自分の建築が単純化されて理解されるのを、避けようとしたのだとも思う。

その慎重さは、手嶋自身のテキストにも表れている。たとえば自分の建築では、「漂うアウラ」が肝要であるとし、あるいは住まい手が「心身ともに健やかに暮らすこと」が大切だと述べている。建築自体の力を邪魔しない言葉というと、こうしたイメージに拡がりを残した表現が適切なのかもしれない。

多くを語らず、言葉を寄せつけない建築をつくり続け、人々の心を熱くたぎらせながらも、その熱さゆえに発言を躊躇させるような、沈黙の感動を与えてきた、師・吉村順三の存在が見え隠れする。言語化に頼らない、それが手嶋建築を見るときの前提として、心がけていることだ。

とはいえ、手嶋自身が積極的に語ろうとしないだけで、言葉で表現ができる作風は、もちろんある。たとえば木造建築には珍しく、曲面が多いこと。この曲面を見ると、やや大袈裟なようだが、手嶋は大壁の展開の探求者の一人といえなくもない。

いうまでもなく、日本の木造建築は真壁を基本としてきたが、筋かいや断熱材を入れることが求められたり、吉田五十八の近代数寄屋をはじめとした木造のモダニズムが浸透し、すっかり大壁が定着して、現代に至っている。法規もあり、もはや大壁を選択するのは、住宅ではほとんどあたりまえの時代だが、大壁によって木造はどう変わったか。むろん軸部の木割からは解放されているけれども、解放された後に、何を展開させるか。木割を捨て、何を得たのか。真壁の歴史の長さを思えば、大壁の展開はいくつもあるとはいえ、まだまだ収束したとはいえない。

そうした目で見ると、「浦和の家」の外壁の丸い隅、「堀切の家」の壁から飛び出たベンチ、丸い階段、「川越の家」の天窓廻り、「伊部の家」の下がり壁の円弧状の端部、そして天井の曲面などのディテールがおもしろい。断面詳細図のふかしてある部分に目が行ってしまうのだ。前近代の日本にも、真壁ばかりでなく、厚く漆喰を塗った壁で構造を覆いつくす亀腹や城郭などの塗り籠めの文化もあったから、手嶋建築の白くて丸い部分を見て、塗り籠めを連想したことは何度もある。

手嶋建築を言葉で表現するのを避けているとはいえ、大壁の展開が見られるということは、見え掛かりに特徴があるということでもあり、その見え掛かりが「漂うアウラ」を醸し出しているのであれば、「大壁の展開」や「塗り籠め」が手嶋の作風の一つといってもよいだろうか。思えばやはり、構造即意匠という美学は昔から業界に根強く染みわたっているが、住まい手が「心身ともに健やかに暮らす」という、手嶋をはじめとした多くの建築家に共通した目標の前では、いったん放念する勇気も必要なのかもしれない。構造や意匠といった建築の理屈の外に、詩学がある。

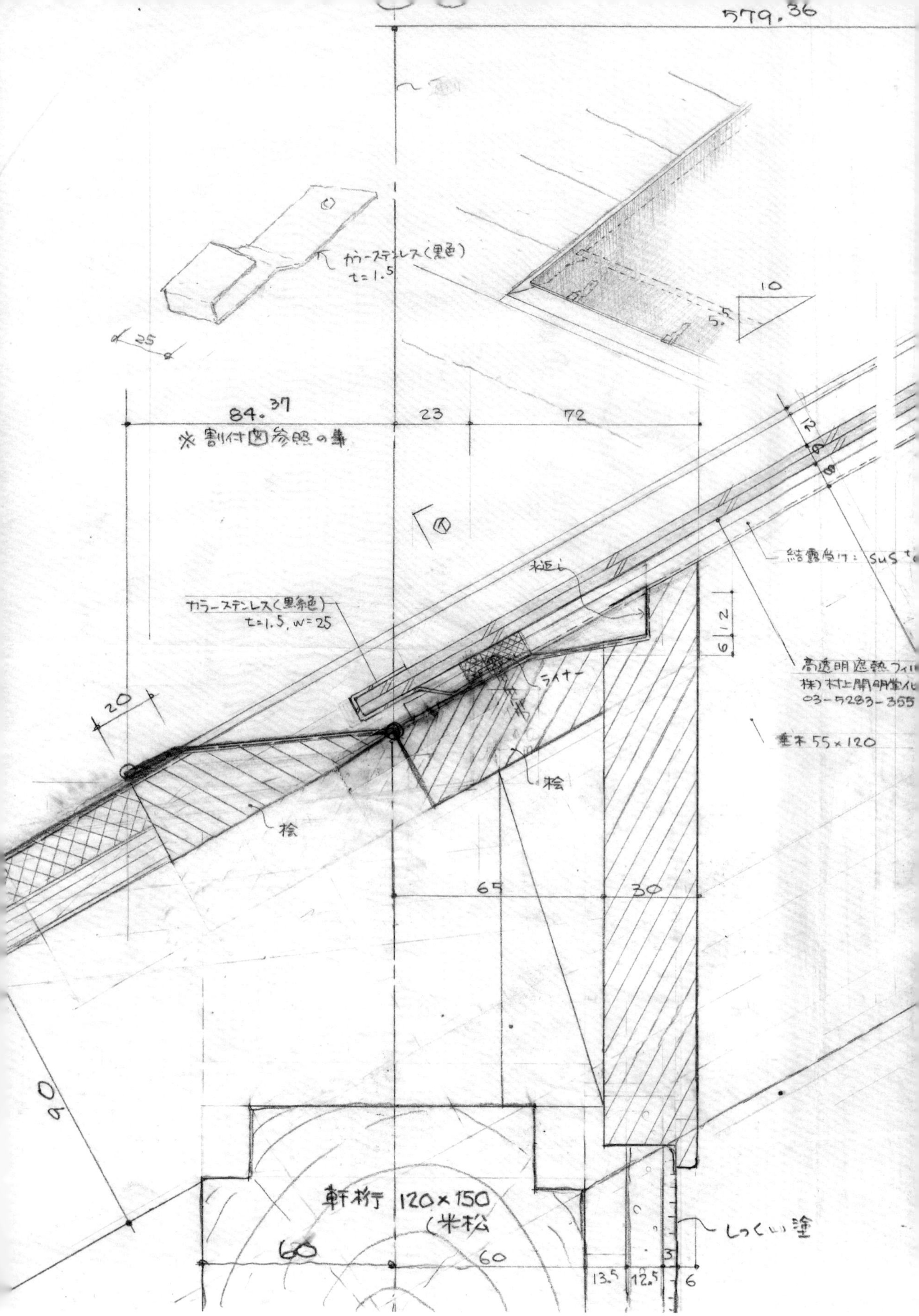

579.36
カラーステンレス(黒色)
t=1.5
25
10
5.5
84.37
23
72
※割付図参照の事
12
6
結露受け： SUS t
カラーステンレス(黒系色)
t=1.5, w=25
水返し
6
12
高透明遮熱フィル
株) 村上開明堂化
03-5283-355
ライナー
20
垂木 55×120
桧
桧
65
30
90
軒桁 120×150
(米松
60
60
しっくい塗
13.5
12.5
3
6

付録

建具表

WN 追

引込みガラス戸および連結網戸

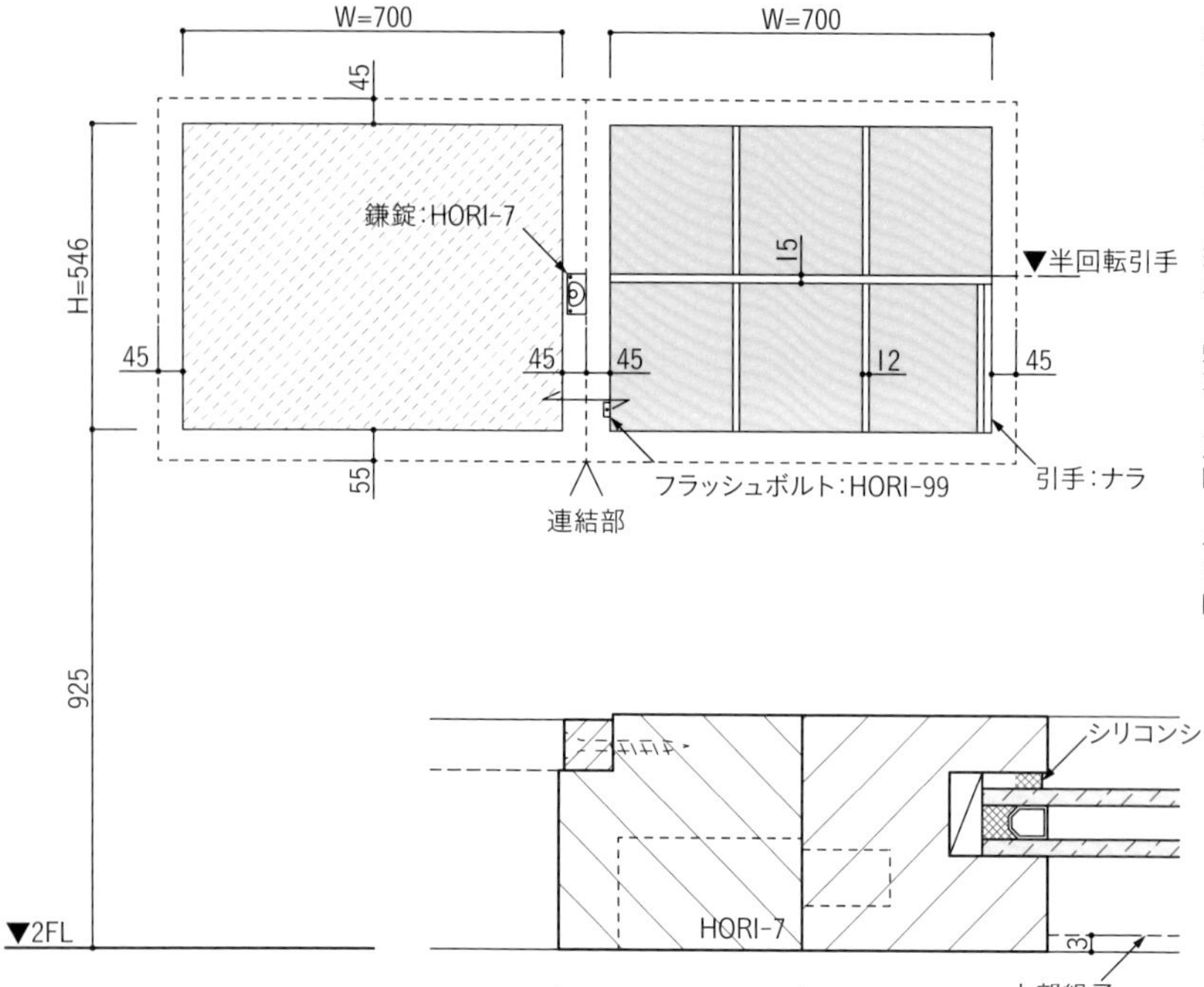

姿図 S=1/20

場所:
キッチン

建具見込み:
42

材質・仕上:
米杉,オスモウッドステイン(クリア)

ガラス・網戸:
トーメイペアガラス
(t=3+6+3)落込み工法,SUS網

締り・ハンドル・引手:
半回転引手 No.355 60mm 黄銅磨き[BEST]

蝶番・レール・戸車:
真鍮甲丸レール,SUSベアリング 入戸車

戸当り・上げ落し:
HORI-99

その他
ピンチブロック(スライド加工)
HORI-7(連結用))

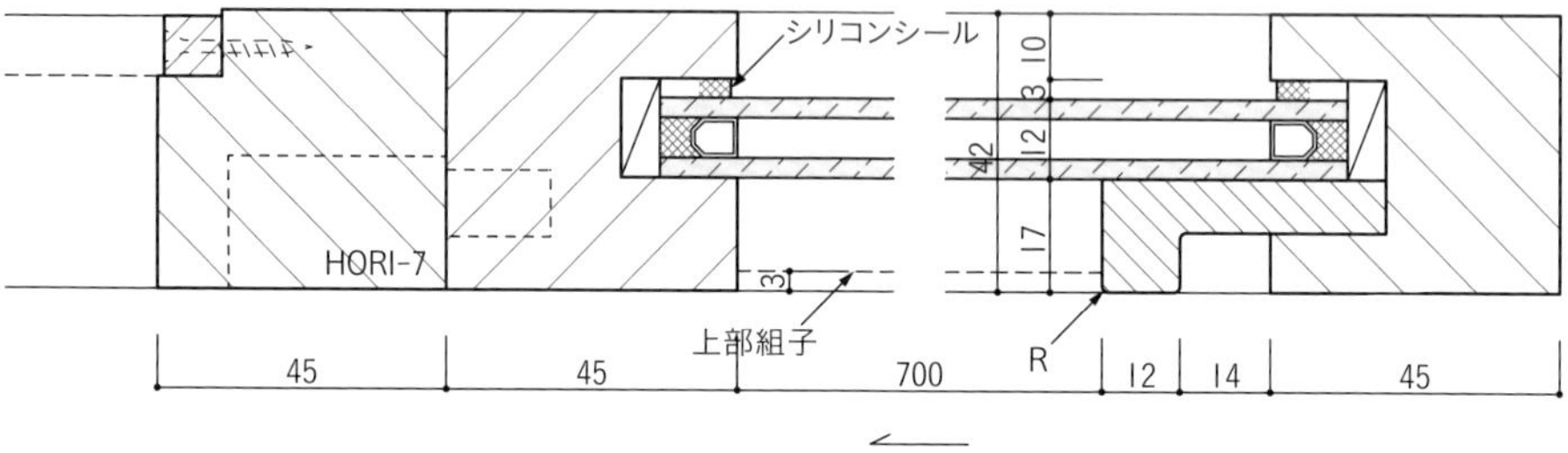

引手詳細図 S=1/2

引込みガラス戸および連結網戸

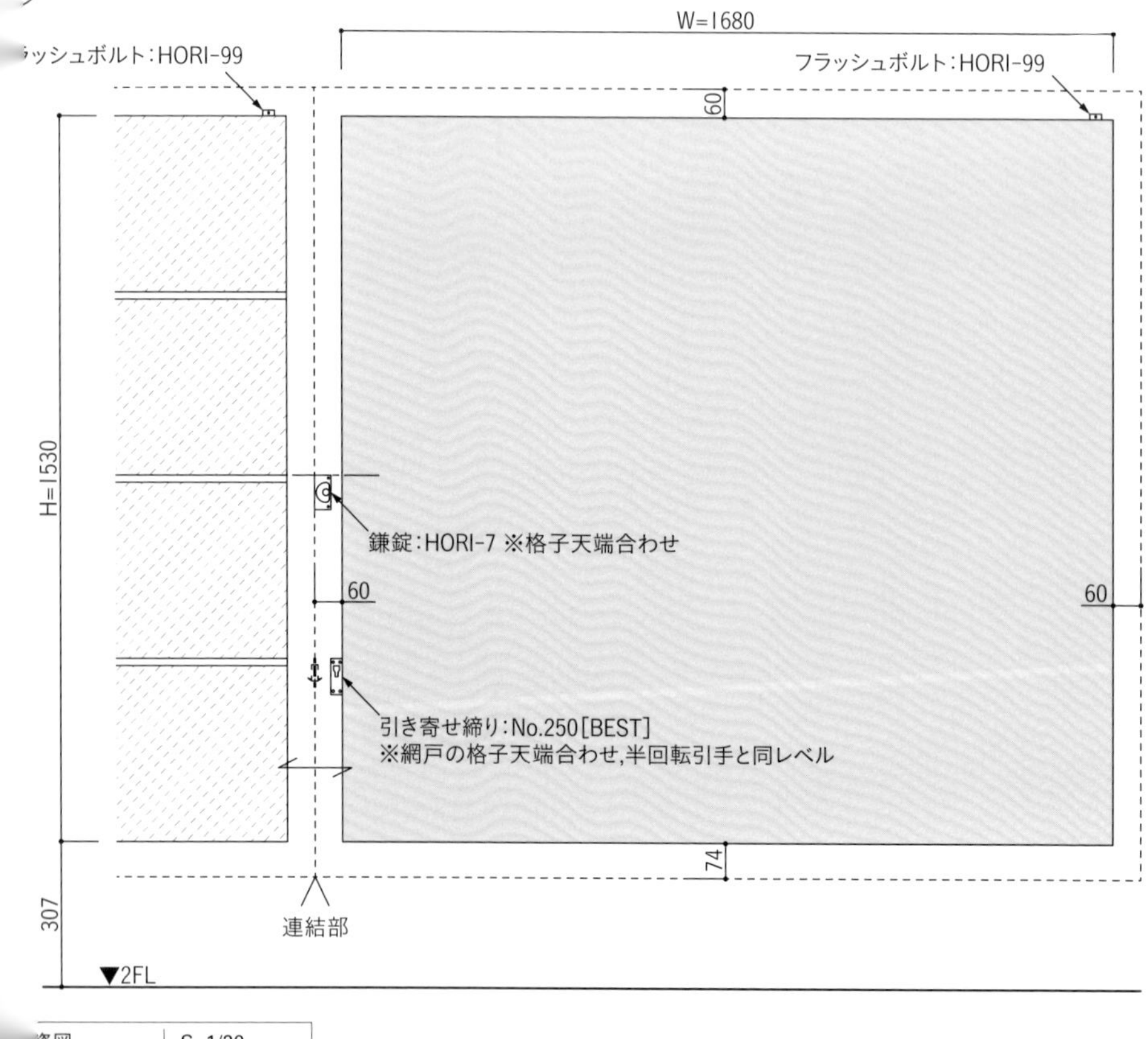

姿図 S=1/20

場所:
リビング

建具見込み:
42

材質・仕上:
米杉,オスモウッドステイン
(クリア)

ガラス・網戸:
トーメイペアガラス
(t=3+6+3)
落込み工法

締り・ハンドル・引手:
引き寄せ締り No.250
黄銅磨き[BEST]

蝶番・レール・戸車:
SUSベアリング 入戸車

戸当り・上げ落し:
HORI-99
HORI-7(連結用)

その他
框、組子共に同面とする
ピンチブロック(スライド加工)

WW 8 / WN 8

引込みガラス戸および連結網戸

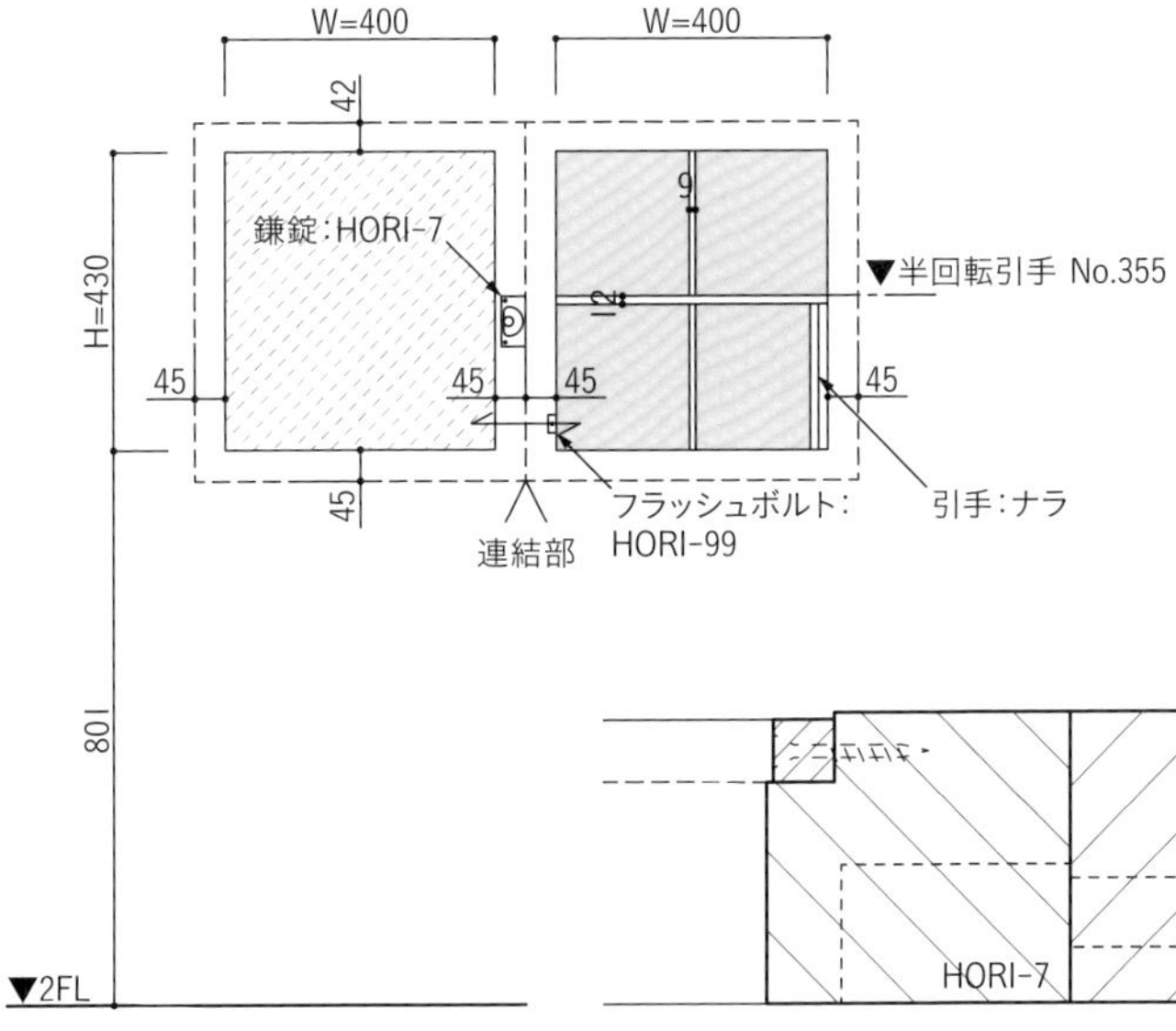

姿図 S=1/20

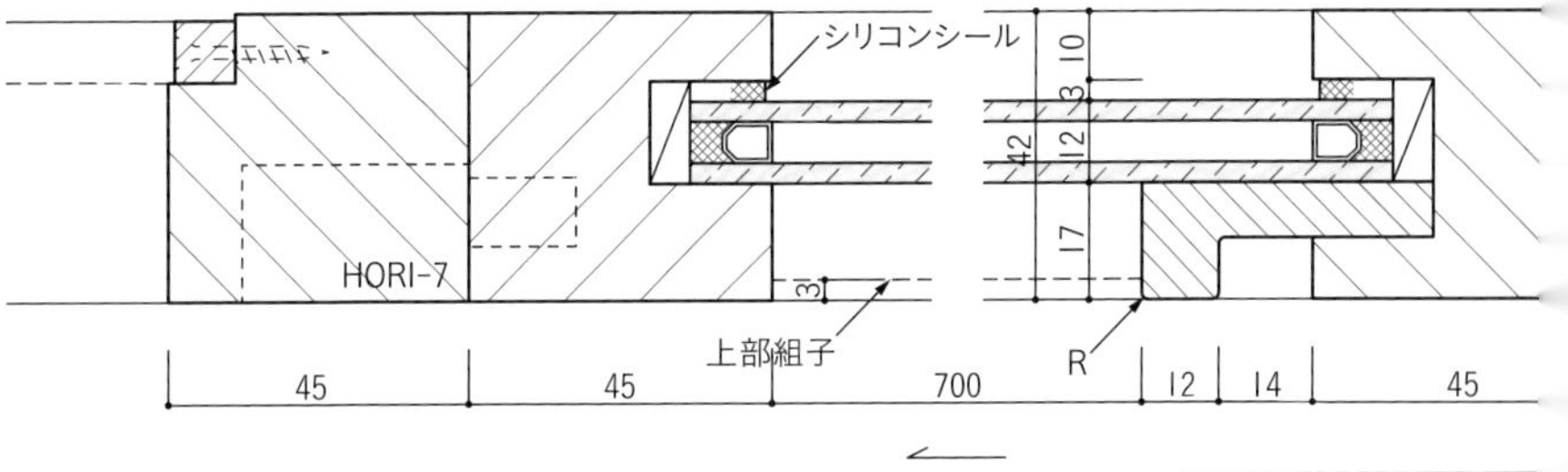

引手詳細図 S=1/2

場所:
トイレ

建具見込み:
42

材質・仕上:
米杉,オスモウッドステイン(クリア)

ガラス・網戸:
トーメイペアガラス(t=3+6+3)落込み工法,SUS網

締り・ハンドル・引手:
半回転引手 No.355 60mm 黄銅磨き[BEST]

蝶番・レール・戸車:
真鍮甲丸レール,SUSベアリング 入戸車

戸当り・上げ落し:
HORI-99[堀商店]

その他
ピンチブロック(スライド加工)
HORI-7[堀商店](連結用)

WN 2

引込みガラス戸および連結網戸

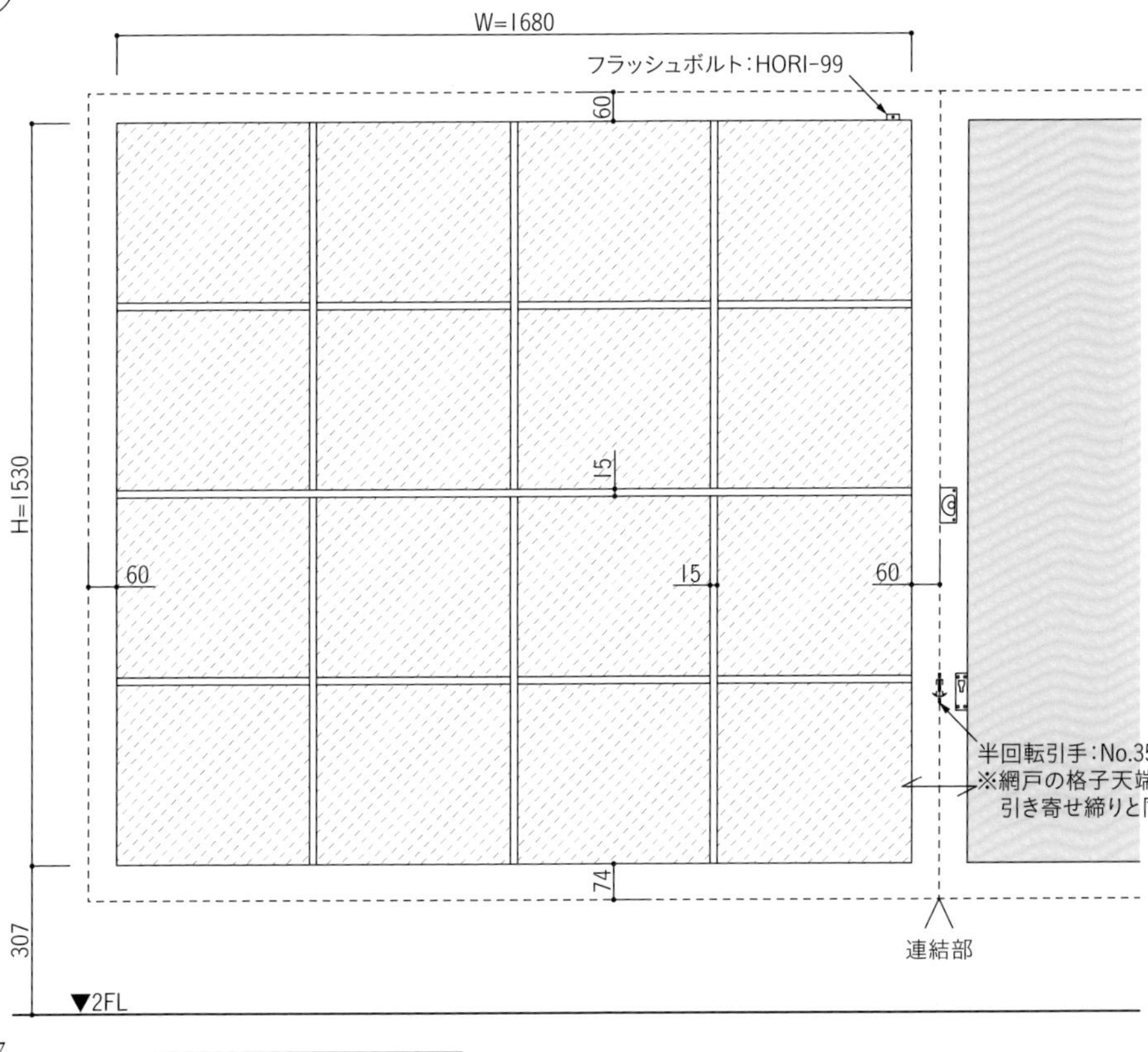

姿図 S=1/20

場所:
リビング

建具見込み:
42

材質・仕上:
米杉,オスモウッドステイン(クリア

ガラス・網戸:
SUS網

締り・ハンドル・引手:
半回転引手 No.355 60mm
黄銅磨き[BEST]

蝶番・レール・戸車:
SUSベアリング 入戸車

戸当り・上げ落し:
HORI-99

その他
格子は片面のみ(組子同面)
框、組子共に同面とする
ピンチブロック(スライド加工)

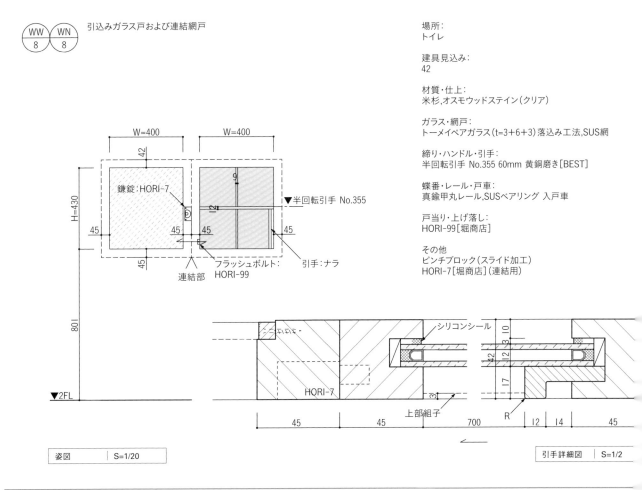

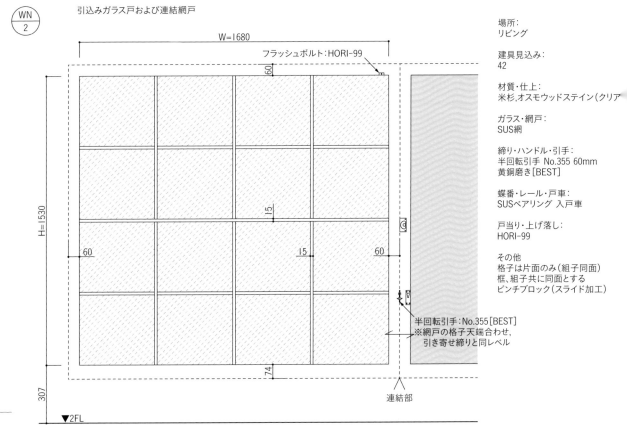

W-6 引込みガラス戸および連結網戸

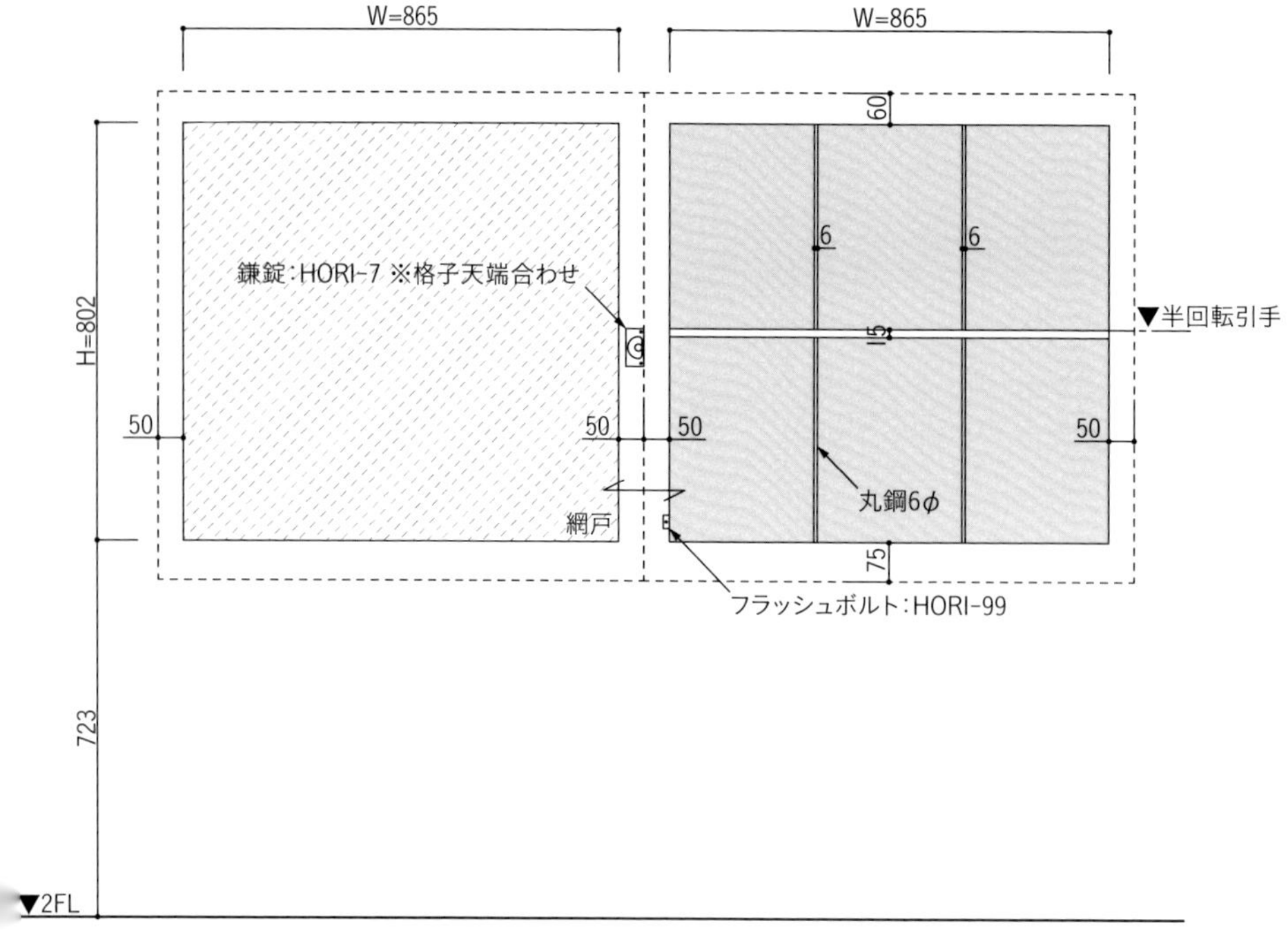

W=865
W=865
60
6
6
15
▼半回転引手
鎌錠：HORI-7 ※格子天端合わせ
H=802
50
50
50
50
網戸
丸鋼6φ
75
フラッシュボルト：HORI-99
723
▼2FL

姿図 S=1/20

場所：
ダイニング,寝室

建具見込み：
42

材質・仕上：
米杉

ガラス・網戸：
トーメイペアガラス（t=3+6+3）
落込み工法,SUS網

締り・ハンドル・引手：
半回転引手 No.355 60mm
黄銅磨き[BEST]

蝶番・レール・戸車：
真鍮甲丸レール，
SUSベアリング入戸車

戸当り・上げ落し：
HORI-99[堀商店]

その他：
ピンチブロック（スライド加工）
HORI-7（連結用）

WN 7 引込みガラス戸・網戸

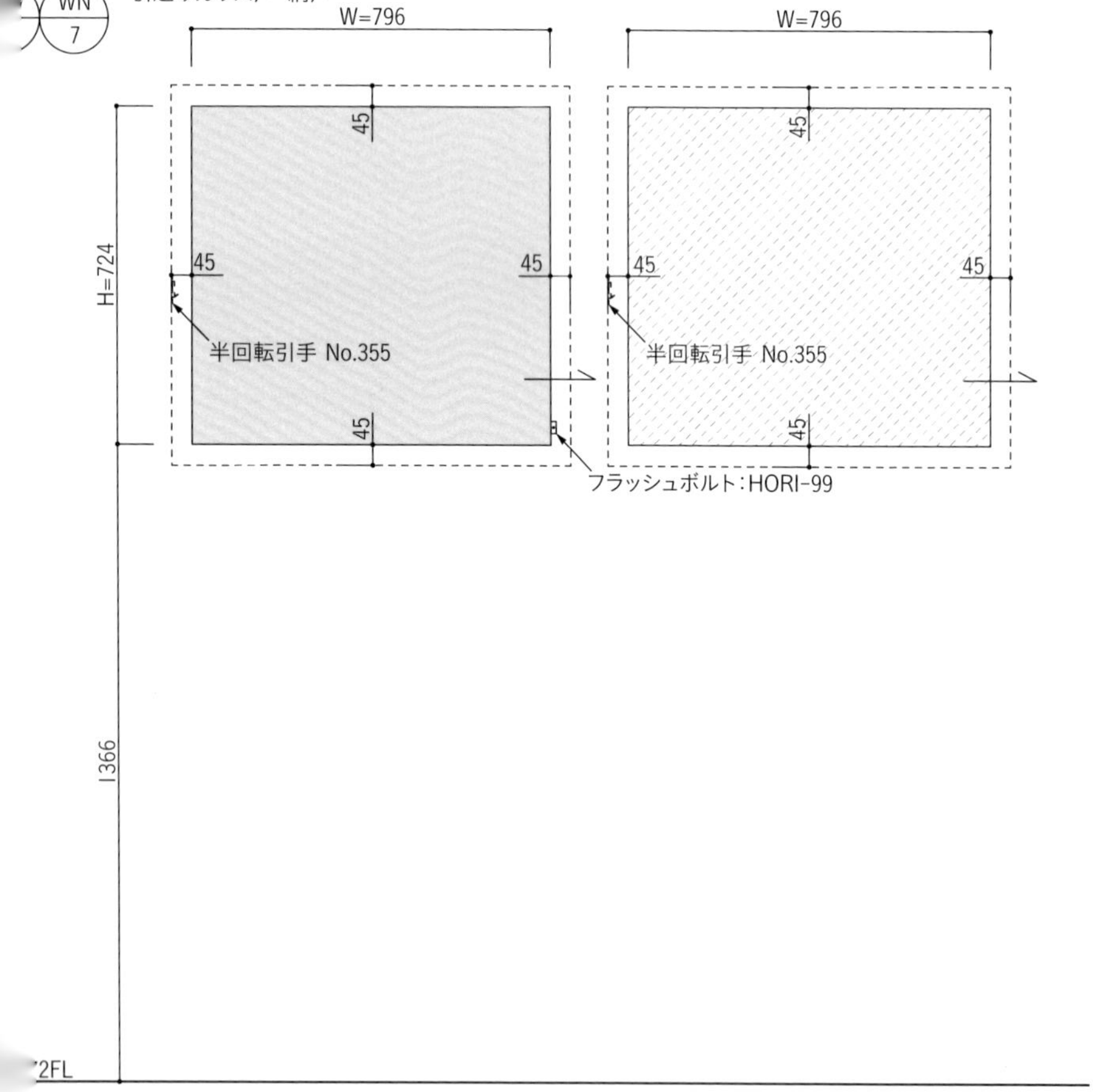

W=796
W=796
45
45
H=724
45
45
45
45
半回転引手 No.355
半回転引手 No.355
45
45
フラッシュボルト：HORI-99
1366
2FL

場所：
浴室

建具見込み：
ガラス戸：42,網戸：30

材質・仕上：
米杉,オスモウッドステイン（クリア）

ガラス・網戸：
トーメイペアガラス（t=3+6+3）
落込み工法
SUS網

締り・ハンドル・引手：
半回転引手 No.355 60mm
黄銅磨き[BEST]

蝶番・レール・戸車：
真鍮甲丸レール,
SUSベアリング入戸車

戸当り・上げ落し：
HORI-99

姿図 S=1/20

WN 3·4

引込み網戸

場所:
ダイニング

建具見込み:
27

材質・仕上:
スプルースOP(プラネットカラーOP,ツヤ無し)

ガラス・網戸:
ネルスームNEW201

締り・ハンドル・引手:
新呼出し引手7806小(ホワイトブロンズ)舟橋商店

その他:
框、組子共に同面とする

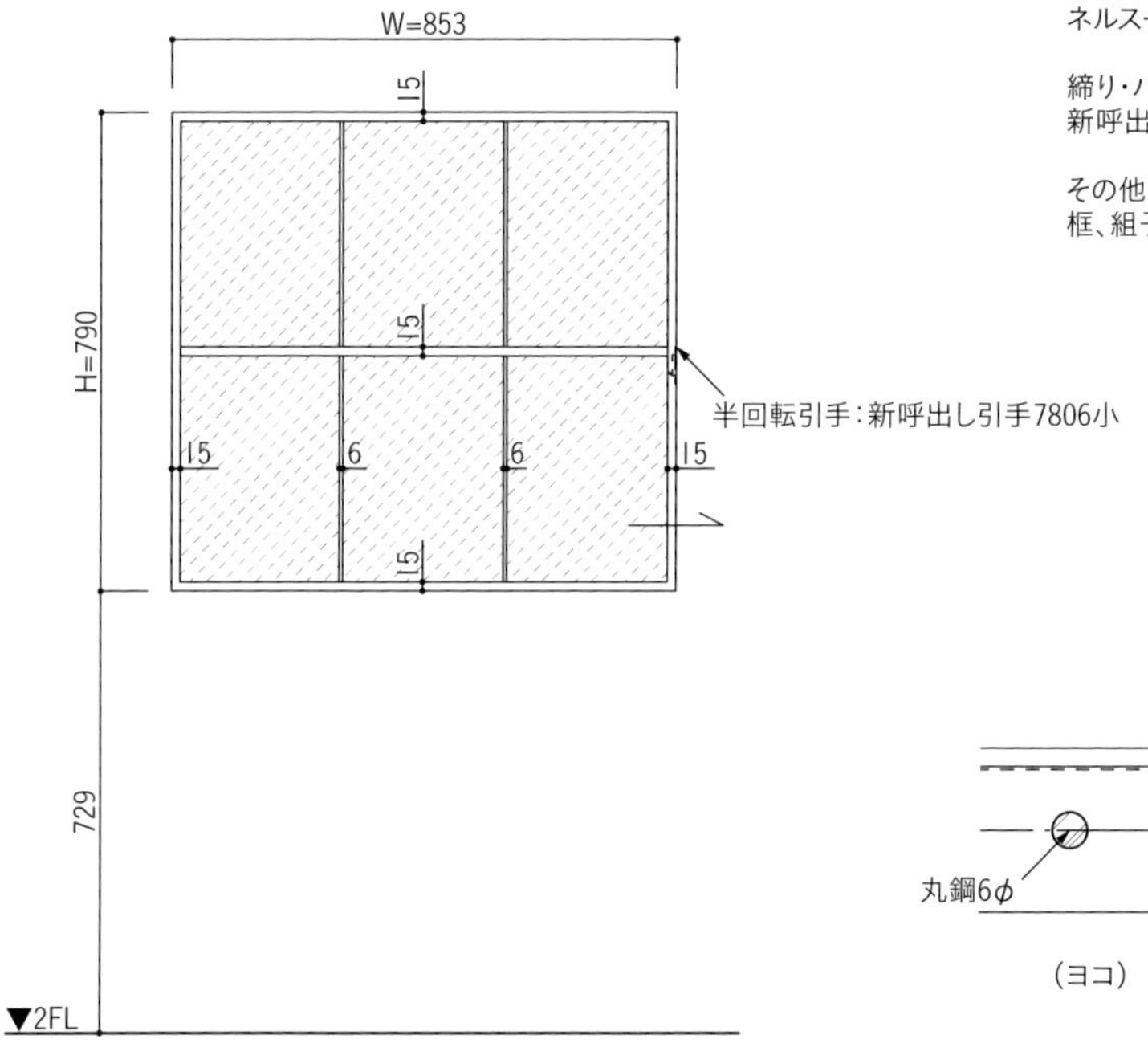

姿図 S=1/20

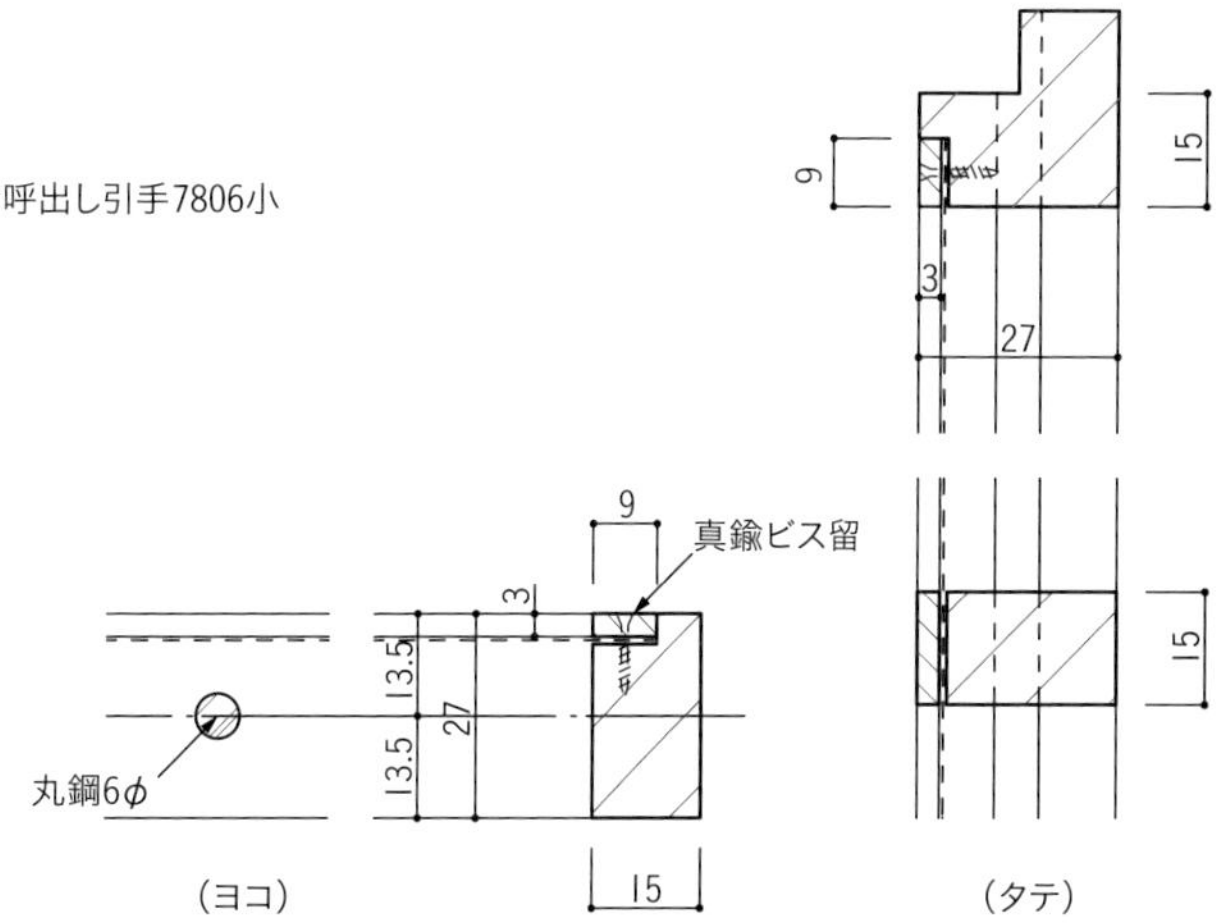

部分詳細図 S=1/20

WD 追 WW 追

突き出し板戸・引込み網戸

場所:
子供室,物干しスペース

建具見込み:
板戸:52,網戸:30

材質・仕上:
板戸(外部側):焼杉,
網戸:米杉,オスモウッドステイン(クリア)

ガラス・網戸:
SUS網

締り・ハンドル・引手:
ステー:木製(堅木)
半回転引手:No.355 60mm 黄銅磨き[BES

蝶番・レール・戸車:
真鍮甲丸レール,SUSベアリング入戸車

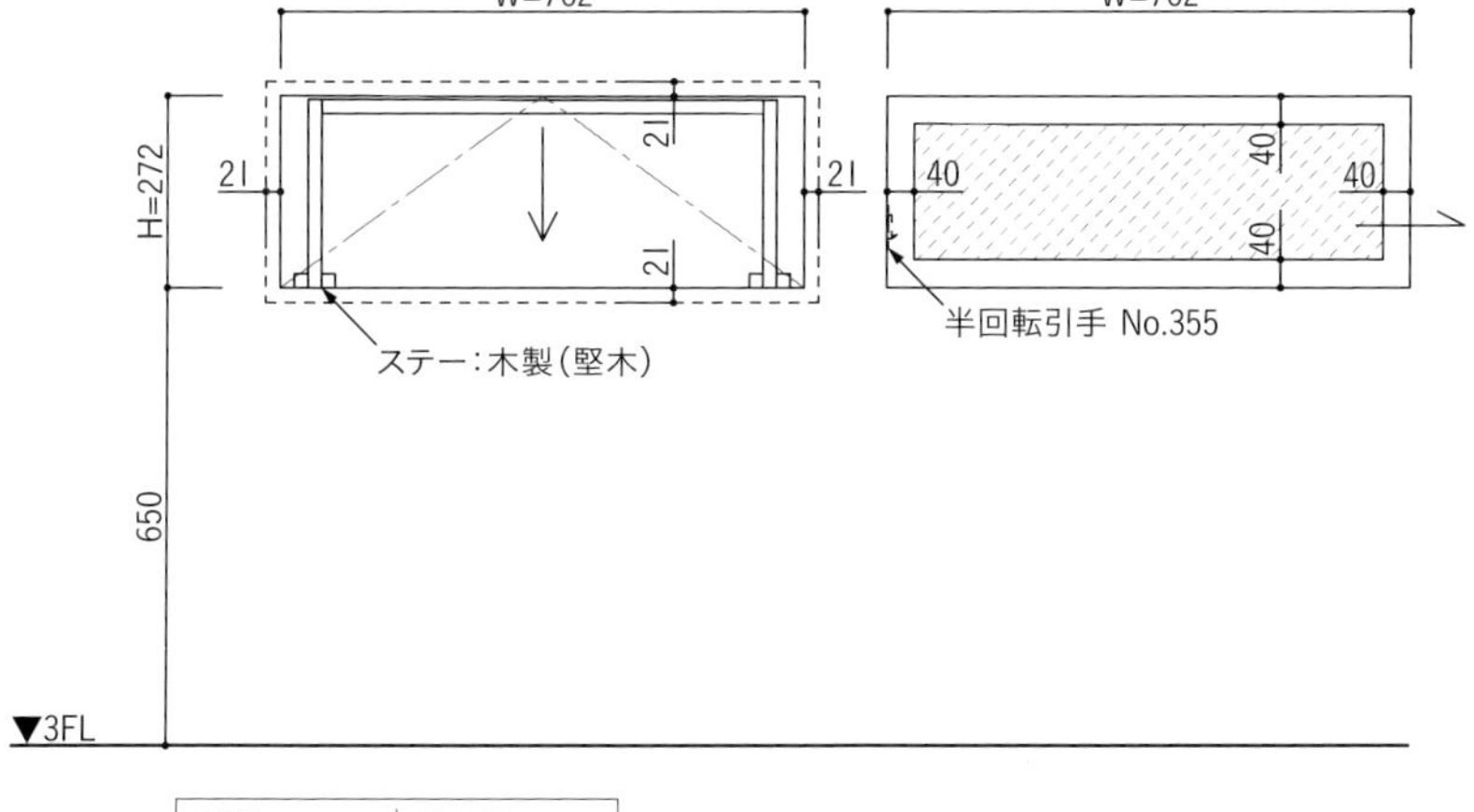

姿図 S=1/20

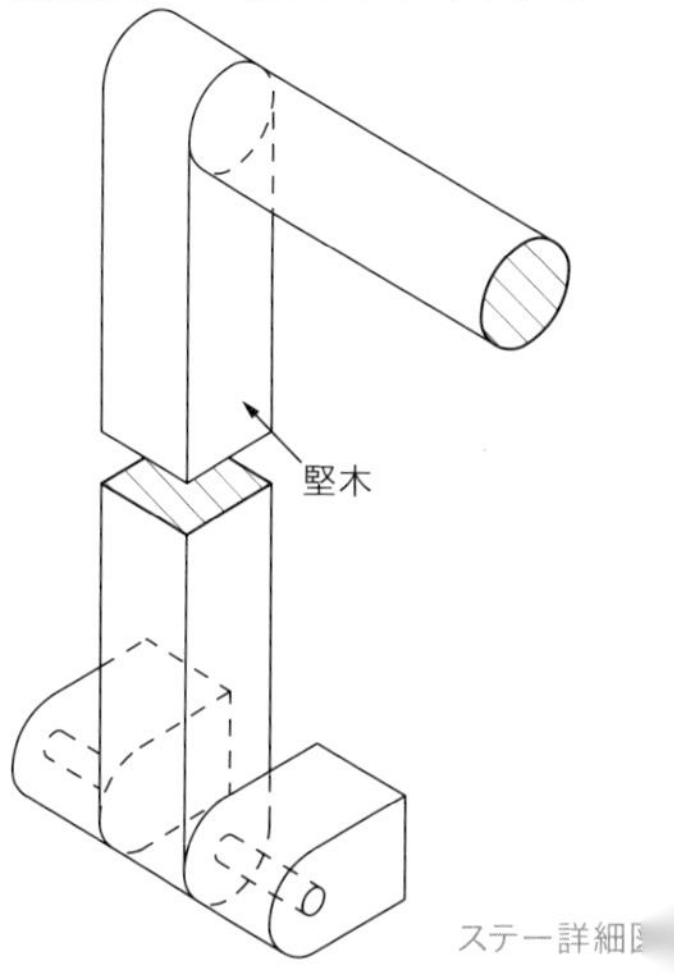

ステー詳細図

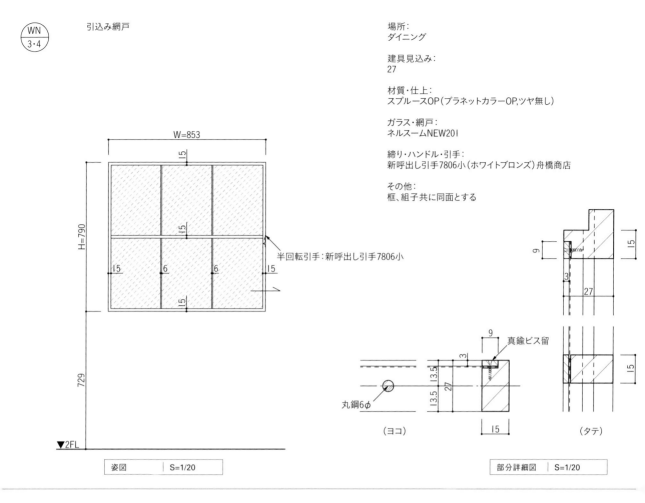

WW 9

引分けガラス戸

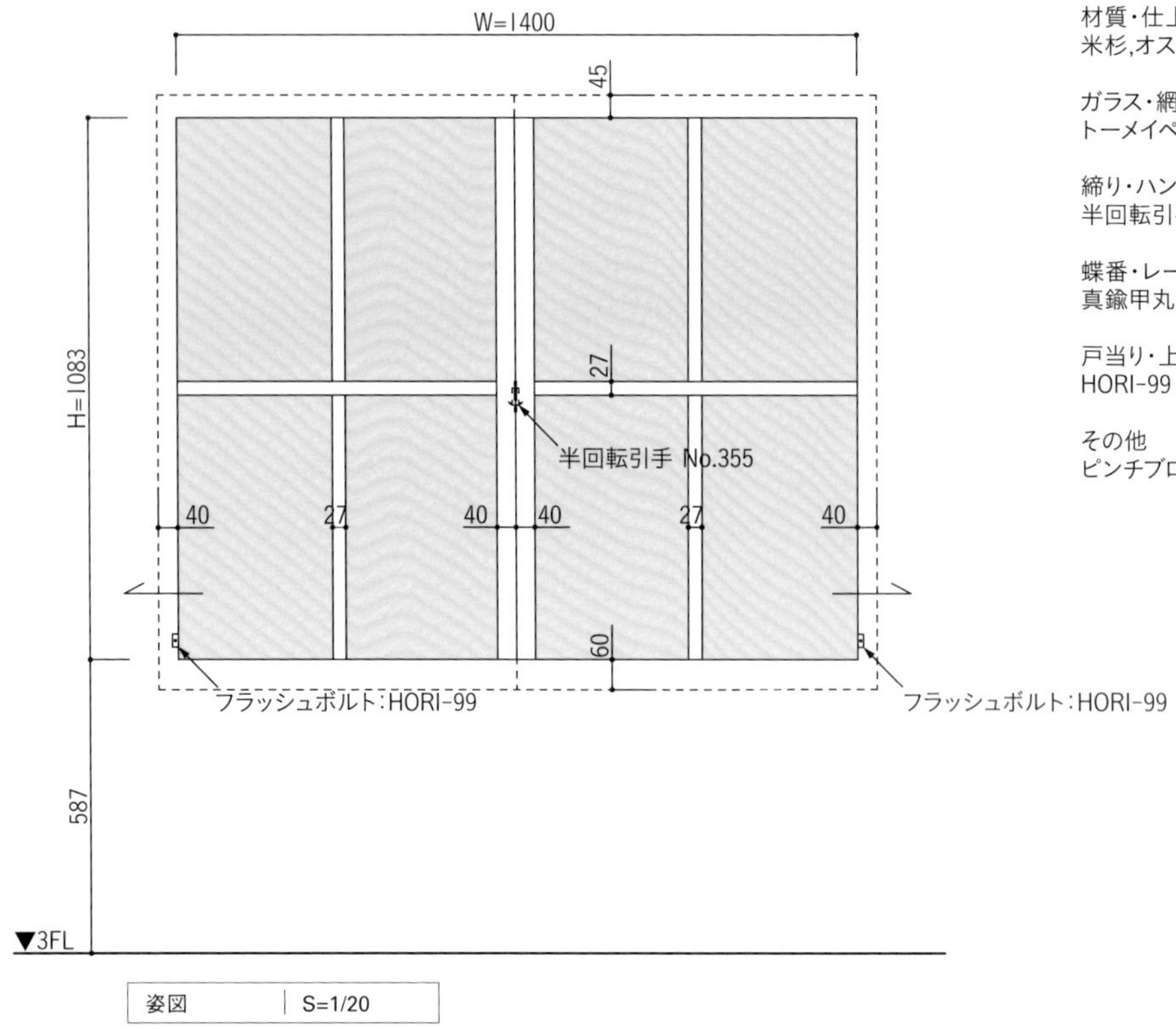

W=1400
45
H=1083
27
半回転引手 No.355
40
27
40
40
27
40
60
587
フラッシュボルト:HORI-99
フラッシュボルト:HORI-99
▼3FL
姿図
S=1/20

場所:
子供室

建具見込み:
42

材質・仕上:
米杉,オスモウッドステイン(クリア)

ガラス・網戸:
トーメイペアガラス(t=3+6A+3)落込み工法

締り・ハンドル・引手:
半回転引手 No.355 60mm 黄銅磨き[BEST]

蝶番・レール・戸車:
真鍮甲丸レール,SUSベアリング入戸車

戸当り・上げ落し:
HORI-99

その他
ピンチブロック(スライド加工)

引込みガラス戸

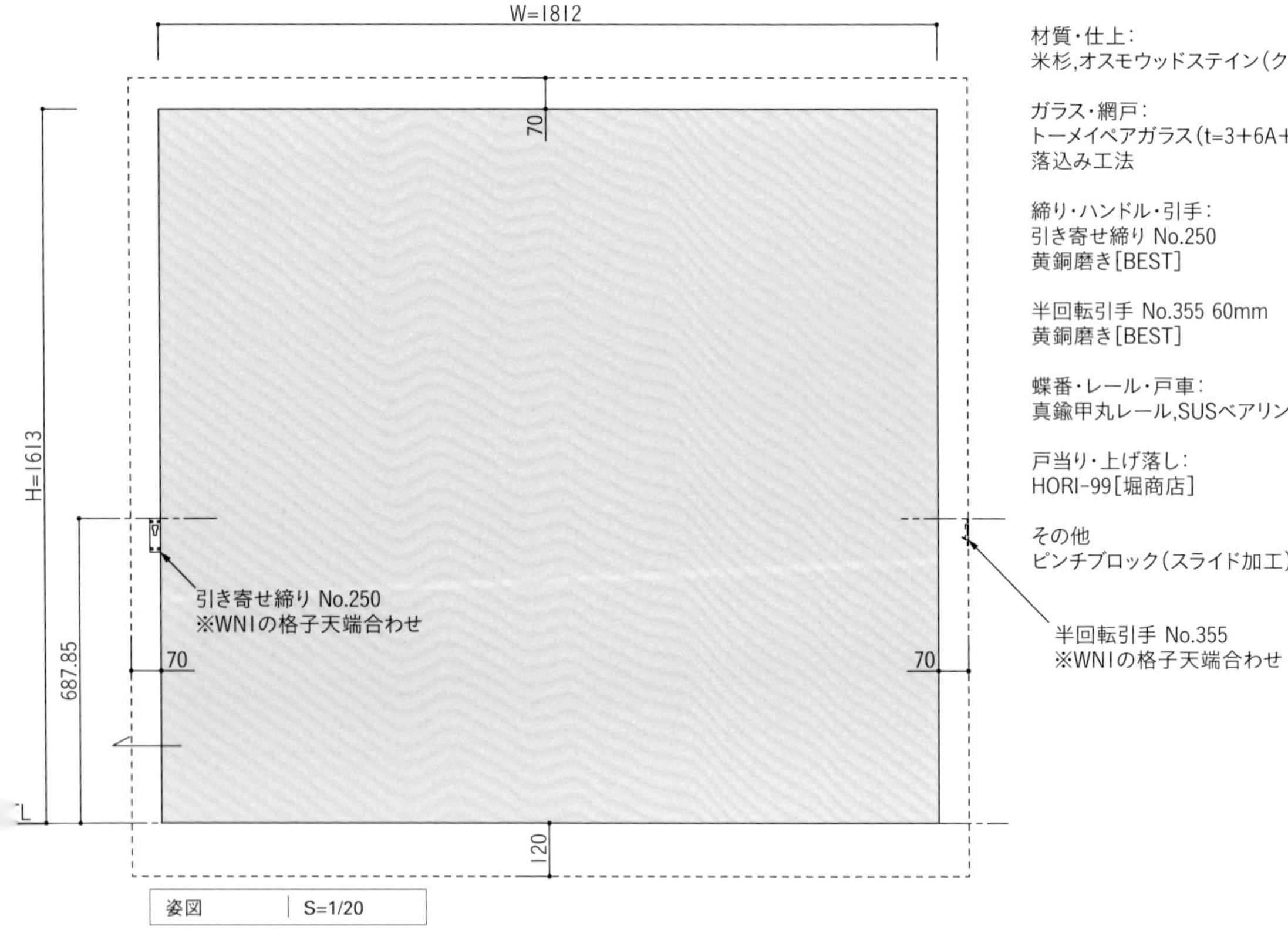

W=1812
70
H=1613
687.85
引き寄せ締り No.250
※WN1の格子天端合わせ
70
70
半回転引手 No.355
※WN1の格子天端合わせ
120
姿図
S=1/20

場所:
側廊2

建具見込み:
42

材質・仕上:
米杉,オスモウッドステイン(クリア)

ガラス・網戸:
トーメイペアガラス(t=3+6A+3)
落込み工法

締り・ハンドル・引手:
引き寄せ締り No.250
黄銅磨き[BEST]

半回転引手 No.355 60mm
黄銅磨き[BEST]

蝶番・レール・戸車:
真鍮甲丸レール,SUSベアリング入戸車

戸当り・上げ落し:
HORI-99[堀商店]

その他
ピンチブロック(スライド加工)

WN
9

引分け網戸

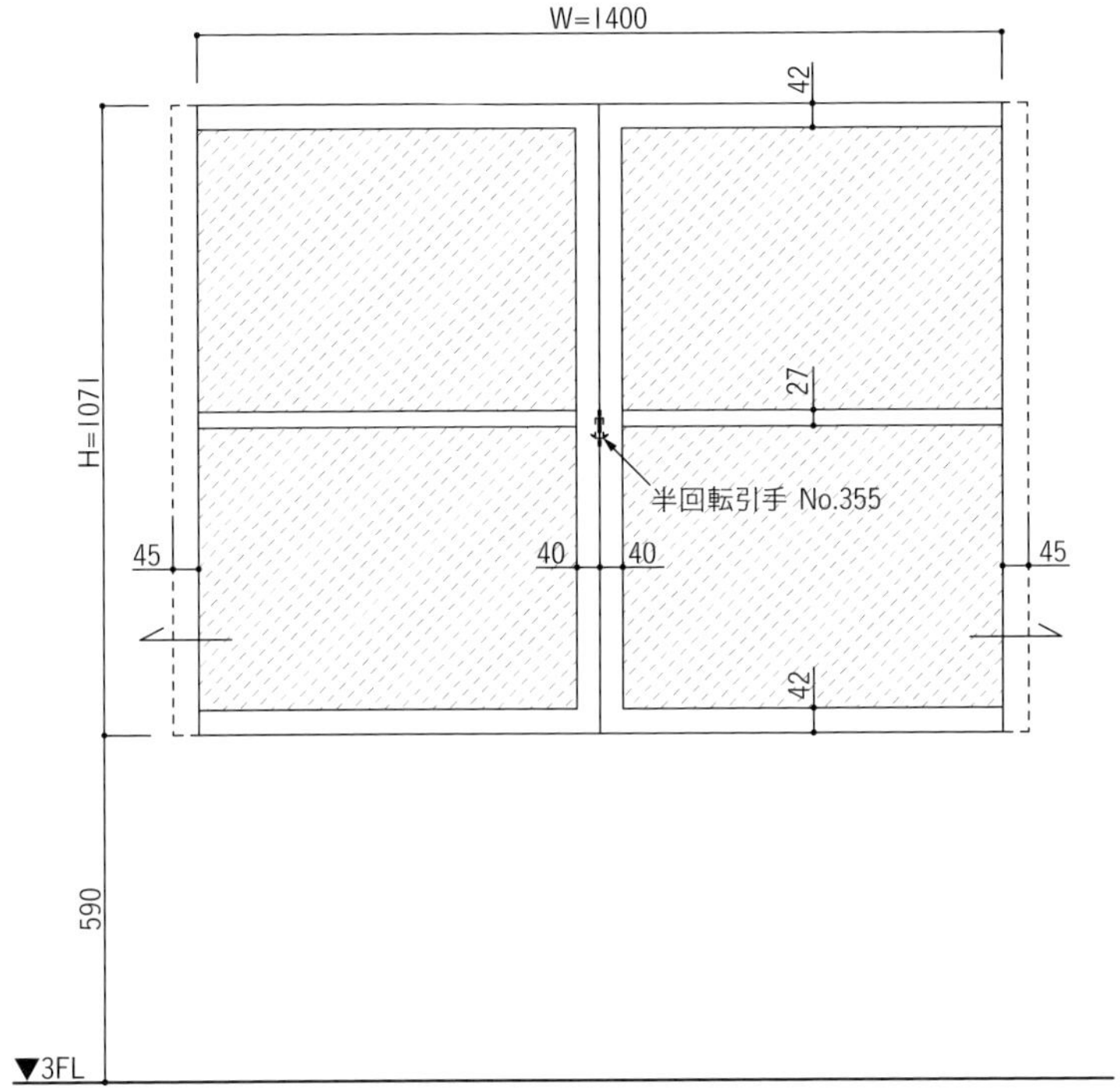

姿図	S=1/20

場所:
子供室

建具見込み:
30

材質・仕上:
米杉,オスモウッドステイン(クリア)

ガラス・網戸:
SUS網

締り・ハンドル・引手:
半回転引手 No.355 60mm 黄銅磨き[BEST]

蝶番・レール・戸車:
真鍮甲丸レール,SUSベアリング入戸車

戸当り・上げ落し:
HORI-99

その他
ピンチブロック(スライド加工)

WN
1

引分け障子

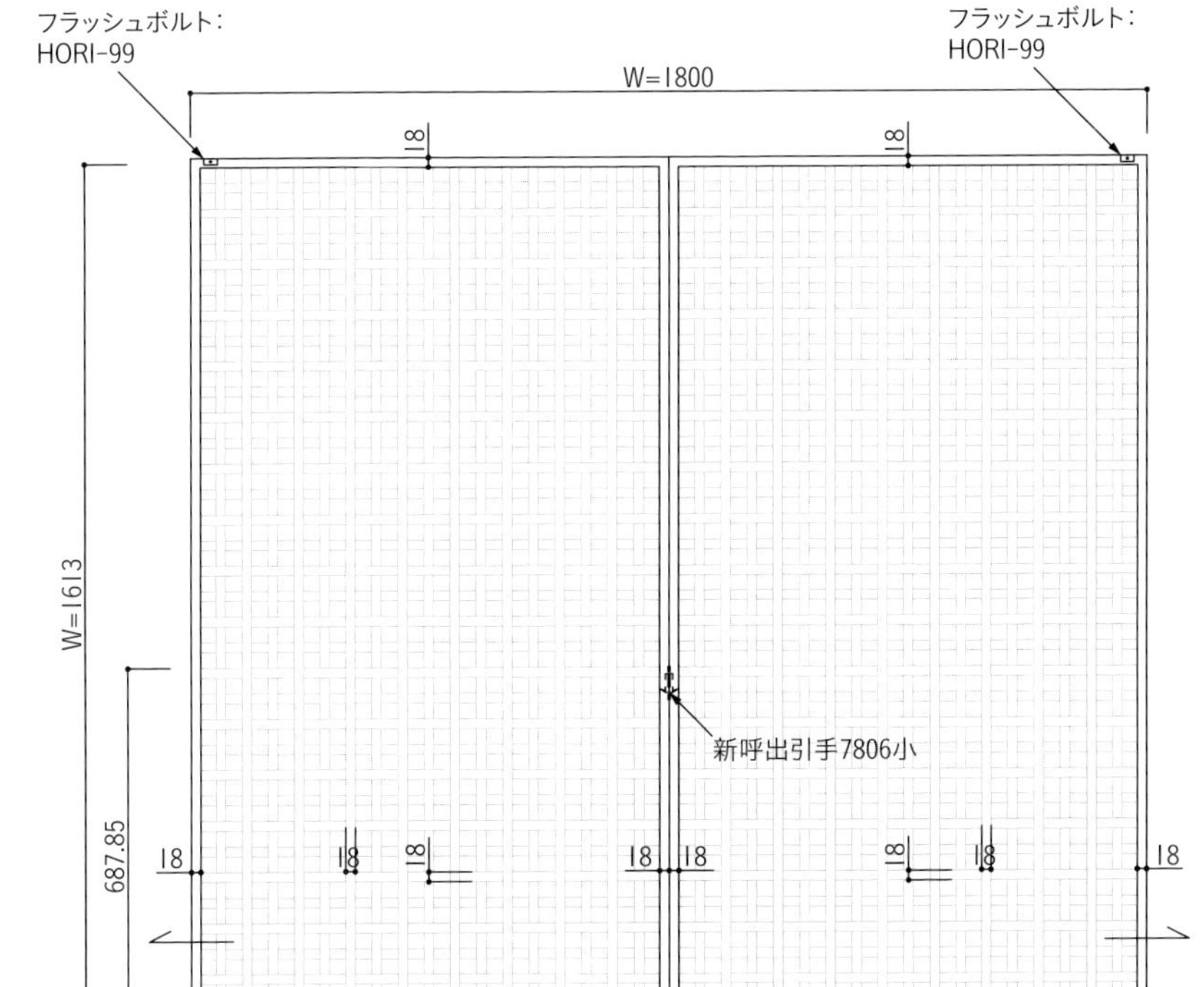

姿図	S=1/20

場所:
側廊2

建具見込み:
27

材質・仕上:
タモ,プラネットカラーOP
(ツヤ消し)

ガラス・網戸:
ネルスーム NEW201

締り・ハンドル・引手:
新呼出し引手7806小
(ホワイト ブロンズ)[舟橋商店]

蝶番・レール・戸車:
SUSベアリング入戸車Vレール用
(MCナイロン車)

戸当り・上げ落し:
HORI-99[堀商店]

その他
框,組子共に同面とする

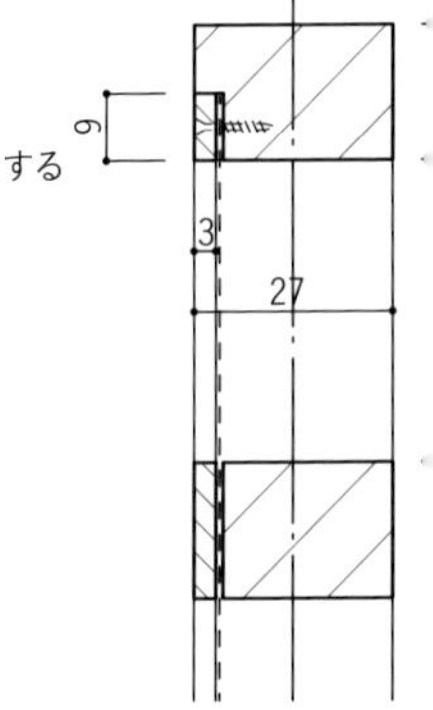

(タテ

部分詳細図	S=1/2

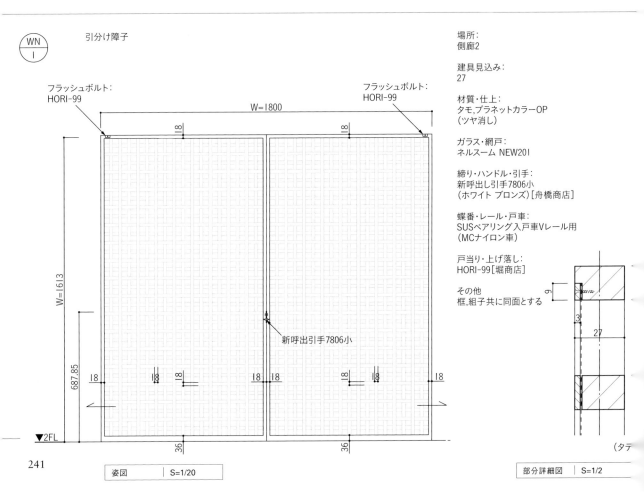

WD 3

引込みガラス戸

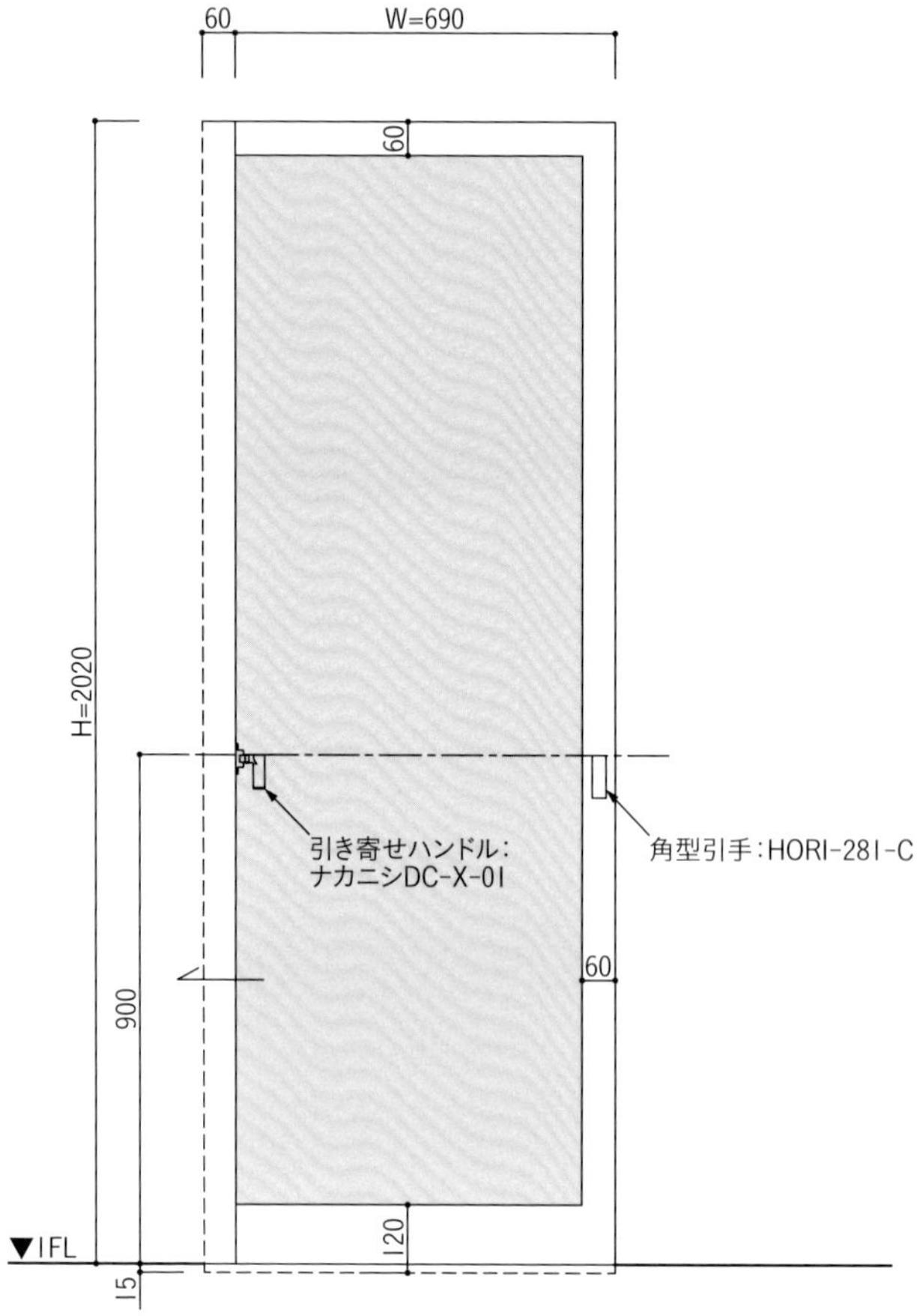

場所:
ろくろ室

建具見込み:
42

材質・仕上:
ニヤトー

ガラス・網戸:
トーメイペアガラス(t=3+6A+3)落込み工法

締り・ハンドル・引手:
ナカニシDC-X-01[中西産業],
HORI-99[堀商店],HORI-281-C[堀商店]

蝶番・レール・戸車:
真鍮甲丸レール,SUSベアリング入戸車

姿図	S=1/20

WD 8

引違いガラス戸

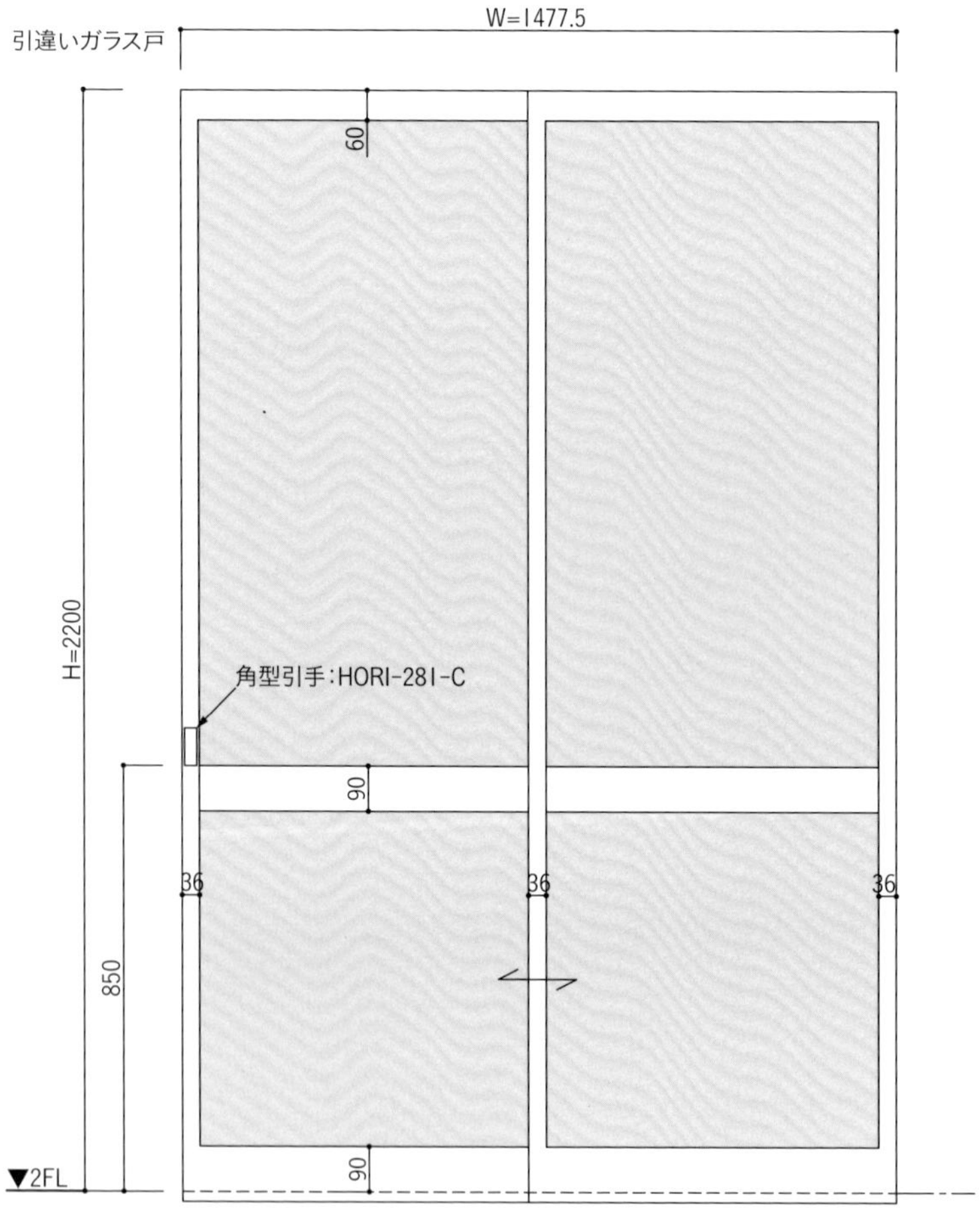

場所:
浴室

建具見込み:
36

材質・仕上:
桧

ガラス:
強化ガラス t=4

締り・ハンドル・引手:
HORI-281-C[堀商店]　※片側のみ

ハンガーレール:
AFD-130,270-B[アトム]

姿図	S=1/20

付録

建具表4

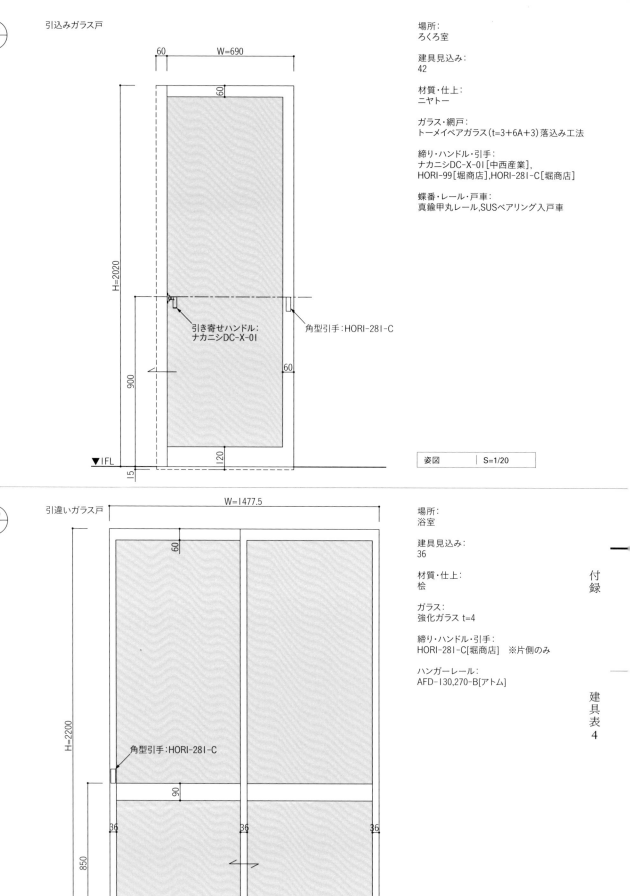

WD 4

引分けガラス戸

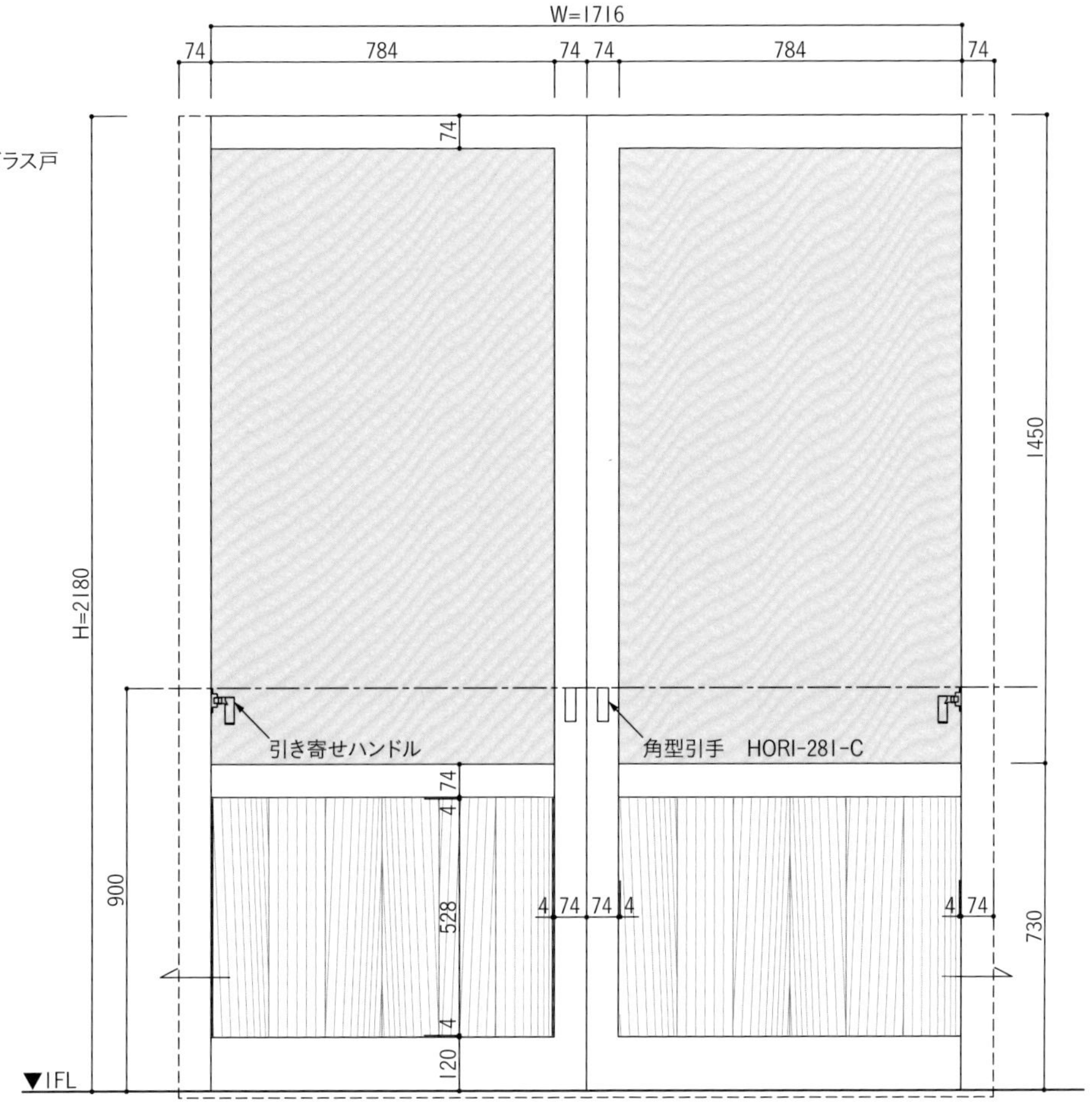

場所:
工房

建具見込み:
42

材質・仕上:
ニヤトー

ガラス:
トーメイペアガラス(t=3+6A+3)

締り・ハンドル・引手:
ナカニシDC-X-01[中西産業]
HORI-99[堀商店]
角型引手:HORI-281-C[堀商店

蝶番・レール・戸車:
真鍮甲丸レール

姿図	S=1/20

WD 1

引込み框戸

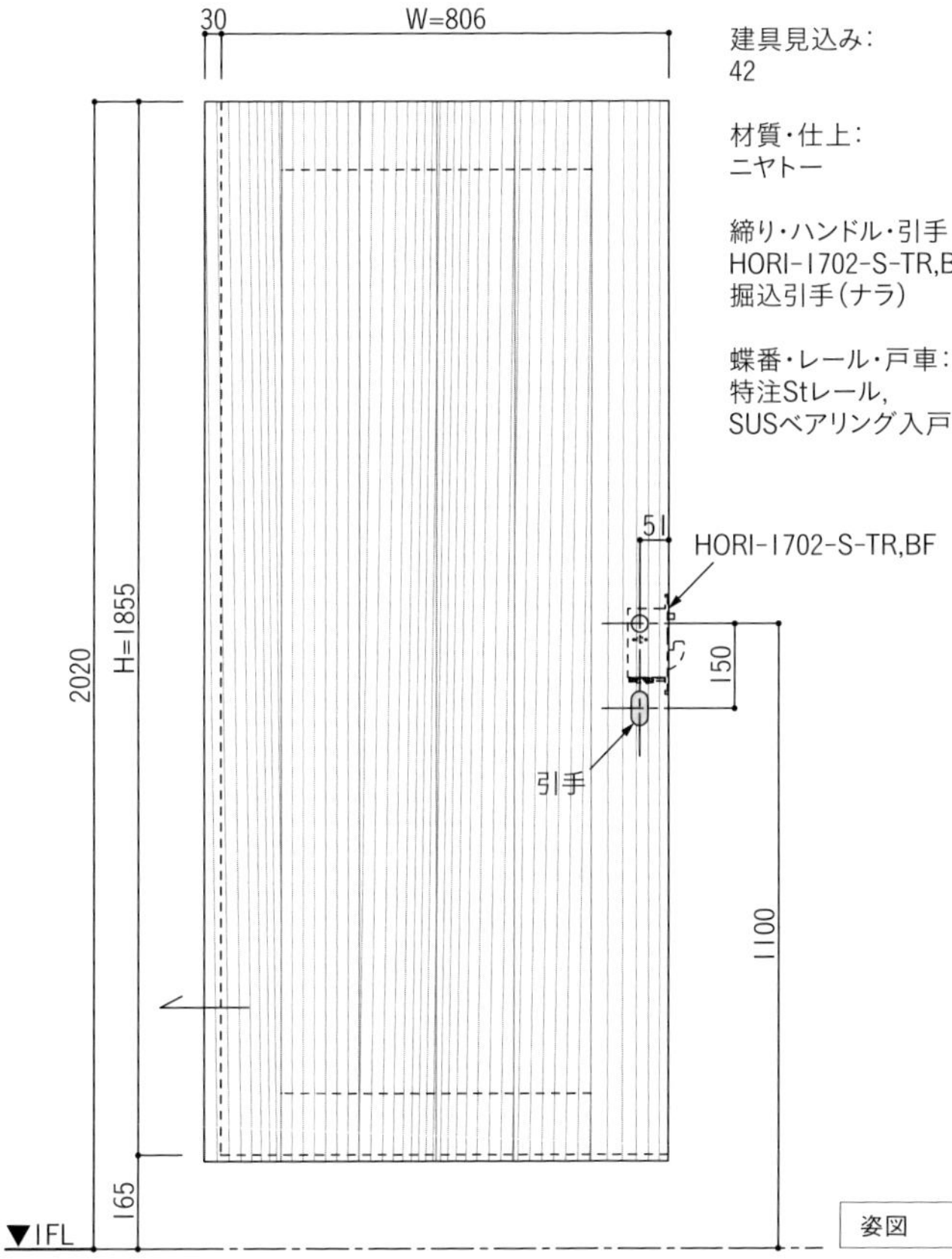

場所:
ポーチ

建具見込み:
42

材質・仕上:
ニヤトー

締り・ハンドル・引手:
HORI-1702-S-TR,BF[堀商店]
掘込引手(ナラ)

蝶番・レール・戸車:
特注Stレール,
SUSベアリング入戸車(重荷重用)

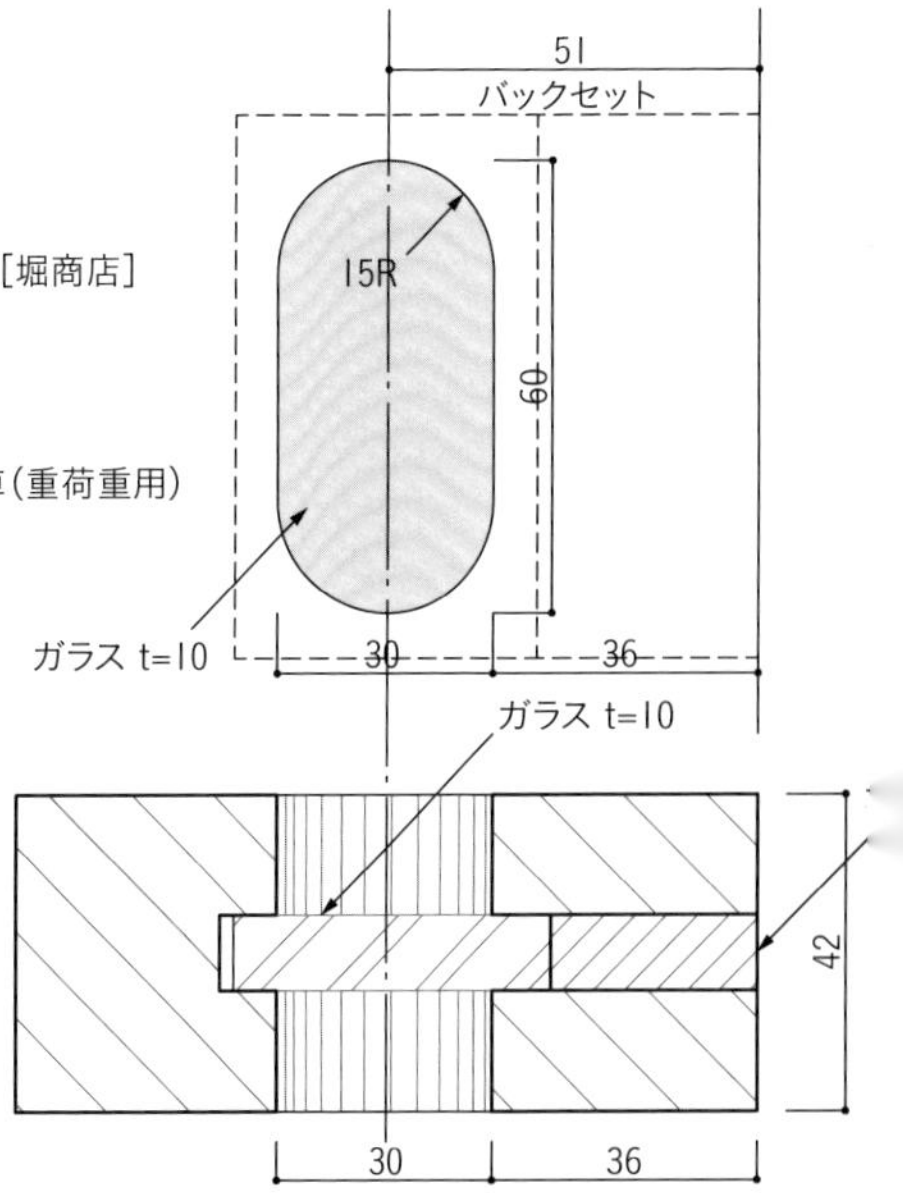

引手詳細図	S=1/2

姿図	S=1/20

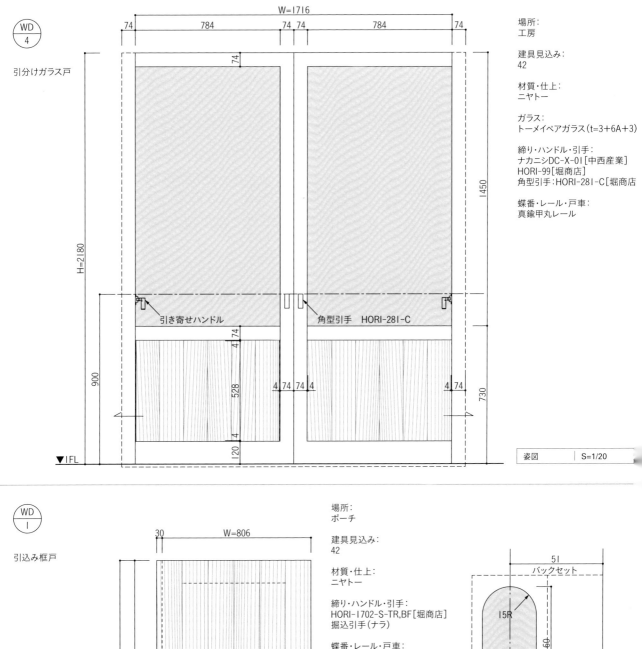

WD 5

引込み框戸

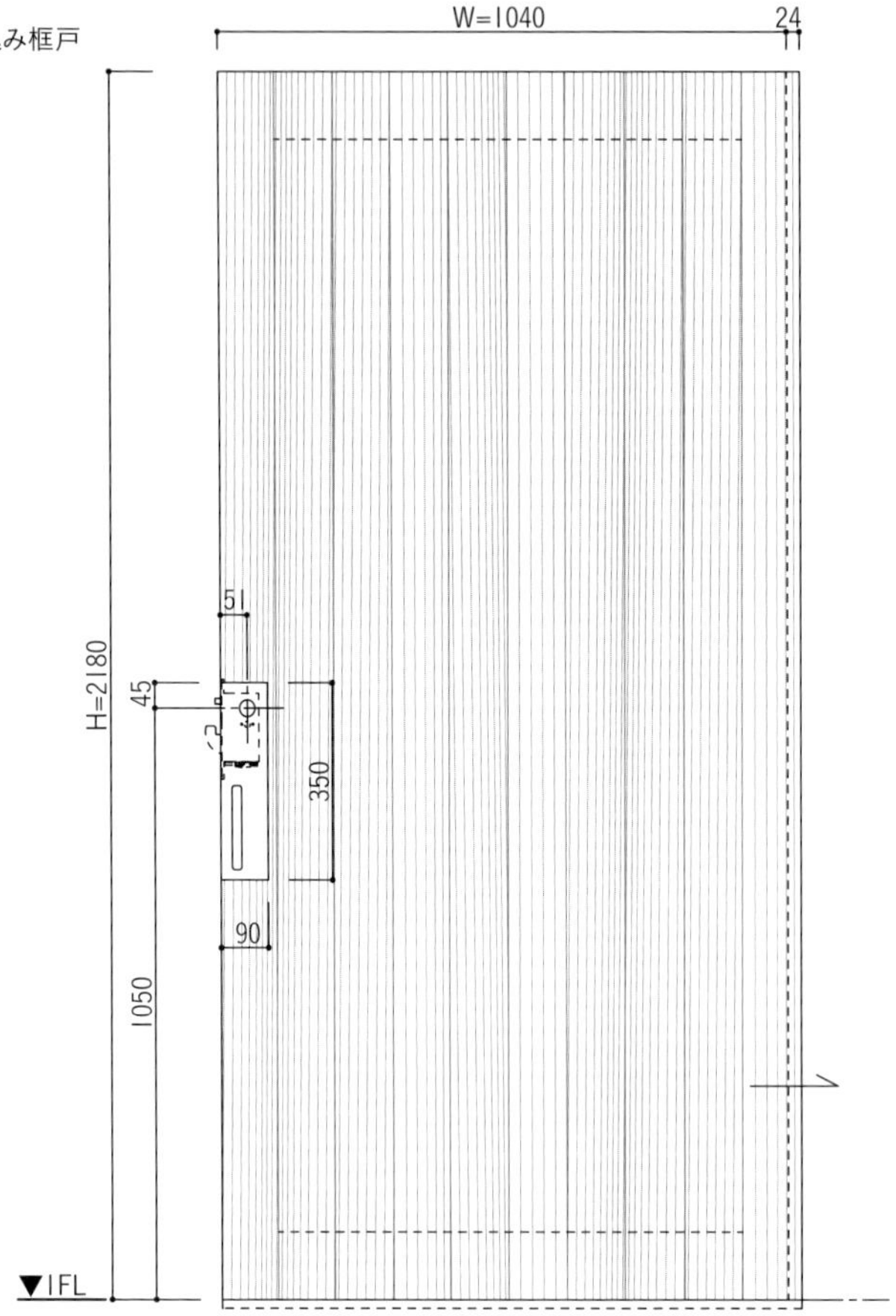

姿図 | S=1/20

場所:
土練機室

建具見込み:
40

材質・仕上:
唐松,WSP

締り・ハンドル・引手:
HORI-1702-S-TR,BF[堀商店]
掘込引手(ナラ)

蝶番・レール・戸車:
真鍮甲丸レール,SUSベアリング入戸車

その他
シリンダー側扉ゾロ

WD 2

引込み戸

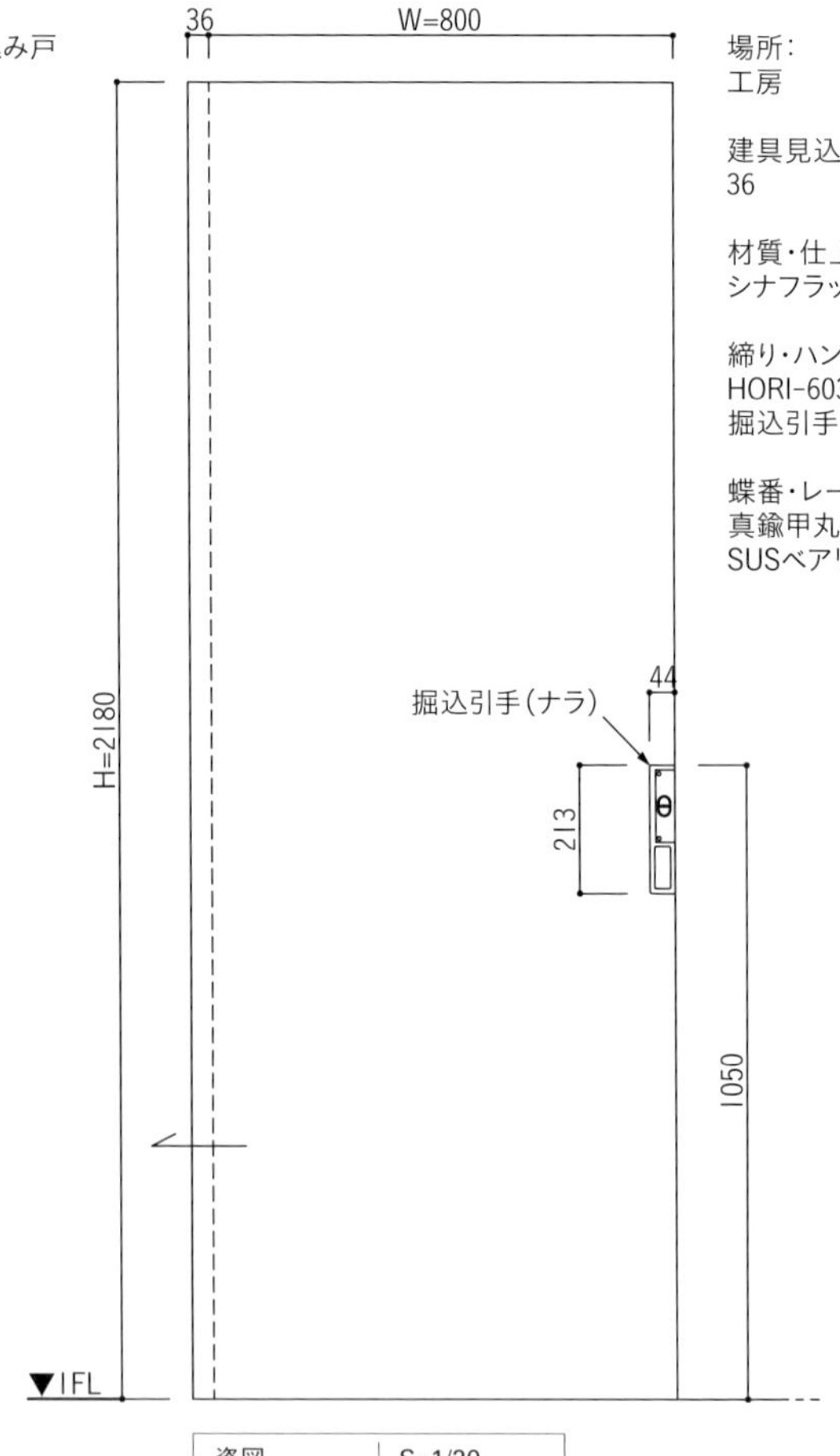

姿図 | S=1/20

場所:
工房

建具見込み:
36

材質・仕上:
シナフラッシュ,OP

締り・ハンドル・引手:
HORI-603,
掘込引手(ナラ)

蝶番・レール・戸車:
真鍮甲丸レール,
SUSベアリング入戸車

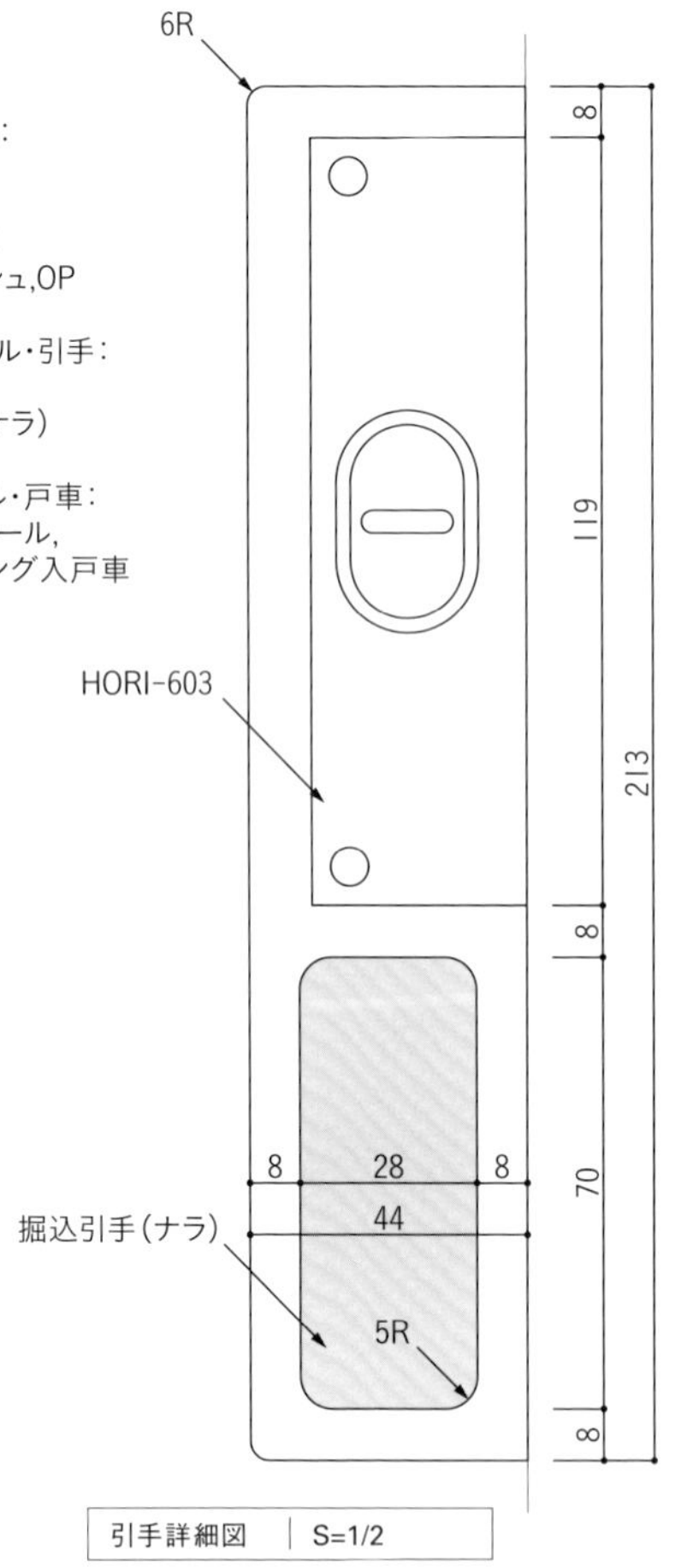

引手詳細図 | S=1/2

付録 建具表5

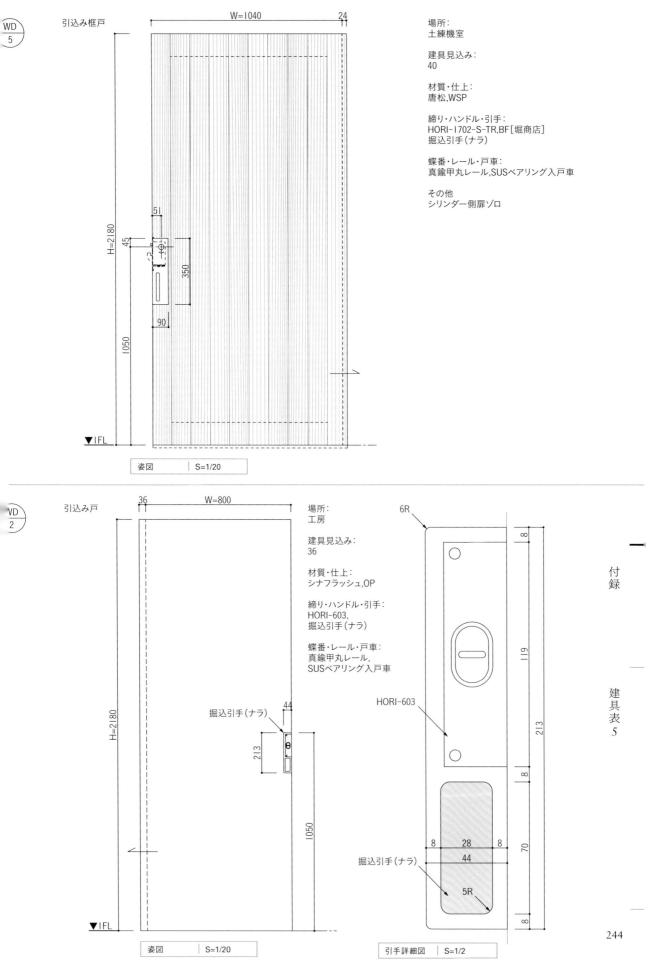

WD
6

引込み框戸

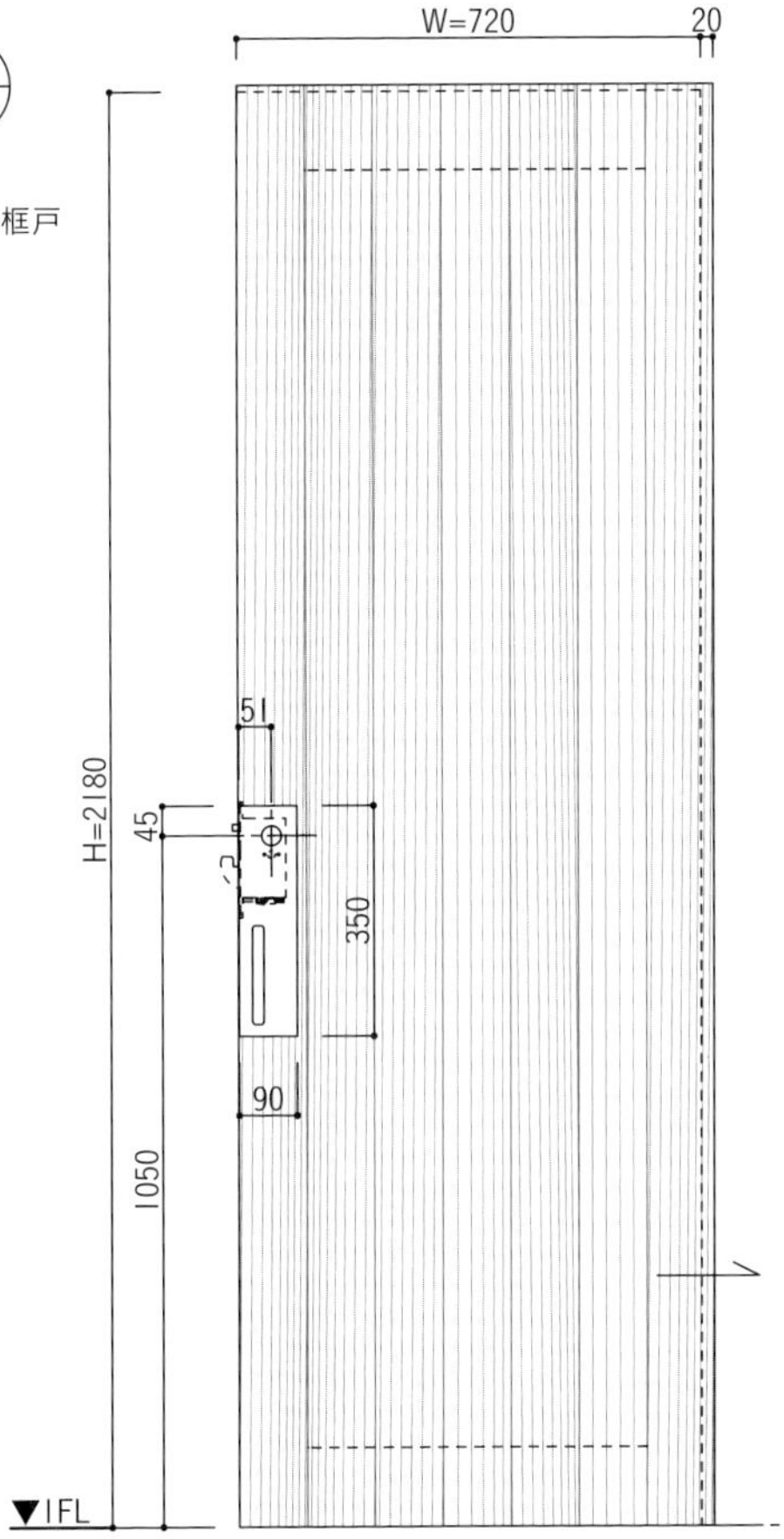

姿図 S=1/20

場所:
倉庫

建具見込み:
42

材質・仕上:
唐松,WSP

締り・ハンドル・引手:
HORI-1702-S-TR,BF[堀商店]
掘込引手(ナラ)

蝶番・レール・戸車:
真鍮甲丸レール,
SUSベアリング入戸車

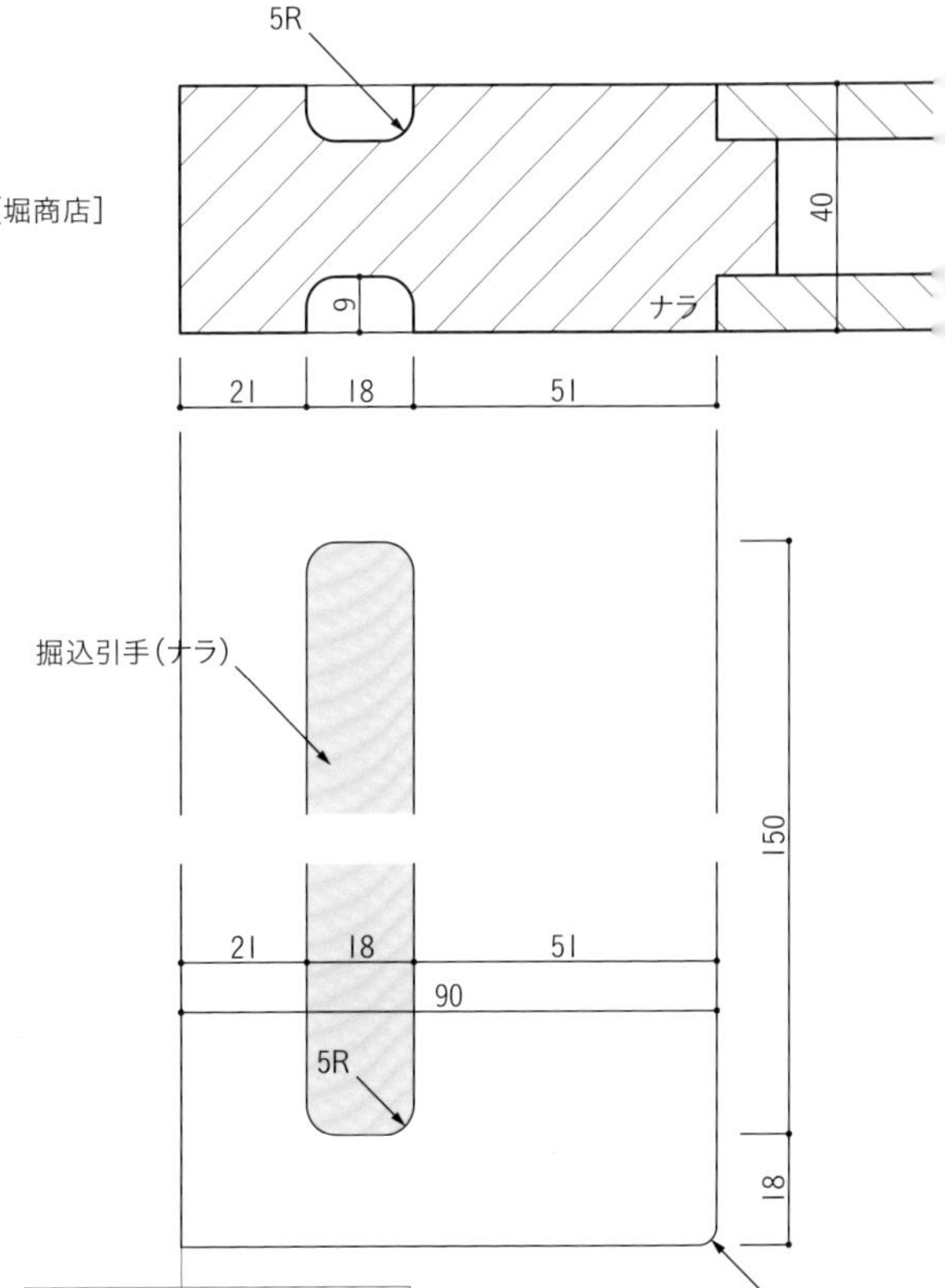

引手詳細図 S=1/2

WD
8

引込み戸

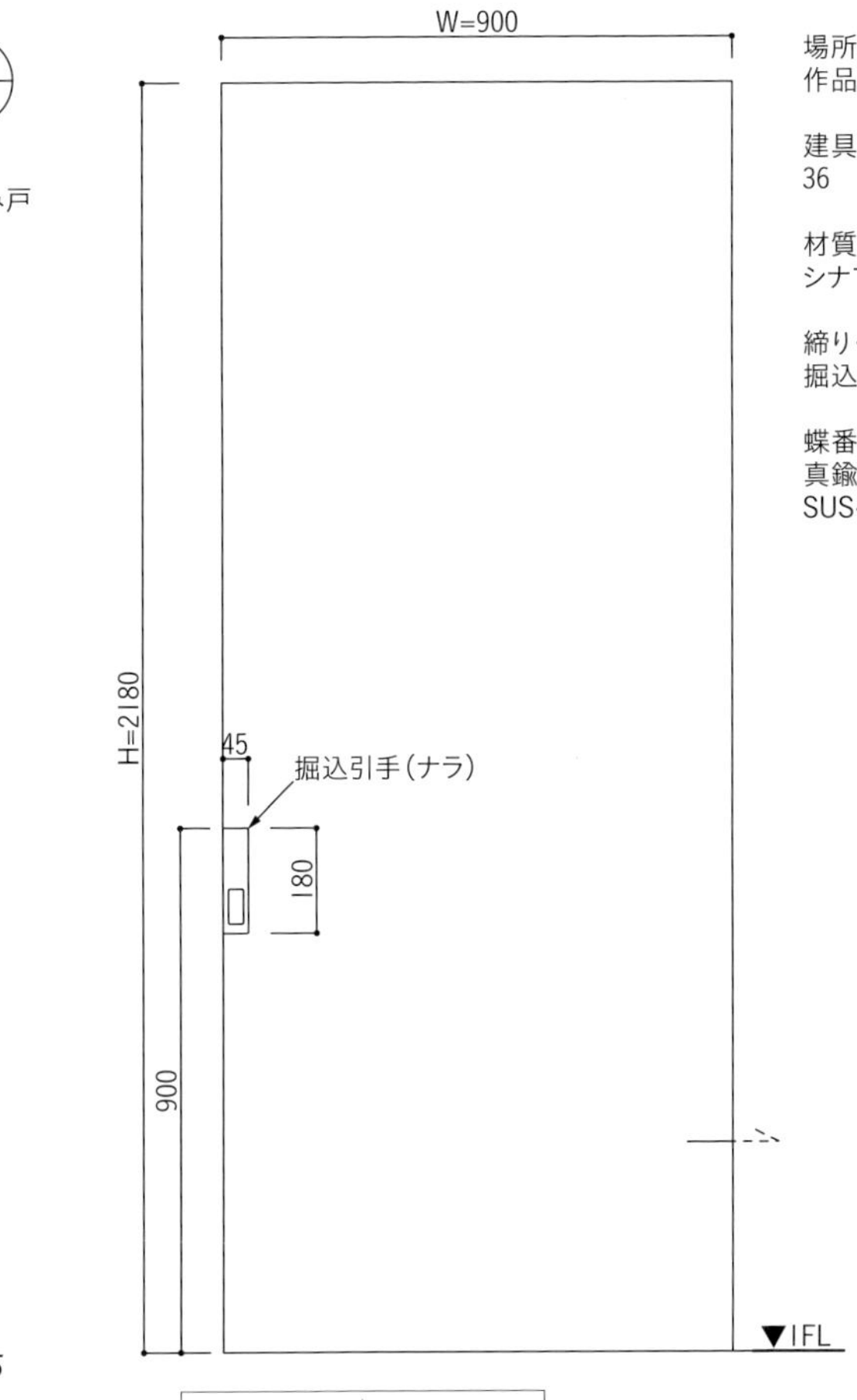

姿図 S=1/20

場所:
作品庫

建具見込み:
36

材質・仕上:
シナフラッシュ,OP

締り・ハンドル・引手:
掘込引手(ナラ)

蝶番・レール・戸車:
真鍮甲丸レール,
SUSベアリング入戸車

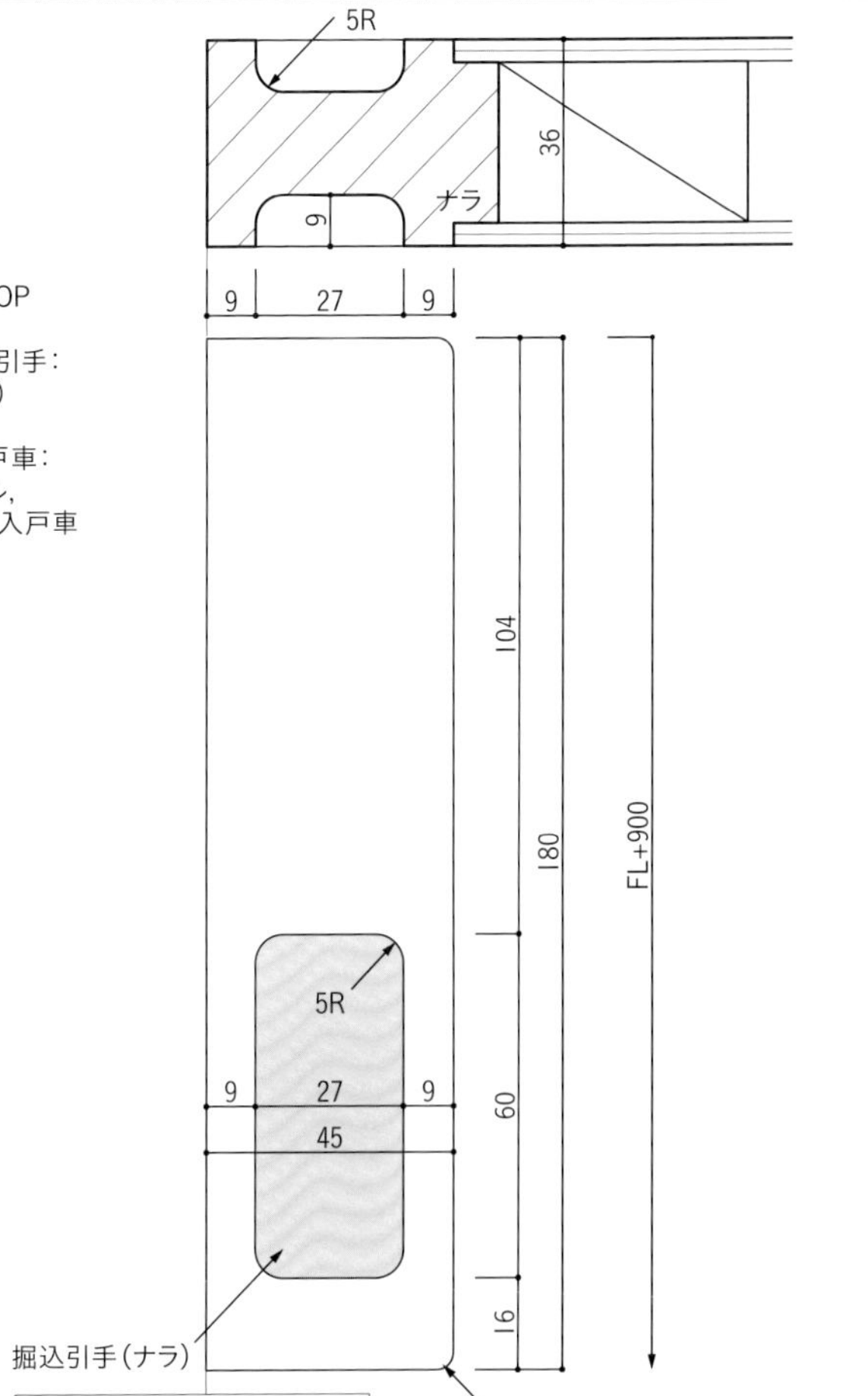

引手詳細図 S=1/2

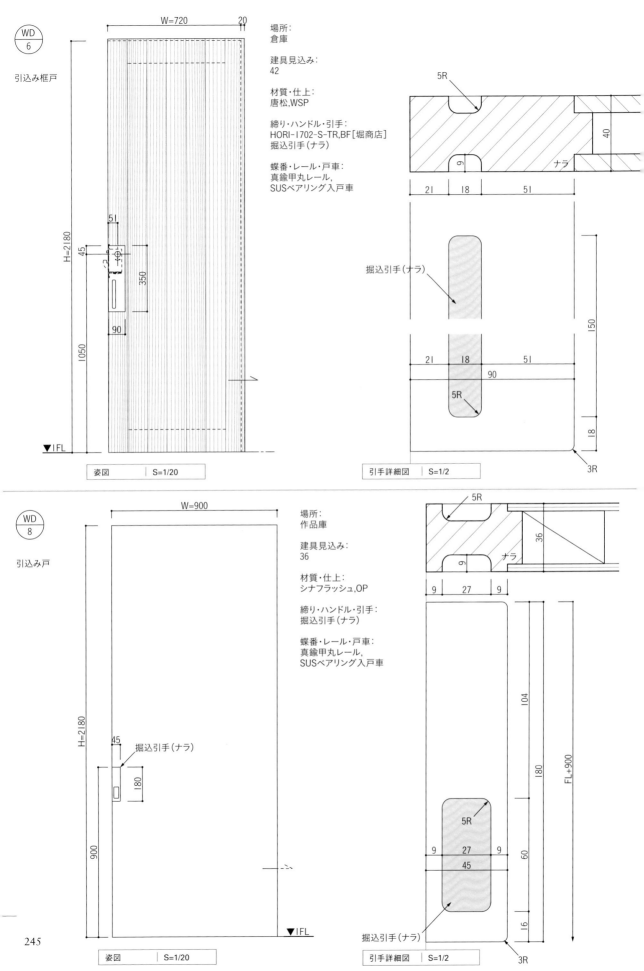

WD
9

引込み戸

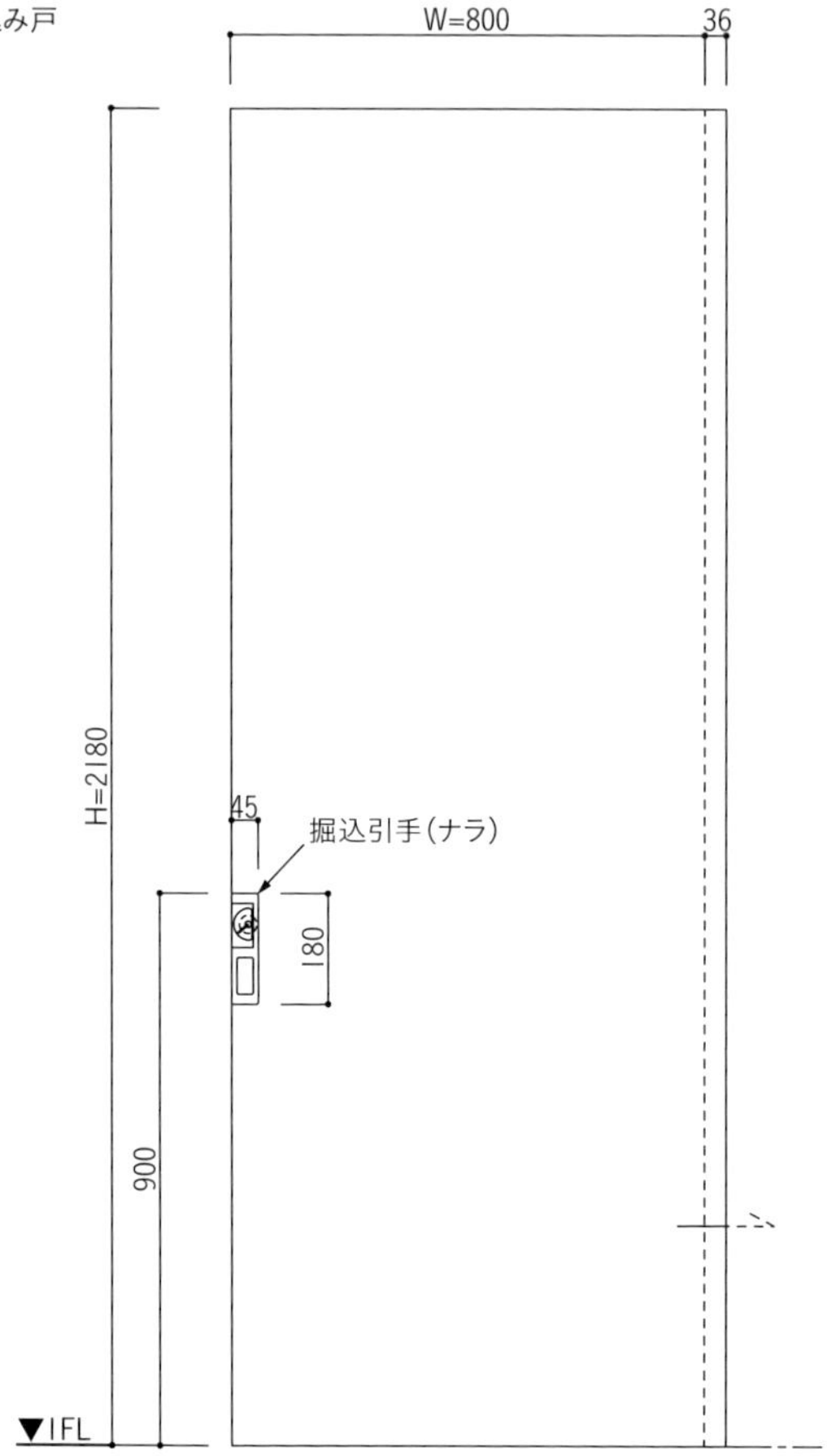

場所:
住宅玄関

建具見込み:
36

材質・仕上:
シナフラッシュ,OP

締り・ハンドル・引手:
掘込引手(ナラ),HORI-7E[堀商店]

蝶番・レール・戸車:
真鍮甲丸レール,
SUSベアリング入戸車

姿図	S=1/20

WD
12

引込み戸

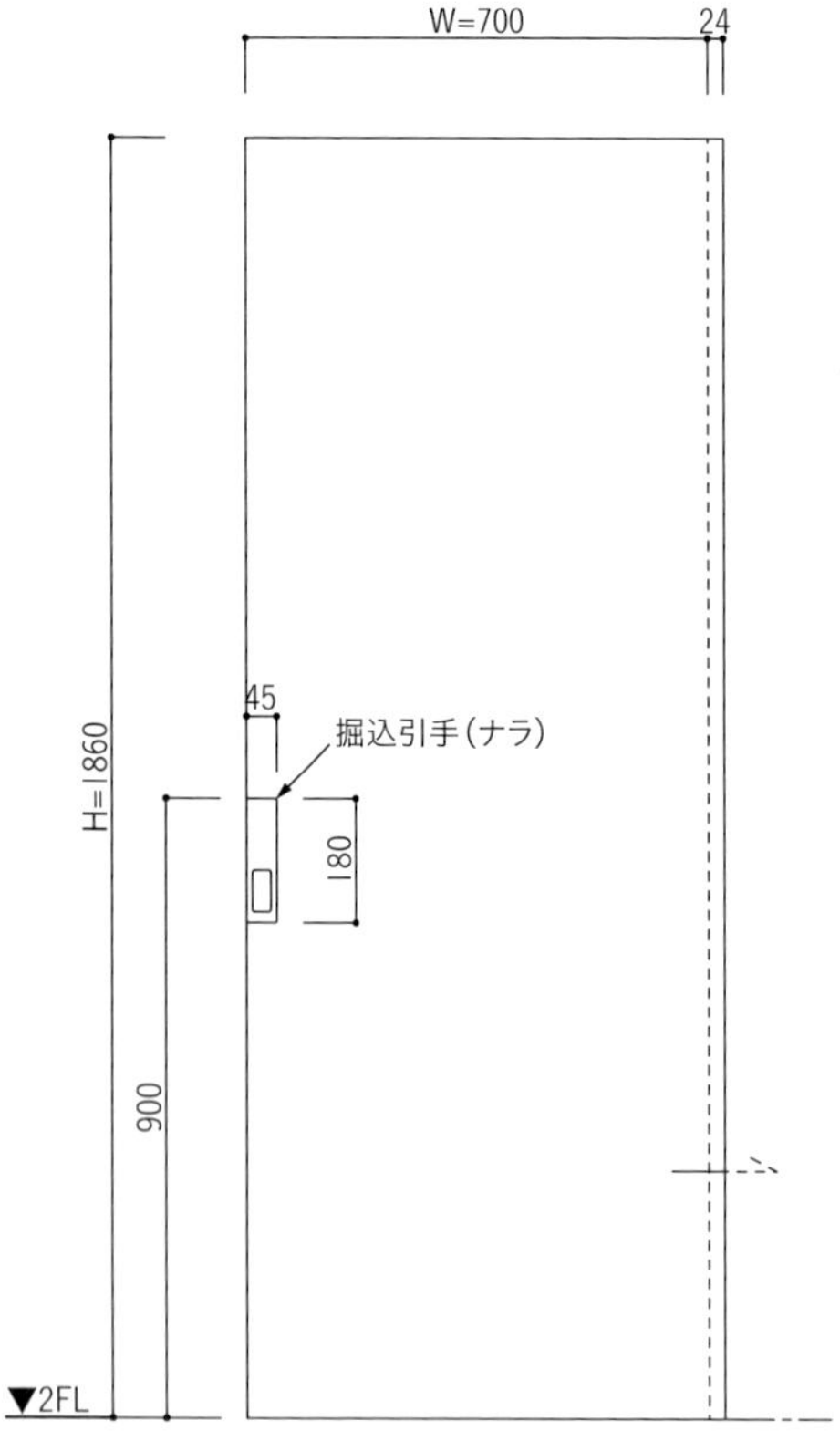

場所:
キッチン

建具見込み:
36

材質・仕上:
シナフラッシュ,OP

締り・ハンドル・引手:
掘込引手(ナラ)

蝶番・レール・戸車:
真鍮フラッターレール,
SUSベアリング入戸車

姿図	S=1/20

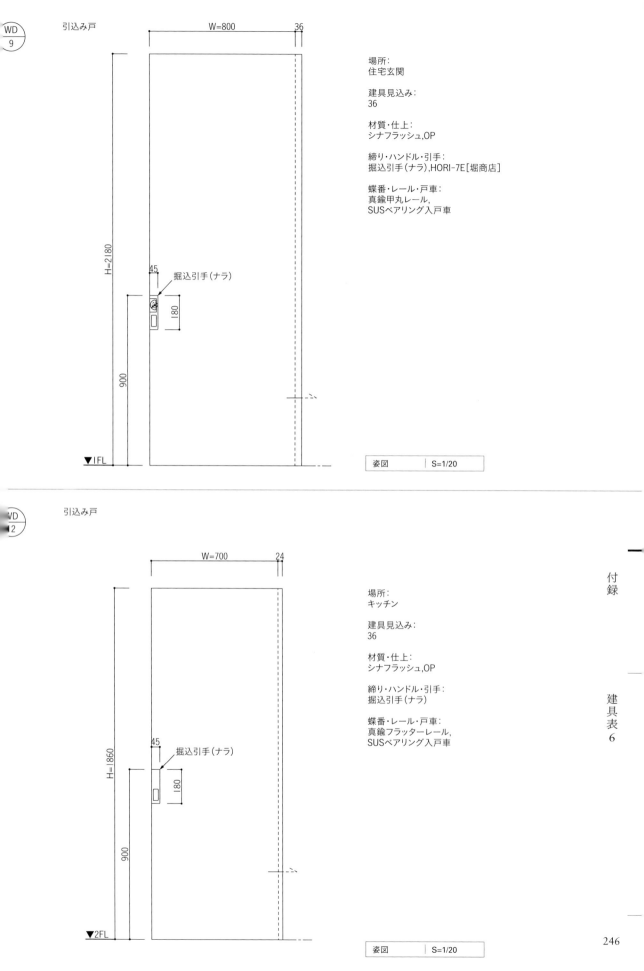

WD
13

引込み戸

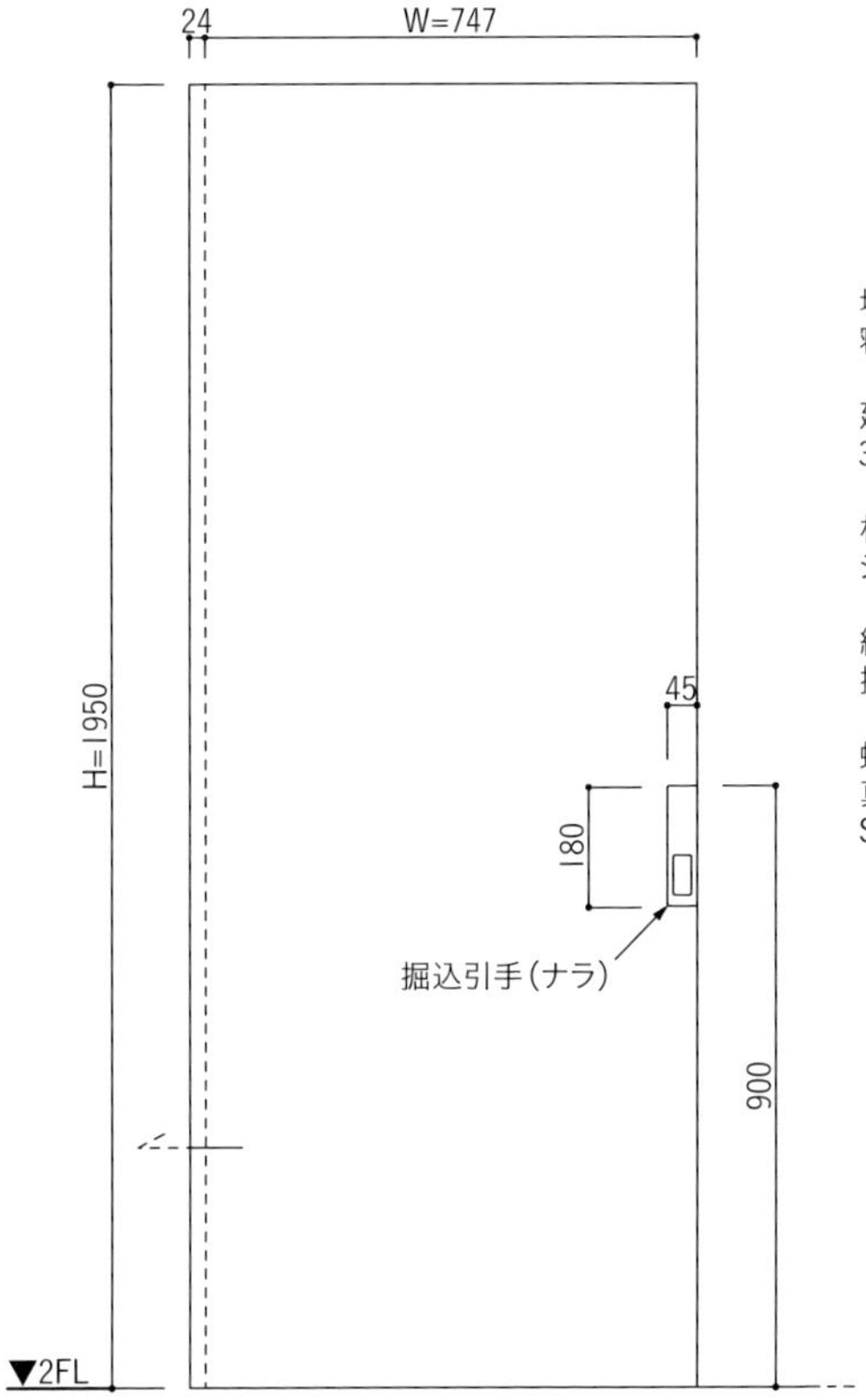

姿図 S=1/20

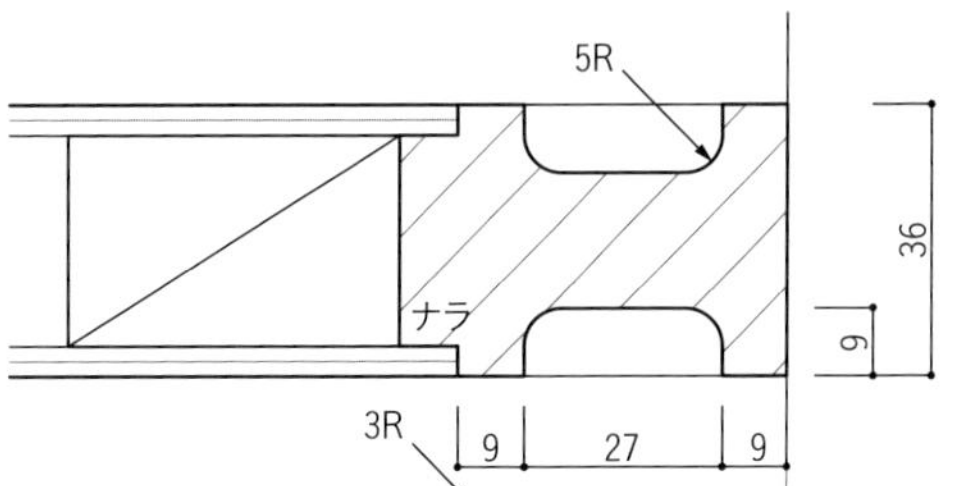

場所:
寝室

建具見込み:
36

材質・仕上:
シナフラッシュ,OP

締り・ハンドル・引手:
掘込引手(ナラ)

蝶番・レール・戸車:
真鍮フラッターレール,
SUSベアリング入戸車

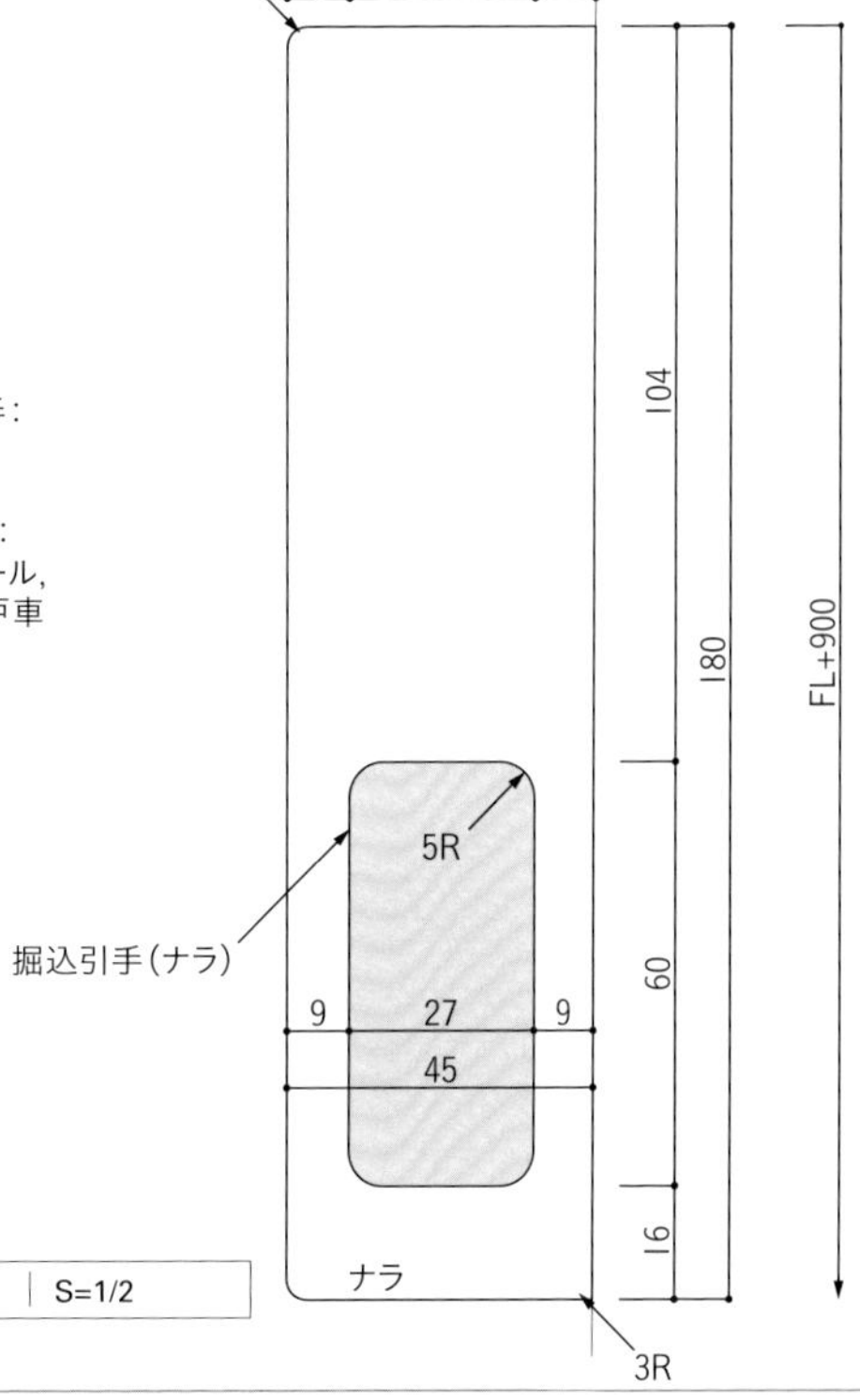

引手詳細図 S=1/2

WD
14

引込み戸

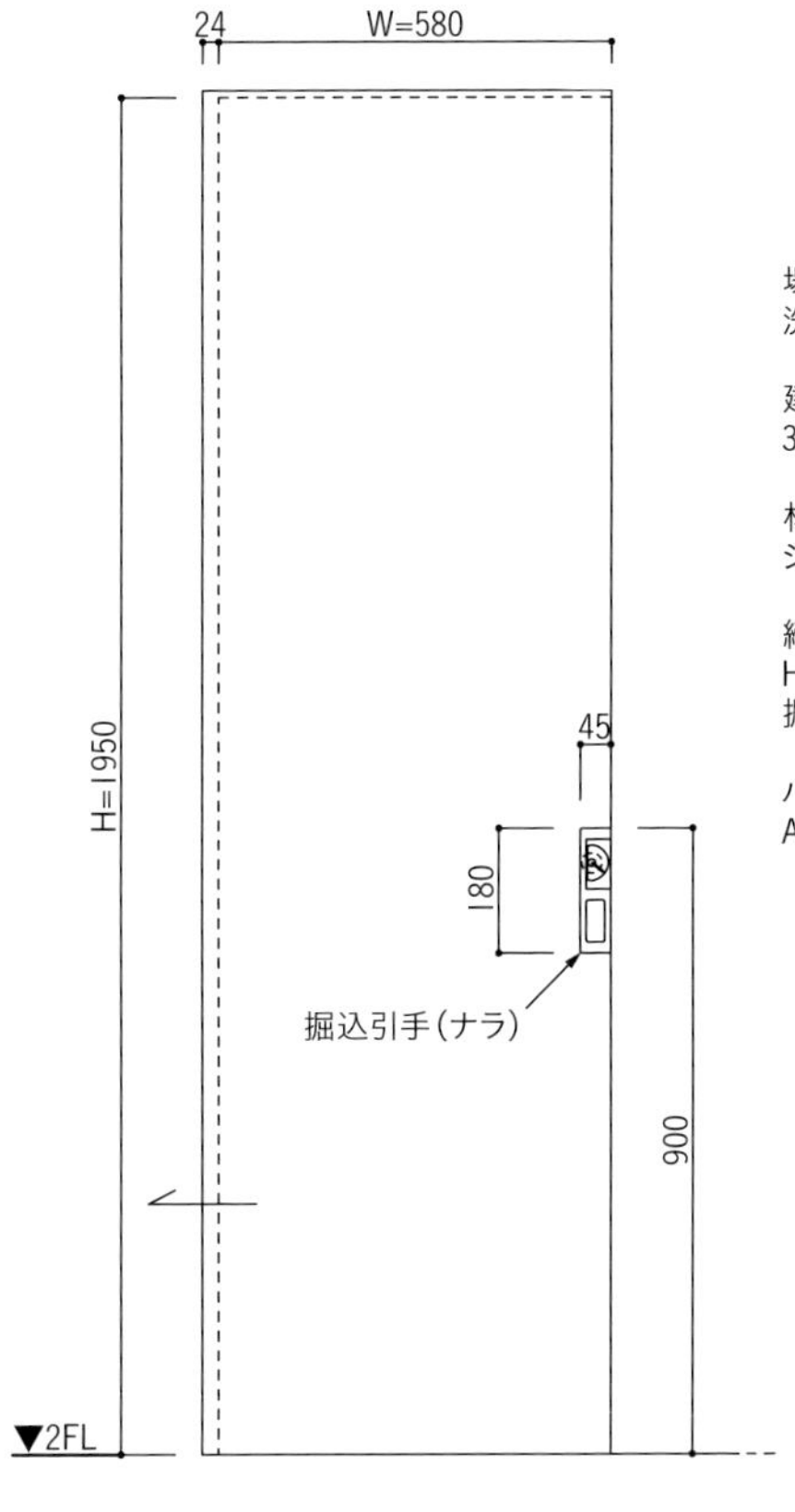

姿図 S=1/20

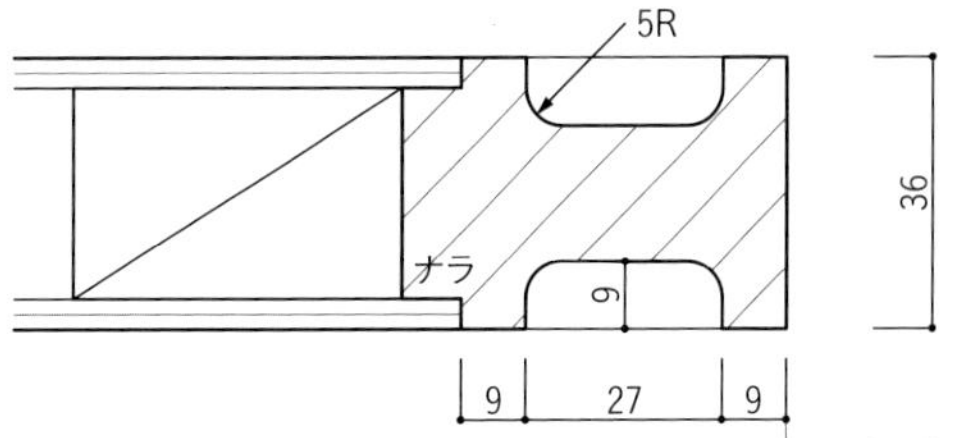

場所:
洗面室

建具見込み:
36

材質・仕上:
シナフラッシュ,OP

締り・ハンドル・引手:
HORI-7E[堀商店]
掘込引手(ナラ)

ハンガーレール:
AFD-130,270-B[アトム]

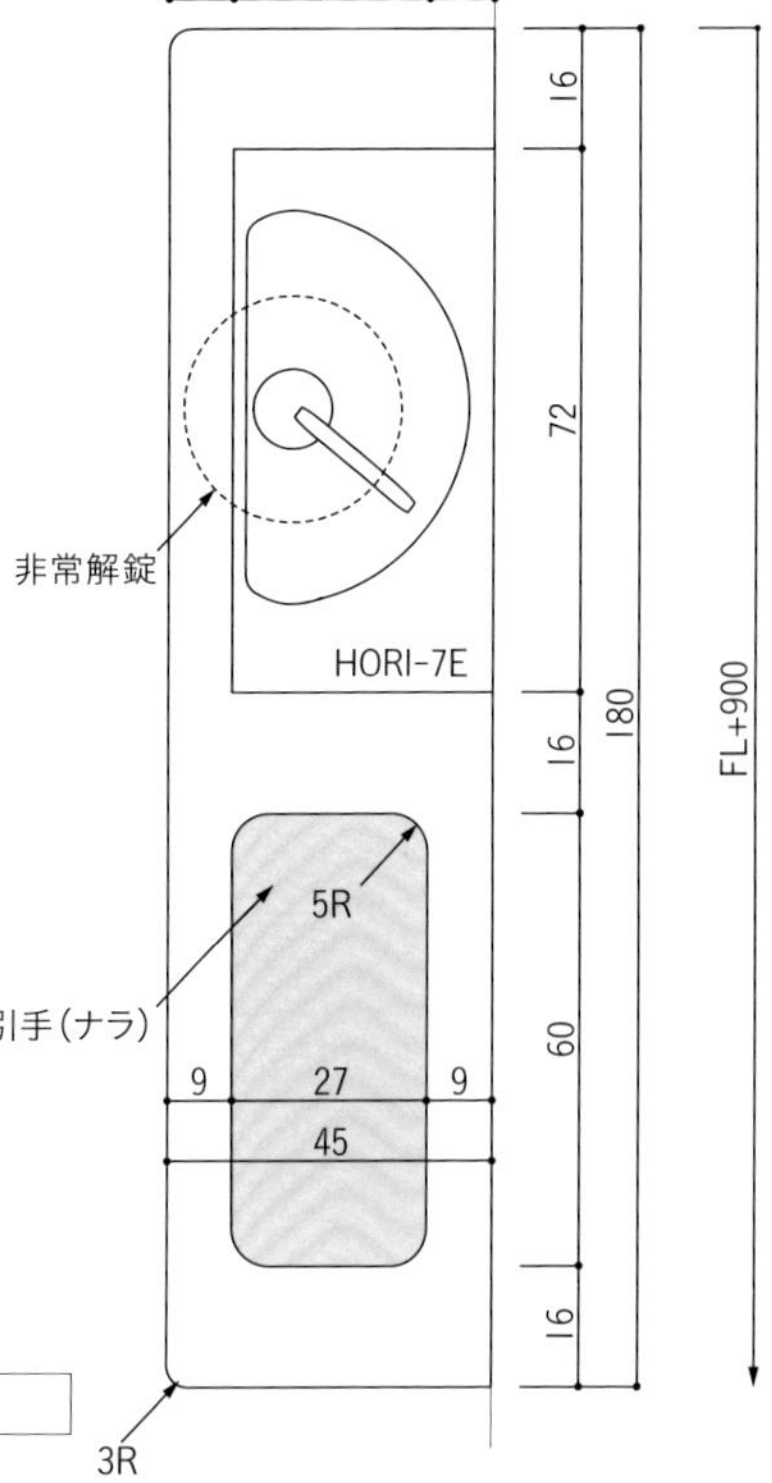

引手詳細図 S=1/2

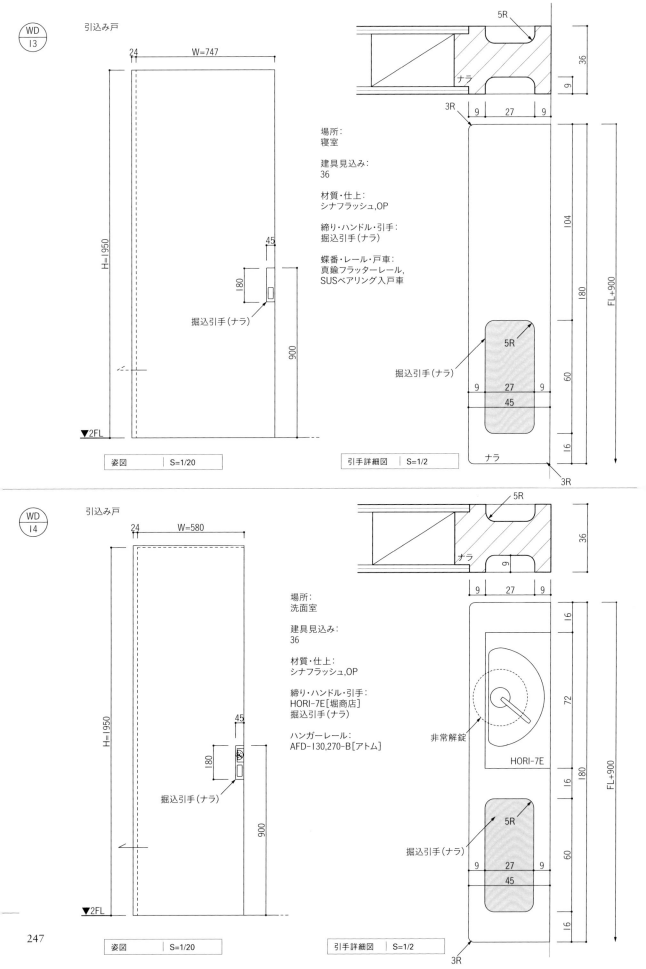

WD 17

引込み戸

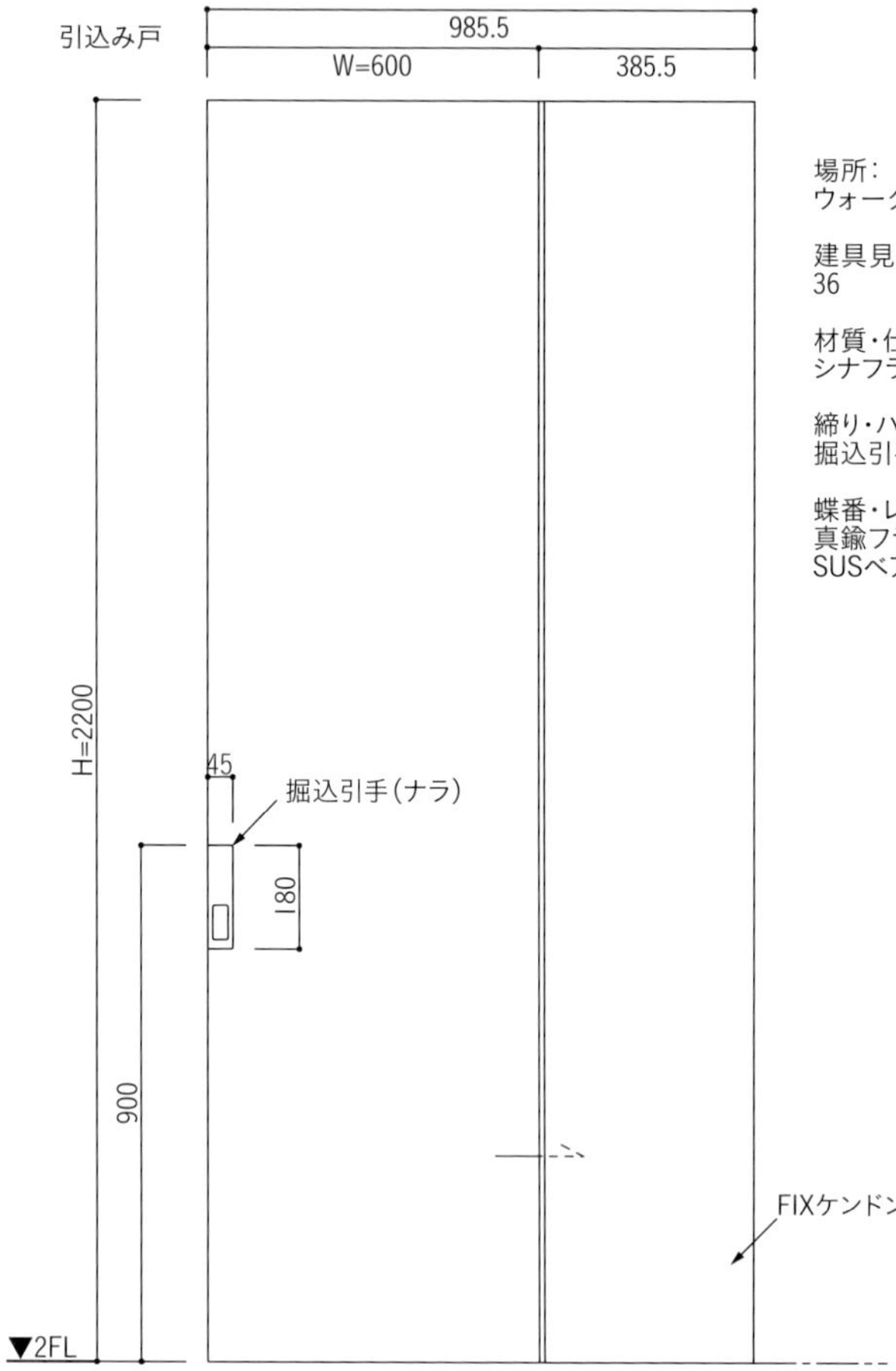

姿図　S=1/20

場所:
ウォークインクローゼット

建具見込み:
36

材質・仕上:
シナフラッシュ,OP

締り・ハンドル・引手:
掘込引手(ナラ)

蝶番・レール・戸車:
真鍮フラッターレール,
SUSベアリング入戸車

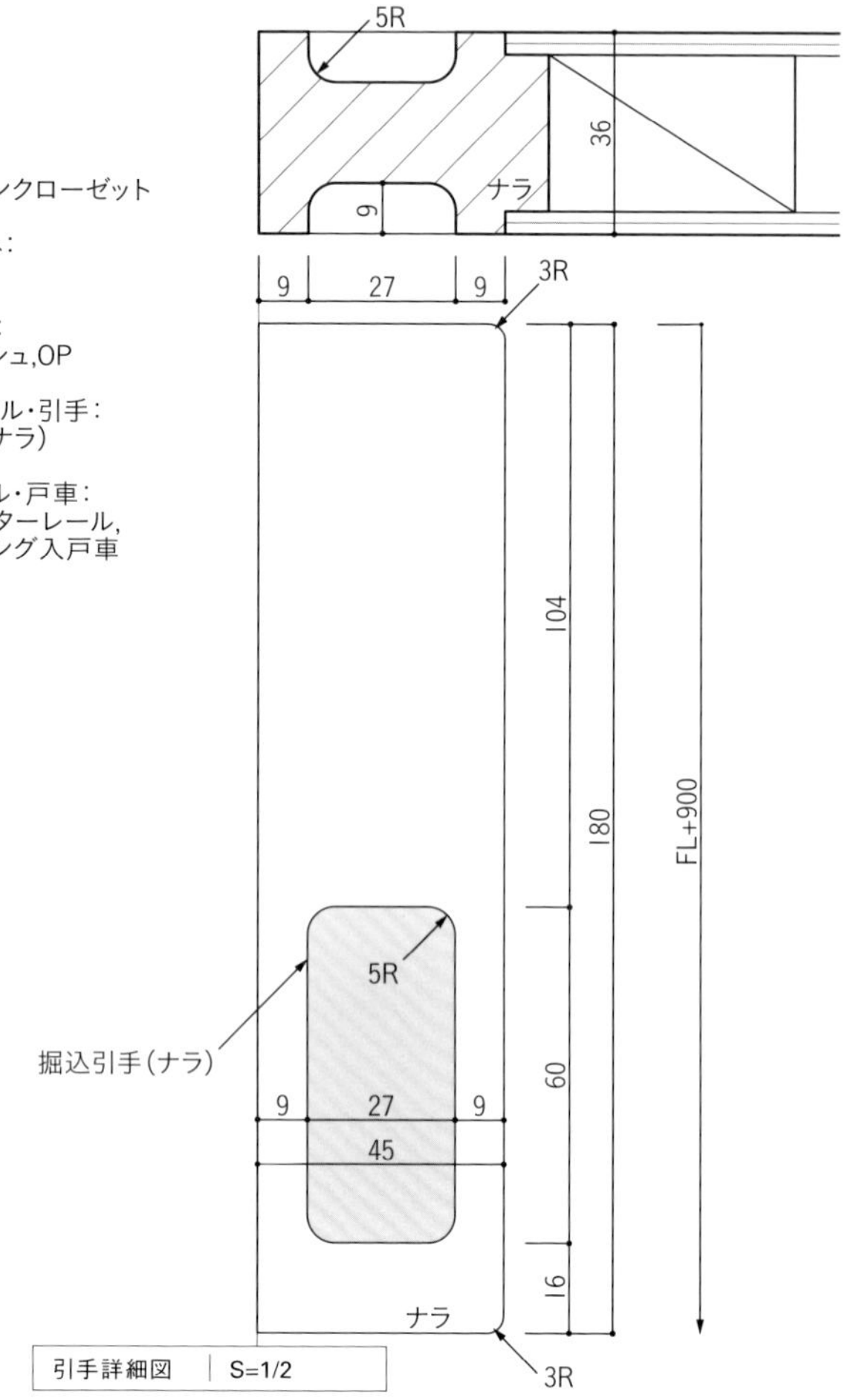

引手詳細図　S=1/2

WD 19

引込み戸

場所:
ワークスペース

建具見込み:
21

材質・仕上:
シナフラッシュ,OP

締り・ハンドル・引手:
ナラ

蝶番・レール・戸車:
真鍮フラッターレール,
SUSベアリング入戸車

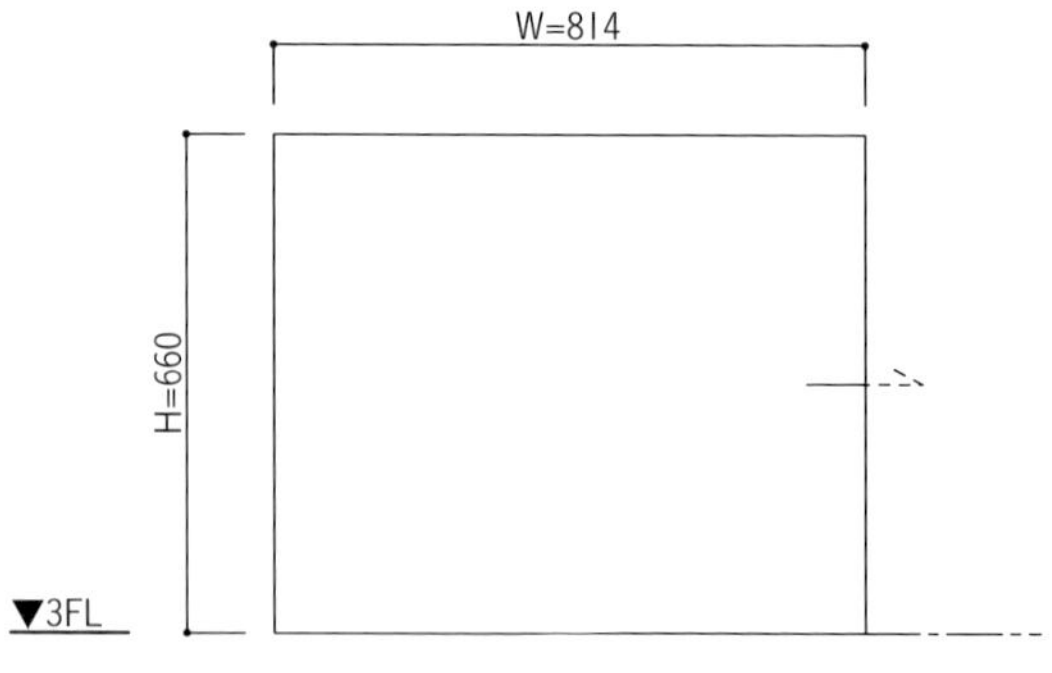

姿図　S=1/20

WD 15

引込み戸

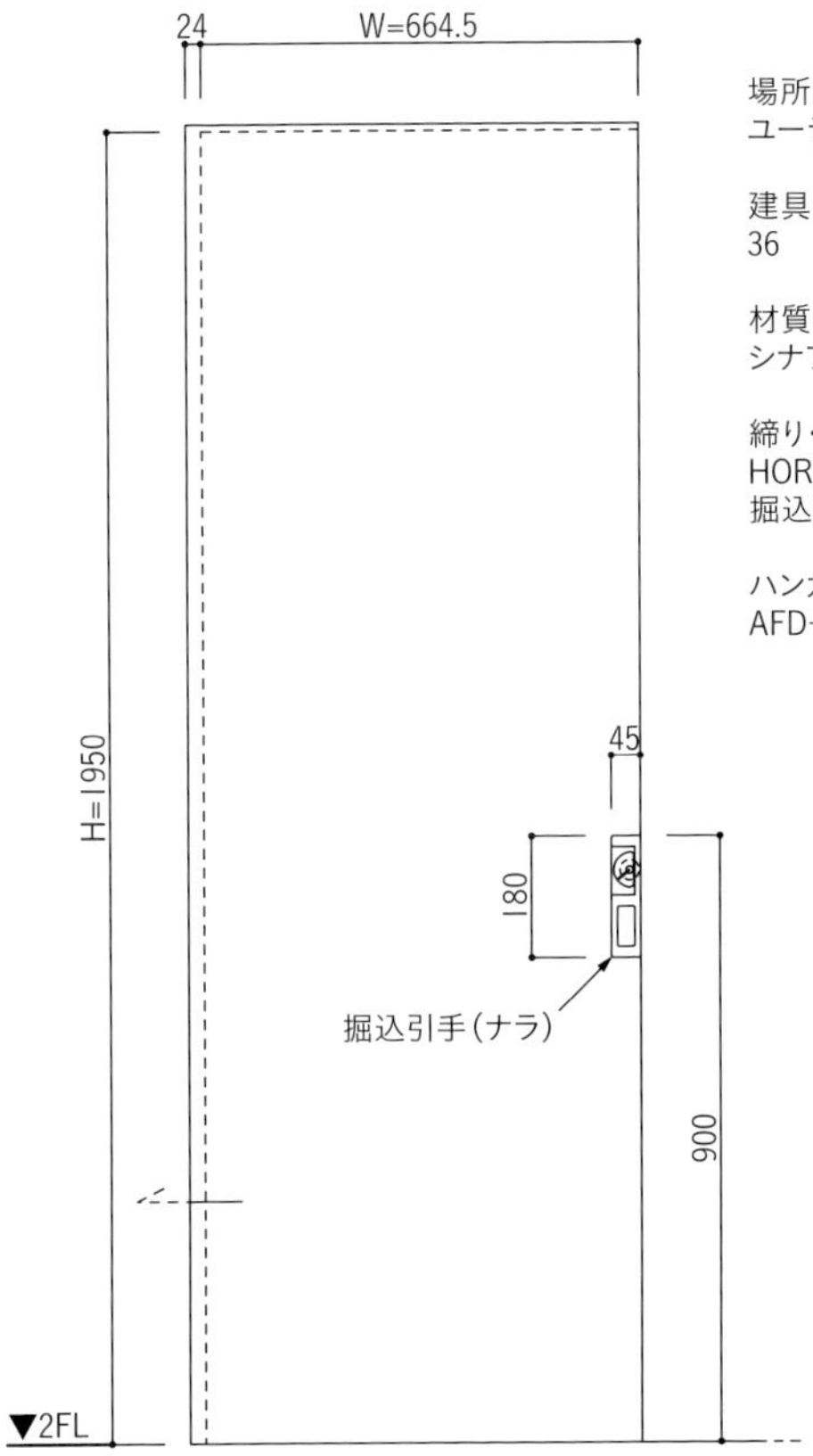

姿図 | S=1/20

場所:
ユーティリティ

建具見込み:
36

材質・仕上:
シナフラッシュ,OP

締り・ハンドル・引手:
HORI-7E[堀商店]
掘込引手(ナラ)

ハンガーレール:
AFD-130,270-B[アトム]

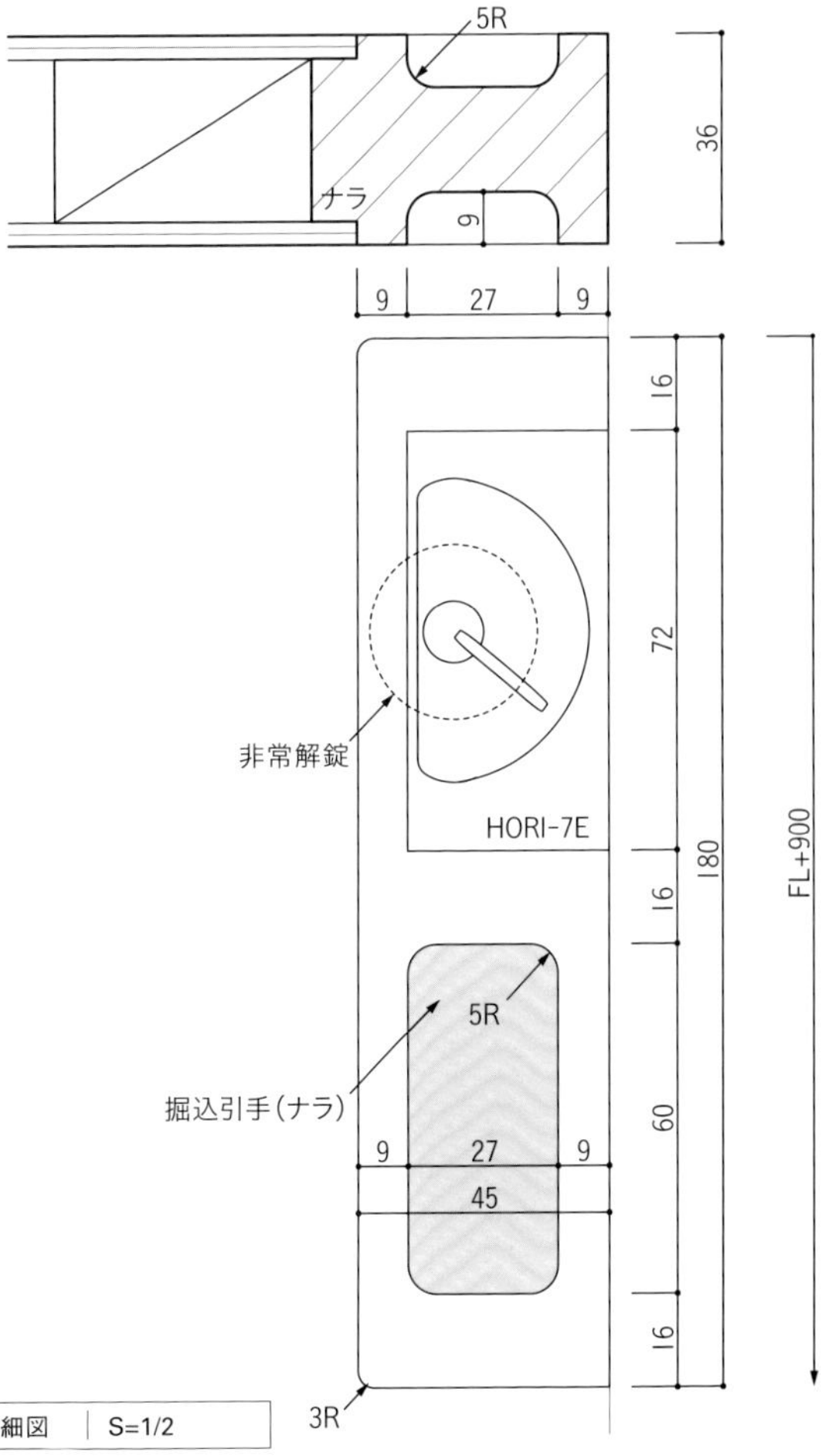

引手詳細図 | S=1/2

WD 28

折れ戸

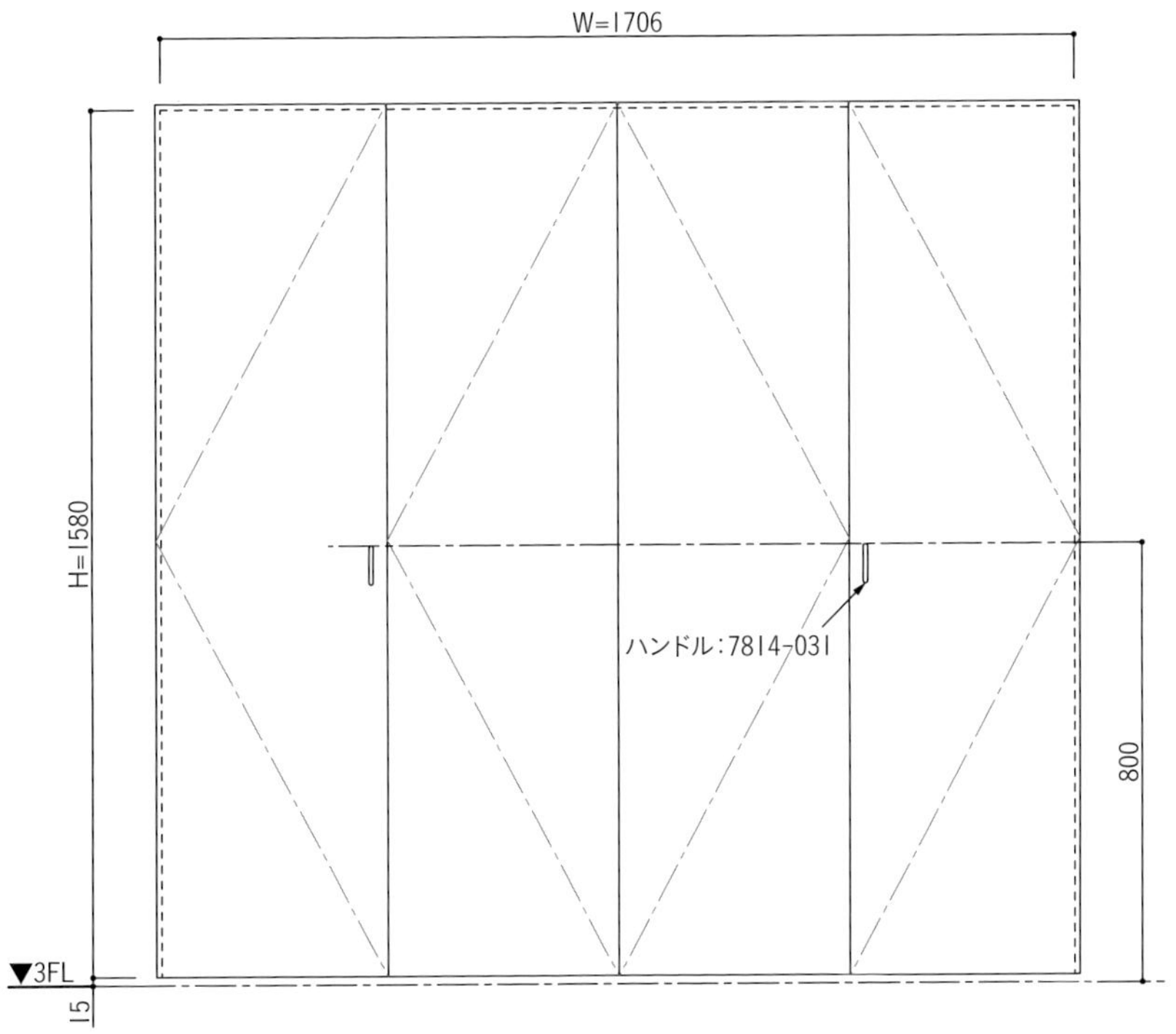

姿図 | S=1/20

場所:
子供室

建具見込み:
30

材質・仕上:
シナフラッシュ,OP

締り・ハンドル・引手:
7814-031[スガツネ]

折れ戸用ハンガーレール:
FD24-R(埋込みタイプ)

天井	備考
RC化粧型枠打放しの上, 疎水剤塗布 アピトン縁甲板 t=14	
RC化粧型枠打放しの上, 疎水剤塗布	
↑	収納棚:(甲板)ナラムク t=30, ウッドステイン塗装 (引出し前板):シナフラッシュ, OP
↑	
↑	吊り戸棚:シナフラッシュ, OP
↑	
彡縁甲板 t=14	収納棚:シナフラッシュ, OP
C化粧型枠打放しの上, 疎水剤塗布	↑
B t=12.5, EP ロックウール t=100充填	本棚:シナフラッシュ, 大手ナラ t=3 テレビ台:ナラ練付, UCL
↑	木製ルーバー:シナフラッシュ t=25, OP 収納棚:(甲板)ナラムク t=30, UCL (前板)ナラ練付, UCL
喰塗り t=3 + PB t=12.5 ロックウール t=100充填	設備:キッチン詳細図参照 収納棚:(前板)ナラ練付, UCL
↑	寝室収納棚:ナラ練付, UCL ウォークイン収納棚:(棚板)シナランバー,素地 ハンガーパイプ:SUS38.6φ
3 t=12.5, EP ロックウール t=100充填	木製ルーバー:シナフラッシュ t=25, OP
喰塗り t=3 + PB t=12.5 ロックウール t=100充填	洗面カウンター:ナラムク t=30, UCL
↑	洗面カウンター:ナラムク t=30, UCL ハンガーパイプ:SUS20φ ユーティリティ吊り戸棚:ナラ練付, UCL
縁甲板 t=12	グレーチング鋳鉄製
t=12.5, EP ックウール t=100充填	デスク:(甲板)メラミン化粧合板 t=30 (引出し前板)ナラ練付, UCL 書棚:シナフラッシュ, OP
↑	

外部仕上表

屋根
屋根: カラーガルバリウム鋼板 t=0.35 平葺き + アスファルトルーフィング 22kg + シージングボード t=12 + 通気胴縁 + 構造用合板 t=12 + ロックウール t=100充填 トップライト: 合わせガラス t=3+3 高透明遮熱フィルム貼 軒樋:カラーガルバリウム鋼板半丸特製 縦樋:カラーガルバリウム鋼板60φ
軒天・庇
屋根軒天:焼杉縁甲板 t=12 工房部分軒天: アピトン縁甲板 t=14, 外装用木材保護塗装 庇: カラーガルバリウム鋼板 t=0.35 竪ハゼ葺き + アスファルトルーフィング 22kg + 構造用合板 t=12 + 構造用合板 t=35
外壁
外壁A: 焼杉 t=19 + 通気胴縁 + 透湿防水シート + ダイライト t=12 + ロックウール t=100充填 ※各所防虫網 外壁B: RC化粧型枠打放しの上, 疎水剤塗布 外壁C: RC打放し洗い出し仕上の上, 疎水剤塗布 外壁D: 唐松縁甲板 t=17
外部床
1階東側犬走り: 三和土木ゴテ押エ t=100 ボーダー:コンクリート研ぎ出し仕上 1階東北側雨落ち: (水路)コンクリート研ぎ出し仕上 1階南側機械置場: 三和土木ゴテ押エ t=100 ボーダー:コンクリート研ぎ出し仕上
その他
東側空調機ガラリ: St.FB-4.5×38 重防食塗装(フェロドール塗装) 外部階段(アプローチ): RC化粧型枠打放しの上, 疎水剤塗布 踏面:コンクリート研ぎ出し グレーチング:鋳鉄製グレーチング ※西側道路側をマサ土にて適宜埋め戻し

塗料凡例
OP : プラネットカラー
UCL : ウレタンクリアラッカー
EP : エマルションペイント

内部仕上表

階	室名	構造レベル	床レベル	天井高	床	巾木	壁
1	ポーチ	1FL-100	1FL±0	CH=2020	三和土木ゴテ押エ ボーダー：コンクリート研ぎ出し仕上	入巾木	RC打放し洗い出し仕上の上, 疎水剤塗 梁：RC化粧型枠打放しの上, 疎水剤塗
	ろくろ室	↑	↑	CH=2650	↑	↑	RC打放し洗い出し仕上の上, 疎水剤塗 唐松縁甲板 t=17 梁：RC化粧型枠打放しの上, 疎水剤塗
	工房	↑	↑	↑	↑	↑	↑
	作品庫	↑	↑	↑	↑	↑	↑
	土練機室	↑	↑	↑	↑	↑	↑
	側廊1	↑	↑	↑	↑	↑	↑
	倉庫	↑	↑	CH=2190	↑	↑	↑
	住宅玄関	↑	↑	図示	↑	↑	↑
2	リビング	2FL-150	2FL±0	図示	ナラ縁甲板 t=15 ラフソーン仕上 + 温水床暖房 t=12 + パーティクルボード t=20 + フリーフロア（ロックウール t=100充填）	入巾木	漆喰塗り t=3 + PB t=12.5 + ロックウール t=100充填
	ダイニング	↑	↑	↑	↑	↑	↑
	キッチン	↑	↑	CH=2200	↑	↑	↑
	寝室 ウォークイン	↑	↑	↑	↑	↑	↑
	側廊2	↑	↑	図示	↑	↑	↑
	トイレ	↑	↑	CH=2200	磁器タイル400角 t=8.5 +針葉樹合板t=12+温水床暖房 t=12 +パーティクルボード t=20 +フリーフロア(ロックウール t=90充填)	↑	↑
	洗面室	↑	↑	↑	↑	↑	↑
	浴室	↑	2FL-30	CH=2230	ガラスモザイクタイル20角貼 t=30（貼り代含む） + モルタル t=50（温水床暖房蓄熱層） + スタイロフォーム t=40 + アスファルト防水		ガラスモザイクタイル20角貼 t=24（貼り代含む） + 耐水合板 t=1 上部：桧縁甲板 t=12 + 耐水合板
3	ワークスペース	3FL-39	3FL±0	図示	サイザル麻 t=6 + 捨貼合板 t=9 + 構造用合板 t=24	雑巾ずり	漆喰塗り t=3 + PB t=12.5 + ロックウール t=100充填
	子供室	↑	↑	↑	↑	↑	↑

物件概要

建物名称　伊部の家
所在地　岡山県備前市
家族構成　夫婦＋子供２人
規模　地上３階（工房＋住宅）
構造　壁式ＲＣ造＋木造（直接基礎）

●設計
設計　手嶋保建築事務所　担当／手嶋保
構造　山田憲明構造設計事務所　担当／山田憲明

●施工
あらい建設　担当／安野省吾
大工工事　担当／藤元豊（棟梁）、片山直和
鳶・土工事　立森建設　担当／立森茂樹
型枠工事　有田建設　担当／有田浩実
鉄筋工事　吉田興業　担当／吉田組夫
左官工事　森本工業所　担当／森本一則
防水工事　ミワ防水　担当／中嶋義則
外装工事　大日技研工業　担当／佐藤嗣雄
　アクア　担当／新庄謙（コンクリート洗出しの技術指導）
屋根工事　綾板金工作所　担当／綾健治
タイル工事　ウエダタイル　担当／植田佳行
塗装工事　宇野塗装工芸　担当／宇野幸二
木製建具工事　加藤建具店　担当／加藤雅弘、加藤智弘
内装工事　インテリア AtHome　担当／平石昌睦
家具工事　大岡木工　担当／大場富雄
給排水衛生工事　中国水道工業　担当／芳原幸治
空調換気工事　桜本空調　担当／桜本雅典
ガス設備工事　伊藤忠エネクスホームライフ西日本　担当／岡本学
電気設備工事　備前電業　担当／田枝正治
床暖房設備工事　伊藤忠エネクスホームライフ西日本　担当／岡本学

●規模
軒高 6,690mm　最高高さ 8,462.5mm
敷地面積　183.92㎡
建築面積　94.56㎡（建蔽率 51.41％　許容 60％）
延床面積　197.91㎡（容積率 107.61％　許容 167.84％）
　１階　72.50㎡
　２階　88.93㎡
　３階　36.48㎡

●敷地条件
第一種中高層住居専用地域、法22条地域
道路幅員西側４m

●工期
設計期間　2008年６月～2010年６月
工事期間　2010年10月～2012年４月

●設備システム
空調　暖房方式／ガス焚き温水床暖房
　冷房方式／ヒートポンプエアコン
　換気方式／ダクトファン、パイプファン
給排水　給水方式／直結式
　排水方式／下水道放流
給湯　給湯方式／ガス給湯器

「伊部の家一軒の設計図集をつくりたい」——編集の方から本書の企画をいただいたとき、戸惑いながらも咄嗟に快諾していた。それはこの仕事が建主の伊勢﨑晃一朗氏、写真家の西川公朗氏、そして私自身の三者それぞれにとってかけがえのないものであったからだろう。

「遠方ですが、設計を受けてくれますか」——手短なメールが届いたのは2008年の初めであった。差出人は伊勢﨑晃一朗。調べてみると備前の陶芸家であるとすぐにわかった。当時は仕事自体を渇望していたこともあったが、「地方でやってみたい」という想いも強かった。

わずかな言葉で綴られたものでも、やはり「文は人なり」人柄が表れる。その後、はじめて対面した際に得た印象では、事前のイメージを裏切らないばかりか、私はこの若き作家にすっかり魅せられてしまったのである。氏の作品は、備前という土地や人に対する信頼と愛情があり、根底に「祈り」がある。現代的な側面をもちながら、手にとるとまるで深層に眠る古《いにしえ》の記憶を呼び覚まされるようだ。そのような彼自身と土地のイメージがいつしか渾然一体となり、その後の設計においては揺るぎない柱となった。

個展のスケジュールや諸々の事情が重なり、家の完成までには4年が費やされた。施工は敬愛する神家昭雄氏から地元のあらい建設をご紹介いただき、洗井健一氏はもとより現場担当の安野省吾氏、棟梁の藤元豊氏、諸職の匠たちの仕事に大いに助けられた。構造設計では山田憲明氏の力を得て明快な構成が担保された。

本書の計画においてはオーム社の三井渉氏にひとかたならぬ力添えを受けた。また本の装丁や本文デザインは旧知の石曽根昭仁氏によって纏めていただいたことは、何より心強いことであった。図面制作にあたっては現スタッフや学生諸君の努力によって整えられた。また工事中も含め、西川氏には幾度となく撮影をお願いした。独立当初から私の仕事を撮り続けてこられた西川氏自身の作品も、このようなかたちで記録されるのは望外の喜びである。本書は「住宅設計詳細図集」とされながら、ある建築のモノグラフにほかならない。また書中に掲載された建築史家の伏見唯氏、建築家の高橋堅氏、写真家の西川公朗氏、そしてこの家の主、伊勢﨑晃一朗氏の寄稿文には誰より私自身が感じ入っている。皆さまには心からのお礼を申し述べたい。

本書が建築を愛する人々や若い建築家の手元に置かれその一助となれば幸いである。

2016年4月　手嶋保

手嶋保（てしま・たもつ）

1963年　福岡県生まれ
1986年　東和大学工学部建設工学科卒
1990－1997年　吉村順三設計事務所勤務
1998年　手嶋保建築事務所設立

現在、手嶋保建築事務所主宰
東京理科大学非常勤講師（2010年～）
昭和女子大学非常勤講師（2013年～）

作品と受賞歴
「道灌山の家」　平成19年日本建築家協会優秀建築選
「川越の家」　平成24年かわごえ都市景観デザイン賞
平成26年日本建築学会作品選集
「伊部の家」　平成26年日本建築士連合会賞優秀賞

手嶋保建築事務所
http://www.tteshima.com

図面制作
日野顕一（手嶋保建築事務所）
坂口森（千葉大学）
※原図はすべて手嶋保による

特別協力
伊勢﨑晃一朗
伏見唯
高橋堅
西川公朗
山田憲明（70、72、74ページ解説文）

写真撮影
西川公朗

デザイン
石曽根 昭仁＋水津 達大
（ishisone design）

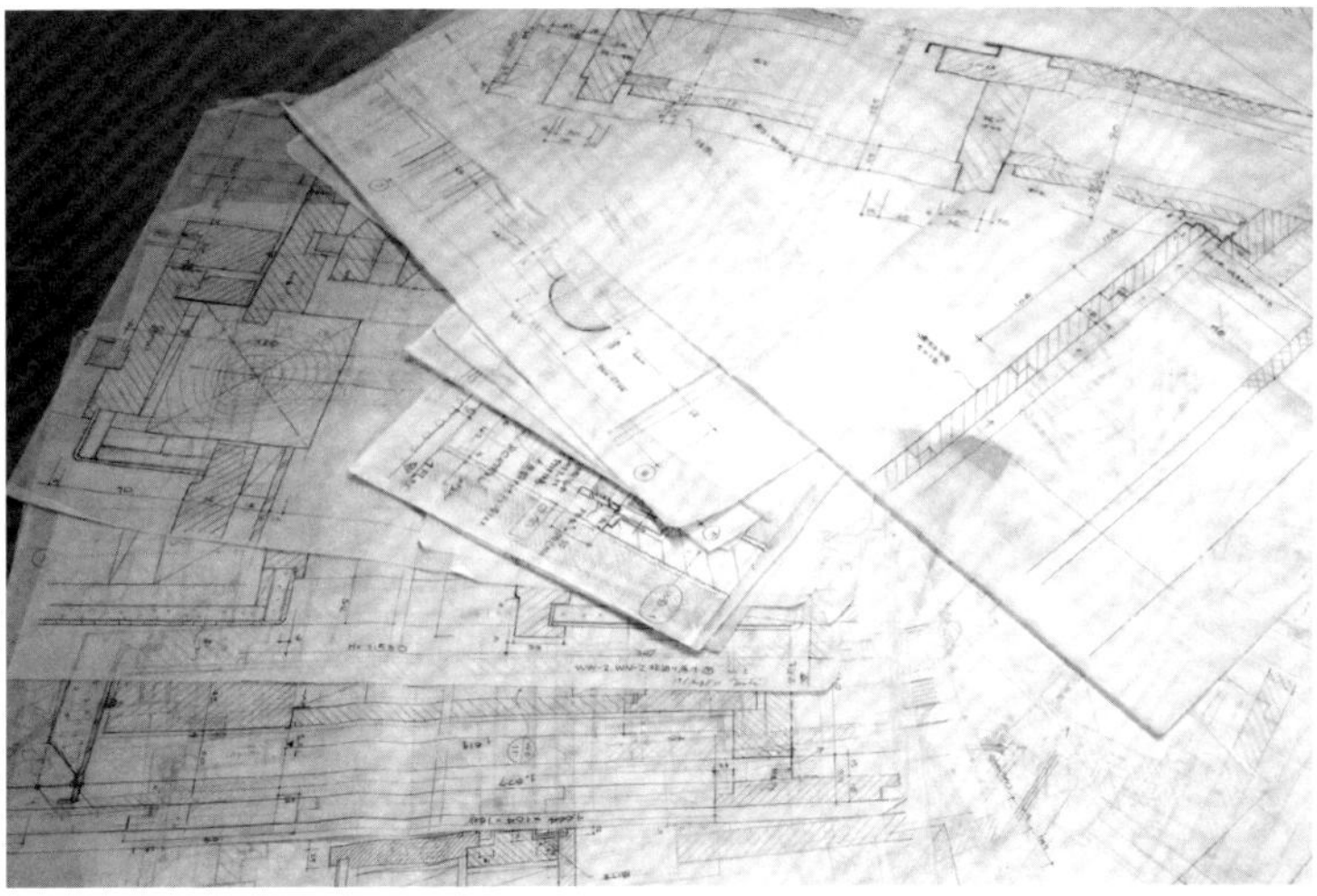

- 本書の内容に関する質問は，オーム社ホームページの「サポート」から，「お問合せ」の「書籍に関するお問合せ」をご参照いただくか，または書状にてオーム社編集局宛にお願いします．お受けできる質問は本書で紹介した内容に限らせていただきます．なお，電話での質問にはお答えできませんので，あらかじめご了承ください．
- 万一，落丁・乱丁の場合は，送料当社負担でお取替えいたします．当社販売課宛にお送りください．
- 本書の一部の複写複製を希望される場合は，本書扉裏を参照してください．

JCOPY ＜出版者著作権管理機構 委託出版物＞

珠玉のディテール満載
住宅設計詳細図集

2016年　5月20日　　第1版第1刷発行
2024年　5月10日　　第1版第8刷発行

著　者　手嶋　保
発行者　村上和夫
発行所　株式会社 オーム社
　　　　郵便番号　101-8460
　　　　東京都千代田区神田錦町3-1
　　　　電話　03(3233)0641(代表)
　　　　URL　https://www.ohmsha.co.jp/

印刷　壮光舎印刷　　製本　牧製本印刷
ISBN978-4-274-21881-1　Printed in Japan